普通高等教育“十一五”国家级规划教材

水路运输与港口商务管理学

● 李永生　主编
● 陈洪先　主审

人民交通出版社

内 容 提 要

本书遵循社会主义市场经济的基本规律，根据现行的法律规范和社会实践，系统地阐述国内水路运输和港口商务管理学的基本理论和实践操作，简明地介绍商务及商务管理的知识，详细地论述水路货物运输合同和班轮、租船运输商务，港口商务管理和港口作业合同，理货业务，水路货物运价和港口费收，多式联运商务管理，商务质量管理，航运中介和水路旅客运输商务管理等水路运输和港口商务的理论和操作。

本书从水路运输和港口经营主体的角度阐述了其商务操作和管理活动，是交通运输管理、物流管理专业学生的专业教学课程用教材。也可以作为水路运输和港口经营从业人员的理论学习和实践指导的资料。还可以作为物资经营管理、商贸管理专业学生了解水运和港口的操作和商务运作，完善物资经营管理的知识结构，提高经营管理能力的选修教材。

图书在版编目（CIP）数据

水路运输与港口商务管理学/李永生主编．—北京：人民交通出版社，2007.7

ISBN 978-7-114-06522-4

Ⅰ．水… Ⅱ．李… Ⅲ．①水路运输－经济管理②港口－经济管理 Ⅳ．F550.6

中国版本图书馆 CIP 数据核字（2007）第 059265 号

书　　名：水路运输与港口商务管理学
著 作 者：李永生
责任编辑：黄兴娜
出版发行：人民交通出版社
地　　址：(100011) 北京市朝阳区安定门外外馆斜街 3 号
网　　址：http://www.chinasybook.com
销售电话：(010) 64981400，59757915
总 经 销：北京交实文化发展有限公司
印　　刷：北京鑫正大印刷有限公司
开　　本：787×1092　1/16
印　　张：17
字　　数：427 千
版　　次：2007 年 7 月　第 1 版
印　　次：2016 年 12 月　第 4 次印刷
书　　号：ISBN 978-7-114-06522-4
印　　数：7001－9000 册
定　　价：30.00 元

前 言 Qianyan

商务管理学是在我国社会主义市场经济体制建设中形成的一门新学科,其核心是研究市场主体在市场中进行产品交换行为的经济管理科学,属于经济学、管理学和法学的交叉学科,同时也是一门应用性学科。完整的商务管理学涉及交换产品的商务组织、营销、交易及交易过程管理、交易善后处理和客户关系管理、交易风险防范、企业形象建设等各种行为,并通过科学的管理实现企业商务活动的高效率和实现收益最大化和风险最小化。随着我国市场经济法制建设的发展,经济领域的强制性规范弱化,经济主体在经济活动中的自主性加强,当事人在商务活动中的协商一致的要求更加提高,在商务活动中充分利用法律武器和合同约定保护自身的利益得以进一步强化,这也就要求企业的商务活动和商务管理的能力和水平需要极大的提高并被提到企业管理的中心位置。

水路运输和港口商务管理学是阐述国内水路运输企业和港口经营企业在水路运输产品和港口作业产品在社会交换中所进行的管理活动。国内水路运输是我国运输体系的重要组成部分,其货物周转量占了全社会运输总量的半壁江山。我国的港口不仅承担了国内水运货物的作业,还承担约85%的国际贸易货物作业。在《中华人民共和国港口法》的规范下,港口货物作业和经营正向着完全市场主体的转换,其商务经济活动也成为了国内经济组织的完全市场主体行为。水路运输和港口商务管理不仅要遵循市场经济的基本规律,还需要依据社会制度和法律法规规范,更需要商务人员具有高水平的商务处理和管理能力,以提高企业的经营效益和降低风险。

本书的编写采取理论与实践密切结合的方式,系统阐述水路运输和港口商务管理,准确应用经济学、管理学、法学的基本理论,结合作者对水路运输和港口作业实践的体会和认识总结,并得到多位长期从事港口和航运生产实践的专业人员的指导,使本书具有较强的实践性和操作性。通过多年的教学和职工培训使用,使本书的应用性得到进一步强化。

本书在2003年出版的“普通高等教育‘十五’国家级规划教材”基础上,根据我国水路运输和港口商务相关法律法规和管理实践的最新发展,作了精心组织和全面的修改整理。全书共分为十三章。参加本书编写的人员分别为广州航海高等专科学校李永生、张敏、蔡业颖、罗振林,广州港务集团刘彩葵,辽宁交通高等专科学校孙转坤。其中第一、三、四、五、七、九、十章由李永生，第二、六章由李永生、张敏，第八章由罗振林、刘彩葵，第十一、十二章由李永生、孙转坤，第十三章由蔡业颖编写。全书由李永生统稿。广州港集团董事长陈洪先高级经济师对本书给予了细致的审阅，并提供了丰富的实践指导，作者借此表示衷心的感谢。同时作者亦借此向众多对本书关心和帮助的热心人士表示衷心的感谢。本书的编写是对众多学者、专家在本学科的研究成果的继承和发展，作者诚挚地向本书编写中所使用的参考资料的编作者们致以崇高的敬意。

本书在编写中还较多地采用了作者本人对水路运输和港口商务管理的研究体会和总结。由于作者水平局限，加之商务管理学在我国还是一门新兴起的学科，商务管理的理论和实践正在百花齐放的发展，本书中或许存在不当之处，作者殷切地希望广大读者不吝指正，以促进作者水平的提高和共同兴起商务管理学和水路运输和港口商务管理学的研究。敬请将宝贵意见反馈给广州航海高等专科学校李永生，邮政编码510725。

李永生

2007.3 于广州红山

目 录 Mulu

第一章　水路运输与港口商务概述

学习目的

了解水路运输的特性和港口的功能，掌握水路运输业的经济性质，形成水路运输和港口作业过程的整体印象；掌握商务的概念和内容，商务管理的任务，了解商务人员的素质要求，掌握水运商务所遵循的原则，了解水运商务管理的组织和管理法规。

第一节　水路运输与港口的地位和作用

一、水路运输的概念与特性

1. 水路运输的概念

水路运输是指一切经由水路（包括海洋、河流、湖泊），使用船舶在港口间所进行的运输。它是以天然水域和人工疏浚的航道作为航线，以人工建造的港口或天然坡岸为装卸作业场地，以船舶为载运工具进行货物和旅客运输。水路运输分为国际水路运输（远洋运输）和国内水路运输。本书所阐述的水路运输是指在中华人民共和国沿海、江河、湖泊及其他通航水域沿岸的港口（站、点）间通过船舶经水路所进行的运输，但不包括与我国的特别行政区（香港、澳门）及台湾省港口之间的运输，即国内水路运输。

国内水路运输按其运输对象的性质不同，分为水路货物运输和水路旅客运输。依据运输工具的不同，分为内河船运输和海船运输。

2. 水路运输的特性

（1）具有特定条件的运输。水路运输必须具备有供船舶航行的可航水域和船舶到达的港口才能进行，也就是只有在临江河湖海的两地间才能开展水路运输。

（2）大运量、低速度的运输。水路运输直接使用海洋和湖泊河流进行运输，航道不受重量的影响，只要水域有足够的深度就能够使用大型的运载工具，实现大运量的运输。由于水路运输受到船舶水面航行时天然水路航道地理条件的限定和水阻力的制约，无法进行最近距离、高速度运输，因而水路运输速度较低。

（3）高投资、低运费的运输。虽然水路运输直接使用天然水域，但是建造运量大的船舶和建设深吃水的港口均需要一次性大量的投资；为了改善运输条件，需要修建和维持人工航道投资也巨大。但由于水路运输大运量、长距离，单位运输吨公里（海里）成本和费用较低，故能实现低运费运输。

(4)具有特殊的风险性。使用天然水域进行的水路运输，直接受到不利自然因素严重的影响，遭遇危害的可能性较大。为了维护运输秩序和发展水路运输，人为的规定了许多特殊的风险承担制度，使接受水路运输的一方相对于其他运输方式承担着较大的风险。

(5)高科技的充分应用。为了充分地利用天然资源，抵御不利的自然因素的影响，实现安全运输，人类不断探索、设计，从对自然的认识与自然规律的掌握，到运输载体的制造和使用、运输的组织、作业的手段等各方面，充分利用已掌握的现代科学技术，使现代的水路运输成为高科技广泛应用的行业。

二、港口的概念及其功能

港口是指在江河湖海的沿岸经人工建筑而形成的供船舶停泊的建筑物和场所的统称。港口是为船舶及海上生产或活动而设立的设施，按照其用途不同可以将港口分为商港、渔业港、军港、避风港等。其中商港则为商业运输所使用的港口，涉及港口商务管理。因交通运输的对象不同，商港可以分为货物运输港口和旅客运输港口。

《中华人民共和国港口法》将港口定义为：港口是指具有船舶进出、停泊、靠泊，旅客上下，货物装卸、驳运、储存等功能，具有相应的码头设施，有一定范围的水域和陆域组成的区域。

为了船舶的停泊和装卸货物作业、旅客登离船舶和候船，港口需要有一定的设施和建筑，必须建有码头泊位、作业场地、仓库建筑以及装配相应的设备。

为了对船舶及交通秩序实施管理，对船舶和货物提供服务和作业，需要设定一定的管理和服务组织。而对这种管理的范围的设定，必须以法定的形式明确，相应地港口也必须有确定的界限范围，以明确港口组织的管辖范围。

为了船舶的进出，港口必须有供船舶进港航行和机动作业的水域、航道、航标，保护的防波堤、河岸建筑；有供船舶停留的锚地；有相应的船舶维护、修理、供应的能力。

为了使船舶运输的货物顺利衔接，港口需对货物提供暂时的存储场所以及必要的处理措施。

三、水路运输及港口的地位

我国是一个东、南面临海的国家，有3.2万公里长的海岸线。从南到北濒临北部湾、南海、台湾海峡、东海、黄海、渤海。陆地上江河纵横、湖泊众多，由长江、珠江、黑龙江、京杭大运河组成的“一纵三横”内河水运网，流经我国主要经济区域。因而我国开展水路运输有着优越的自然条件。由于充沛的水源保证了经济的发展，便利的物流条件促进了工商业的发展，我国的经济布局偏向沿海沿江地区。沿海地区、长江、珠江流域工农业生产总值占全国的绝大多数，经济发达，物质流量巨大。另外我国的外贸进出口货物有90%经海运进出口，都需要向沿海地区集中，同样沿海、沿江地区的社会生产与商品流通也依赖水路运输，为水路运输提供了巨量的货源。

根据《2005年公路水路交通行业发展统计公报》，至2005年底，全国内河航道通航里程12.33万km，其中等级航道6.10万km。各等级内河航道通航里程分别为：一级航道(可航行3 000t内河船)1 404km、二级航道(可航行2 000t内河船)2 513km、三级航道(可航行1 000t内河船)4 714km、四级航道(可航行500t内河船)6 697km、五级航道(可航行300t内河船)

8 331km、六级航道(可航行100t内河船)18 771km、七级航道(可航行50t内河船)18 584km。全国内河航道通航里程超过万公里的省份有4个,分别是江苏(24 349km)、广东(11 844km)、湖南(11 495km)、四川(10 720km)。

2005年底,全国拥有水上运输船舶20.73万艘,净载重量10 178.64万t。水上运输船舶中,集装箱船1 999艘,集装箱箱位75.31万TEU;内河运输船舶19.58万艘,净载重量4 481.49万t;沿海运输船舶9 409艘,净载重量2 047.76万t;远洋运输船舶2 082艘,净载重量3 649.40万t。

2005年底,全国港口拥有生产用码头泊位35 242个,其中万吨级及以上泊位1 034个。全国沿海港口拥有生产用码头泊位4 298个,其中万吨级及以上泊位847个,10万吨级以上泊位49个;内河港口拥有生产用码头泊位30 944个,其中万吨级及以上泊位187个。内河港口万吨级泊位分布在长江干流、长江支流和珠江水系。全国万吨级及以上泊位中,通用件杂货泊位276个、通用散货泊位134个、专业化泊位577个。专业化泊位中原油泊位55个、成品油及液化气泊位97个、煤炭泊位119个、粮食泊位31个、集装箱泊位175个。

2005年全社会完成水路货运量21.96亿吨,货物周转量49 672.28亿吨公里,水路货运量、货物周转量在综合运输中所占比重分别为11.5%和61.4%。水路客运稳步回升,2005年全社会完成水路客运量2.02亿人,旅客周转量67.77亿人公里,水路客运量、旅客周转量在综合运输体系中所占比重分别为1.1%和0.4%。

内河运输完成货运量10.57亿吨、货物周转量2 626亿吨公里,分别占全社会水路货运量、货物周转量的48.1%和5.3%;沿海运输完成货运量6.54亿吨、货物周转量8 495亿吨公里,分别占全社会水路货运量、货物周转量的29.8%和17.1%;远洋运输完成货运量4.85亿吨、货物周转量38 552亿吨公里,分别占全社会水路货运量、货物周转量的22.1%和77.6%。

全社会水路运输集装箱1 940万TEU,集装箱货运量21 992万t。其中,远洋运输集装箱1 396.15万TEU,集装箱货运量15 050万t。

2005年,全国港口完成货物吞吐量48.54亿吨。其中,沿海港口完成30.09亿吨,内河港口完成18.45亿吨。全国港口完成外贸货物吞吐量13.67亿吨。2005年货物吞吐量超过亿吨的港口由有11个。2005年全国港口完成集装箱吞吐量7 564万TEU。集装箱吞吐量超过100万TEU的港口为9个。

港口是水路运输的起点或终点,水陆货物运输的枢纽,港口的规模决定着水路运输的能力。由于港口承担着货物周转的作用,必然成为物流中心;具有便利的交通运输条件,港口附近往往都成为经济中心、工业中心;具有船舶进入和停靠的能力,使得港口成为造船、船舶维修和供应的基地。

四、水路运输及港口的经济性质

水路运输与港口作业是社会生产中的一个特殊的生产部门。一般的物质生产通过投入活劳动、设备和原材料,对原材料进行物理、化学或生物的变化,形成新的劳动产品,以产品所具有特定的形状、成分、功能,来满足社会生产和生活的需要。劳动产品在生产后,经销售才能实现消费。水路运输与港口的生产同样消耗所投入的活劳动和设备,生产的产品是运输对象的空间变换和时间的延续,以物质的空间位置变换来满足社会生产和人民生活对运输产品的需要。

水路运输与港口生产有以下特点:

(1)水路运输与港口生产没有产生新的劳动产品,只是将原有的物质通过运输生产过程使空间位置发生变换;通过港口作业使货物位置发生变化。

(2)水路运输与港口生产的过程也是其劳动产品被消耗的过程。劳动生产和产品的消耗同时进行。

(3)水路运输与港口生产产品的价值,决定于生产中固定资产的耗损和活劳动的投入程度,表现为物质经运输后价格的增加或通过运输后物质的本身使用价值的实现。

五、水路运输与港口生产过程

下面列举一个简单的国内贸易的物流过程,说明水路运输与港口生产过程和所涉及的基本商务活动:

在广州的买方 A 与在大连的卖方 B 协议成交了 1 万 t 玉米,6 月初在大连港交货,双方签订了买卖合同。卖方 B 开始着手备货。

买方 A 开始找船运输,经过对运输市场调查,与广州海运(集团)有限公司的广州振兴船务有限公司约好 6 月 10 日在大连港货物装船,双方签订运输合同;

卖方 B 与大连港约定 6 月初 1 万 t 玉米进港和装船,货、港双方签订港口作业合同;

买方 A 通知卖方 B 具体装船日期;

卖方 B 在该日期前把货物运往大连港;

振兴船务船舶"粤顺"轮在 6 月 10 日到达大连港候装,并向卖方发出装船通知;

大连港指挥"粤顺"轮靠泊,进行装货,船港双方交接货物;

1 万 t 玉米装船完毕,"粤顺"轮船长指挥船舶开航,驶往广州港;

经过 8 天的海上航行,"粤顺"轮到达广州港;

买方 A 与广州港集团联系 1 万 t 玉米卸船事宜,签订港口作业合同;

广州港通知"粤顺"轮靠泊,进行卸货,货物入仓,船、港交接货物;

买方向振兴船务在广州的船舶代理办理提货手续;

买方 A 到广州港提取 1 万 t 玉米,与港口交接货物。

在这个水路运输过程中,涉及货方(买卖双方)、航运公司、代理、船舶、装货港、卸货港。发生了以下一系列的商务活动:

卖方准备货物、处理并使货物适合运输,联系港口装货;

装货港接受卖方货物,装货港装货作业,装货港向船舶交付货物;

买方寻找船舶和租用船舶;

航运公司调派船舶和与装货港口联系;

买方联系卸货港口,卸货港卸船作业;

买方与船方办理提货手续,买方到港口提货等一系列工作。

在这之中包括为了使运输得以开展,保证运输过程顺利进行,明确运输中各方的责任和义务,保证各方的利益,相互之间需要进行协议商定、合同签署、货物交接、收缴费用等业务活动。

六、水路运输业的组成

与所有的现代社会生产相同，现代水路运输业也是由许多环节分工组成的一个运输整体，由各环节分工合作、互相配合、互相依赖、共同发展，构成水路运输业的主要功能，见图 1-1。

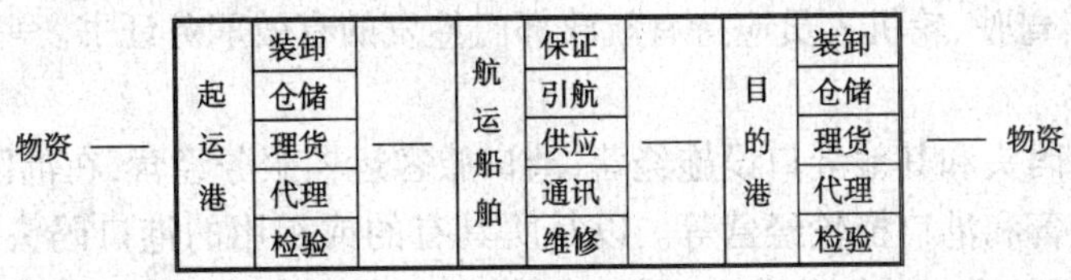

图 1-1　水路运输业组成图

1. 水路运输企业

水路运输企业是指从事水路营业性运输，具有法人资格的专业水运企业，持有《水路运输营业许可证》和经营海上货物运输、内河货物运输、海上旅客运输、内河旅客运输的工商营业执照，以其经营的自有或租用的船舶，承接旅客或货物从一港到另一港运输，收取票价、运费或租金的经济组织和个人。水路运输企业有国有企业、股份制企业、中外合资合营企业、私营企业、个体运输船户（内河）等经济组织和个人。除内河普通货船运输外，经营船舶运输应取得企业法人资格。

设立水路运输企业应有满足经营需要和安全管理要求的组织机构、固定办公场所，按国家有关规定建立、实施并保持安全管理体系。设立客运、液货危险品船运输企业，至少有 1 名持股 25% 以上的股东具有 3 年以上相应船舶种类的海船、河船运输经历。从事船舶运输的有关从业人员应符合下列条件：

（1）企业船舶运输管理人员中半数以上的人员应取得交通部认可机构颁发的从业资格证书或取得航运、航海、船舶、船机等专业中等专业（内河运输的，职业高中）以上学历。

（2）个体经营者应取得省级交通主管部门认可机构颁发的培训证书。

（3）企业海务、机务管理人员持有与所经营船舶种类的海船、河船相对应的不低于大副、大管轮的适任证书。

（4）企业应有 4 名以上专职管理人员，且管理人员与企业签订劳动合同在 2 年以上。

（5）经营客运、液货危险品船运输的，最高管理层中至少有 1 人取得相应客船、危险品船船长或轮机长适任证书；海务、机务主管还应持有与所经营船舶种类的海船、河船相对应的船长、轮机长适任证书。

经营船舶运输的企业和个人应拥有与经营区域范围、船舶种类相适应的船舶。拥有的相应总运力应当分别满足下列最低要求：

（1）经营沿海普通货船运输的：普通货船 2 000 载重吨。

（2）经营沿海液货危险品船运输的：危险品船 2 000 载重吨，其中经营液化气船运输的：舱容 2 000m^3。

（3）经营沿海客运的：海上普通客船 400 客位，高速客船 200 客位，客滚船 3 000 载重吨/400 客位。

（4）经营内河液货危险品船的：危险品船 300 载重吨，其中经营内河液化气船运输的：舱容 300m^3。

(5)经营内河客运的:内河普通客船、高速客船 50 客位;经营内河客滚运输(车客渡船)的,客滚船(车客渡船)1 500 载重吨/50 客位。

运输船舶应按规定取得《船舶检验证书》、《船舶国籍证书》、《船舶最低安全配员证书》和《船舶营运证》。其驾驶、轮机人员应持有航政部门签发的有效职务证书。

2. 港口经营人

港口经营包括码头和其他港口设施经营,港口旅客运输服务经营,在港区内从事货物的装卸、驳运、仓储的经营和港口拖轮经营等。以其所具有的或租用的港口码头、泊位、堆场、装卸作业设备、驳船对船舶进行装卸货作业、货物仓储、转运,旅客上落船舶等服务,收取作业费用和使用费用。港口经营企业有港务集团公司、港务有限责任公司、合资港务企业、其他企业经营港口业务、个体港务企业等经济组织。港口经营实行港口经营许可,企业或个人需持有《港口经营许可证》和工商营业执照。

从事港口经营(港口理货除外),应当具备下列条件:

(1)有固定的经营场所。

(2)有与经营范围、规模相适应的港口设施、设备,其中:

①码头、客运站、库场、储罐、污水处理设施等固定设施应当符合港口总体规划和法律、法规及有关技术标准的要求;

②为旅客提供上、下船服务的,应当具备至少能遮蔽风、雨、雪的候船和上、下船设施;

③为国际航线船舶服务的码头(包括过驳锚地、浮筒),应当具备对外开放资格;

④为船舶提供码头、过驳锚地、浮筒等设施的,应当有相应的船舶污染物、废弃物接收能力和相应污染应急处理能力,包括必要的设施、设备和器材。

(3)有与经营规模、范围相适应的专业技术人员、管理人员。

符合资质条件的,由港口行政管理部门发给《港口经营许可证》。

从事港口装卸和仓储业务的经营人不得兼营理货业务。

3. 理货业务经营人

理货业务经营人是指受委托或指定提供理货业务的企业。由于船舶运量巨大,承运人往往无法进行细致的货物点算、计量及办理交接等业务,而将这些业务委托理货人进行理算,由理货人出具理货证明,其理货的结论具有公证文书作用,具有划分责任依据的法律效力。

经营港口理货业务采取经营许可制度,符合以上条件的申请人经交通部许可,凭交通部核发的《港口经营许可证》,到工商管理部门办理工商登记,取得营业执照后方可从事港口理货业务。从事港口理货,应当具备下列条件:

(1)与经营范围、规模相适应的组织机构和管理人员、理货员。

(2)有固定的办公场所和经营设施。

(3)有业务章程和管理制度。

经营港口理货业务的企业,不得兼营货物装卸经营业务和仓储经营业务。

4. 船舶引航

船舶引航是指引航机构派出符合资格的引航员引领船舶航行、靠泊、离泊、移泊的活动(以下简称引航)。引航机构是指专业提供引航服务的法人,是由市(设区的市)级以上地方人

民政府港口主管部门直接管理的事业法人。长江航务管理部门负责长江干线引航行政管理工作。引航员是指持有有效引航员适任证书,在某一引航机构从事引航工作的专业人员。所引航的船舶包括任何用于水面、近水面和水下航行或者移动的船、艇、筏、移动式海上平台等国内外商船、军用船舶、公务船舶、工程船舶和渔船。

下列船舶在中华人民共和国引航区内航行或者靠泊、离泊、移泊(顺岸相邻两个泊位之间的平行移动除外)以及靠离引航区外系泊点、装卸站应当申请引航,也称为强制引航:

(1)外国籍船舶。

(2)为保障船舶航行和港口设施的安全,由海事管理机构会同市级地方人民政府港口主管部门提出报交通部批准发布的应当申请引航的中国籍船舶。

(3)法律、行政法规规定应当申请引航的其他中国籍船舶。

其他船舶在引航区内外航行或者靠泊、离泊、移泊,可自行根据需要申请引航,属于自愿引航。能够使用自愿引航的船舶只能是中国籍船舶,并符合港口法规规定的条件,如广州港规定船长有3个月内在广州港航行过的经历等条件。

船舶接受引航服务,根据国务院交通主管部门规定的收费标准,向引航机构支付引航费。

5. 水路运输服务企业

水路运输服务企业是指从事代办运输手续,代办旅客、货物中转,代办组织货源,具有法人资格的企业,但为多种运输方式服务的联运服务企业除外。

经营下列业务的视同水路运输服务企业:各水路运输企业的各种营业机构(公司、部、站、所等),除为本企业服务外,兼为其他水运业服的;水路运输企业以外的其他企业和单位兼营代办运输手续、代办旅客、货物中转、代办组织货源的。

1)航运代理人

航运代理人是指接受航运经营人的委托,以委托人的名义进行水运商务、港口商务、船舶管理、船员服务的企业。航运代理分为船舶代理和货运代理,船舶代理以提供船舶服务和货运代理服务为主。船舶代理企业必须持有交通部核发的"水路运输服务业经营许可证"。货运代理则仅提供货物运输业务代理服务。

2)船舶供应人

船舶供应人是指向船舶提供各种物资、物料和船员生活物资以及航海技术资料、航运技术支持的企业与个人。从严格意义上说船舶供应人并非航运企业,但航运经营与船舶供应有着密不可分的关系,供应人的责任常常影响航运经营人的责任与义务。

3)船舶管理经营人

船舶管理经营人是指根据约定,为船舶所有人、船舶承租人或者船舶经营人提供船舶营运有关管理和船舶经营或船舶成本控制有关管理的企业与个人,包括:船舶机务管理;船舶海务管理;船舶检修、保养;船员配给、管理;船舶买卖、租赁、营运及资产管理;其他船舶管理服务。

船舶管理经营人的经营管理人员应取得航运或航海、船舶、船机或其他相关专业专科以上学历或中级以上技术职称。船舶管理经营人企业经省级人民政府交通主管部门批准后发给"水路运输服务许可证"。

4)其他船舶服务机构、企业和个人

此外,还有许多为船舶和航运提供相关专业服务的各类机构、企业和个人。如:为船舶港

内机动作业提供拖轮服务、船舶修理、船舶通讯及其他服务的企业与个人。船舶服务机构、企业和个人与航运经营人通过服务合同建立服务关系。

6. 航政管理部门

航政管理部门包括对航运市场管理、船舶管理、航海安全进行管理的国家机关或事业单位。有交通部、各地交通主管部门、海事局、港口管理局、工商管理、船舶检验、航道维护部门等。

航政管理部门根据法规规定和授权分别承担不同的水运管理工作。

交通部负责:"三资"航运企业的筹建、设立及相关事项的管理;经营跨省运输航运企业的筹建、设立及相关事项的管理;跨省液货危险品船运输及重点区域跨省客船运输的管理;集装箱班轮内支线航线的管理;国外进口运输船舶、国际海运船舶转入国内市场的管理;理货经营许可。

地方交通管理部门负责:省内普通货船运输和本行政区域内水路运输的航运企业("三资"企业除外)的筹建、设立及相关事项的管理;在本行政区域内注册的航运经营人从事省内运输的各类船舶的管理;在本行政区域内的航运经营人从事跨省普通货物运输船舶的管理;港口经营许可。

交通部在长江、珠江派驻的航务(运)管理局,统一负责水系干线的航运行政管理工作,管理涉及长江、珠江干线省际之间运输的事项,在业务上指导水系沿线各省的航运管理工作。

各级交通主管部门设置各级航运管理机构或航运管理人员,按照授权负责水路运输相关行政的管理工作。

航政管理采取审批或登记的方式进行。

1)采取审批方式管理的事项

(1)设立航运企业,申请经营国内航运业务或调整水路运输经营范围,必须事先得到相应交通主管部门批准。

(2)建造、购买或光租水路客运船舶(包括普通客船、高速客船、客滚船、载货汽车滚装船、旅游船等)和液货危险品运输船舶(包括油船、化学品船、液化气船等),必须事先得到相应交通主管部门批准。

2)采取登记方式管理的事项

(1)开辟或调整集装箱班轮内支线航线、客运航线。

(2)在国内外建造购买或光租除客船、液货危险品船以外的运输船舶。

(3)航行于国际航线的船舶(客船和液货危险品船除外)转入国内运输。

第二节　商务与商务管理

一、商务的概念、内容及特性

1. 商务的概念

笼统地说商务就是商业活动,泛指一个组织与另一个组织之间买和卖的经济交易的活动,这种具有经济活动能力的组织称为经济主体,包括所有能够独立地处理其经济财产权利的组

织和个人。双方经济主体在经济活动中以营利为目的,包括利润的获得和其他经济资源的占有,进行经济资源的交换。围绕着交换中的出售和购买的整个经济活动过程都是商务过程。此外为了交换产品所进行的准备、机会搜寻及交换之中和之后的关系维护、争议处理也属商务的范畴。

商务的概念可以归纳成:商务是指以营利为目的的经济主体出售和购买经济资源的各种活动的总称。

2. 商务的特点

(1)商务是一种对外的活动,具有外向性。商务是进行商务的主体对外所发生的经济活动,既包括发生在两个经济主体之间;也包括超过两个经济主体的活动,如企业形象建设、商情调查、广告等公关活动。

(2)商务的目的是为了营利,具有营利性。商务就是为了出售和购买经济资源,在以最高的价格出售中获益,在购买时以最低的支出得到所需要的经济资源和占有权。商务的营利性决定了商务工作是每个经济主体的最根本的活动,决定着营利性企业的命运。

(3)商务的多变性。在市场中所进行的商务会随着市场的多变而发生变化。商务的多变性表现在商务的对象不断变化,商务的环境多变,商务的方法不能一成不变。商务方式与方法会随着对象、时机、市场的供求关系、企业的实力和能力的变化等发生变化。

(4)商务的法制性。为了协调发生在两个主体之间的商务,保证商务的正常进行,双方必须有共同的原则和行为规范,那就是全社会普遍遵守的法律法规。只有大家都遵从法律、制度,按法律办事才能保证商务的顺利开展,维护各方的利益。

(5)商务是一项涉及企业整体性的工作,即全局性。商务工作的好坏直接影响到产品能否生产或能否继续生产,商务的失败意味着企业生产的停止;在商务部门订立销售合同后,企业就必须按合同组织生产,生产出符合合同确定质量的产品,并按与合同价格相应的生产成本进行生产。

3. 商务的一般内容

商务是以交易为中心的一系列活动,这些活动包括:

(1)商情调查和发现商业机会。

(2)市场分析和选择商业机会。

(3)商务磋商和签订商务合同。

(4)履行商务合同和在履行合同中的协调。

(5)争议处理和商务风险控制。

(6)客户服务和客户关系管理。

(7)对外关系和塑造企业形象。

(8)制定竞争战略与保持长期发展。

(9)稳定市场份额与开拓新市场。

二、商务管理

1. 商务管理的概念

管理就是计划、组织、指挥和控制的过程。商务管理则是营利性的经济组织为了实现营利目标，对从事商务活动的企业人员和商务活动的过程进行全面计划、组织、指挥和控制的过程。相对于商务而言，商务管理主要发生在以一定程序组成的组织内部尤其是企业内部。商务管理与生产管理、财务管理、人事管理（人力资源管理）、物流管理等一起构成完整的企业管理。商务管理是企业管理的基础，有了商业机会才有生产，才需要人事组织。良好的商务管理能够扩大销售、降低成本，获得收益，使企业得以生存和发展。

2. 商务管理的任务

（1）商务机构的设定和商务人员的选用，商务工作制度的设立。

（2）有效组织市场搜寻，高质量地收集和分析市场信息，捕捉有利的商业机会。

（3）科学规划和设计产品营销策略，督促产品推销。

（4）准确进行成本核算，适当确定价格，提高产品的竞争力。

（5）以优质的服务满足客户和用户的需要，实现企业的经济和社会价值。

（6）加强交易磋商管理和合同管理，严格依合同办事，建立良好信誉。

（7）妥善处理商务纠纷和冲突，防范和减少商务风险。

（8）进行良好的客户关系管理，保持老客户的信赖和发展新客户。

（9）加强商务人员管理，充分发挥全体商务人员的积极性和聪明才智。

3. 商务人员

与其他工作相比商务工作具有更大的机动性和不确定性，人的因素在工作中起更大的作用。特别是在商业机会的获得、企业形象建立方面商务人员起着直接的影响作用，是企业形象的代表。鉴于商务工作的重要性，商务人员的素质和水平对企业的重要性不可低估，应选择具有较高素质和较强能力的人承担商务工作。

1）商务人员的基本素质

商务人员应具有良好的政治思想和道德素质。具有法制的观念，遵守国家法律制度；具有强烈的事业心，能够兢兢业业工作；关心时事，把握社会主流的变化；具有良好的道德水平，不牟私利；具有勇于承认错误，改正错误的心态，做到实事求是。

商务人员需要有较高的业务素质。具有营销、公共关系的知识和较高的能力和才能，能自如地进行对外协调；对市场规律和供求机制有深入的了解；了解产品生产过程，掌握产品质量检测方法；熟练掌握商务工作的原则和方法；具有全局协调、组织能力和团队、合作精神。

商务工作具有突发性和时效性，许多时候需要由承办的商务人员独立处理突发事件，经常要异地办事，因而需要商务人员具有健康的身体和良好的精神。

2）商务人员的基本能力

（1）能够透过现象看本质，具有在众多的信息中寻找商业机会的分析判断、运用丰富的科学知识和实践经验进行科学决策的能力。

（2）具有对内的组织控制和协调，对外的广泛联系、善于交往的公共关系能力。

（3）具有驾驭市场的能力。能够掌握市场的理论和规律，勇于参与市场的竞争，在竞争中取胜；通过信誉的建立、品牌的建立巩固和开辟新市场。

（4）商务工作是建立在具体的实物交易之上，商务人员要对物流管理有充分的认识和物流控制能力。

（5）具有成本核算、产品定价、资金合理运用的财务分析和管理的能力，创造商务以及生

产的利润最大化。

(6)电子商务已成为现代商务的重要手段,商务人员必须具有熟练使用计算机、网络技术的能力,以充分利用电子商务这种先进的生产力。

第三节　水路运输与港口商务

一、水路运输和港口商务的概念与内容

水路运输和港口商务是指在水路运输和港口生产产品交换中,参加交换的各方享受权利与承担义务的行为与活动。即在水路运输中运输企业或个人与需要运输产品的物资企业或个人在委托运输、承接运输和运输交接中享受权利与承担义务的活动;港口经营人与需要港口作业的委托人就港口作业的协议和作业中权利和义务的享受和承担;以及有关方面通过对权利与义务的处理,使各方能以最少的耗损,获得最高的经济利益的组织管理活动。

水路运输和港口商务的内容包括从市场调查、宣传、开发、货源组织到货物托运、承运、委托作业至货物交付、理赔索赔处理完毕为止的整个过程的商业活动。具体说有:

(1)运输市场的调查与运输组织,港口作业的选择。

(2)托运人与承运人订立运输合同和双方履行合同。

(3)作业委托人与港口经营人订立作业委托合同及对合同的履行。

(4)承运人、托运人、港口经营人在履行合同中为了以最少的损耗,获得最大的经济利益所进行的组织管理活动。

(5)参加活动各方对他方的过失损害进行索赔与理赔。

(6)运输企业与港口企业所开展的客户关系管理。

二、水路运输和港口商务所遵循的原则

随着我国社会主义市场经济的建立与经济活动市场化的深入开展,作为经济活动的水路运输行业,已脱离了以往的计划运输和计划作业,进入市场调节的时代。水路运输和港口商务活动也就应遵从市场经济的活动规律,受市场规律的调节和引导,并以满足市场的需要为活动原则。

水路运输和港口商务的活动方式应遵从的原则:

1. 满足社会对水路运输和港口生产产品的需求

满足社会对生产的需要是任何社会生产所要达到的目的,也是社会生产得以进行的根本原因。这种满足社会需要具体表现为社会的供求关系。在市场经济中,供求关系通过市场进行调节,调节的结果就是社会资源的流向以及一方价值的体现程度。当供大于求时,社会资源流向求方,供方贬值;反之当求大于供时,供方升值。水路运输生产的供求关系不平衡,在运输市场中就表现为习惯上称的“船方市场”或“货方市场”。

当处在“船方市场”时,运力小于运量,供低于求,船方价值获得了充分的甚至超额的体现,运价高走,运力紧张;反之在“货方市场”,运力大于运量,供大于求时,船方价值无法正常体现,运价低廉,运力剩余。在不同的时期,水路运输商务就应进行相应的运力与运量调节,活

动的侧重点依市场状况进行调整。当处在“船方市场”时，运输商务的重点就是如何进行合理组织运输，充分利用运输能力，加快船舶周转，往往在这个时期货方对运价不太敏感，运输价格弹性较小。

当处在“货方市场”时，运输商务的重点就应在于做好市场调查、市场宣传，争揽货源，为降低成本合理组织运输。而在港口作业能力不能满足运输需要时，造成港口船舶货物积压，运输不畅，限制社会经济的发展，港口商务管理的目的就是加速疏港，提高港口的作业能力。港口作业能力大于运量时，港口商务的目的则在于重视港口服务水平的提高，提供增值服务，降低作业成本和消除商务风险。国际港口能力发展的普遍规律是港口作业能力适当高于运力运量水平，使水路运输有所保证。

为满足社会对水路运输和港口的需求，在商务活动上还应做好服务，提供优良的产品质量，合理的定价，使运输产品被社会广泛地接受，保持水路运输的繁荣和持续的发展。

2. 适应市场的竞争

竞争是市场经济的最基本的运行机制，没有竞争就没有市场经济。市场主体为了取得有利的经营条件、获得最大的经济利益，必然要进行竞争，在竞争中优胜劣汰，适者生存。《中华人民共和国水路运输管理规则》规定，水路运输在国家指导下，实行地区、行业、部门多家经营，保护正当竞争，制止违法经营。任何单位和个人均不得实行地区或部门封锁，垄断客源、货源。处在市场经济中的水路运输生产也必然面临着激烈的竞争，运输企业之间为了获得有利的航线、充足的货源，在产品质量、价格条件、服务方式等各方面各出奇招，展开竞争。港口企业为了吸引更多的货源，以优质的服务、合理的价格和创新的服务展开竞争。水路运输和港口商务就是在市场竞争中的活动，要敢于竞争，善于竞争。在竞争中求生存，求发展。

3. 依法、守法

在市场经济中的资源配置，虽然是以价值规律为原则按市场中的供求关系和价值关系进行调节，但是现代的市场经济是法制经济，一切经济活动都不能违反法律、法规的规定，合法的行为受法律的保护，违法的行为要受到法律的限制和惩罚。水路运输和港口商务也应该是在法律、法规所允许的范围内进行活动，严格遵守法律、法规的规定。同样，进行商务活动还要充分利用法制武器保护自身的合法行为和合法利益。

4. 实施合同运输和合同作业

水路运输一般为长距离、长时间的运输，点多、线长、面广、环节多，受自然因素和外部条件影响大。对运输中可能发生的不利影响，在运输之前就应有安排，并明确责任的承担。港口作业过程复杂，作业不当会造成货物的损坏，港口常常被动地等待交货，依据作业(保管)持续的时间决定港口收费。水路运输和港口作业都有涉及第三方的权利与义务。为了确定时限，明确责任的承担，保证权利的享受，使运输和作业能顺利进行，必须依靠有法律约束力的合同来规范各方的行为、明确责任、保证利益。当事人之间承担义务和享受权利是一种利益的分配，必须是各方充分协商一致的结果，任何一方都不希望这种结果被破坏，也必须依靠合同的法律保护功能来维护利益。从实质意义上说，水路运输商务的中心就是订立运输与作业合同和履行运输与作业合同的活动。

国家对水路运输和港口商务的管理是通过制定法律、法规进行的。而对具体的商务活动管理就是检查企业在商务活动中是否违反法律、法规规定，通过对当事人订立的合同的审查来判定有无违反法规的规定。违反法规的合同被视为无效的合同,订立合同的当事人要受到法律的惩罚。因而在水路运输和港口商务的管理上也要求实行合同运输。

水路运输和港口商务就是合同关系的活动,应特别重视运输合同的订立,做到合同规范、条款细致完备、责任明确、手续完善、形式统一。在整个运输过程均要依合同办事,以合同指导生产,严格履行合同。同时依合同主张权利,享受利益。

三、水路运输与港口商务的发展与挑战

1. 运输和港口作业的规模会进一步扩大

随着我国经济的发展、国内生产总值的增长、物质流动的增加,运输业也会同步增长。运输能力的需求与港口吞吐量会随着物流的增加而增加。当然社会生产发展的同时也是生产调整的过程,水路运输也会随着社会生产的调整相应进行调整,包括运输方式、经营手段、航线选择、船舶规模等,以满足社会需要。此外,其他运输方式的发展对水路运输也会产生冲击,社会对运输产品的需求亦会随着对各种运输手段的最优化组合进行选择。水路运输主要将围绕其运输优势进行发展。专用船运输、集装箱运输、综合运输会成为更重要的运输方式,港口作业会向着专业化,机械化、自动化方向发展,同时港口的功能也会不断扩展。水运和港口企业随着竞争和联合、资本经营的广泛进行,向着规模化、集约化、专业化的方向发展。

2. 市场化的深入和法制的加强

随着我国市场经济的进一步完善、企业改革的深化,作为水路运输市场主体的水路运输企业都会彻底地被推向市场,成为真正的市场主体。港口作业也将完全与港务管理的行政职能分离,成为独立承担民事责任的主体。同时立法的完善、法制的加强,会使水运市场的竞争更加规范、有序和公平,垄断会被合理的限制。各主体的竞争亦会转化为能力的竞争、质量的竞争、服务的竞争、创新的竞争和实力的竞争。随着市场体制的改革,国家整个运输业都因市场的调节,使各种运输的比价关系向合理范围调整,运输分工更为明确和细化,各种运输优势更能充分发挥。

3. 电子商务和信息技术的发展将会使水路运输商务发生重大的变革

电子商务是在计算机互联网之上展开的动态商务,包括电子交易、信息发布、订立合同和查询、财务处理、客户联系等商务活动。电子商务的高速信息传递、降低交易成本、全天候服务等优势,将会彻底改变传统的商务方式,甚至改变商务的传统组织方式。信息技术的发展会使社会信息的传递更为快捷、信息量增多,人们获得信息和发布信息更为容易。这对水路运输商务来说,一方面使运输组织更为合理,揽货、承运更为方便,商务成本大为降低;另一方面快捷的信息传递使社会对水运的周转速度要求加大,也会使许多商品就地调给而无须运输。电子商务和信息技术的发展是社会发展的必然趋势,水运商务人员应熟练地掌握这种手段和技术,适应未来的需要。

4. 现代物流的发展改变着水路运输和港口商务的地位

现代物流是指为了满足顾客需要,连接供给主体和需求主体,保证及时、经济地将生产原料和产品提供到需要的地点的物流组织和管理活动。现代物流的组织无论是由物质方开展还是专业物流企业进行,其最大的特征是对现有运输条件的合理利用。水路运输和港口作业环节都会被纳入现代物流的体系之中,成为现代物流的组成部分。一种情况是,运输经营人成为

现代物流的组织者,使水路运输商务成为仅仅是执行整体物流协议的一个生产环节,水路运输商务的范围和内容大为减少;或者港口成为现代物流的组织者,扩展港口的经营范围,发展配送业务,港口成为独立的物流经营人和配送商。另一种情况是,水路运输和港口作业只受单一的现代物流经营者的委托进行运输和作业,面对单一的委托人,只是现代物流的运作环节。无论如何,现代物流会使水路运输和港口商务活动逐步转向订立长期合同、合理协商价格和提供优等质量、面向众多收货方配送等物流商务。

5. 航运安全管理的加强

近年来由于国际航运安全管理不断加强,《国际安全管理规则(ISM)》及港口国管理制度的实施,使许多不符合安全和环境保护要求的船舶被退回到沿海运输,造成了沿海运力的大量剩余,水运企业大多处在不景气的状况。但随着我国国内航运安全管理的加强、环境保护的重视,也会使许多不符合要求的船舶退出航运市场,影响水运的非经济因素加强。从而使得运输商务不仅要考虑运输收入、效益、责任承担、产品的供给与需求,还要注意航运安全和环境保护。

6. 航运市场对外开放对水路运输的影响

随着我国改革开放进一步深入,国际货运市场和港口经营对外开放是必然趋势。大量管理先进、实力雄厚的国际运输企业和港口经营者进入我国水运市场,必将加大市场的竞争程度,刺激和提高水路运输和港口商务的水平。对外开放的深入会使水路运输和港口商务的活动方式与国际接轨。虽然沿海运输权不会放弃,仍由悬挂中华人民共和国国旗的船舶经营,但沿海运输中的国际运输转运货物,将会因为外轮航线的延伸、挂靠港的增多而减少。允许进行国际航行的中国籍船舶在国内港口间承揽运输的“国轮捎带业务”,扩大了沿海港口间的运力供给。

第四节　水路运输与港口商务管理

一、水路运输和港口商务的管理组织

水路运输和港口商务管理本身是水路运输企业管理的一个部门,但与企业管理中的生产管理、财务管理、劳动管理等有着不同的管理对象和内容。商务管理是对企业与外部联系活动的管理,受到外部条件的重大影响,存在着与外部权利与义务的分配关系。商务管理与其他企业管理一样,是企业管理的一项重要工作,有人认为商务是企业管理的前提和决定因素,即经营决定生产。

商务是决定企业生存与发展的根本因素,对水运企业来说更为明显和重要。没有商务就没有运输和作业。因而水运企业和港口企业要特别重视商务的管理,加强商务队伍的建设,提高商务人员的思想素质、业务素质。由于商务人员往往独立处理事务,单兵作战,商务人员的活动能力、积极性的发挥对商务工作的影响巨大,往往决定着成败。因而商务管理要建立分工明确的责任制度,各司其职、各负其责,避免无人负责与互相推诿现象发生。商务管理要建立完善、合理的商务协作机制,不仅使商务人员能够充分发挥个人的能力,而且要能够做到商务部门同心协力,发挥集体的力量与智慧。

在建立商务激励和协作机制的同时,还要建立和完善商务监督机制,要规范商务人员的行为,限制个人不良行为,防止违法乱纪行为发生。商务监督机制还应能够做到在个别商务人员出现失误或产生疏忽时能够及时发现、及时补救,避免企业受损、损失扩大或责任加重。

1. 水路运输和港口商务管理机关

我国实行的是社会主义市场经济,是在国家、政府宏观调控下的市场经济。水路运输商务管理也是在宏观指导下的经济活动管理,其领导机构是国务院交通主管部门和地方人民政府的交通或航运厅局、港务局。

水路运输和港口商务管理领导机构的主要任务是:根据国家的法律、方针、政策,结合水运实际,制定或修改水运商务的管理行政法规、规章制度和政策;检查各商务组织执行法律、法规的情况,处分违法行为;对水运商务进行业务指导和协调。

作为工商活动的水路运输和港口商务还受到工商行政部门的管理。需向工商行政管理部门办理营业执照,遵守工商管理的规章制度,在工商营业执照所规定的范围内从事营业活动,进行合同的工商管理等。

2. 水运企业的商务部门

1)航运企业的商务部门

航运企业设置的商务(处、科、室)或货运商务部(科、室),是航运企业从事商务工作的职能部门,由企业经理直接领导,代表企业法定代表人从事运输商务活动。由于航运经营的异地性,许多航运企业在主要的航运港口设立商务代表处或商务分支机构从事当地的商务活动,或者委托当地的代理开展商务操作。

航运企业的商务部门的主要业务是贯彻和执行商务规章制度,按企业的经营策略进行货源调查和货源组织,签订运输合同,进行运价费率的管理和核收,确定航线配船,签订港口委托作业、仓储合同,办理货物交接,处理货物溢短、货损货差与理赔及货物转运、联运等业务。有旅客运输的航运企业,商务部门还需进行客运宣传、售票,与港口订立场地使用合同等客运业务。

2)港口商务部门

港口商务部门是港口企业处理商务工作的职能部门。港口设有商务部(处、科)以及商务营业部、站等。其主要业务是执行商务活动的规章制度,按港口企业的经营策略进行货源组织,制定港口费收,订立作业委托合同、仓储合同,计取各种费用,办理货物交接、验收,处理货损货差、货物溢短、转运补运以及理赔、索赔,危险货物管理;旅客运输的售票与场站服务等客运商务。

在计划经济时代,航运企业与港口企业均属计划中的水运部门,双方的关系为内部关系,共同对运输负责。两类企业的商务部门互相代理,形成了商务关系不明确的现象。目前在许多方面还存在着这种关系不明确的痕迹,如港口商务部门办理收货人的提货手续等,不利于航运企业与港口企业的责任的明确承担。这些都是水运市场建设和改革需要解决的问题。

二、水路运输和港口商务的管理法规

社会主义市场经济是法制的经济,一切经济活动都必须遵守法律、法规的规定。合法的行为受法律的保护,违法的行为受法律的处罚和约束。水路运输商务同样要遵守有关调整水路运输商务的法律法规的规定。

1. 水路运输和港口商务管理的法规体系

水路运输和港口商务管理的法规体系是指所有由调整水路运输商务的法律规范组成的法律体系。其目的是为了规范水路运输和港口作业市场,调整水路运输和港口作业中当事人的权利与义务,明确责任的承担,惩罚违法行为和维护水路运输和港口作业市场的正常秩序。它包括所有调整水路运输和港口商务的法律、行政法规、业务章程和规则等规范性文件。国家法律是指由我国的最高权力机构全国人民代表大会通过和颁布的规范性文件;行政法规是国务院按照法律的原则所制定的执行法律的规范;业务章程则是国务院主管部委对法律、法规的细化和结合行业实际所作的补充,仅对所管辖的行业有效。

构成水路运输和港口商务管理法规体系的法律、规章主要有:《中华人民共和国合同法》、《中华人民共和国港口法》、《中华人民共和国海商法》、《中华人民共和国水路运输管理条例》、《国内水路货物运输规则》、《港口货物作业规则》、《水路旅客运输规则》、《水路危险货物运输规则》等以及有关费收、运价的法律规章。

随着我国法制建设的进一步深入,水路运输和港口作业的立法将向更高层次、更加全面的方向发展。航运法等对水路运输有着重大影响的法规正在加紧立法,不久的将来就会实施。它将会对水运市场产生巨大的变革,使水路运输和港口作业市场更加成熟、规范和合理。

2. 主要水路运输和港口商务法规简介

1)《中华人民共和国合同法》(1999 年 3 月 15 日颁布,1999 年 10 月 1 日起施行)

以下简称《合同法》,它是商务活动最重要的法律依据,是我国社会主义市场经济的基本法律,适用于除身份关系的协议外的平等经济主体之间订立的有关责任的协议。其立法的目的是为了保障社会主义市场经济的健康发展,保护合同当事人的合法权益,维护社会经济秩序,促进社会主义现代化的建设和国际交流。它确定了合同的地位、作用,合同效力,合同的基本内容与形式,合同的形式和合同订立方式、履行原则,合同的管理,违反合同的责任,合同纠纷的处理等法律规范。在合同分则中列名了 15 种有名合同的订立、形式、当事人的基本责任等合同规范。它对于鼓励当事人交易的积极性、繁荣市场经济、发展经济起着有力的促进作用。

2)《中华人民共和国海商法》(1992 年 11 月 7 日颁布,1993 年 7 月 1 日起施行)

以下简称《海商法》,它是依据国际公约、国际惯例和最新发展,结合我国的航运实际订立的调整国际航运和船舶关系、海事处理的专门法律。其立法目的是为了调整海上运输关系、船舶关系,维护当事人各方的合法权益,促进海上运输和经济贸易的发展。它规定了国际海上货物运输合同及当事人的权利与义务,船舶的地位与性质,船舶租赁,海事侵权关系,海上救助,海上保险,海事赔偿等海商、海事关系。但是其所规定的海上货物运输合同部分不适用于国内水路货物运输。

3)《中华人民共和国港口法》(2003 年 6 月 28 日颁布,2004 年 1 月 1 日起施行)

以下简称《港口法》,它是以确定港口的法律地位,加强港口管理,调整港口规划、建设、维护、经营和管理的法律关系,维护港口的安全和经营秩序,保护港口经营各方当事人的合法权益,促进港口事业健康发展而制定的法律。它的实施,将会提升港口法制管理的水平,保护海岸资源,促进港口建设多元化、规范化,稳定港口经营环境,对港口商务的规范和港口事业的发

展起到极大的促进作用。

4)《中华人民共和国水路运输管理条例》(国务院1987年5月12日公布,2000年修订)

它是关于国内水路运输管理的一项基本法规。其目的是为了加强水路运输的管理,维护水路运输秩序,提高运输效益。主要内容有:运输主体的资格和要求,水路运输的行为规范,水路运输的管理机构,规费的征收,违法经营的处罚等水路运输市场管理的各项规定。

5)《国内水路货物运输规则》(2000年7月17日交通部发布,2001年1月1日起施行)

它是在新的市场经济时代,针对水路运输市场的最新发展,依据《民法通则》、《合同法》、《海商法》的原则,由交通部制定的行业行政规章。其目的是为了明确国内水路货物运输有关当事人的权利和义务,保护其合法权益。主要规定了水路运输市场主体的地位,水路运输合同及当事人的基本责任与义务,争议的处理等关于处理水路运输经济关系的法律依据和准则。

6)《港口货物作业规则》(2000年7月17日交通部发布,2001年1月1日起施行)

它是为了适应社会主义市场经济发展的需要,依据《合同法》的基本原则,由交通部发布的关于港口货物作业的行政规章。其目的是为了在新的形势下,规范和调整港口作业的秩序,明确港口经营人的地位,设立港口货物作业的合同制度,制定作业合同当事人的权利和义务,建立新的港口货物作业的业务规范。由于港口货物作业合同非《合同法》的列名合同,它的制定弥补了《合同法》的合同种类的不足。不仅用于调整国内水路运输货物的港口作业,而且适用于国际运输货物的港口作业。

复习思考题

1. 水路运输有何特性?
2. 水路运输业的组成之间的关系如何?
3. 怎样理解商务的重要性和商务的特性?
4. 商务人员需要有什么样的能力要求?如何获得?
5. 如何看待商务工作中人的因素?怎样进行商务人员管理?
6. 水路运输商务工作要遵循什么原则?
7. 如何面对水路运输商务发展的挑战?
8. 如何确定现代水路运输和港口商务的组织?
9. 水路运输商务管理有哪些法规?如何理解商务管理法规体系之间的联系?

第二章　水路货物运输合同

学习目的

了解水路运输合同的特性，掌握水路运输合同的形式和种类；熟悉合同订立的过程和方法，掌握合同的基本内容，掌握合同履行的原则，掌握水路货物运输合同在特殊情况下的履行，掌握水路货物运输合同变更和解除，掌握违反水路货物运输合同的违约责任。

第一节　水路货物运输合同的概念和特性

一、水路货物运输合同的概念

水路货物运输是指在中华人民共和国国内的沿海、江河、湖泊及其他通航水域的港口间的货物运输，以及非港口的货运站点作为装卸点的自然坡岸为起运地或目的地的水路货物运输。涉及其他国家及我国特别行政区的港口与我国国内内地港口间的货物运输，为国际货物运输。

水路货物运输合同则是指在水路货物运输中，承运人与托运人为确定双方在货物运输过程中的权利与义务而订立的运输协议。具体说就是承运人收取运费，负责将托运人托运的货物经水路由一港（站、点）运至另一港（站、点）而与托运人订立的货物运输合同。

二、规范水路货物运输合同的法律规范

目前我国水路货物运输合同与国际运输合同适用不同的法律制度。前者为国内货物运输，适用我国《合同法》及相应法规；后者适用我国《海商法》。此谓我国规范运输合同法律的双轨制。

具体规范水路货物运输合同的法规有法律层次的《合同法》；部门规章层次的《国内水路货物运输规则》。

三、水路货物运输合同的特性

1. 水路货物运输合同是当事人合法的法律行为

当事人的合同行为必须遵守国家法律和政策的规定，受调整水路货物运输各类法规的约束和规范，所订立的水路货物运输合同必须符合国家法律法规的强制规定。当事人的权利与义务关系受国家强制法律的约束，享有法律赋予当事人可以享受的权利，且承担法律确定的义务。

2. 水路货物运输合同是平等主体之间当事人的民事合同

合同是当事人双方意思协商一致的表现。无论是计划运输还是委托运输，无论当事人的经济性质和经济实力有多大悬殊，在作为订立合同的主体时，其法律地位完全平等。任何一方都不能以大压小，以强凌弱，否则订立的合同是无效的合同。当事人地位平等还体现在当事人订立合同的机会平等，允许进行公平竞争。

在订立运输合同时必须保证双方当事人充分表达意见，协商一致，双方互利互惠。任何一方不得采用欺骗、威胁、强迫的手段签订合同。意见协商一致并非当事人完全的“自由订约”，双方必须遵守国家法律与法规，不得损害社会公共利益和第三人的权益，优先保证国家的运输计划。

3. 水路货物运输合同是有偿合同、行为合同

水路货物运输合同的当事人是为了实现一定的经济目的而进行的法律行为。在这之中承运人提供运输劳务，完成货物运输，收取运费。托运人支付运费实现货物的空间位移以获得利益或者满足其自身的生产和业务的需要。双方在合同中即要承担义务，亦有权享受合同所带来的利益，体现了双方当事人的权利与义务对等，任一方违反合同都要对对方承担经济责任。作为一种行为合同，当事人一方提供劳务和另一方接受劳务支付酬金，并不产生新的劳动成果，运输对象不发生改变，但是行为发生之后不可逆转，只要约定的行为发生就意味着合同履行。行为合同以行为作为履约的标准，应该行为一方的不行为就构成根本违约。

4. 水路货物运输合同是涉他合同

水路货物运输合同的当事人为托运人与承运人。作为运输合同中指定的收货人若非托运人，则水路货物运输合同的履行就涉及第三人——收货人。收货人在水路货物运输合同履行中的权利与义务通过水路货物运输合同进行调整与保证，受水路货物运输合同的约束，对合同的履行承担相应责任。收货人有权提货、就货物损坏向承运人索赔，以及有义务按合同规定支付费用、及时提货等的权利与义务是由托运人通过水路货物运输合同指定而产生的。

5. 水路货物运输合同是具有履行期限的合同

承运人将货物运至目的地，将货物交付给收货人，收货人在验收、交接时没有提出异议，并在提货凭证上签字，运输合同的履行即告终止。在这之中托运人提供货物、承运人将货物运到、收货人提取货物，都需要有时间限制，因而水路货物运输合同是有履行期限的合同。承运人未在履行期限内完成运输则构成违约；托运人未在约定期限内提供货物或收货人未在期限内提货均构成违约，需承担违约责任。即使合同未订立明确的合同履行期限，当事人也需在合理的时间内履行合同。

四、水路货物运输合同的作用

作为经济活动的水路货物运输，承运人与托运人订立水路货物运输合同用以调整在运输中当事人双方的权利与义务等的经济关系，维护当事人的合法权益，确保获得合同利益。通过合同解决双方的争议，形成和谐、有序的供求依赖关系。同时通过运输合同的订立，承、托双方在平等地位的协商、交流，互相促进，有利于水路运输事业的健康发展，满足社会生产与人民生活的需要。在运输合同的约束下，水路运输企业为了取得盈利，必须充分运用价值规律，降低消耗，加强管理，提高企业的管理水平。在规范的合同订立和合同履行中，建立规范、有序的水

路货物运输市场。

五、水路货物运输合同的形式与种类

1. 水路货物运输合同的形式

水路货物运输合同的形式是指水路货物运输合同的表现形式。根据《合同法》第10条："合同有书面形式、口头形式和其他形式。"订立水路货物运输合同也可采用书面形式、口头形式和其他形式。

1)书面形式

书面形式是合同的最主要形式。书面合同条款完备,双方意志可以充分表示,权利与义务明确;可以长期保存,便于合同的履行;发生合同纠纷时有据可查,便于迅速解决争议,在采用示范文本订立合同时,更能做到条款全面,防止遗漏。

合同的书面形式包括当事人双方在一起签订书面协议的合同书,当事人协议合同事项的信件、图表等书面文件,当事人对协议最后签订的确认书等纸面文件形式。当事人在协商合同中的谈话记录和电话记录,经双方签字、盖章或事后盖章认可,可以作为合同的书面形式。

另外,当事人双方协议同意使用电报、电传、传真、电子数据交换(EDI)和电子邮件(E-mail)的,它们也可作为书面合同的一种形式。约定使用电子数据交换的,并利用EDI服务中心的EDI网络系统进行传递和交换,则电子报文是合法、有效可执行的;若电子报文的内容可以随时查阅,则此电子报文视同合法的书面文件;而附有电子签名时,电子报文视同符合协议的要求或法律、法规的规定,作为正式的书面合同。一方以对方提供的电子信箱地址给对方发送的电子邮件达成协议的,该电子邮件为书面合同。

电报、电传、传真、电子数据交换(EDI)和电子邮件(E-mail)等书面形式经双方协议采用时使用,但对于法律法规规定必须采用书面形式的合同必须采用书面形式。如不动产买卖合同、不动产租赁合同、不动产抵押合同必须采用书面形式;用于船舶经营的船舶买卖、光船租赁、船舶抵押融资合同也必须采用书面形式。

2)口头形式

口头形式是双方以口头用语言约定而订立的合同形式。口头合同具有简便、快速、经济的特性,有利于合同的迅速成立,便于及时地交易。但口头合同对于口头约定人以外的其他人来说,其无从知道所约定的内容。口头合同因无以为据,事后极易产生争议,且发生争议时无据可查,不利于解决争议。

对于运输量小、过程简单的短途驳运、摆渡零星货物,双方当事人可以即时清结的水路货物运输,形成惯例的重复性运输可以采用口头形式。

由于水路货物运输采用单证制度,在运输中必须使用单证(如运单)作为运输事项、运输要求、费用及其支付的记录。运输中的责任划分完全以法规确定,因而在水路货物运输中较常使用口头约定。双方订立合同时,仅通过口头约定运量、运价、运输时间等基本合同事项,而采用单证作为合同的证明。在这种情况下,口头约定只成为合同成立的标志。

3)其他形式

水路货物运输合同除了书面形式、口头形式外,还有在默示情况下成立的合同以及以现象推定合同成立等的其他形式。包括双方没有订立合同,当一方或双方履行了全部或部分义务,

而对方接受的就视为合同成立。如托运人交费，承运人收费；托运人交货，承运人签发运单；货物承运，托运人交费等一方采取行动而另一方接受的行为。

2. 水路货物运输合同的样式和格式合同

水路货物运输合同的样式可以为完整的合同书、分散的来往电函、双方协商的记录、计划表、简化格式、确认书以及格式合同等。

为了简化合同的订立，缩短交易时间，降低交易费用，避免发生条款不完备，方便合同的重复使用，由承运人根据法规事先拟定合同，在订立合同时不与对方协商合同内容的合同为格式合同。格式合同亦称为标准合同、定式合同或格式条款。格式合同可以由合同监督管理部门提供、行业协会以及当事人一方制定，由当事人一方提供使用。格式合同的使用大大简化了合同的订立，特别是不断重复的合同大都采用格式合同。在水路运输中经常采用格式合同。当然当事人也可以选择不使用格式合同。

虽然格式合同有极大的优点，但格式合同限制了对方的自主订约权，具有承诺的被迫性，对方只能是接受或拒绝，且合同只体现制定格式合同或提供格式合同一方的意志和利益，存在不公平性。因而对于格式合同的使用《合同法》规定：提供格式条款一方应当遵循公平的原则确定当事人的权利和义务，并采取合理的方式提请对方注意免除或者限制其责任的条款，并按照对方的要求，对条款予以说明。当发生格式条款争议时，按照通常的理解予以解释；对格式条款有两种以上的解释时，应当作出不利于提供格式条款一方的解释；格式条款与非格式条款不一致时，采用非格式条款。

3. 水路货物运输合同的种类

根据水路货物运输对运输的不同要求，当事人之间签订相应的运输合同。水路货物运输合同可分为单航次运输合同和长期运输合同。单航次运输合同又分为班轮运输形式下的运输合同和航次租船运输形式下的运输合同。

1）长期运输合同

长期运输合同是指托运人与承运人就在一段长时期内水路货物运输所达成的协议。合同所持续的时期可以是1个月或1个月以上、甚至1年。长期运输合同适用于具有大批量、稳定性货物运输的托运人与有一定运输实力的承运人之间，为了稳定运输关系，将当事人双方的基本权利和义务关系在一段较长的时期内确定下来而订立的协议。长期运输合同能够保证托运人的货物的按期运输，保证生产和交易的稳定持续进行；对承运人具有稳定的基本货源，有利于船舶的计划安排、有效利用。

长期运输合同的订立，使双方都可在此基础上对生产和运输进行有效计划，做到各环节衔接密切，针对性地处理货物和使用船舶，有利于提高效率，降低成本，因而长期运输合同都有较为优惠的运价。

由于长期运输合同所跨的时期较长，对未来发生的具体情况的判断差别会使长期运输合同出现两种情况。一种情况是未来情况的变化不确定性甚多，在这种情况下不能以推测来确定合同，因而双方所订立的长期运输合同较为简单、笼统，在具体执行合同时再订立具体的分合同，以满足具体运输时的有关事项和实际事务的调整，这种长期运输合同又称为总合同。另一种情况是未来情况变化不大或者双方对未来情况的变化能确定，双方签署较为具体、明确的长期运输合同，在实际运输时只使用运输单据进行联系和安排运输。

长期运输合同主要使用于大宗货物运输,货物流量大、稳定、持续。此外对于国家计划运输、特种货物运输也采用长期运输合同的方式。而托运人与承运人为了稳定运输关系,保证托运人需要时承运人可以及时运输,或者承运人为了保持与托运人的关系,虽然货运量不大,双方也签订年度的长期运输合同。

当双方签署的是在一定时期内完成一定运量的长期运输合同,因这种长期运输合同限定运输总量,重视数量的完成,故又称为"包运合同",或称"运量合同"。对船方而言,包运租船时货运量大,较长时间内有较充足的货源,基本保障了稳定的运费收益;而且包运租船中,船舶所有人可根据自有的船舶运力灵活地安排船舶;在保证按合同规定完成货物运输的前提下,船舶所有人通过对船舶的适当调度,可利用航次间的多余时间装运其他货物,提高运力利用率,从而获得更大经营效益。对货方而言,包运租船可以保证在较长时间内满足货物的运输需求,而且可在较大程度上摆脱货运市场行情的变动所带来的影响,确保运力,将货物运往最终市场,从而保障生产或销售活动的正常进行。

虽然未明确长期运输的货物量,但双方订立一定时期的运费(优惠)标准或运费确定标准的长期运输合同又称为运费协议。当然承运人接受运费(优惠)协议需要有一定的运量为基础。

2)单航次运输合同

单航次运输合同是指托运人与承运人就一个具体航次的货物运输达成的运输协议,或者说一批货物由一艘船舶从起始港运往目的港双方订立的运输合同。单航次运输合同的订立意味着运输活动就要发生,双方对运输中可能发生的各种现象应进行明确的约定,权利义务划分明确,以保证运输过程的顺利进行,双方合同的目的能完全实现。

单航次运输合同可以是在长期运输合同下,双方就具体一航次的货物运输订立的实施分合同,也可以是单独订立的一个航次货物运输合同。

船舶的运输组织方式分为班轮运输和航次租船运输两种形式,对于不同的运输组织形式,单航次运输合同可以分为班轮运输形式下的运输合同和航次租船运输形式下的运输合同。

(1)班轮运输形式下的单航次运输合同。班轮运输是指在特定的航线上,按照预订的船期和挂靠港口从事有规律的水上货物运输的运输形式。班轮运输是船舶运输经营的重要方式,船公司组织一条航线,在航线上以定期、定港的方式,安排一艘或多艘船舶进行有规律的运输,并向社会公告。在班轮航线确定(开辟)后,船舶按时开航,班期不因货载的变动而变动。班轮运输的运价采用"运价表"的方式向社会公布并保持一定的稳定。由于班轮运输是水路货物运输的基本形式,水路运输行政管理部门对其有着严格的管理制度和法规进行管理,除了班轮航线的设定实施审批制度外,对班轮运输的过程如航班的保持和变动、运价表的备案、运单格式的备案以及定期统计报告等进行监督和监管。

班轮运输具有定时、快速、固定商务程序、价格透明和长期从事航线运输的特性,适合于一般杂货和小额贸易货物的运输以及集装箱、滚装货物运输。

在班轮运输形式下的单航次运输合同又称为航次运输合同或水路货物运输合同(班轮运输形式)。由于班轮运输以小批量货物为主,每个航次都有成百上千的合同,为了简化合同的订立,统一合同事项,均采用格式合同的方式。合同由船公司(承运人)事先拟定,在托运人托运时直接填写运输事项确定合同。由于班轮运输受到运输行政管理部门较为严格的管理和许

多强制性法规的约束，承运人拟定的合同义务和责任条款一般都直接采用行业行政法规或法律的强制规定和引用法规的任意性条款作为合同的责任条款，并且往往采用首要条款的方式将行业法规引入合同。

(2)航次租船形式下的单航次运输合同。航次租船是船舶营运的基本方法，是指船舶出租人向承租人提供船舶或船舶的部分舱位，装运约定的货物，从一港(站、点)运至另一港(站、点)的运输形式。航次租船运输没有固定的航线，船舶的装货港、卸货港口等都根据承租人的货物运输要求确定和进行，而航行的航线和航行时间则根据合同约定或者航运习惯进行。

航次租船适用于一次性大批量的货物运输，由出租人提供约定的船舶，在约定的时间和港口装运承租人提供的约定货物，运到指定的目的港，收取约定的运费。若承租人的货运量不足一整船，可以仅租用部分货舱。同时允许出租人揽载其他货物，将剩余的舱位转租给其他承租人。

在出租人与承租人以航次租船的形式下就货物运输达成的协议就称为航次租船合同。双方就该航次运输的货物、装卸货港口、航行时间、装卸货责任的承担、运费等事项达成协议。虽然航次租船合同以船舶的航次租用为名义，但合同确定的仅为货物运输的相关事项，不涉及承租人对船舶的占有或控制，因而航次租船合同是货物运输合同，而非财产(船舶)租用合同。从本质上来说航次租船合同是完成约定货物数量运输的运输合同，出租人以约定货物数量和运输时间为依据确定运费，承租人以约定货物数量运输并支付运费。因而航次租船合同特别注意船舶的载重能力和船舶被使用的时间，对营运的各项费用的承担均在合同中商量约定。在货物批量较少的航次租船中，就同一船舶在同一航次，出租人就需要与多个承租人订立航次租船合同。

由于相关法规对航次租船合同中出租人的义务仅作了基本的责任规定，航次租船合同具有极大的“合同自由”的空间，在基本责任范围外，可以任意商定合同条款。为了提高合同质量、减少合同争议、简化合同商定草拟、加快合同的订立、统一合同义务，航次租船合同大都使用合同范本。由行业协会、租船交易所或某一方制定的有较高的质量合同范本都可以成为订立合同时引用的范本。合同范本没有约束力，只是作为当事人订立合同的参考和引用。

第二节　水路货物运输合同的订立

一、水路货物运输合同当事人

合同当事人是指订立合同的双方，他们之间因合同产生了新的法律关系，对合同的履行要承担责任，亦享受合同确定的利益。依据《合同法》第9条规定：“当事人订立合同，应当具有相应的民事权利能力和民事行为能力，当事人依法可以委托代理人订立合同。”所谓的民事权利能力是指法律赋予民事主体从事民事活动，享受民事权利和承担民事义务的资格。民事行为能力则为民事主体以其自己的行为享受民事权利和承担民事义务的资格。民事能力与民事行为相对应，包括《民法》所规定的一般意义的民事能力，以及具有相应的经济、管理法规所要求的民事能力，如经营资格、资质条件、财务条件等。

水路货物运输合同的当事人应是满足以上条件的经济组织与个人，包括各类法人、其他经

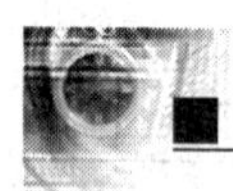

济组织、个体工商户、农村承包经营户、个人等。在水路货物运输合同的当事人为运输委托人(托运人)和航运经营人(承运人)。

1. 承运人

承运人是指与运输委托人订立运输合同的人,是水路货物运输合同的当事人一方,也称为契约承运人。根据水路运输管理规定,作为水路运输的承运人通常是指拥有船舶的航运经营人,持有交通部颁发的"水路营业运输许可证",以及工商管理部门发放的"工商营业执照"的水运企业和个体(联户)船民,并且在以上证件许可的范围内经营船舶、承接运输;以及并不拥有船舶,但在一定时期内可以使用甚至占有船舶的租船人和光船租船人;或其他运输经营人,他与货物所有人签订运输合同后再委托有船的实际承运人运输。

实际承运人是指接受航运经营人的委托或者转委托从事水路货物运输的人。实际承运人必须具有水路货物运输能力,从事全程运输或者水路转运的部分运输。实际承运人虽然接受航运经营人的委托,与航运经营人订立运输合同而不是直接与货物所有人订立合同,但其行为却是水路货物运输的一个过程,直接处理货物运输,甚至面向收货人提货,因而必须直接承担其所实际承运过程的承运人的运输责任和义务。

2. 托运人

托运人是指与承运人订立运输合同的人,是水路货物运输合同当事人另一方。运输委托人可以是实际的货物所有人,如货物所有人、货物贸易交易的买方或卖方,也可以是只是有权处理货物运输的人,包括货运经纪人、物流或其他运输经营人等。运输委托人直接对航运经营人承担,亦有权向航运经营人主张权利。

没有与航运经营人订立合同,而将货物交给承运人运输的人为发运人,发运人不是运输合同的当事人,不直接承担运输合同的责任。发运人承担按时交货、妥善包装标志货物等履行运输合同的行为,只是代理履行货物所有人的义务,其不履行的责任由运输委托人向承运人承担。至于运输委托人与发货人之间以代理、委托、贸易合同关系去处理两者责任则与运输合同无关。

国家指令性计划物质运输是由国务院和省级政府计划部门直接下达或授权有关部门下达给物资部门的任务。对这类任务的运输,运输委托人为执行国家调拨指令而发货的物质部门,其虽为执行国家计划,但是在水路货物运输中以其本人的名义与航运经营人订立运输合同,并在其中承担运输委托人的责任,享受托运人的权利。

如果不是托运人在目的港提取货物,则在运输合同中就需要确定收货人,其属于运输合同的第三人。收货人必须是水路货物运单中指定的人,才有权提取货物。收货人不参加合同的订立,不是水路货物运输合同的当事人,但是收货人作为独立的主体在运输中承担责任和享受权利,其权利和义务是由运输委托人指定授权的。运输委托人将其提货的权利、承担提货的责任、甚至货物的所有权指定给了收货人,使收货人能凭水路货物运输合同行使权力,同时因接受授权而受水路货物运输合同的约束,承担合同有关义务。可以说,收货人的权利和义务的获得是基于合同的指定所确定的。

二、水路运输合同的客体和标的

客体是合同权利和义务的对象,水路货物运输合同的客体是所要运输的货物和船舶。货

物和船舶不是运输的目的，而是运输的载体和手段，由于货物和船舶只是客体，保持货物和船舶状态不发生变化是合同履行的基本要求。

标的是合同的目标和目的，水路货物运输合同的标的则是运输行为，是因运输所产生的空间的变化。因而判定合同是否履行的标准就是看运输行为是否完整实现。当然运输行为是通过货物和船舶来表现的，包括货物的状态、数量、运输起点终点、承运船舶。

三、水路货物运输合同的订立

1. 合同订立的原则

合同订立的原则是国家法规在合同订立中对双方行为的强制规范，任何人在订立合同时都要严格遵守。订立合同的原则还表现了社会公共道德的标准，以及道义上对订立合同的人的约束。

1）自愿的原则

任何人都有自愿订立合同或不订立合同的权利，任何单位和个人不得非法干涉。自愿的原则是合同订立的基本原则，是合同自由的基础，是个人或集体财产所有权的体现。根据自愿的原则，任何人都可以选择是否订立合同，订立什么样的合同。

自愿的原则不仅是合同订立的原则还是合同履行和合同处理的原则，可以依据自愿的原则双方协商变更、终止合同，协商选择解决争议的方法等。

自愿的原则也是一个相对的原则，在多个方面受到限制。在合同订立和履行中，应当遵守法律、行政法规，遵守社会公德，不得扰乱社会经济秩序，损害社会公共利益。在合同订立后，应当按照约定履行合同义务，不得擅自变更和解除合同。

2）公平的原则

公平的原则也称为正义的原则，是民事法律所追求的目标，国家制定法律的目的就在于主持社会正义。受法律约束的合同只有在遵循公平的原则下才能受到法律的保护。根据《合同法》第 54 条，订立合同时显失公平的，当事人一方有权请求人民法院或者仲裁机构变更或者撤销。

公平的原则的具体内容表现为：

(1)公平对待。只要具有合同相应的民事行为能力和民事权利能力的任何人，都具有相同的订立合同机会，不得受到歧视对待。

(2)权利与义务的公平。在商定合同条款时，双方的权利的享受和义务的承担必须公平，不得以对方缺乏经验或者处于危险困境，使之承担过重的义务、减轻自己的责任，为自己谋取不正当权益。任何一方违反合同都要承担相应的责任。

(3)合同风险承担的公平。合同风险是指在合同订立时，对可能发生的不可抗力、客观情况的变化等非当事人能控制的原因，所制定的承担损害、履行特殊义务的约定。对这些约定应公平地确定，双方承担的义务与享受免责权利应相当，对损害的承担应合理约定。

(4)合同形式的公平。合同上当事人的地位平等，不得有差别表示。一方对合同形式有特殊要求的，另一方应满足这种要求。一方提出采用格式合同的，应向对方提供合同完整条款，并提醒对方注意其免责权利，向对方说明和解释条款。

(5)处理合同争议的公平。处理合同争议的公平原则是法律确保当事人订立合同公平的

保证,通过法院和仲裁对已生效合同的变更、撤销不公平合同及条款、以公平的原则判决等司法措施使不公平合同无效,督促当事人订立公平的合同。

2. 订立合同的过程

《合同法》第 13 条规定:“当事人订立合同,采取要约和承诺的方式”,确定了合同订立的基本方式和合同订立的过程。要约与承诺是合同协商和订立的基本方法,是否存在着要约和承诺的过程成为合同成立的判断依据。

1)要约

要约是指一方希望和他人订立合同的意思表示。要约又称为发盘、出盘、发价、报价等。要约是以订立合同为目的的向其他人或者公众发出的明确的订约信息。提出要约的一方为要约人,接受要约的一方为受要约人。以订立合同为目的的要约行为是一种法律行为,对要约人或者受要约人都会产生相应的法律后果。

(1)要约必须符合以下条件:

①要约的内容必须具体、确定。由于要约的目的是为了与对方订立合同,所发出的要约必须包含希望订立合同的主要条款,使受要约人能够完整理解要约人订立合同的要求。简单来说,如果受要约人直接接受要约,要约就能够成为合同条款。要约内容的具体和确定的要求还包括默示的内容,及受要约人根据一般的交易习惯能够作出的理解和解释。

订立水路货物运输合同的要约应包括运输的货物名称、包装、运量、运价、装卸港口和运输时间等运输的基本事项,当事人的权利和义务一般被默认为运输法规的规定。

要约除了向特定的一方发出外,以商业广告的形式向不特定的公众发出的,若广告的内容符合订立合同的条件,视为要约。船公司发布的班轮船期表等若具有明确的运价等运输条件则视为要约。

②要约需表明要约人受要约的约束。要约人的这种受约束的表示可以采用明确表达的方式,也可以采用默示的方式。此外受要约人按照一般的商业习惯可以认为具有受约束表示的也符合要约条件。

有时限的要约是一种要约人承认有约束力的明确表示,但这种约束力只在时限内有效,超出时效则无约束力。要约的有效期一般在要约中表明,如“本要约有效期为 3 天”,或者“2 月 25 日前答复”。有些行业具有默认的有效期,如班轮报价有效期为当天。

③要约必须到达受要约人。《合同法》第 16 条规定“要约到达受要约人时生效”,采取收信主义原则,收到要约作为要约到达。对要约的到达是一种控制的概念,达到受要约人能够控制该信息要求时就为之到达。具体表现为信件投到受要约人的信箱,电子数据进入收信人指定的系统或者收信人控制的特定系统如网站、局域网等。

对于不满足要约条件的商业机会的信息,如寄价目表、刊登拍卖公告、招标公告、招股说明书、一般商业广告等,为要约邀请,又称为要约引诱。其目的是为了使对方或者信息接受者向其发出要约。要约引诱虽具有希望交易的内容,但不具有要约成立的条件,缺少合同订立的基本要素,不具有约束力。但是要约引诱如满足订立合同的条件则成为要约。

(2)要约失效。要约失效是指虽具有成立合同的要件,但是对要约人不再具有约束力。要约失效的原因有要约撤回、撤销、拒绝、到期或变动等情况。

①要约的撤回。在要约到达受要约人以前要约人撤回要约,或者撤回要约通知书与要约

同时到达受要约人，这种情况构成要约未生效而失效。

②要约的撤销。对于明示或者默示可撤销的要约，要约人在受要约人承诺前将撤销要约通知送达受要约人，将要约撤销。还可以通过双方商定同意将已到达受要约人的要约撤销。

③受要约人拒绝要约的通知到达要约人，受要约人不接受要约使要约失效。

④要约的有效期届满。有有效期的要约，在有效期内未承诺，则要约失效。

⑤受要约人对要约的内容作了实质性的变动。受要约人对要约的答复中对要约的主要内容进行了实质性的修改，使原要约失效。这种修改实质上是受要约人对要约人发出的新要约，原要约失效。这种实质性的改动必须是对构成合同条款的要约条件作了本质的变动，如运价、装卸货港、运输期限、货物名称数量、责任义务等合同基本内容。但是对要约条件的细化往往不成为实质性的变动，如“6月初”答复为“6月8日”。

(3)要约的不可撤销：

①要约是订立合同的基本手段，要约的严肃性是合同严肃性的组成部分，无论是法律、道德还是商业信誉的需要都应该使要约不应被轻易撤销。

②对有要约有效期的要约，在有效期内不得撤销。

③要约明示了要约是不可撤销的，无论这种明示是写明的还是以其他方式表达的，这种要约不得撤销。

④受要约人有理由认为要约是不可撤销的，并已经为履行合同作了准备工作，则要约不可撤销。如托运人发运货物，承运人将船舶调往装货港口等。

2)承诺

承诺是受要约人同意接受要约全部条件的意思表示，也称为接盘或接受。承诺是由受要约方对要约的完整接受，部分接受和部分不接受不能构成承诺。这种情况只是原受要约人对原要约人作出的新的要约，此时的承诺只能由原要约人即新的受要约人作出。

(1)有效的承诺：

①承诺必须以通知的方式明示。受要约人可以以通知书的方式把承诺通知要约人；也可以实施某种承诺行为使第三方对要约人作出通知；另外根据交易习惯或者要约表明可以通过行为作出承诺的，受要约人可以以行为的方式作出承诺。

②承诺必须在要约确定的期限内到达要约人。以对话方式的要约没有确定期限的，承诺必须即时作出。非对话方式的要约没有确定期限的，承诺必须在合理的期限内到达。这种合理的期限以交易习惯或使用的通讯方式确定。

(2)承诺期限的确定：

①要约以信件或者电报作出的，承诺期限自信件载明的日期或者电报交发之日开始计算。信件未载明日期的，自投递信件的邮戳日期开始计算。

②要约以电话、传真等快速通讯方式作出的，承诺期限自要约到达受要约人时开始计算。

③受要约人发出承诺，使要约的有效期终止，但承诺必须到达要约人时才能生效。

(3)无效的承诺：

①超过要约的有效期的承诺为无效承诺。除非未排除的因公共假期使承诺延期送达，如时限到期日为周末，则顺推至下周一，或者超时限后要约人及时承认接受。

②对要约进行了实质性的变动。受要约人对合同的标的、数量、质量、价款或报酬、履行期

限、履行地点和方式、违约责任、解决争议的方法的改变都是实质性的变动。

③对于注明不得变动的要约，任何变动都构成无效承诺。

④承诺被撤回后所作出的承诺。

3. 水路货物运输合同的成立

承诺生效时合同成立。承诺生效的地点为合同成立的地点。因承诺可以以多种方式进行，因而合同成立还可以表现为：

(1)当事人采用合同书形式订立合同的，自双方签名或者盖章时运输合同成立。

(2)当事人采用信件、数据电文等形式订立合同，约定需签订确认书的，签订确认书时运输合同成立。

(3)一方在合同订立前已履行了合同的主要义务，对方接受的，运输合同成立。

(4)订立书面水路货物运输合同或者确认书的应该由双方企业的法定代表人签订，加盖企业合同专用章或企业公章；也可以由企业法定代表人授权或指派的企业职能部门业务人员作为代表(理)人签订合同；也可以由企业委托代理人以企业的名义代订水路货物运输合同。

运输合同除了法定的无效合同原因外，成立即行生效，对当事人具有约束力。

4. 采用格式合同的合同订立

水路货物运输合同是一种频繁使用的、不断重复的合同，每一次运输都要订立水路货物运输合同。为了简化合同订立手续、降低交易成本，特别是在同一航次中统一承运人的责任和合同义务，规范行为，航运企业大都事先订立格式合同或者“填空”合同，只留下货物、运量、运价、装卸港口、时限等依据具体情况确定。

格式合同的订立原则上也经过要约与承诺的过程，双方对“填空”事项进行协商，经过要约与承诺的过程确定。非“填空”的内容承运人仅以格式合同的条款作为要约和承诺的标准，不与托运人商议。对于承运人接受的特殊运输要求，在“特约事项”栏中写明作为合同条款。最后由双方在承运人提供的格式合同上签名盖章合同成立。

5. 订立合同时的责任

当事人在订立合同时具有假借订立合同，进行恶意磋商；故意隐瞒与订立合同有关的重要事实或者提供虚假情况；有其他违背诚实信用原则的行为给对方造成损失的，应当承担赔偿责任。

当事人在订立合同过程中知悉的商业秘密，无论合同是否成立，不得泄露或者不正当地使用。泄露或者不正当地使用该商业秘密给对方造成损失的，应当承担赔偿责任。

四、合同的基本内容

合同的内容是根据合同的性质和类型，当事人之间对合同履行的需要，为了保证实现合同目的的需要来确定的。不同的合同有不同的内容。但是要构成一份有效的和可执行的合同必须具有一些基本条款。合同的主要条款有：

(1)主体条款。它是合同当事人的准确和唯一的表达。包括当事人双方的名称、姓名、住所、联系方法等。其目的是为了确定责任人和权利主体，也是发生争议时以被告所在地确定法院管辖权的依据。

(2)标的条款。即合同当事人权利和义务所指向的对象。水路货物运输合同的标的为运

输行为，一定数量的货物从一个港口运到另一个港口的行为，合同当事人的权利和义务关系是围绕着为他人运输货物的行为而产生的。货物只是运输合同的运输行为的对象，运输标的的载体，称为“标的物”。买卖合同的标的为交易的商品。

(3)数量和质量条款。数量和质量是指合同标的的数量和质量。水路货物运输合同的数量是通过标的物即货物数量来表达，质量则表现为被运输的货物的质量状态、完整程度、时间性上。

(4)价款或报酬条款。取得标的物应支付的代价为价款，获得服务应支付的代价为报酬。获得报酬是运输方的合同目的。价格或报酬条款还包括价格条件、支付期限和方法等。

(5)履行期限、地点和方式条款。在水路货物运输合同上表现为装货时间、装货地点、卸货地点、运达时间等。该条款是合同履行方式的条款。

(6)违约责任条款。为了避免当事人任意一方违反合同，确保双方合同目的的实现，需要对违反合同的一方予以惩罚，增加其违约的成本，弥补另一方因合同无法履行所受到的损失，及时有效地处理当事人的合同争议，在合同中订立详细的违约责任条款对双方均有利。

(7)解决争议的方法。因我国的《仲裁法》规定，采用仲裁解决争议的，必须有当事人的仲裁协议。仲裁协议可以在订立合同时订立，也可以在事后订立。具有仲裁协议的合同可以排除法院的受理。解决争议的方法还可以选择由法院解决争议的方式以及诉讼地的选择。

以上7项为合同的基本内容，当事人在订立合同时应该尽可能地在合同中明确，避免产生纠纷。但部分项目的缺乏并不影响合同的成立。对一些事项虽未明确但不影响合同成立的，《合同法》规定的解决方法为：合同生效后，当事人就质量、价款或者报酬、履行地点等内容没有约定或者约定不明确的，可以补充约定；不能达成补充协议的，按照合同有关条款或者交易习惯确定；仍无法确定的，依据以下方法确定：

(1)质量要求不明确的。按照国家标准、行业标准确定质量；没有国家标准、行业标准的，按照通常标准或者符合合同目的的特定标准。

(2)价款或者报酬不明确的。按照订立合同时履行地的市场价格确定价款或者报酬；采用政府定价或者政府指导价的，按照规定进行确定。

(3)履行地点不明确的。给付货币的，在接受一方所在地履行；交付不动产的，在不动产所在地；其他标的，在履行义务一方所在地履行。

(4)履行期限不明确的。债务人可以随时履行，债权人也可以随时要求履行，但应当给对方必要的准备时间。

(5)履行合同的方法不明确的。按照有利于实现合同的目的的方式确定。

(6)履行合同的费用支出不明确的。由履行一方负担。

第三节　水路货物运输合同的履行

一、水路货物运输合同履行原则

水路货物运输合同一经成立生效，当事人就要遵循诚实信用的原则，按照合同规定的内容，完成其应尽的义务，实施其履行合同的行为，实现双方订立合同的目的。根据《合同法》的规定,合同的履行必须全面地履行和适当地履行。水路货物运输合同的履行也应需要全面地履行和适当地履行。

1. 诚实信用的原则

当事人在履行合同义务时,应当诚实守信,以善意的心态履行合同义务。不得有欺诈行为,不得恶意履行合同。诚实信用是一切经济活动的基本原则,也是合同订立、合同履行的原则,是判定当事人是否正确履行合同的基础标准。诚实信用原则在合同履行中具体表现为:全面、正确地履行合同;不以有害对方的方式履行合同;合同约定不全面时,以公平的原则合理履行合同;将履行合同中所发生的瑕疵通告对方。

合同履行的诚实信用原则还产生及时通知、协助履行、提供必要条件、防止损失扩大、保密的附随义务。

2. 水路货物运输合同的全面履行

全面履行是指当事人对合同约定的所有事项都必须履行,包括合同的条件条款和保证条款。合同约定和默认的数量、时间、地点、所有的义务等。

3. 水路货物运输合同的实际履行

实际履行要求当事人必须按合同规定的标的、方式来实际履行各自应尽的义务,不允许采用变通、折中的方式来代替合同的履行。如不能用其他运输方式来代替水路运输,不能改变约定的货物状态提交运输,运费的支付不能用其他形式代替等。

水路货物运输合同当事人在履行合同中未达到全面、实际的履行,则产生违约责任,需赔偿对方当事人的损失。且在进行违约处罚和赔偿对方损失后,若合同还有必要履行的,当事人应继续履行合同,完成合同的目的。但是水路货物运输具有其固有的风险和特殊的限制,对于无法继续履行的合同或继续履行合同没有意义时,当事人可不再继续履行合同,即双方可以解除合同。

4. 协作履行的原则

水路货物运输合同是双务合同,合同当事人互为债权、债务人,任何一方权利的实现都离不开对方当事人的履行义务。为了双方的合同目的,当事人双方应友好协作、互相促进、通力合作、密切配合、互通信息、互相督促检查、发现问题及时解决,以保证合同的正常履行。运输合同是履行其他合同所订立的从合同,当事人之间应友好合作,创造条件,努力减少对方的履约成本和其他成本,减少损失,实现经济利益的最大化。

二、运输合同的履行中止原因和后果

1. 合同履行中止的原因

合同中止履行是指由于发生法定的原因使当事人一方认为履行合同会对其自身产生损害而停止履行合同的行为。依据《合同法》,中止合同履行的法定原因有:

(1)同时履行抗辩权。互为债务的当事人,没有先后履行顺序的,一方在对方履行之前有权拒绝其履行要求。或者一方在对方履行债务不符合约定时,有权拒绝其相应的履行要求。

(2)后履行抗辩权。互为债务的当事人,先履行一方未履行合同的,后履行一方有权拒绝其履行要求。先履行一方履行债务不符合约定的,后履行一方有权拒绝其相应的履行要求。

(3)不安抗辩权。应当先履行债务的当事人,有确切证据证明对方有经营状况恶化;转移财产；抽逃资金以逃避债务；丧失商业信誉；有丧失或者可能丧失履行债务的能力的情况之一者，可以中止履行合同。

(4)不能履行。没有违约事情发生，只是因为合同履行的对象不明、合同履行的客观条件未出现等使合同暂时不能履行。因为合同的一方分立、合并或者变更住所未通知另一方，使另一方发生履行困难时，无法对合同进行履行，可以中止履行。

水路货物运输合同在订立之后，若存在着托运人无法按时提供约定的货物，存在着不能支付运费的可能，承运人可以选择中止合同；同样承运人不能提供约定船舶或不能在约定时间装载时，托运人也可以采取中止合同的措施。

2. 合同中止履行的后果

合同中止的措施是一种当事人自我保护的临时措施，只在于减少可能发生的损失。当事人选择中止履行合同时，应当及时通知对方。当对方恢复履行合同或者提供履行合同担保后，或者无法履行合同的原因消除后，应当恢复履行合同。若在合理的期限内对方未恢复履行或未提供担保的，中止履行一方可以解除合同。

合同中止后可能产生的后果有：造成中止一方提供保证或者开始履行，使合同恢复履行；双方重新协商变更合同；合同解除。

三、合同第三人与合同履行

水路货物运输合同是一种典型的涉及第三人的涉他合同。合同履行中由第三方的发货人向承运人发货，承运人向第三方的收货人交货，收货人向承运人支付运费等，都涉及第三人在水路货物运输合同履行时承担责任、享受权利。

合同第三人在合同履行中承担责任、享受权利需要在合同订立时双方当事人协商同意，并在合同中明确确定第三人的身份和第三人的履行合同的权利和义务内容。在合同订立时，第三人并不需要参与，也不在合同上签字盖章，只要其不明确反对就成为合同的第三方。

需要明确的是第三人不是合同的当事人，不能以当事人的身份处理合同，不能向当事人主张违约责任，也不承担违约责任，不能以当事人的身份转让合同、变更合同。第三人只能在合同确定的范围内承担义务和享受权利。在合同履行中履行义务的第三人的违约，权利人可以要求第三人履行合同，但只能向授权人追偿违约责任；同样合同当事人对第三人违约，第三人可以要求合同当事人履行合同，但不能向合同当事人主张违约责任。这种违约责任的承担方式是合同第三人与合同转让的差别。

水路货物运输的收货人作为合同的第三人，依据合同行使收货权、依据合同规定支付运费、根据合同承运人未完整地向收货人交货而向承运人追偿货损货差的赔偿，但不能要求承运人承担未运输的违约责任。

四、合同的转让履行

合同当事人一方依法将其在已经生效的合同中的权利和义务全部或者部分的转让给第三人，由受让人承担合同义务、享受合同权利的行为，称为合同转让。合同转让产生了合同主体的变化，由受让人对合同承担义务或者享受权利，受让人与让与人独立或者共同成为合同的当事人一方，向合同另一方承担责任和享受权利。合同转让只是合同主体的变化，合同的内容和权利义务的划分不发生变化，不影响合同的法律效力。合同转让虽是当事人处理其所有权的权利，但因涉及合同对方的利益，因而必须依据法律的规定，并按法定程序进行。

1. 合同权利的转让

当事人可以将其在合同中的权利全部或部分转让给第三人。根据《合同法》规定，因合同的性质、约定不能转让或者法律规定不能转让的当事人不能转让权利，如个人名誉、企业信誉。合同权利的转让必须通知合同对方，没有通知合同对方的，转让不发生效力。合同权力转让后未经合同对方同意不得撤销转让，出让人不能再行使合同权利。

2. 合同义务的转让

当事人将其在合同中所承担的义务转让给其他人履行的，必须经合同对方同意。合同义务的受让人未履行合同义务，合同的另一方可以要求其履行，也可以要求出让人承担合同责任。

3. 合同权利和义务的同时转让

当事人将其在合同中的权利和义务一并转让，必须经合同对方同意。未经对方同意，权利和义务不能一并转让。

4. 其他

当事人一方发生合并或被兼并，则由合并后的企业或兼并企业承担合同的履行。当事人一方发生分立时则由分立协议确定承担合同履行的义务人，分立各方对合同责任承担连带责任。对于当事人一方的法定代表人或合同承办人发生变动，不影响合同的有效性，原订合同仍然要继续履行。

第四节　水路货物运输合同的变更和解除

一、水路货物运输合同变更和解除的概念与意义

水路货物运输合同一经订立，就具有法律效力，合同的当事人应按照合同的规定，全面、认真地履行合同义务。任何一方当事人都不得擅自变更或者解除合同。这对于保持合同的稳定性，保护当事人的合法权益，维护运输市场秩序有着重要的意义。

然而，在运输合同订立之后或履行之中，由于客观情况发生变化，为了当事人的经济利益，避免不必要的损失，应允许、也必须允许对发生法律效力的运输合同作适当变更或补充，甚至终止合同的履行。但是这种变更或解除合同，必须符合法定条件和按照法定程序进行，并且承担相应责任。

1. 合同的变更

是指合同签订后，尚未履行或正在履行之中，因订立合同所依据的主观和客观情况发生变化，当事人依法对原订合同作必要的修改或补充，使合同可以履行或履行能对当事人更为有利。合同变更后，当事人按变更后的合同履行，但是在合同变更前，因合同产生的法律责任仍然有效。因改变合同产生的责任由新合同作调整或由责任方、提起变更方承担。

2. 合同的解除

是指合同所规定的义务尚未履行或正在履行之中，因合同所依据的主、客观情况发生变

化，导致合同的履行成为不可能或不必要时，当事人按法律规定的条件和程序，提前终止合同效力。合同解除后，当事人双方不再履行合同，但是在合同解除前，因合同产生的权利和义务依然有效，对因解除合同造成任一方的损失，除依法可免除责任外，应由责任方承担。

合同的变更和解除既有当事人的行为也有司法行为。包括经双方协商、单方依法确定、司法判定合同无效以及依法撤销合同等方法。

二、当事人变更或解除合同的法定条件

1. 经当事人双方协商同意

当事人任何一方都可以向对方提出变更或解除合同的要求，在获得对方同意后，可以变更或解除合同。因为运输合同是在双方协商一致的基础上形成的，是双方当事人真实意愿表达一致的结果。因此，当运输合同需发生变更或者解除，经过当事人双方的协商同意，变更或者解除合同成为合法的行为。双方达成变更协议、修改或解除合同，具有法律效力。但是在协商变更或解除合同时任何一方当事人都不得将自己的意志强加于对方，或擅自变更或者解除运输合同。

在实际业务中，若一方向另一方提出变更或解除运输合同，在未得到另一方答复前，运输合同并未变更或解除。若对方当事人继续依据合同履行义务，则意味着对方不同意变更或解除合同。例如承运人提出推迟装货时间，而托运人未予答复而继续将货物运往装货港，准备装船，若货物未能在约定的时间装船，则意味着承运人违约。

当事人协商同意变更或解除合同还包括当事人在合同中订明变更、解除合同的条件，当这些原因出现时，双方可以变更或解除合同。

2. 由于不可抗力致使不能实现合同目的

所谓“不可抗力”是指不能预见、不能避免并不能克服的客观事件的发生，影响到运输合同的履行或继续履行，当事人单方可以通知对方变更或解除运输合同，而无需对方当事人同意，并且不承担变更或解除合同的责任。构成不可抗力变更、解除合同应满足以下条件：

(1)不可抗力必须是在主观上当事人依其正常具有的专业知识不可预料，客观上凭当事人的能力无法防止和抗拒。包括自然现象，如地震、海啸、水灾、旱灾、火灾、冰冻等；社会现象，如战争、政治运动、军事行动、罢工；国家、政府行为或命令等。

按照一般的专业知识可以预见而当事人没有预见，或可以防止的不可抗力没被防止而出现，不能成为合同解除的条件。

(2)从时间上看，不可抗力必须是合同订立之后至合同履行完毕前发生。在合同订立前已存在的不可抗力因素，当事人除非有重大误解，否则不能作为解约的原因。在合同履行完毕之后，如货物卸离船后，发生的不可抗力对合同的履行没有任何影响，当事人之间亦不互相承担责任。

(3)不可抗力必须是影响到运输合同的履行，破坏合同履行的任一环节的履行条件，或直接危害合同的标的或标的载体，致使合同无法或暂时无法履行。

(4)在遇到不可抗力影响时，当事人应尽积极采取有效措施，避免不必要的损失或减少损失，这是当事人应尽的义务。否则因当事人的疏忽、过失使不可抗力造成或扩大损害，应由责任方承担责任。若因当事人的过失或故意造成不可抗力的危害，责任人应完全承担赔偿损失

的责任，且因此受到的不可抗力的影响不能免除合同的义务。

3．一方拒绝履行合同主要义务

在合同履行期限届满前，一方明确表示或者以其行为表示不履行合同的主要债务的，另一方可以及时解除合同。这种因预期违约而发生的合同解除，不需等到合同履行期结束，被违约一方在作出已经发生预期违约判断时就可以解除合同，只要通知对方就可以。

4．因一方迟延履行主要义务

由于当事人一方在约定的期限内未履行运输合同，另一方催告后在合理的期限内仍未履行合同，为了维护自身利益可以选择变更或解除合同。由于一方在合同约定的期限内没有履行合同的实际违约，如果继续履行合同将会对被违约方不利，被违约方可以要求变更合同；如果经催告后仍未履行合同的，表明违约方的实际违约成立，受害方可以解除合同。如托运人迟延交货装船，承运人在催交后还不能交货，承运人不继续等待，可以通知对方解除合同。

5．当事人一方迟延履约或者其他违约行为致使不能实现合同目的

合同当事人一方迟延履行或不完全履行合同的义务致使对方不能达到订立合同所期望达到的目的，违约方构成了根本违约，合同的履行对受害方已失去意义，继续履行已没有必要，守约方为了保护自身的利益，可以通知对方解约。如承运人只能运输合同约定的部分货物，使托运人不能实现其与收货人订立的贸易合同，则托运人可解除运输合同。

6．水路货物运输合同的单方变更和解除

水路货物运输合同是为了执行贸易或物质调配合同而订立的合同，因贸易或物质调配合同的变更或解除，必然影响到水路货物运输合同，造成水路货物运输合同的变更和解除。

依据《合同法》第 308 条规定，在承运人将货物交给收货人之前，托运人可以要求承运人终止运输、返还货物、变更到达地或者将货物交给其他收货人。

托运人单方变更或者解除运输合同是基于托运人利益的需要，防止或者减轻托运人在贸易合同中的损失。托运人单方变更或者解除运输合同，不需要与承运人协商，以通知的方式作出即可。可以说托运人单方变更或解除合同是运输合同赋予托运人的特权。自然地托运人也要承担相应的义务，托运人单方变更或解除合同对承运人造成损失时，托运人应承担相应的赔偿责任。

对于托运人单方变更或者解除合同，承运人应该接受，并相应地停止运输、交还货物给托运人，将货物运到变更后的地点，或将货物交给变更后的收货人。对因此产生的费用额外支出、损失向托运人追讨。但是若托运人所要求的变更或终止运输、返还货物无法进行时，如货物已经运出、船舶不能到达变更后的地点等，承运人要以明确的方式向托运人拒绝合同变更或解除，或者以明确的方式要求托运人按可能的方式进行变更。

7．水运合同的不可变更和解除的情况

根据水路货物运输的特性，托运人在以下情况下不可以单方变更或解除合同：

（1）水路货物运输合同的解除必须在货物发送前。货物已经发送，则合同不能解除。

（2）船舶开航后不得解除合同。

（3）船舶开航后，托运人不可以变更本航次所要停靠的但还未到达的港口收货人。

（4）货物在交付给收货人之后，不可以再变更收货人。

（5）同一运单的货物不得变更其中的一部分；对有运输限制的货物，不得办理变更。

三、变更或解除运输合同的法律后果

1. 合同经变更或解除后当事人之间形成新的法律关系

正如订立运输合同使当事人之间形成新的法律关系;合同的变更或解除,亦使当事人之间形成新的法律关系,即产生新的权利与义务关系。也就是说合同变更后,当事人履行变更后的合同,依其享受权利和承担义务。而合同解除后,原合同所确定的权利与义务终止,尚未履行的,终止履行,当事人不再履行原合同所确定的义务,也不能享受原合同的权利。

2. 运输合同在变更或解除之前发生的权利义务关系的补救

合同在变更或解除之前确定的双方当事人对原合同的履行所产生的权利、义务因合同变更或解除而无效。但是因合同的变更或解除,当事人对原合同的不完全履行,很可能产生不平等的后果,因而《合同法》规定,已经履行的合同,根据履行情况和合同性质,当事人可以要求恢复原状、采取其他的补救措施。通过恢复原状、采取其他的补救措施使原合同产生的不公平后果得以消灭。补救措施包括在变更合同中权利和义务的重新分配。

水路货物运输合同发生变更或解除,因托运人或承运人部分履行合同所产生的不平等关系,也可以采取恢复原状或其他补救措施的方法进行补救。如承运人退回所收运费、将货物运回起运港的恢复原状,或者换船运输、就地卸货、转运、运输其他货物等补救措施。

合同因变更或解除使权利和义务终止,不影响合同中的结算和清理条款的效力。合同解除,原合同的关于违约责任的处理、违约金的承担、争议的处理等结算和清理条款仍然有效,仍可依据原合同的约定进行处理责任。

3. 变更或解除运输合同的赔偿责任

《合同法》第 97 条规定,因解除合同使一方遭受损失的,有权要求赔偿损失。《民法通则》第 115 条规定:合同的变更或解除,不影响当事人要求赔偿损失的权利。水路货物运输合同可以变更或解除,但对变更或解除之前当事人不完全履行合同所形成的不平等法律关系,或因变更或解除运输合同使当事人受到损害的,受损方有权向对方当事人索取赔偿。但对方当事人属于依法可免除责任的则不承担赔偿责任,如因不可抗力使合同无法履行时的解除合同,双方当事人互不承担赔偿责任。

赔偿责任与造成合同的变更和解除的原因直接相关,如果因为当事人一方的过失责任造成合同的解除或变更,则显然过失方要对对方承担损失赔偿,且其本身的损失只能由其自身承担。

四、合同无效与合同撤销

1. 无效合同

1)合同无效的原因

无效合同是指当事人订立的合同,违反了法律法规的强制性规定和公序良俗,而不具有法律效力的合同,对当事人不具有约束力。根据合同违反法律规定的程度和内容,可以分为合同整体无效和合同部分条款无效。

《合同法》第 52 条规定,有下列情形之一的,该合同无效。

(1)一方采取欺诈、胁迫的手段订立合同,损害国家利益。所谓欺诈是指一方当事人故意

制造假象或者隐瞒、掩盖真相,告知对方虚假情况,致使对方当事人受骗而形成错误的认识,作出错误的意思表示与其订立合同。所谓胁迫表现为一方以给对方的名誉、财产和人身造成损害等威胁或者强迫的手段向对方进行要挟,迫使对方不得不同意与其订立合同,它严重地违背了对方当事人的意愿,由此订立的合同若损害了国家利益则为无效合同。

(2)恶意串通,损害国家、集体或者第三人利益而订立的合同。恶意表现为明知或者应该知道其行为会产生不良后果的故意行为,是具有主观上的故意行为。串通是一种双方互相合作的共同行为,包括共同协商或者得到另一方的默认。恶意串通虽然具有双方意思的共同体现,但损害了国家、集体或者第三人的利益,具有非法性,因而所订立的合同属于无效合同。

(3)以合法形式掩盖非法目的的合同。当事人通过合法的途径,以合法的形式订立合同,但合同的实质内容却是非法的。当事人通过实施合法的合同达到非法的目的的行为而订立的合同无效。

(4)损害社会公共利益的合同。当事人所订立的合同,无论是合同的主体、标的、内容,还是在合同的履行中侵犯国家利益或社会公共利益,该合同都为无效合同。

(5)违反法律、行政法规的强制性规定的合同。这类合同包括合同的标的受法律的明文禁止,如走私的货物;合同的主体和内容违反法律的规定;合同的形式以及订立合同的程序违反法律规定等。

此外,《合同法》还就免责条款的无效作有专门的规定。免责条款是指双方当事人在合同中约定的,为免除或者限制一方或者双方当事人违约责任的条款。通常情况下,当事人有权依照合同中约定的免责条款,全部或者部分免除其有关责任。然而并非只要当事人在合同中约定了免责条款,就当然可以免除其有关责任了。依照《合同法》第53条的规定,合同中的下列免责条款不具有法律效力:

(1)造成对方人身伤害的。

(2)因故意或者重大过失造成对方财产损失的。

另外,因代理人超越代理权限签订的合同或代理人以被代理人的名义同自己或同自己所代理的其他人签订的合同,此类合同为效力待定合同,若不能确定其效力则为无效合同。

若双方订立的合同的某些非主要的条款违反了国家法律规定,侵害了社会公共利益,或重大误解及显失公平,则构成无效条款或者为可撤销条款。但若这些条款不影响其他条款和合同整体的效力,合同的整体仍然有效,仅仅是该部分条款无效。由无效条款所调整的权利与义务按法律、法规规定处理,或直接由法院判定或仲裁裁定双方的权利、义务。

2)合同无效的认定

无效合同是当然无效,自始无效。就是指在无效合同不经过诉讼程序来解决时,因为它已经明显违反法律法规的强制性规定,所以它也应当是无效的。进入诉讼程序(或者仲裁程序)之后,由于无效合同是当然无效的,即使当事人没有主张无效,法院和仲裁机关也可以代表国家或者依职权对无效合同进行干预。

2. 合同的撤销

由于违反合同订立的基本原则,严重违背了订立合同一方的真实意思,合同成立后,一方当事人依据法律规定申请依法变更或者撤销合同。当事人这种申请依法撤销合同的权利为撤

销权。

1)撤销合同的原因

(1)因重大误解订立的合同。当事人因自己的过错对合同关系的某些事实产生错误的认识和理解,在违背真实意思的情况下订立的合同。重大误解可以是单方误解,但实践中大都是双方误解。误解只是对合同重大事项如合同的内容、标的的品种、质量、数量以及行为的内容等的错误认识和理解,没有故意的行为,即对合同条款的重大错误认识或对对方意思的理解严重不正确而订立合同,均为可撤销合同。如一方的报价为总价,另一方理解为单价。

(2)在订立合同时显失公平。一方当事人利用优势或者利用对方没有经验订立合同,使双方的权利与义务明显违反公平、等价有偿的原则。显失公平往往是一方故意利用自身的优势或者对方没有经验,使对方难以拒绝而订立的权利和义务严重不对等的合同。订立合同时显失公平的合同由不公平的受害方请求变更或撤销合同。合同正常订立后,因客观条件的变化使双方的权利义务不平等,属于情势变迁或者商业风险,不能成为合同撤销的原因。

(3)一方以欺诈、胁迫的手段或者乘人之危,订立的合同。一方以欺诈、胁迫的手段订立的合同,如损害了国家利益为无效合同;未对国家利益构成损害的,只是另一方不能表示真实意思,构成可撤销合同。与此相同的还有乘对方危难之机,使对方接受显失公平的条件而订立的合同,也为可撤销合同。一方以欺诈、胁迫的手段或者乘人之危订立的合同,对受害的当事人构成损害时,受害人可以要求撤销合同。

2)合同撤销权的行使

合同撤销是指当事人一方向有管辖权的人民法院或者仲裁机构申请,由法院或仲裁机构对合同给予撤销或者变更。合同撤销权就是当事人申请合同撤销的申请权。因重大误解订立的合同由误解方行使撤销权;在订立合同时显失公平,由不公平的受害方行使撤销权;一方以欺诈、胁迫的手段或者乘人之危订立的合同,由受害方行使撤销权。当事人申请变更合同的,不得撤销。当事人申请撤销的,也可以变更。

具有撤销权的当事人自知道或应该知道撤销事由的之日起,在1年内行使撤销权;超过1年或者明确表示或者以行动表示放弃撤销权的,不能再申请撤销合同。

合同的撤销由法院或者仲裁机构作出撤销决定起生效。在合同撤销前,合同仍是有效的合同,当事人还是要依据合同承担相应责任。

3. 合同无效或合同被撤销后的后果

无效的合同,从订立的时候起就没有法律约束力。可撤销的合同,在撤销之后失去效力,并追溯到撤销以前。无效合同和被撤销后的合同的法律性质相同。对无效合同和被撤销后的合同的处理是:

(1)返还财产。当事人依据无效合同所获得的利益应归还对方;不能返还或者没有必要返还的,应当折价补偿。返还财产包括财产的滋息。

(2)赔偿损失。有过错的一方应赔偿对方因此所受的损失;如果双方都有过错,各自承担相应的责任,赔偿对方的损失。

(3)收归国家或返还第三人所有。当事人恶意串通,损害国家、集体或者第三人利益的,因此取得的财产收归国家所有或者返还集体、第三人。收缴双方已经取得的和约定取得的全部非法财产,包括用来从事非法活动的资本。

五、合同的终止

合同终止是指合同成立后,由于一定的法律关系的出现,合同所确定的权利、义务关系消灭,合同关系不复存在。

1. 合同终止的原因

(1)合同履行完毕。

(2)合同解除。

(3)合同债务抵消;免除债务;债权债务同归一人。

(4)合同履行人将合同标的物提存。提存是指已履行合同的一方向提存部门办理提存公证,或者依法拍卖后将价款提存,表明其已完整履行合同义务。

2. 合同终止后的义务

合同终止后,当事人应遵循诚实信用的原则,根据交易习惯履行通知、协助、保密的义务。

合同终止后有关合同争议的处理条款仍然有效,当事人仍要依据合同争议处理的约定处理合同争议。

第五节　违反水路货物运输合同的责任

一、违反合同的法律责任

违反合同的责任是指当事人任何一方因为过错,致使不能履行或不能完全履行合同所规定的义务而需要承担的责任,也称违约责任。《合同法》对当事人的违约订立了一系列的责任承担要求,因而又称为法律强制责任。其目的是为了严肃合同制度,保护当事人的合法权益,预防和避免违约行为的发生,以及补偿受害方的经济损失;同时承担违约责任又是对违约的惩罚性处罚,提高违约的经济成本;通过对违约的惩罚,维持市场秩序。

1. 构成违约责任的条件

(1)必须存在着不履行合同的事实。即当事人未履行或未完全履行合同义务的实际违约,或者有不履行合同的表示的预期违约。违约责任的本质就是违反合同的约定的事实的存在,而不受违约的原因影响。

(2)在大多数违约责任承担上,因违约造成对方当事人的损失,由违约方对损失承担赔偿责任,或者对违约的损失承担相应的责任。

(3)除法律规定的免责原因外,无论违约人是主观过错还是客观过失、疏忽都需要承担违约责任。

2. 违约责任承担的形式

1)继续履行合同或采取补救措施

《合同法》第107条规定:当事人一方不履行合同义务或者履行合同义务不符合约定时,应当承担继续履行合同或者采取补救措施。

继续履行合同是非违约方请求违约方或者请求人民法院强制违约方按照合同的约定完全履行合同。当事人订立合同的目的就是通过合同的履行,获得其所期望的利益。若一方不履

行合同,必然使对方的期望落空。最直接的措施就是要求违约方继续履行合同,使非违约方订立合同目的得以实现。

(1)采取继续履行合同。必须是该合同还能继续履行,非违约方方可要求继续履行。如果该合同已属于履行不能,则不能要求继续履行。合同不能继续履行的有:

①法律上不能履行。由于运输委托人的货物运输处理权、运输经营人的船舶使用权等的丧失,当事人破产,货物被留置或扣押等。

②事实上不能履行。货物灭失,船舶灭失,港口被封锁、冰冻,水深不足;合同确定的船舶不能进行运输或不能按合同进行运输等。国家计划的运输,因计划部门取消计划,当事人相应地取消合同。

③不适合继续履行。船舶、货物不符合安全运输的要求,继续将货物运往目的地没有意义。货物发生损害,失去其原有价值和功能,运往目的地已无意义等。

④继续履行费用过高或无意义。要求继续履行会使得承运人需要花费巨额支出,明显地承担不合理的经济责任。因延迟装货,收货人已采用其他方式进行代替,将该货运往目的港已无意义。

⑤当事人未在合理的期限内要求继续履行。合理的期限一般为法定的诉讼时效,一方未在诉讼时效内提起诉讼,将丧失要求对方继续履行的权利。

(2)采取补救措施。则是要求违约方采取有效的措施,防止对方损失,或者使对方能够实现订立合同的相应利益。包括要求对方承担修理、更换、重作、退货、减少价款或者报酬的补救措施。

2)赔偿损失

赔偿损失是指当事人一方不履行或不完全履行合同义务而给对方造成了经济损失,受损方可以要求责任方赔偿损失。违约方继续履行合同或者采取补救措施后还有损失的,非违约方仍可要求违约方赔偿损失。赔偿损失是违约责任承担的最基本形式,通过损失赔偿使被违约方在经济上得以补偿。赔偿损失的条件是:

(1)有违约存在。

(2)有损失存在。

(3)违约行为与财产损失有直接关系。

(4)违约方有过错或者法律规定需承担损失赔偿。

损失赔偿是对违约所造成的全部直接损失的赔偿,包括合同履行后可以获得的预期利益。但这种预期利益必须是违反合同一方订立合同时预见或者应该预见到的因违反合同可能造成的损失。

3)定金制裁

定金是合同履行的一种担保形式,由《担保法》所确定的一种责任承担形式。当事人在订立合同时,先行向另一方支付定金作为合同履行的担保,在合同履行完毕后,另一方退回定金或抵作价款。定金虽然是由任意一方先行支付给另一方,但却是对双方的约束,这是因为支付定金的一方不能履行合同时,无权请求返还定金;接受定金的一方不履行合同义务时,要双倍返还定金。因而定金制度也是一种对违约行为的处罚,是当事人为确保合同能够得到履行的经济手段。只是在《担保法》中限定,定金不得超过债权金额的20%。

在合同实务中要注意区分“定金”与“订金”的差别,“定金”是合同履行的担保;而“订金”则是当事人对合同的履行,是一种预付行为。在发生违约行为时,“订金”没有“不予退还”或“双倍返还”的规定。在合同无效时“订金”要如数退还。

4)违约金或约定赔偿

《合同法》第114条规定:当事人可以约定一方违约时,应当根据违约情况向对方支付一定数额的违约金,也可以约定因违约产生的损失赔偿的计算方法。

违约金是发生违约时,被违约方要求违约方直接以金钱支付的违约责任承担方式。违约金具有惩罚性和损失赔偿性。只要发生不可免责的违约行为就构成支付违约金的条件。《合同法》同时还规定:约定的违约金低于造成的损失的,当事人可以要求人民法院或者仲裁机构予以增加;约定的违约金过分地高于造成损失的,当事人可以要求人民法院或者仲裁机构予以适当减少。表明违约金具有损失赔偿性。

当事人在订立合同时对违约金的约定可以采用一定数额,也可以采用一种计算方法。在采用计算方法时,按实际违约情况计算违约金,如每吨货物、每天违约金等计算方式。

约定赔偿是指在发生违约时,违约方按照合同的约定向对方赔偿约定数额的金钱或其他财产。

违约金和约定赔偿是通过合同所确定的,当发生违约时,当事人直接依合同向对方要求支付或者赔偿,无需通过诉讼等司法程序,能够简便快速的得到补偿。

违约方承担违约金责任后,并不免除其继续履行合同的责任。对于可继续履行的合同,对方仍然可要求其继续履行合同。

当事人约定违约金同时还约定定金的,发生违约时,只能选择定金或者违约金条款之一。

除以上外,对违反合同的法律责任还有:购销类合同的价格制裁、借款合同的信贷制裁,以及违反合同的行政责任与刑事责任。

二、违反运输合同的责任承担

1. 托运人的违约责任

1)托运人需继续履行合同的违约责任

托运人未在约定的时间内提交货物运输,或者托运人提交货物延迟的,承运人在要求托运人承担违约责任后,仍可要求托运人继续提交货物运输。

托运人提供运输的货物名称、数量、包装方式、识别标志不符合合同要求的,承运人可以拒绝运输,要求托运人按约定提交货物。

托运人、收货人未支付运费和其他费用的,承运人可以要求托运人支付。

收货人未及时提货或拒绝提货,承运人可以要求其提货,或者要求托运人接受和处理货物。

2)托运人的赔偿责任

托运人申报货物错误,未及时提供货物或者提供的货物不符合约定,办理货物运输的港口、海关、检验、检疫、公安和其他货物运输手续不及时、不完备,造成承运人需等待、处理货物、办理手续等损失的,托运人需向承运人赔偿损失。

因托运人提供的货物的性质或者携带虫害等情况,需要对货物或者船舶进行检疫、洗刷、熏蒸、消毒的，由托运人负责，并承担船舶滞期等损失。因货物的性质造成船舶损害的损失，由托运人或者收货人承担赔偿责任。

托运人要求变更到达港、变更收货人而对承运人造成的损失，由托运人承担赔偿。

2. 承运人的违约责任

1）承运人需继续履行合同的责任

承运人在约定的时间未安排约定的船舶，或者经托运人同意变更的船舶不符合运输要求的，托运人可以要求承运人使用约定的船舶或者使用符合运输要求的船舶继续运输货物。

在运输中因发生船损事故，原船仍能运输的，承运人应继续运输；原船不能继续运输的，托运人可以要求承运人继续履行运输合同，采用其他船舶将货物运达目的地。在运输中发生货损，托运人认为有必要的，承运人应继续将货物运往目的地。

承运人漏运货物，应负责将货物补运。承运人错运、错交货物，承运人应负责将货物追回，运至原定的交货地点，交给指定的收货人。因追回货物、转运、补运货物所需的费用和支出，由承运人承担。

2）承运人的赔偿损失责任

承运人对货物运输承担完全履行合同的责任，因承运人的过失和疏忽，在货物管理、运输、保管、作业等整个运输合同履行过程中的货物损害、灭失或者延迟交付所造成的托运人的损失，承担赔偿责任。

3. 承运人的免责

承运人对所运输的货物的损失承担赔偿责任，除非货物的损失符合法定的免责条件。《国内水路货物运输规则》第48条规定因以下原因造成的货物损失，承运人可以免除责任：

（1）不可抗力。但在迟延履行合同之后所遇到的不可抗力不能免除责任。

（2）货物的自然属性和潜在缺陷。

（3）货物的自然减量和合理耗损。

（4）货物包装不符合要求。

（5）包装完好但货物与合同记载不符。

（6）识别标志、储运标志不符合要求。

（7）托运人确定的重量不准确。

（8）托运人押运过程中的过错。

（9）普通货物中夹带危险、流质、易腐货物。

（10）托运人、收货人的其他过失。

此外对于符合舱面装载的货物装在舱面甲板，承运人已做到妥善处理和妥善管理，货物因这种装载的特殊风险所造成的灭失和损害，不承担赔偿。

因活动物、有生植物的固有风险所造成的损害，承运人不予赔偿。

承运人在引用以上法定免责条件时，必须证明货物的损害是由于免责事项造成以及对货物做到妥善管理和妥善处理。

4. 违约金责任

违约金责任是当事人通过合同确定的一方未履行合同或者未完全履行合同，向对方支付违约金的违约责任承担形式。违约金责任是一种约定的责任，具有简便、快捷，不需要经过司法程序和损失认定过程就可以要求对方补偿的违约承担方法。同时违约金又是一种惩罚措施，只要一方违反有违约金责任的条款，就构成违约金支付的条件。《合同法》制定的是惩罚性和补偿性相结合的制度，当事人一方违反了违约金责任条款，就必须向对方支付违约金；同时，还可以根据违约所造成的损失的大小要求法院调整违约金的数额。

水路货物运输合同常约定违约金的情况有：

(1)合同履行的违约金。托运人未提供货物或者承运人未安排船舶运输的运量、运力落空的违约金。

(2)未满足运输数量的违约金。托运人未提交约定的货物数量或者承运人没有完成约定数量的货物运输，向对方支付的违约金。这种违约金常常按未完成的货物数量来确定违约金数额。

(3)迟延违约金。由于托运人迟延交货或者承运人迟延运达，向对方支付的违约金。迟延违约金往往按迟延时间计算。

5. 合同的行政责任和刑事责任

工商行政管理部门和交通行政管理部门对利用合同危害国家利益、社会公共利益，利用合同进行欺诈，危害其他人的合法权益，对违法者给予没收违法所得、罚款、责令停业整顿、吊销营业执照等处罚。如果违法行为构成犯罪的，应当追究刑事责任。

复习思考题

1. 怎样理解水路货物运输合同的特性？
2. 水路货物运输合同的形式有哪些？有哪些种类？
3. 怎样理解水路货物运输合同的关系方的地位？
4. 订立水路货物合同要遵循什么原则？合同订立要经过什么过程？
5. 水路货物运输合同何时成立？订立合同要承担什么责任？
6. 合同有哪些基本内容？
7. 如何看待合同履行的基本原则？
8. 运输合同中止的原因有哪些？会产生什么后果？
9. 合同变更和解除需要满足什么条件？水路货物运输合同如何变更和解除？
10. 合同无效和合同撤销的原因有哪些？如何实行？且会产生什么后果？
11. 违约责任有哪些？水路货物运输合同主要有哪些违约责任承担方式？

第三章　水路货物班轮运输商务

学习目的

了解水路班轮运输商务特点；熟悉水路班轮运输的商务内容和商务处理方法；掌握班轮运输合同的内容，熟悉班轮运输合同的格式，能够编制班轮运输合同；熟练掌握运单业务。

第一节　水路班轮运输的概念和特点

一、水路班轮运输的概念

水路班轮运输是指在特定的航线上按照预订的船期和挂靠港从事有规律水上货物运输的一种运输形式。船舶经营人利用其自有的或者长期租用的运输性能相近船舶，在固定的航线上以固定的挂靠港口顺序，按照定期或者不严格定期的时间间隔船期表，较长期进行周而复始不断重复的航行，接受挂靠港口的货载，依固定的靠港顺序进行运输。

班轮运输是国际海上运输中最为重要的方式，现今班轮运输已遍及世界各个主要港口。近年来国内水路班轮运输也有较快的发展，已形成了国内沿海港口间的班轮运输网络，集装箱运输基本都为班轮运输。班轮运输又分为干线班轮运输和支线班轮运输。国际班轮运输的沿海或内河转运，通常被称为内支线班轮运输。

二、水路班轮运输的商务特点

(1)以市场宣传为主的业务开发。班轮运输业务单一，长期从事特定航线运输，班轮公司的业务宣传可以有的放矢地进行，针对航线上的挂靠港口和货源腹地进行宣传。由于面对数量繁多且不确定的运输需要者，班轮公司特别需要建立企业形象，提高知名度。

(2)特别适合小批量货物的运输，能及时发运货物和运达。船舶的运量很大，满载货物成千上万吨，货物批量较少的托运人无法租用整艘船舶为其进行运输。几吨、几十上百吨的货物只能通过搭船方式运输。班轮船舶定时定线航行，承运人沿途收受货装载于一船运输，无论托运人的货物数量多少，都可以接受运输。近年来的集装箱化运输发展，使得班轮运输得到了更大程度的发展。

由于船舶按照船期表的安排在固定时间和航线的航行，船舶要按时开航，并在船期表确定的时间到达各挂靠的中途港口和目的港。船舶航行不受货载的影响，只要托运人按照船期表

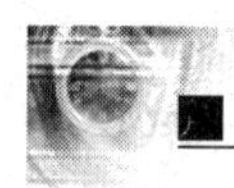

的时间提交货物，就能于船期表的运到时间在目的港收到货物。特别适合贸易性货物，以及时效性、连续性强的货物运输，减少运输时间、降低物流成本，保证供货计划的实施。

(3)便于托运人联系和安排运输。班轮长期在一条航线上往复运输，通过宣传、广告以及长期的服务被广泛了解。为了便捷交易，班轮公司都采取程序化的固定业务办理过程，采用电话、传真、计算机信息网上订舱等便捷方式办理业务。托运人需要运输时，通过资料或者大众信息渠道就能获得运输信息，并能迅速便捷地与承运人取得联系。曾经接受运输服务的客户更是能直接进行联系，无需费时费力进行大量的搜寻。

(4)有利于规范管理和统一商务程序。班轮运输每航次的货载批数甚多，为了统一管理，快速简捷地完成商务手续，采用固定的商务程序和单证，对每航次每批货物都承担相同的责任，便于操作人员统一管理和熟练进行商务处理，减少差错。固定的商务程序，使托运人无需对运输的责任义务承担进行逐个协商，简化了繁杂的合同商定过程，托运人只要依程序办事，对托运人的运输专业知识要求不高。在班轮运输中承运人一般大量使用代理开展商务操作。

(5)固定的运费制度，有利于商品贸易的成本核算。运输费用支出是在贸易合同订立之后才发生的，在进行贸易时对运输成本的掌握是确定贸易价格和贸易能否得益的重要因素。班轮运输受到航运行政管理机关较为严格的管理，实行运价报备制度，承运人不能随意变动运价，运价制定之后在较长的一段时期内不变。托运人能准确地考虑运价因素确定货物价格或者确定售价，确保盈利。

(6)承运人承担港口作业委托。班轮运输货物在港口的装卸作业委托由承运人负责，托运人直接将货物交给港口，收货人直接自港口提货，大大简化了货方的业务。大多数班轮公司还承担门到门的全程运输，提供完全的运输服务。

第二节　水路班轮运输的装货港商务

一、询价与报价

托运人需要运输货物时向船公司询问运输的基本情况和运输价格的行为称为询价。询价是托运人在运输市场的搜寻过程。托运人可以向众多的班轮公司进行询价，为确定其货物运输安排作准备。

询价的内容一般包括班轮船期、能否运输、运输时间、货物种类、数量和价格、其他运输条件等。询价是托运人向班轮公司发出的要约引诱，不具有约束力。如果托运人的询价具有强烈的订立合同的意愿，符合要约条件时，就成为托运。

班轮公司在接到托运人的询价后，向他发出的班轮船期、可运输时间、数量、运输价格和其他运输条件称为报价。由于班轮运输具有船期固定、运价稳定、承运人承担的责任固定，报价中的船期、运价就已成为承运人发出的要约，对班轮公司具有约束力。如果报价缺乏构成合同的基本要件，比如所报船期能否载运货物有不确定表示，则不成为要约，对班轮公司不具有约束力。在符合要约的集装箱班轮广告中刊登了箱位数，当箱位满后，要约的效力即消失。

询价与报价可以采用书面形式，如信件、传真、电子信息，也可以采用电话等口头形式。

二、托运

托运是托运人向承运人提出具体运输的要求，是托运人向承运人提出要约的行为。托运人向确定的承运人托运的要约行为，是一种对特定的受要约人的要约行为，具有极强的订立合同的愿望，因而其要约的内容较为全面、具体，因此需将订立合同的条件明确地提交给承运人，以便承运人承诺或商定合同。

托运可以采用口头、书面或者其他形式。可以采用合同书、格式合同、货物运单等书面形式作为托运单证。托运人采用格式合同、货物运单等规范格式文件托运时，表明其已接受格式文本中所注明的所有事项和条件，并按相关文件的制作要求缮写、制单。

托运时托运人向承运人提交托运单证，托运单证按照相应单证的制作要求完整制作，详细列明运输货物的名称、数量、包装方式、件数、重量、识别标志、货物运输时限、运到时限或者班轮班期、起运港、到达港、收货人等运输事项。

托运人在递交托运单证时，对于有规定禁运、限运以及需办理海关、检疫、卫生、公安的各项手续方准运输的货物，应随同提交准运证明。对于在运输中，承运人要求提供货物资料的，托运人应向承运人提交货物资料，如危险货物的技术说明书、特殊货物的搬运、保管说明等。

在承运人的报价符合要约条件时，托运则为托运人对承运人的承诺。

若双方已订立货物（长期）运输合同，托运就是托运人履行货物运输合同的行为。

三、承运

承运是指承运人对托运人托运的货物同意运输的承诺。当然若承运人对托运人的托运要求有异议，则构成对托运人的要约的反要约，这是当事人对合同条款的协商过程。双方通过多次要约、反要约的磋商过程，达到协商一致，订立合同。在协商过程中承运人接受托运条件，双方承、托关系建立，托运单证经承运人签署，表明合同成立。

双方已事先订立货物运输合同的，承运人接受承运虽然是对合同的履行，但也存在着承运人与托运人协商履行的程序，即在不违反已订立的运输合同约定的情况下，双方可以对履行合同的具体问题进行协调，以便双方在合同履行中对各自更为有利。

承运人在接受托运、办理承运时有以下程序：

（1）审核托运单证。承运人在接到托运人递交的托运单证后，应认真对托运单证进行审核，检查托运单证的填制是否清楚、真实、准确，是否符合填制要求，应由托运人填报的内容是否完全等。

（2）双方协商合同事项。承运人在对托运单证进行审核后，对托运单证中存在的问题和疑问，应全面、细致地向托运人询问，避免误解。对托运人的不合理要求，承运人提出修改意见，进行协商；对于承运人无法履行的事项，要求托运人取消或改变要求；对于违反法律规定，侵害第三方利益或国家、社会公共利益的要求，承运人要坚决拒绝。

承运人在协商合同条款时，以《国内水路货物运输规则》的规定为依据要求权利和同意承担义务。对于超出规则规定的事项，以平等互利的原则商定。

（3）签署合同。双方对运输条款、托运单证内容协商一致后，将特殊要求与特别协定记录在特约事项和违约责任栏中，承运人签署托运单证或发出确认书，运输合同成立。

四、配载与积载

承运人在接受托运人的托运、双方订立运输合同后，要组织对运输合同的履行、安排所承运货物的运输。承运人首先要进行的商务作业是配载和积载、制作货运清单和货物交接清单。

1. 船舶配载

承运人将所接受的货载，按航线、装载期限进行分类，将相同航线和相同装船期限的货物安排给同一艘船舶运输，即船舶配载。承运人所配载的船舶应该是处于适航状态，并已经妥善地配备船员、装备船舶和配备供应品，并使干货舱、冷藏舱、冷气舱和其他载货处所适于并能安全收受、载运和保管货物。

船舶配载的要求：

(1)承运人应本着重合同、守信用的原则，严格履行运输合同的约定，首先将到达装载期限的货物安排运输。对未约定装载期限的货物应尽快运输。

(2)充分利用船舶的运输能力，加速船舶周转。按照船舶的载重能力与舱容的大小，轻重货物合理搭配，尽量使船舶满舱、满载。对难易作业的货物进行合理配搭，使在船舶装卸时能够实现各舱能均衡地作业，同时装卸完毕。

(3)准确预算船舶的净载重量，避免超载。充分考虑货物的亏舱率，防止舱容不足，造成货物不能装入舱内而发生退载。

(4)考虑货物的安全需要。所配装的船舶应能满足货物装载、保管、作业的要求以及货物的特殊要求；依据船舶的状况安排货物，不会因为船舶的不适货原因，造成货物损害或造成船舶损害。

(5)合理配载，减少船舶的靠港次数和货物的换装次数，降低运输成本，提高经济效益。

(6)船舶配载还包括对船舶的调配，货运量大的港口应安排大船装运，货运量较小的港口安排小吨位船舶运输。

在船舶配载后发现船舶未达到满载，承运人应尽力争取加载货源，或与托运人协商调整装载时间，使船舶满载。

船舶配载后，承运人要制作载货清单及货物交接清单，以便船舶据以进行积载和港口与船舶办理交接用。

2. 船舶积载

船舶的积载工作由承运人负责，具体由载货船舶的大副或船长编制积载图。若承运人委托其代理人编制积载图，应由船舶审核签认。承运人积载时应该确保能够实现妥善地装载、搬移、装载、运输、保管和照料卸载所运输的货物。

船舶积载的要求：

(1)充分利用船舶的装载能力，正确地进行甲板积载。甲板积载是指将货物堆装在船舶的露天甲板运输，又称舱面积载。货物甲板积载的条件是：

①双方协商同意或托运人要求；

②航运习惯，如集装箱；

③运输法规规定。

(2)合理安排货位，避免舱位不适合货物的装载，造成货损；保证货物装卸作业能顺利和

迅速,以及操作方便。

(3)充分考虑货物的相忌性,避免货物之间的互相影响造成货损。

(4)正确处理危险货物的运输,严格遵守《水路危险货物运输规则》有关配装的规定。

(5)同一张运单的货物,同一到达港或同一收货人的货物,原则上应配载在同一舱内;大票分隔、小票集中,每一大票货物和货物之间安排垫隔或采取自然隔票。

(6)保证船舶强度不受损害,船舶稳性、吃水差合适。

(7)正确编制船舶积载图(表),准确标注积载图图式,注明装货顺序、货物标志等;对于装载中的堆装、衬垫、绑扎作详细说明。

(8)在实际装船中若由于情况变化使积载图(表)无法执行或执行不利时,需变更积载图(表)的,应经承运人(船舶)同意。

(9)积载图(表)虽由承运人制定,但由港口负责执行,因而承运人在编制积载图(表)时,应与港口经营人协商,以便港口合理安排货物,便于装船。

五、托运人向承运人交运货物

托运人将货物交付给承运人运输有三种方式:

(1)托运人直接将货物运到船边装船,或者运到双方约定的地点交给承运人,由承运人装船运输。

(2)托运人将货物交给承运人委托的装货港口,由港口经营人向托运人收货后集中装船。

(3)托运人将货物交给其委托的港口,由港口装船。

后两种情况涉及装货港的交接,在港口商务中说明。本章就托运人直接向承运人交付货物的业务进行阐述。

1. 托运人交货准备

双方在订立运输合同后,托运人应尽快准备货物,按约定的时间(装载期)将货物交付运输。在交货前,托运人应做好以下工作:

1)货物的运输包装

托运人托运需包装的货物,必须按有关海上运输包装规定的标准进行货物包装。没有包装标准的托运人应在保证运输安全和货物质量的前提下,根据货物的性质和运输距离、中转次数等因素做好货物包装,使货物能承受运输、装卸过程中的正常装卸、堆码、绑扎的要求。

对于转运出口或进口的货物,已满足国际货物运输的包装要求的,可以适用于国内水路运输。

2)货物标志

水路运输货物的标志包括运输标志、指示标志及危险货物标志。

(1)运输标志的内容有:发货符号或运输号码、到达港(地)、收货人、总件数、起运港(地)等,其格式见图3-1。根据运输标志,在运输和装卸各环节中可以迅速、正确地识别某件货物属于哪张运单,以便区别货物,以及收货人提货时查对。

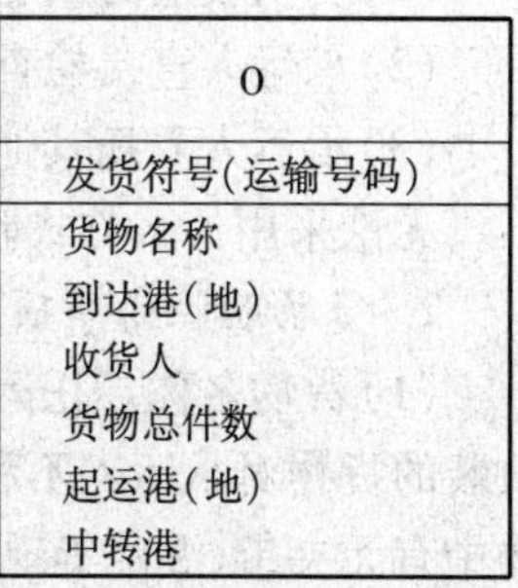

图3-1　运输标志格式

指示标志和危险货物标志作为货物作业的指导和引起注意,防止损害和发生危害。指示标志和危险货物标志均采用国际通用的简

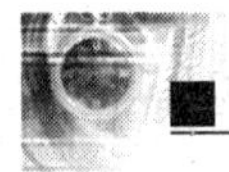

明图式进行标注。

(2)货物标志的标注方法有：

①使用标志牌张贴、拴挂；

②在包装表面印刷或涂刷标志；

③对钢材等货物用油漆刷制简明标志。

货物标志应标注在货物的两端(侧面)明显的位置。重心、起吊点等指示标志应在货物的相应位置标注。标志的张贴、拴挂要牢固,印刷或涂刷要清楚、耐久。

国际运输的货物在国内转运,托运人可以按照国际运输的要求制作运输标志。国际运输的标志分为主标志(唛头 MARK)、副标志、指示标志和危险品标志等。其运输主标志由三部分组成:收货人及/或发货人名字的代用简字或代号和简单几何图形;目的港(地)名称;货物件号。

2. 托运人向承运人交付货物

托运人应按运输合同约定的时间,将货物运到运输合同确定的地点,交给承运人,承运人在对货物验收后接受货物。承运人接受货物后,货物的风险和责任由承运人承担,托运人已完成了交付货物运输的义务。在实践中如果不是由港口接收货物,则交付货物往往与货物装船同时进行。

由非托运人的发货人向承运人交付货物的,发货人承担着与托运人相同的发货责任。

六、承运人验收货物与货物装船、核收运费

1. 货物验收的组织

托运人在约定的装船期限将货物交付给承运人。承运人在接受货物前,必须对货物进行验收。验收货物的依据是运输合同,也就是检查托运人所提供的货物与运输合同的记载是否一致。具体就是检查货物的品名、包装、件数、重量与体积,以及货物识别标志与运输合同上的记载是否一致。货物验收是承运人的一项重要的责任,货物验收后,管理货物的责任就转移到承运人身上,以后再发现货物的状态不良,就由承运人负责。同时,在验收中发现货物的不良状况及早处理是避免运输中产生货损的重要手段。因而承运人要慎重、妥善地组织好对货物的验收。

与国际运输统一通过公证理货的做法不同,水路货物运输的货物验收由承运人办理,具体有以下方法:

(1)货物装船时由船舶(船员)监装、理货,进行验收。

(2)承运人直接检查货物验收。

(3)承运人委托其他人(如港口、理货公司)进行验收。

无论采用什么方式验收货物,均由承运人承担验收的责任。

2. 货物验收的事项、方法及发现问题的处理

(1)货物名称。托运人必须提供合同约定的货物。若托运人改变货物,需经承运人同意。改装的货物对承运人不利时承运人可以拒绝接受或解除合同。承运人在验收时,还要检查货物中有无夹带、混乱等现象。如发现夹带应清退或要求托运人另行托运,发现货物种类混乱应由托运人整理妥当后,方可接受。

(2)货物的重量与体积。承运人在验收货物的重量或体积时,首先要审查托运人的计量方法是否正确,计量设备是否有效、具有合格证;然后核对货物的重量与体积。

货物的体积应包括运输包装在内的体积。要注意区分托运人提供的货物体积是否包括亏舱因素在内的体积,以免货物不能装入舱内。

承运人在验收中发现货物短少,应及时通知托运人补充或编制货运记录;对于溢出的货物通知托运人处理,或按实际重量、体积向托运人收取运费和有关费用。

(3)包装与标志。货物的包装应满足安全运输的需要,标志应清楚、牢固,内容全面、正确。对不符合包装标准和要求的货物,应及时通知托运人加固、修整,使货物符合运输要求。在托运人加固、修整后,对符合运输要求的承运人应接受运输,但要制作普通记录予以说明;对标志不当的应要求托运人重新制作标志,或编制货运记录以明确责任。

(4)货物状态。对于特殊运输要求的货物,承运人在验收时要检查货物是否处于适运状态。如冷藏货物的温度;有生动植物的饲养、浇水设施的装配;成套设备的拆解与固定,车辆的制动等对运输质量有重大影响的处理是否满足运输要求。

3. *按约定的验收货物方法验收货物*

承运人和托运人在订立合同时可以对货物验收方法进行约定。而这些约定往往是为了简化交接计量工作,采取简便的方法。在没有约定时,则采取习惯的验收计量方式,针对货物特性采取适当的方式进行。

对于散装货物,在运输全过程中不具备连续、快速作业的法定计量手段时,可以在承运人保证货运质量的前提下,采取原来、原转、原交的封舱运输,按装载现状运输等方式运输,对此承运人不进行计量和数量验收。

对于散装液体货物,采用整船、整舱运输的,货物的重量由托运人自行确定,承运人不对重量负责,也不计量。

4. *货物装船准备*

货物装船有两种方法,一种是由托运人通过车辆、船舶将货物运至船边,直接换装到船上,这种作业方式也称为直装作业。另一种是先将货物运至港口集中,然后由港口交给船舶,称为港口集中装船。后者装船方式更有利于提高装船效率、减少船舶停港时间,目前航运中较多采用。

船舶在货物装船前,应将船舱清扫干净,检查管系、排污水系统、货舱通风设备、货舱照明及装卸设备,务必做到货舱适货、环境适工。准备好垫隔物料、绑扎材料、移动灯具等装货准备工作。

如果船舶在承运人的港口、码头,由承运人负责装船。在公共码头的装船作业都由港口经营人进行,承运人应组织船舶做好监装理货工作。

5. *货物装船时船舶在监装、理货工作时要注意的问题*

(1)指导和监督港口严格按积载图(表)进行货物堆装、码垛、衬垫、绑扎、平舱等作业。

(2)监督工人按章操作,制止违章作业。发现工损及时处理,编制货运记录以明确责任。工人违章操作损害船舶设备,应及时编制船损记录,以备索赔。

(3)注意天气变化,做好防风、防雨雪工作。天气不良时,及时安排关舱,避免水湿货物。

(4)做好货物的清点、核查。同一收货人的货物应集中装船,一票一清,以便及时发现货

物短少、漏装或状态不良情况,防止原残货物装入舱内。

(5)与港口密切配合,及时开关舱,提供物料,供电、供水、供汽等,加快装船速度,减少船舶待时。

(6)港口装船作业中因特殊原因需要改变积载图时,要经过大副或船长同意;船方要改变积载图时要与港口协商。

6. 装船中发现问题的处理

(1)货物短少。在装船时发现货物短少,承运人首先应查找有无漏装,然后及时通知托运人补充货物,满足运单数量。

(2)标志不当、包装不良、原损。发现这类货物状态不良的情况,船方应拒绝装船,通知托运人修补包装、重新标志,或者更换良好货物。

(3)装船不当,堆装不良、装舱混乱。在监装时发现工人未按积载图装船或装舱混乱,要及时制止,必要时要求港口重装。

(4)溢货。在货物验收或监装理货时发现托运人提供的货物超出运单的记载,应作为溢货处理。发生溢货承运人应通知托运人处理。溢货处理的一种方法是承运人办理退装手续,将溢货退还给托运人;另一种是依合同约定或与托运人商定后装运,并在运单上批注,且按实际货量收取运费和其他费用。

(5)发现货物状态不良时编制货运记录。承运人在接受货物时,发现货物残损、与运输合同描述的不一致、包装及标志不当、数量不足、装船不当等货物状态不良情况的,在托运人不能更换、修理、重作等使货物状态良好时,应编制货运记录。

7. 承运人核收运费

承运人在接受承运后,按照约定的运费率和约定的运量或验收时的计费量核算运费及费用总数,向托运人收取。若当事人约定为到付运费的,亦进行核算,待货物运到目的港后向收货人收取。目前在航运中大都采用部分预付的方式,承运人在核算运费后,按协议向托运人部分预收,其余待货物到达目的港后计收。

8. 承运人签发收据

承运人通过验收计量,将托运人交付的货物装船,承运人应向托运人签发货物收据,以便托运人证明已交付货物。国内水路运输承运人以签发运单的方式签发货物收据。运单可以由承运人、承运人的代理人、船长签发。

七、接受货物后的交接手续和航行

1. 退装

在装船中由于托运人提供货物的原因或货舱满载后还有货物未装入舱内,承运人应办理退装手续、制作退装所需的单证和通知托运人。

退装的单证处理主要是:

(1)在运单上记载和编制货运记录。

(2)若整批货物退装,应将该货物运单抽出,不随该船同行。抽出的运单随同货物办理退还托运人或另行补运。

(3)若只退装一份运单中的一部分货物,应在原运单上做好记录,并编制货运记录随货随

船同行。

(4)退装的部分货物若还需运输的,由托运人另行办理托运(补运)手续。

货物退装或另行运输所产生的损失由造成退装的责任人承担损失赔偿责任。但退装手续由承运人办理。

2. 交接手续

货物装船完毕后,承运人要与托运人或港口经营人办理货运票据的签证和交接。由托运人直接装船的,承运人签发货物运单;由港口集中装船的,港口经营人与承运人在货物交接清单上签章。船方在货物运单上签署实际装船时间和船舶签章。未办妥交接手续,船舶不得开航。此外船舶还要将货物实际装船情况制作船舶实载图或分舱单,以供卸货港安排卸货作业使用。

船舶开航前,承运人应将需随船运往目的港的运单、货物交接清单、实载图或分舱单和其他单证交船舶随运。

3. 尽快速遣和不绕航

承运人应按照船期表的安排和在货物装船后,尽快开航起运。有约定运到时间的,应在约定的时间将货物运到;未约定运到时间的,应在合理的时间内将货物运到目的地。

船舶不能绕航,应按照运输合同约定的航线、船期表安排的航线,或者习惯上的航线,或者地理上的航线将货物运到约定的到达港,除非遇到救助或者企图救助海上人命或者财产外,不得发生绕航。

第三节　水路班轮运输的卸货港商务

船舶在开航前承运人要组织船舶做好航行准备工作和组织安全航行,做好在船货物管理计划。在航行中船舶依据货物管理计划和实际需要做好在船货物管理,经常检查货物,做好货舱通风、排污水等日常管理工作,在大风浪来临之前做好必要的货物加固绑扎等货物管理工作,避免发生货损。

船舶到港前,承运人要及时处理与港口经营人订立作业委托合同,联系泊位、安排货物卸船、仓储、转运等一系列港口商务作业。货物到港后及时进行到货(船)通知、卸货、交货、货损货差处理等运输商务。收货人在货物运到后要及时办理提货和交费。以下说明在卸货港运输商务的程序与业务。

一、承运人发出到货(船)通知

船舶到港后的24小时以内,承运人应向运单上记载的收货人发出到货(船)通知。通知方式可以采用邮寄到货通知,或采用电传、电报、传真、数据电文发送到货通知或者其他方式。

到货(船)通知的作用:

(1)通知收货人及时办理提货;了解提货人的提货安排和提货方法,确定货物的卸后处理。

(2)作为承运人已将货物运到目的港的证明。

(3)可依据到货(船)通知发出的时间计收货物保管费。

(4)作为承运人处理无人提货的起算时间依据。

二、收货人办理提货手续

收货人在收到到货(船)通知后,应及时办理提货手续,尽快提货。

1)交付运费和有关费用

运输合同约定由收货人支付运费的,收货人应向承运人交清运费后方可提货。对于在运输中和在到达港发生的货物保管费、滞期费、共同海损分摊等货物费用,或承运人的垫付款,合同或法规规定由收货人支付的,收货人一并付清或提供付款担保。

2)承运人交给提货凭证

收货人在付清费用后或已提供足够的付款担保后,承运人将货物运单的收货人存查联和提货凭证交给收货人。收货人凭提货凭证向船舶或港口经营人提取货物。

三、船舶卸货与向收货人交货

无论收货人是采用收货人到船舶的直接提货,还是货物卸船、集中仓库提货,除了在承运人本人的码头或收货人自理卸货外,承运人都需要委托港口经营人进行货物的卸船作业。船方与港口经营人订立作业委托合同。承运人应将货物运单、货物交接清单、船舶实载图(分舱单)交给港口,以便港口经营人安排作业和仓储。

在卸货过程中,承运人应安排船舶人员做好卸货指导,监督卸货和理货,处理在卸货中发现的货损货差和舱内的地脚货。

对于收货人自理卸货的,卸货作业由收货人负责安排和组织。但船方同样要做好指导卸货、监卸理货工作。

卸货完毕后,收货人负责将货舱清扫干净,拆除为绑扎、加固货物而装设的设施,恢复货舱原来状态。

收货人提货后要与承运人办理货物交接手续,在货物交接清单或提货凭证上签署并交回承运人。至此承运人完成了货物运输,运输责任履行完毕。

四、特殊情况下的交提货商务

1. 收货人以外的其他人提货

1)在签发运单时收货人以外的其他人提货

依据《国内水路货物运输规则》规定,必须是货物运单上注明的收货人向承运人提货。但是在商业运输的实际业务中,原收货人为了资金周转,或者不具备足够库场堆放货物,在未提货前将货物转让他人,由受让人向承运人提货,出现了非运单上注明的人向承运人提货的情况。

由于水路货物运单是非有价证券,不具备转让的功能与机制,不同于国际运输的海运提单(BILL OF LADING)。承运人为了保证其准确交货的责任,不接受非运单上注明的人提取货物。

从收货人处受让运单(货物)的受让人不能以其本人的名义向承运人提取货物,而必须使用运单上注明的收货人的名义提货。受让人必须持有收货人签发的委托提货证明,承运人方可给予提取货物。也就是说收货人以外的其他人提货,只能是以收货人的代理人的名义办理

提货,有关提货的责任仍然由运单记载的收货人承担。

2)运输合同转让时收货人以外的其他人提货

若托运人以运输合同转让的方式变更收货人,托运人必须事先通知承运人。承运人按变更后的收货人的身份证明交付货物。

3)"电放"交货

由于运输中的各种原因,出现承运人签发的运单没有及时到达卸货港,收货人不能凭单提货。承运人为了能及时交付货物,将运单副本传真给在卸货港的船舶代理人,并同时书面(传真)向代理人发出为收货人办理无提货单据提货手续的指示,代理人凭承运人的运单副本传真件和交货通知办理交货手续。这种业务俗称"电放"。

"电放"业务是在运单或者提货凭证未及时到达时的变通处理方式,此种方法是建立在承运人对交付货物承担完全责任的基础之上的,因而只有在承运人可以确认交付货物不会发生错误时才可采用。而代理人接受"电放",只能是在承运人明确授权下方可实施。

2. 发生海损、货损事故后的提货

1)共同海损

共同海损是指在同一海上航程中,船舶、货物和其他财产遭受共同危险,为了共同的安全,有意和合理地采取措施所直接造成的特殊牺牲、支付的特殊费用。这种牺牲和费用由受益方按照各自的分摊价值的比例分摊。船舶在海上航行期间发生了共同海损事故,船舶到港后,承运人要宣布共同海损,估算共同海损的损失和受益方的受益价值。在收货人提货时,承运人应按收货人的货物价值估算共同海损损失的分摊数,要求收货人提供分摊承担担保后方可予以提货。否则应采取留置货物的措施,以确保共同海损损失的分摊得以实现。

2)船损

由于货物的原因造成船舶的损害,应由托运人或收货人向承运人赔偿。在货物交付前,承运人必须要求收货人或托运人予以赔偿或提供赔偿担保,否则承运人适用留置权,以确保能够获得损害赔偿。

3)货损

在运输中发生货损货差,承运人在交货时,应与收货人一起检验货物,制作货运记录。对检验有争议时应申请公证检验,即商品检验,由公证检验出具货物损害程度、损害原因、受损价值等有关赔偿的检验报告,供将来处理索赔时使用。当收货人要求承运人提供赔偿担保时,承运人应提供赔偿担保,以免收货人扣留船舶。

4)发生货损货差时货运记录的编制

收货人在提货的货物交接中发现货物损害或短少,应编制或者要求承运人编制货运记录。承运人直接将货物交给收货人的,由承运人与收货人共同编制货运记录;将货物交港口的,由承运人会同港口经营人编制货运记录。货运记录由交接双方共同签署。收货人凭货运记录向承运人索赔。

3. 无人提货或收货人拒绝提货时的商务处理

承运人将货物运到目的港后,无人办理提货或收货人拒绝提货,承运人要及时通知托运人,由托运人处理。托运人不及时处理的,无论运输合同如何规定,承运人都可以安排货物卸船,委托港口保管或由承运人另行委托他人保管,所发生的费用由托运人或收货人承担。承运人不能将货物在船上留置或运往其他港口卸货。

五、货物的分运与补运

1. 分运

分运是指同一货物运输合同上的货物，承运人将其拆分由多艘船舶进行运输。分运产生的原因主要有：承运人的运输能力不足；转运中不同运输工具的装载条件差异，如沿海船舶转运到内河船舶等。承运人在办理分运业务时，需要制作分运运单。

分运运单的制作是以每批实际分运的货物数量填制分运运单（格式同水路货物运单），在分运运单上注明原运单号、原船名航次、原收货人、原重量、本次分运件数、重量等，并注明批次序号和“分运”字样。

分运是对运输合同或者原运单的执行，是以运输合同有分运约定为前提的运输，分运不得违反运输合同的约定。分运运单不对托运人产生新的权利与义务，仅仅是运输中承运人处理业务，与收货人、港口经营人交接货物所使用的单证。原运单应随第一批分运货物运往目的港交收货人。收货人凭原运单办理提货。由于分运使原运单的货物分批先后运到，收货人凭原运单分批提货时，承运人或港口经营人要在每批货物提取时在原运单的提货凭证上批注，至最后一批分运货物如数交付后，原运单的义务才履行完毕。为了简化分批提货的批注手续，也可以在每批货物运到目的港时，承运人将分运运单交收货人，收货人凭分运运单每批结算费用和提取货物，在最后一批货物提取后，将各分运运单交回承运人换取原运单。

2. 补运

补运是指在运输中或运输后，发现货物未装运或漏装运，承运人另行将未运或漏运的货物运往目的港。一般来说补运是承运人发现合同未完全履行的补救措施，仅仅是承运人的责任，托运人不承担责任。也就是说因补运而产生的额外费用与支出由造成未装或漏装的责任人（承运人或港口经营人）负责。从运输合同角度来看，应由承运人对收货人负责。若因补运造成货物逾期到达，承运人需向收货人承担逾期责任。

补运商务处理：

（1）承运人或港口经营人制作补运运单（格式同货物运单），运单上注明原运单号码、原运船舶、原收货人、原发件数、重量等，补运货物件数、重量等。

（2）补运运单仅作为补运托运人与补运承运人之间货物交接和处理运输责任的凭证，与收货人无关。

（3）补运货物交给收货人后，承运人应收回原交付货物时签发给收货人的货物短少记录。

第四节　水路班轮运输形式下的运输合同

一、班轮运输合同的内容

班轮运输形式下的运输合同一般具有以下条款：

1. 承运人、托运人、收货人、实际承运人

承运人、托运人是水路货物运输合同的当事人，合同上要写明承运人和托运人的全称、地

址、电话、业务银行、账号。当事人的全称是企业进行工商登记时所使用的完整名称,地址为企业主营业地所在的地址。名称和地址要求填写的具体、明确、完整,冠以地区及其门牌号码或村名。由代理人订立合同时,仍以委托人为当事人。

收货人和实际承运人都是水路货物运输合同的第三人,应写明其全称、联系电话。收货人和实际承运人需要直接参与运输合同的履行。他们的合同权利是由合同确定的,并依据合同承担责任。

托运人和承运人的基本账户银行和账号是为了遵循国家财经规定:运费的结算方式除国家允许使用现金履行义务外,其他必须通过银行结转的规定而设的。

因水路货物运输合同可以约定同一托运人的多批货物运输,但是可能有不同的收货人,为了满足对不同收货人的需要,各批货物的收货人均应在合同中写明全称和联系电话。

2. 货物名称、件数、重量、体积(长、宽、高)

1)货物名称

货物名称使用货物品名或商品名称。但若品名过繁可以使用交通部或省(自治区、直辖市)交通管理部门颁发的水路货物运输规则中运价分级表上规定的概括货物名称,如石料、中西成药、布匹、五金、罐头等。

货物包括活动物和由托运人提供的用于集装货物的集装箱、货盘或者类似的装运器具。当这些容器、器具独立运输时应列入货物之中。

2)件数

以件运输的件装货物必须在合同明确记载货物件数。件装货物包括箱装、袋装、捆装、桶装、箩筐装、裸装、卷装、成组包装、其他容器或包装物包装的货物。以提交运输时货物独立的状态为一件,多件货物捆绑在一起成组时,每一组为一件。货物件数不包括件内小件数和组内的件数。对于散装货物、整箱交接的集装箱内的货物不计货物件数。

3)重量与体积

货物重量采用公制单位“吨”,1t = 1 000kg。合同中所填报的货物重量是该批货物的总重量。体积是指该批货物的理论体积,即用每件货物的体积来计算总体积,单位用“m^3”。货物的体积是承运人在考虑积载因素后确定货物能否装入船舶货舱的依据,也是对于《水路货物运价规则》中注明可用或要用体积计费的货物或者当事人约定以货物体积计费的货物计算运费的依据。

3. 运输费用及结算方式

水路货物班轮运输合同的运费可以按“元/吨”填写,即以每吨货物的运价作为运费率,所使用的吨是指重量吨或体积吨,按货物的计费吨情况确定。运费率由承运人确定或者由当事人约定。当事人在约定运费率时,应充分考虑到双方的责任划分,使承担的责任与运费相当。运费也可以按整体运输费用的方式约定,表达为“总运费××元”。

运费及其他费用的结算方式主要是现金支付或银行转账方式,除国家允许使用现金履行外,其他必须通过银行结转。

4. 船名、航次

船名和航次是确定船舶的方式,通过船名确定运输的船舶,限定了承运人的运输条件。船舶航次是船舶在本年度第一次装载货物航行起的航次流水记录,每一航次表明该船舶不同时间的航线运输。船名、航次并列则将运输船舶和时间特定化。

5. 起运港(站、点)、中转港(站、点)、到达港(站、点)

水路货物班轮运输合同所列明的港口应该是船期表中所列明的港口、货运站或者装卸点。如果是利用自然坡岸或港区水域为起讫点,则必须由承托双方约定,并在合同中写明。

需要经过中转港中转的货物运输,在合同中必须写明中转港名称。

6. 货物交接的地点和时间

货物交接是运输合同履行的基础,货物不能交接,则运输合同不能履行。同时货物交接的地点和时间也是运输责任划分和费用承担的标志。班轮运输大都采用港口交接的运输方式,交接地点是对港口条款的进一步明确。但若托运人要求采用其他地点交接的,如在港口以外的内陆货运站、托运人的仓库或者港内水域等地点交接,则必须在合同中明确。

货物交接后所需要的货物费用支出由接受方承担,对交接时间的约定就涉及如仓储、保管费用的支付责任。承运人过早接受货物则增加费用承担,过迟则影响班期,而承运人交付货物正相反,时间必须合理确定。

班轮运输的货物交接往往通过第三方进行,如港口或者道路运输经营人等对托运人和收货人交接,货物交接的地点和时间成为承运人为履行运输合同与其他人订立合同的依据。

7. 装船日期

装船日期是承运人实际接受货物的时间,承运人对货物履行直接管理责任的开始。为了保证班轮船期的稳定,货物装船日期必须与班期吻合。托运人不能在装船日期备妥货物的,承运人可拒绝运输或留待下班船运输。

8. 运到期限

运到期限是指货物运到目的港的时间约定。承运人不能在运到期限将货物运到,则要承担迟延责任。运到期限可以用确定的日期表示,也可以按一定的时限表达,如货物装船后20天内运到。

9. 包装方式

货物的包装是指托运人将货物提交承运时货物的包装方式,就是指货物的运输包装。运输包装应当按照国家的包装标准进行包装。如国家没有统一包装标准的,应符合交通部规定的货物包装要求。对没有标准和要求的,应在保证运输、作业安全和货物质量的原则下进行包装。每件包装货物的体积不得少于$0.02m^3$或重量不少于10kg。海运包装的种类主要有:箱、袋、桶、捆、扎、筐、裸装以及没有包装的散装等。货物的包装方式是识别货物的第一个标志,是承运人进行船舶积载时的重要考虑因素。

10. 识别标志

识别标志是识别货物的最准确的标志。识别标志由托运人自行设定,完整的识别标志包括发货符号、货物名称、起运港、中转港、到达港、收货人、货物总件数。在运输合同中只说明发货符号,发货符号由文字、拼音字母和数字构成,由托运人设定。

11. 特约事项

由于水路货物运输合同常采用表格式简式格式合同形式,合同的责任条款采用法律法规规范。对于当事人依法进行的约定与法规的任意性条款不一致时,当事人必须在合同上写明,称为特约事项。水路货物运输合同的特约事项就是承、托双方就运输中的特殊事项双方达成

的协议。特约事项主要有：运输中的要求，如运输中货物的特别管理要求，可以装载甲板，冷藏温度，易腐货物和生动植物的运到期限和运输要求，起运时间，分批运输等；货物特性，如长大件，危险品等；费用支付，如收货人付费，到付运费，装卸费由承运人支付等；所要办的特殊手续及随船运输的文件、单证等。

特约事项举例：

(1)“运费由收货人与承运人结算。”“运费由收货人支付。”

(2)“船上无重型吊机，装卸船的吊机费船方不付。”

(3)“可部分装在甲板。”

12. 违约责任

违约责任是双方约定合同不能正常履行时，当事人对争议的处理方法的约定以及赔偿的约定。如合同的变更、解除条件及责任承担，违约的赔偿责任、违约金的原因及违约金支付标准，承运人留置货物的权利、承运人的免责等。对于合同的违约责任当事人要特别注意，不要因为这类条款容易伤感情而不加以明确，而在事后发生违约时没有处理依据。

当事人关于违约责任的约定，不得违反有关法律、法规和《国内水路货物运输规则》的强制规定，否则约定无效。由于大多数班轮运输合同直接采用《国内水路货物运输规则》确定当事人的责任和义务，在其中已确定的责任事项或违约责任承担不需要再在合同中约定。

违约责任条款举例：

(1)“托运人未备妥货物致使运量落空，须向承运人支付违约金3万元。”

(2)“承运人未准时装运，须向托运人支付违约金2万元。”

(3)“承运人延迟到达，须向托运人支付延迟违约金1万元/天，不足一天的计算半天。”

(4)“货物重量由托运人提供，承运人不核定货物重量。”

13. 解决争议的方法

当事人在合同中约定发生合同争议时采用诉讼或者仲裁的方式解决，以及诉讼的地点或者仲裁的机构名称。解决争议的方法是合同的独立部分，不因合同变更或解除受到影响。

14. 当事人的权利与义务

水路货物运输合同关于当事人的权利和义务，除了特约事项写明外，有关承运人、托运人和收货人的权利、义务和责任界限，适用《国内水路货物运输规则》的规定。

当事人有关运输的约定，只要不违反法律、法规的规定，对当事人有效。“不违反法律、法规的规定”是指：

(1)法律、法规没有规定的，当事人作出约定。

(2)以法律、法规作的规定为一定的范围，当事人在这范围内作出约定。

(3)法律、法规虽有规定，但同时规定允许当事人另行约定的，如非强制规范，当事人可以约定。

15. 托运人、承运人签章

托运人、承运人的签章是合同成立的形式条件，当事人在合同上签章合同成立。合同签章可以使用法定代表人的签名并盖合同专用章，注明签章时间。

二、班轮运输合同的格式

班轮货物运输形式下的运输合同可以采用文本合同的格式，也可以采用表格合同的格式。

1. 文本式合同参考格式

文本式水路货物(班轮)运输合同见表3-1。

水路货物(班轮)运输合同 表3-1

(本合同仅为教学示范,作者对引用不承担任何责任)

甲方(托运人):________________

地址:________________ 邮编:________ 电话:________

法定代表人:________________ 职务:________

乙方(承运人):________________

地址:________________ 邮编:________ 电话:________

法定代表人:________________ 职务:________

根据《中华人民共和国合同法》、《国内水路货物运输规则》和海上运输管理规定的要求,经双方友好协商同意,特签订本水路货物合同,以便互相督促、共同遵守。

一、运输货物

甲方向乙方托运______货物运输,并保证按下列交运货物,所交付的货物符合有关运输法规的安全运输要求。

箱号	箱型和数量	货物名称	运输标志	包装	单重	重量(t)	件数	体积(m^3)	价值	备注
总计										

二、运输办法

由______港运至______港,经______港中转。承运人向起运地______港务公司接受货物,将货物在目的港卸交______港务公司。港口作业委托由乙方办理,并支付港口装卸作业费用。

三、运输时间

乙方安排船舶,船名(如运输单证所列名),应于___月___日将货物装船(起运开航)。并于___月___日(___天内)将货物运到目的港。甲方应按乙方指定的时间之内,将货物集中于______港(区)。甲方未在此时间之前将货物运送到指定的港区,乙方不保证在约定的时间装船(开航)和运到。

四、送货人、收货人

送货人________________ 联系电话____________

收货人________________ 联系电话____________

甲方保证以上所列的送货人、收货人能按本运输合同的约定履行甲方相应的合同责任,如同甲方亲自行为。

五、运输质量

甲方应对上列所托运的货物进行妥善处理,采取保证安全运输的包装和捆绑,合适并牢固地进行标志标注,提供适量(总件数1%)的备用包装。按乙方的通知将货物交付给起运港口,并与港口妥善交接。收货人在收到到货通知后及时与乙方指定的机构办理提货手续,于到达港口收取货物。

乙方所提供的运输船舶应适合约定货物的运输,船舶处于适航状态,货舱和载货场所适宜装载约定的货物。自货物在起运港装船、运输、保管、中途港转运、驳运、目的港卸载的整个过程中都谨慎处理、妥善地安排和实施操作。按照预定的航线航行。在货物运达的当天向收货人发出到货通知,按照在起运港收取的货物的状态和数量在目的港向收货人交付货物。

六、违约责任

1. 甲方的违约责任

甲方在约定时间未提供上述约定的货物运输的,应向乙方支付违约金______元;甲方在约定的时间所提供的货物不足以上约定的,按落空运量每吨向乙方支付违约金______元。

甲方所提供的货物的状态和性质与所列的不同的,需赔偿所造成乙方损失或额外费用支出。因提供货物不及时或者未及时提货所造成的乙方的损失由甲方赔偿或支付。

2. 乙方的违约责任

乙方未在上述约定的时间进行货物运输的,应向甲方支付违约金______元;乙方未在上述约定的时间将货物运达目的港，应按迟延的时间向甲方支付违约金______元/天，不足1天的按半天计算。

乙方在收货、装船、运输、驳运、卸货中因过失或不但所造成的货物数量减少和质量损害，需赔偿甲方的损失，支付赔偿金______元/件(kg)。

七、当事人的免责

合同任一方因遭遇不可抗力、军事行为、省级以及省级以上政府机关的命令不能履行合同时，应及时向对方通报不能履行情况，允许延期履行、部分履行或者不履行合同，且不承担未履行或者未完全履行合同的违约责任。

因货物的自然特性、自然耗损和潜在缺陷，甲方的申报不准确或处理不当，包装不符合要求所造成的货物损失，以及包装完好但内容不符时，乙方不承担赔偿责任。

乙方不承担在装货港、卸货港所产生的货物保管费或者特殊作业费，这些费用由托运人与港口自行结算。

八、运输费用和费用结算

货物运价以委托运输货物计费吨计，运费率(W/M)________元/吨，总运费为______元。

本合同经双方签字后次日，甲方应先付给乙方预付运输费用________元。乙方在目的港向收货人交付货物时，以运输费用凭据与甲方一次结算，多退少补。延迟付款的，按每天5‰支付滞纳金。

运费转账至______________银行，账号______________________________________。

九、争议解决方法

在合同履行过程中发生争议，双方应友好协商解决。协商不成的，双方商定，由合同订立地海事仲裁委员会仲裁。

十、其他约定

十一、附则

本合同甲乙双方各持正本一份，副本__________份。合同未尽事宜，按照《中华人民共和国合同法》、《国内水路货物运输规则》及国家的有关规定处理。

甲方：(盖章)　　　　　　　　　　乙方：(盖章)

代表人：　　　　　　　　　　　　代表人：

年　月　日　　　　　　　　　　　年　月　日

合同签署地点：

2. 表格式合同参考格式

表格式水路货物运输合同见表3-2。

承运人、实际承运人、托运人、收货人的有关权利、义务，适用《国内水路货物运输规则》

水路货物运输合同

（班轮运输）

表3-2

编号：

<table>
<tr><td rowspan="2">托运人</td><td>名　称</td><td colspan="2"></td><td rowspan="2">承运人</td><td>名　称</td><td></td></tr>
<tr><td>地址、电话</td><td colspan="2"></td><td>地址、电话</td><td></td></tr>
<tr><td rowspan="2">实际承运人</td><td>名　称</td><td colspan="2"></td><td rowspan="2">收货人</td><td>名　称</td><td></td></tr>
<tr><td>地址、电话</td><td colspan="2"></td><td>地址、电话</td><td></td></tr>
<tr><td>船名</td><td>航次</td><td>装货日期</td><td colspan="2">运到期限</td><td rowspan="2">货物交接地点时间</td><td>接收</td></tr>
<tr><td>起运港</td><td colspan="2">中转港</td><td colspan="2">到达港</td><td>交付</td></tr>
<tr><td>识别标志箱号</td><td>货物名称</td><td>件　数</td><td>包装</td><td>重量(t)</td><td>体积(m^3)
(长、宽、高)</td><td>运输费用及结算方式</td></tr>
<tr><td></td><td></td><td></td><td></td><td></td><td></td><td></td></tr>
<tr><td colspan="7">其他约定</td></tr>
</table>

托运人(签章)　　　　　　　　　　承运人(签章)

年　月　日　　　　　　　　　　　年　月　日

说明：1. 本合同格式适用于单航次班轮运输合同；

2. 规格：长19cm，宽27cm。

第五节 水路货物运输单证

一、货物运单

1. 货物运单的作用和形式

1)货物运单的作用

国内水路货物运输采用运单制度。承运人在接受货物时应当签发货物运单,货物运单是承运人已经接受货物的收据。当事人之间未订立书面运输合同的,运单为运输合同的证明,作为划分双方权利和义务的依据。同时货物运单还具有承运人收取运费凭据的作用;亦是承运人、托运人、港口经营人处理商务的凭据与货物交接的凭据。

在水路货物运输的全过程中,货物运单与货物同行,在每次货物交接中既作为交货凭据,又是收货的凭据。

2)货物运单的形式

水路货物运单采取表格形式,其普通货物运单格式见表3-3,集装箱运单格式见表3-4。

承运人、实际承运人、托运人、收货人的有关权利、义务,适用《国内水路货物运输规则》

水路货物运单

表3-3

编号:

<table>
<tr><td rowspan="2">托运人</td><td>名 称</td><td colspan="2"></td><td rowspan="2">承运人</td><td>名 称</td><td></td></tr>
<tr><td>地址、电话</td><td colspan="2"></td><td>地址、电话</td><td></td></tr>
<tr><td rowspan="2">实际
承运人</td><td>名 称</td><td colspan="2"></td><td rowspan="2">收货人</td><td>名 称</td><td></td></tr>
<tr><td>地址、电话</td><td colspan="2"></td><td>地址、电话</td><td></td></tr>
<tr><td>船名</td><td>航次</td><td colspan="2">装货日期</td><td>运到期限</td><td rowspan="2">货物交接地点时间</td><td>接收</td></tr>
<tr><td colspan="2">起运港</td><td colspan="2">中转港</td><td>到达港</td><td>交付</td></tr>
<tr><td>识别标志</td><td>货物名称</td><td>件 数</td><td>包装</td><td>重量(t)</td><td>体积(长、宽、高)(m^3)</td><td>运输费用及结算方式</td></tr>
<tr><td></td><td></td><td></td><td></td><td></td><td></td><td></td></tr>
<tr><td colspan="7">相关记载</td></tr>
<tr><td colspan="4">承运人(签章)
年 月 日</td><td colspan="3">收货人(签章)
年 月 日</td></tr>
</table>

承运人、实际承运人、托运人、收货人的有关权利、义务，适用《国内水路货物运输规则》

水路货物运单(集装箱)

表 3-4

编号：

<table>
<tr><td rowspan="2">托运人</td><td>名　　称</td><td colspan="2"></td><td rowspan="2">承运人</td><td>名　　称</td><td></td></tr>
<tr><td>地址、电话</td><td colspan="2"></td><td>地址、电话</td><td></td></tr>
<tr><td rowspan="2">实际承运人</td><td>名　　称</td><td colspan="2"></td><td rowspan="2">收货人</td><td>名　　称</td><td></td></tr>
<tr><td>地址、电话</td><td colspan="2"></td><td>地址、电话</td><td></td></tr>
<tr><td>船名</td><td>航次</td><td colspan="2">装货日期</td><td>运到期限</td><td rowspan="2">货物交接地点时间</td><td>接收</td></tr>
<tr><td colspan="2">起运港</td><td>中转港</td><td colspan="2">到达港</td><td>交付</td></tr>
<tr><td>箱号</td><td>封志号</td><td>箱型
箱数</td><td>货物名称</td><td>重量(t)</td><td>件数包装</td><td>运输费用及结算方式</td></tr>
<tr><td></td><td></td><td></td><td></td><td></td><td></td><td></td></tr>
<tr><td colspan="2">合计</td><td colspan="5"></td></tr>
<tr><td colspan="7">相关记载</td></tr>
</table>

承运人(签章)　　　　　　　　　　　　　　收货人(签章)

年　月　日　　　　　　　　　　　　　　年　月　日

说明：1. 本运单格式适用于单航次集装箱班轮运输；

2. 规格：长 19cm，宽 27cm。

3)货物运单的份数

运单作为随货同行的单证，必须使在货物传递过程中的任一方都要持有该单证，作为接受和交付货物的凭证。承运人签发的运单要有一定的份数。对于一次直达运输的运单份数最少为五份，分别是：

(1)承运人或承运人的起运港代理人一份；

(2)托运人一份；

(3)到达港港口经营人一份；

(4)收货人一份；

(5)收货人收到货物后作为收据签回给承运人的提货凭证一份。

运输环节增加或者运输参与人增加，运单份数相应地增加。

4)运单的签发

承运人签发运单，可以在货物装船、承运人验收货物，或者承运人委托的港口或场站接受货物之后。运单可以由承运人签发；也可以由承运人的代理人签发；也可以由运载货物的船舶的船长签发，由载运货物的船舶的船长签发的，视为代表承运人签发。

2. 货物运单的内容

(1)承运人、实际承运人、托运人和收货人的名称。承运人、实际承运人、托运人、收货人

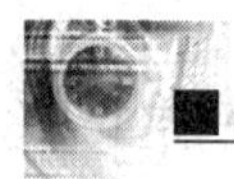

的全称、地址、电话。

(2)货物名称、件数、重量(吨)、体积(长、宽、高)。规定按重量和体积择大计费的货物,应当同时填写货物的重量和体积(长、宽、高);货物名称填写具体的商品品名,名称过繁的,可以填写概括名称。

(3)运输费用和结算方式。填写单位运费率或总运费,现金或转账方式。

(4)船名、航次。

(5)起运港、中转港和到达港。

(6)货物交接的时间和地点。

(7)装船日期。

(8)运到期限。

(9)包装方式。

(10)识别标志。货物识别标志、主标志或进口货物的提单号码(B/L No.)。

(11)相关事项。当事人在运输合同中商定的有关承运人和收货人的责任在运单上的记录。

(12)当事人的权利与义务。承运人与托运人、发货人之间的权利、义务和责任界限适用《国内水路货物运输规则》的有关规定。

(13)当事人的签名。托运人、承运人、收货人签章,船舶签章。

(14)费用结算事项。由于水路货物运单具有货运单据的作用,当事人可以在运单上计明运费率、运费总数,还可进行费用计算、核算等收费凭证的财务处理。

3. 货物运单的填制

1)托运人填制货物运单

托运人在办理托运时,如果采用货物运单进行托运,则要向承运人递交已填写妥当托运事项的货物运单。托运人填写货物运单应严格按照货物运单填写的规定,做到完整、清楚、准确地表达托运人对货物运输的要求和对承运人的要求。

托运人填写运单要做到:

(1)正确选择货物运单。托运人在选择使用货物运单时应注意:

①货物运单的格式由承运人或者运输协会制定,当事人应使用相应的、承运人接受的运单格式。

②货物运单分为普通运单、集装箱运单、危险品运单,托运人应使用相应的运单。

③托运人在同时托运多种货物时,要根据运单使用的规定,考虑货物的基本情况与货物特性,正确运用运单的合并与分离。可以一货一单,或多货一单。同一份运单必须是相同的托运人、收货人、起运港、到达港。

(2)正确填写运单内容。按规定应由托运人确定的运单内容,托运人应完整、准确地填写,不得遗漏或含糊不清。托运人对运单中由托运人填写的内容负有准确、清楚和真实的责任。由于填写错误造成的损害由托运人负责赔偿。

(3)对货物在运输中的特别要求,托运人要明确、完整地在特约事项栏中写明。对于需经双方协商的事项,可以在协商后填写。

(4)托运人依其对货物运输的需要,在填妥货物运单后,及时递交给承运人,以便订立合同及承运人安排承运、签发运单。托运人递交运单可以通过其代理人递交或直接交给承运人的代理人。

对于双方已订立有水路运输合同的,托运人递交运单是一种履行合同的行为,是为了通知承运人安排运输,履行已订立的水路运输合同。托运人填写的货物运单应与所订立的运输合同相一致,不得与运输合同矛盾。

2)承运人审核运单

承运人在接到托运人递交的货物运单后,应认真对运单进行审核,检查运单的填制是否清楚、真实、准确,是否符合填制要求,应由托运人填报的内容是否完全等。

承运人在审核运单时要注意以下问题:

(1)是否在已订立运输合同之下的货物托运,托运人填写的运单有无违反所订立的运输合同。

(2)托运人、收货人的名称、地址是否齐全,特别是能否按运单的记载通知到收货人。

(3)托运人提出的装货港、转运港、卸货港是否航线上的港口,承运人的船舶能否到达;港口是否具备所托运货物的装卸能力;转运港的要求是否合理。

(4)托运的货物属于什么性质,危险品资料是否齐全,特殊性质的货物有无说明书。

(5)货物使用的包装是否符合海上运输的要求,标志是否便于识别。

(6)货物的计量方法及体积丈量方法是否合适,计量和体积丈量是否准确;货物包括亏舱因素在内的积载因素为多少。

(7)托运人所要求的装卸时间及运到期限是否合理和可行。

(8)托运人所提出的运输要求是否合理;运费及费用的支付方式和时间能否接受。

承运人在对运单进行审核后,对运单中存在的问题和疑问,应全面、细致地向托运人询问,避免误解。对托运人的不合理要求,提出修改意见;对于承运人无法履行的事项,要求托运人取消或改变要求;对于违反法律规定,侵害第三方利益或国家、社会公共利益的要求坚决拒绝。

承运人在与托运人协商时,以《国内水路货物运输规则》的规定为依据要求权利和同意承担义务。对于超出规则规定的事项,以平等互利的原则商定。

托运人与承运人双方对运单内容、运输条款协商一致后,将特殊要求与特别协定记录在相关事项栏中,承运人签署运单。

3)承运人填制运单

运单可以由承运人代为填制,或者在租船运输时由出租人填制。在有运输合同存在时,承运人依据运输合同的约定填写运单。双方没有订立运输合同的,承运人按照所接收的货物情况填制货物运单。

4. 货物运单的流转

托运人在办理托运时,将运单按要求填写妥当,交承运人办理托运手续,承运人受理托运后在运单上签署。根据需要制作相应的运单份数,使运输过程中的有关各方都持有一份运单作为依据。一次直达运输运单应有五份,每份按以下方式传递。当运输相关人增加时,相应增加运单份数。

(1)起运港承运人或其代理人存查留一联。由起运港承运人或其代理人留存,作为其持有的一份合同证明文件,处理事后发生争议的依据。同时也作为承运人办理货运业务的依据,

如汇总编制货运清单、统计运量等。

(2)托运人留一联。作为承运人收取运费后,开给托运人的收费凭据。托运人作为财务处理的原始凭证。同时也作为托运人持有的合同文件,作为事后处理纠纷的依据。

剩余的运单各份待货物装船后,由船舶随同货物一起运往目的港,交给承运人或其目的港的代理人。

(3)到达港港口经营人留一联。承运人或其目的港代理人交给目的港港口经营人留存,作为港口交接货物时检验货物的依据和港口订立作业合同是的依据。

(4)收货人留一联。收货人在办理提货手续后,承运人或其代理人连同提货凭证联一起交给收货人。收货人联在提货时经承运人或港口经营人签署作为收货人收到货物的凭证和收到货物情况的证据。若运费或其他费用由收货人支付的,该联亦为收货人的付款凭据。

(5)收货人提货时使用一联。由收货人签署后,凭以向承运人或港口经营人提取货物,收货人提货后将该联运单交给港口经营人或船舶,再由港口经营人或船舶转交给承运人或承运人的代理人。

5. 水路货物运单流转程序图

水路货物运单流转程序见图 3-2。

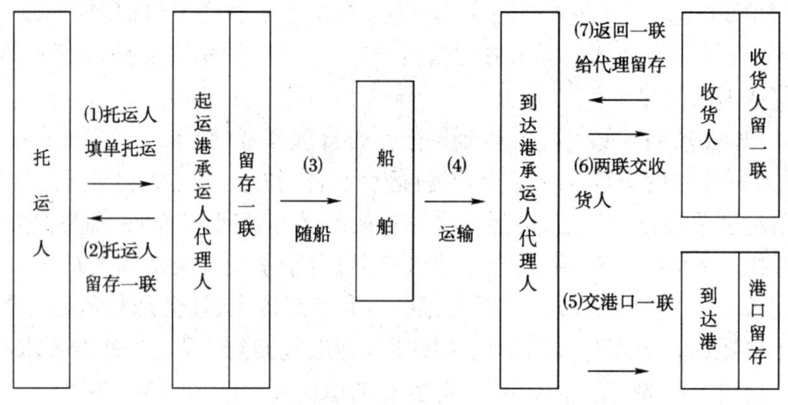

图 3-2 水路货物运单流转程序图

二、货物交接清单

1. 货物交接清单的作用

承运人将所承运的装载于同一船舶(航次)的货物汇总编制成货物交接清单。货物交接清单的用途如下:

(1)承运人向船舶下达的运输任务。

(2)船舶凭以进行船舶积载。

(3)装货港口安排货物存放和安排装船作业的依据。

(4)船舶与装货港交接货物的凭据和记录。

(5)卸货港口安排卸船作业、仓库堆场的依据。

(6)卸货港与船舶交接货物的依据和记录。

2. 货物交接清单的编制

承运人在接受托运人的货物托运、双方签订运输合同后，承运人将同一航次、同一船舶运输的货物汇总，按照到达港的顺序编制成货物交接清单，见表3-5。在中途港加载货物时，承运人或者代理人也将在该港装载的货物编制成货物交接清单。

在整个运输过程中，船舶与港口、中途港都要使用货物交接清单，因此承运人编制的其份数要满足各方的需要。如直达运输，货物交接清单的份数要有：装货港一份；船舶积载一份；船舶交接一份；到达港一份，最少共四份。另外港口内部因安排作业、仓储、结算等的需要，会向承运人索要更多份清单。

货物交接清单 表3-5

船名： 航次： 起运港： 到达港：

编号	提/运单号码	托运人	收货人	识别标志	货物名称	件数	包装	重量（t）	体积（m^3）	实装		实卸	
										件数/重量/体积（m^3）	状态	件数/重量/体积（m^3）	状态
起运港空载吃水：				起运港重载吃水：				到达港重载吃水：			到达港空载吃水：		

起运港： 到达港：

港口经营人（签章） 船舶（签章） 港口经营人（签章） 船舶（签章）

年 月 日 年 月 日 年 月 日 年 月 日

说明：规格：宽38cm，长由承运人自定。

3. 货物交接清单的使用

货物交接清单是船舶与港口交接货物的凭据，在装货港时只有一份供双方使用，货物装船后由港口库场和船舶理货分别对货物交接清单进行签署。

在中途港卸货时依起运港编制的货物交接清单内注明的该卸货港的货物进行交接签署。该中途港加装的货物，凭该港承运人或者代理人编制的货物交接清单进行交接签署。

有卸在前面多个港口装载的货物的，凭起运港编制的货物交接清单、加载港编制的货物交接清单，合并进行交接签署。

复习思考题

1. 怎样理解水路货物班轮运输的特点?
2. 承运人、托运人在装货港有什么商务事项?
3. 如何进行货物标志和包装?托运人要履行什么义务?
4. 承运人应如何验收货物?
5. 到货通知何时发出?有何作用?
6. 收货人以外的人如何进行提货?
7. 水路货物班轮运输合同有什么主要内容?
8. 熟悉合同格式的条款及内容。
9. 货物运单有什么作用?
10. 货物运单填制有什么要求?
11. 货物运单由谁签发?如何确定其份数?如何传递?
12. 货物交接清单如何制作?有什么用途?

第四章　水路航次租船运输商务

学习目的

了解航次租船运输的商务特点；掌握航次租船的商务操作；掌握航次租船合同的内容，熟悉航次租船合同的主要条款，初步掌握航次租船合同的编制。

第一节　航次租船的经营方式和特征

一、航次租船的经营方式

航次租船运输是指船舶出租人向承租人提供船舶的全部或者部分舱位，装运约定的货物，从一港（站、点）运至另一港（站、点）的运输方式。航次租船运输是船舶最基本的运输经营方式，航运企业将其拥有的船舶进行船舶配备后，提供船舶货运能力给承租人使用。船舶到何处装货、装载什么货物、航行什么航线、到何处卸货全部依据承租人的货载而定。出租人只按照租船合同的约定进行货物运输。

在航次租船运输中，船舶出租人负责船舶的船员配备、装备船舶，进行船舶积载、航行运送、在船货物管理，承担运输货物的船舶燃料费、船舶港口使费、船员的费用支出。承租人负责提供货物，承担货物港口使费。货物装卸船舶费则通过约定由出租人或者承租人承担。

航次租船运输适合于大宗货物运输，如粮食、矿石、散装液体、煤炭、钢铁等。承租人的一批货物如有多种种类，但在重量或者体积上足够一船的，采用整船航次租船运输。如果承租人的货物不足一整船的，但足够一整个或几个货舱，承租人可以一货舱为单位租用运力；甚全货物不足一舱时，也可以承租相应舱容。出租人可将船舶货舱、舱容出租给相同或相近航线运输的多位承租人，将货载凑齐一船运输，这种租船类似于班轮的航次运输，又称为分舱航次租船。也可以由不足一船货物的承租人租用船舶后，另外招揽货载凑齐一船运输，构成承租人的转租行为。

航次租船就其目的而言，仍然是出租人提供船舶运力，完成承租人的货物运输，在运输中承租人不占有和控制船舶，只承担一种类似于经营船舶的角色。承租人与出租人之间依然是运输合同关系。

二、航次租船运输的商务特点

（1）船舶没有固定的航线，运输也没有规律性，航线和停靠港口完全按货载情况确定，即承租人的货物如何运输，船舶就怎样航行。由于船舶可能在不同港口装卸货物，因此港口业务对象变动甚大。要保证船舶的连续运输,船舶出租必须有较大的前瞻性,确保前后航次良好衔接,减少船舶空放。

(2)船舶出租大多通过租船市场和租船经纪人撮合。由于租船经营具有间歇性,船舶与承租人要出租或者承租船舶时,需要通过信息较为集中的中介撮合成交。

(3)出租人与承租人之间通过订立航次租船合同确定运输安排。由于运输法规对租船合同较少制订强制性规范,当事人具有极大的合同自由订立权,要求航次租船合同内容全面完善,采用全式合同的形式。

(4)运输费用受市场运力运量供求变动的严重影响,采取通过当事人协商的合同运价。航次租船运输没有规律性,市场对运力运量的平衡控制力很弱,运价受供求变化的影响极大,在运力空闲集中时,运价会大幅度下降;运量集中时,则运力不足,运价上升明显。航次租船运价的市场波动性极大。

(5)出租人只是提供船舶运力,对承租人使用运力采取费用支付的方式控制。航次租船运输的租金以运费的形式表示,由于航次时间在商定运费时已经考虑,如果实际航次时间延长,出租人将会受损失,因而对由于承租人装卸货物等责任原因造成的延时,出租人采取延滞费的形式向承租人收取,以补偿损失。当然承租人在约定的时间内提前交还船舶,出租人采取速遣费的方式给予奖励。

(6)承租人需具有较高的航运经营能力。承租人从船舶的选择、装卸港口的选定、租船合同的商定,以及货物装卸的安排等整个运输过程中都需要以自身的利益和航运的特性和规律出发进行管理和活动,因而需要承租人具有较高的航运经营专业知识和能力。

第二节　航次租船的商务过程

一、发布租船信息

船舶所有人采取航次租船的形式经营船舶时,除了已有固定的客户外,需要将其船舶要出租的信息对外发布,使得要租船的承租人能够方便地获得该信息。同样对要租船的承租人也需要将其要租用船舶的信息发布在出租人容易得到信息的地方。由于众多出租人和承租人的共同选择、共同活动,形成了集中租船信息的租船交易市场。出租人和承租人将出租或承租船舶的信息在市场上发布,或者通过在市场中活动的租船经纪人或租船代理人在市场上发布,以吸引对方查询,建立联系。由于现今的运输市场为货方市场,承租人具有较大的主动权和成本控制能力,有更大的选择权,往往是出租人发布租船信息,承租人选择成交。

二、询价

询价是一方向另一方要求报价的要约引诱,当承租人或者出租人在租船市场上获得出租或者承租船舶信息后,认为可能满足要求的,向对方发出询价。在大部分时候,承租人或者出租人在租船市场上发布询价作为发布租船或出租船舶的信息。

询价可以是一对一的询价,也可以以不确定对象的方式询价。实践中航次租船运输大多数为承租人向出租人询价。

承租人的询价一般包括:货物、货量、包装、起运港、到达港、受载期、运费率(有时可不报)等货载信息;并要求出租人提供船舶资料和报价。

出租人的询价一般包括:船名、载重吨、舱容、可航行区域、船舶吃水、货舱数和吊杆、运费率(有时可不报)等运输事项;并要求承租人提供货载信息和报价。

三、报价

承租人在收到众多出租人的询价后,选择合适的出租人,向其报价,或者要求所选择的出租人报价。明确的报价是一方向另一方发出的要约,对报价人有约束力。但如果所发出的报价带有不确定的成分则成为报虚价。报虚价常常使用在运力紧张时期,出租人故意报出较高的价格;在运力剩余时,出租人大多报较低的实价,使所报的价格有竞争力,以便继续磋商。承租人则在运力紧张时报较高的实价,运力剩余时报较低的虚价。

出租人的报价内容有:船东名称、船名、受载期、运费率装卸费、滞期速遣费率、佣金、合同范本、报价有效期等。

四、合同商定与订立

一方在收到对方的报价后,与对方就报价内的问题或者运输中有关的其他事项进行进一步协商,讨价还价,直到双方意见一致,或者双方接受主要条款。出租人可以编写主要条款确认书,由对方确认构成受盘,双方合同关系成立。出租人或者经纪人按照确认书编制正式合同,送承租人审核,若承租人接受合同所有细节,签署合同,合同生效。若承租人认为合同细节还需要商定,双方继续商议后签署合同。

由于航次租船大多采用范本合同,所被采用的范本合同都已完善或者较为公平,当事人一般不对合同条款进行改变,合同的细节往往在选定合同范本时就已确定,只是对运输的具体事项进行商议。当然选用的范本与实际情况有较大差别时,需要对大多数事项进行商议。

五、履行合同

合同订立后,双方遵循诚实信用的原则,按照合同的约定完整全面地履行合同,实现双方订立合同的目的。

第三节　航次租船形式下的运输合同

一、航次租船合同的概念与特征

航次租船合同是指船舶出租人向承租人提供船舶或船舶的部分舱位,装运约定的货物,从一港运至另一港,由承租人支付运费的货物运输合同。

国内水路航次租船合同有以下特征:

(1)航次租船合同是货物运输合同。当事人之间虽以租船的形式订立合同,但其目的在于货物运输,即承租人租用船舶的目的是为了进行货物运输。出租人与承租人之间的关系属于运输需方和运输供方。

(2)航次租船合同是特定船舶和船舶运力的合同。航次租船合同是基于合同指明的特定船舶的运输,出租人必须提供约定的船舶进行运输,若约定船舶不能参与运输,则合同不能履行。除了约定的船舶还包括船舶载运能力和使用时间也需要按照约定的要求,满足约定的需要。在整船租用时,是以船舶的载运能力,或者船长"宣载"的数量为依据。而在非整船租用的航次租船中,按约定的货量为准。

对船舶运力的租用还表现在占用的时间上,航次租船合同中约定许用装卸货的时间,若装卸货作业时间超过约定的时间,承租人要向出租人支付滞期费;反之承租人提前完成,出租人向承租人支付速遣费。

(3)航次租船中船舶、货物的航行管理与货物运输组织与营运相分离。在航次租船运输中,出租人负责船舶的配备,船舶适航、适货,船舶供应、装备,进出港口费用的支付,货物的在船管理等航行管理工作;承租人负责组织货源,安排航线、港口,联系装卸作业等货物运输组织工作。

(4)航次租船合同是当事人双方的合同,对第三方无效。航次租船合同仅约定承租人与出租人的权利与义务,对第三方不产生权利,也不发生义务。收货人是承租人的,双方的权利、义务根据航次租船合同确定。收货人不是承租人的,收货人不能通过航次租船合同向出租人主张权利,也不对出租人承担合同义务,只能根据承运人签发的运单的内容确定收货人与承运人(出租人)的权利和义务。

二、航次租船运输形式下的运输合同的内容

1. 航次租船运输形式下的运输合同的格式

运输合同由当事人根据运输需要,能够明确和完整地表达当事人对运输的协商事项,便于合同履行的原则来确定合同格式和内容。航次租船合同采用全式合同。正本合同一式两份,承租人与出租人各持一份。

在运输实践中,为了简化合同的订立,降低成本,便于统一管理和实施,大多使用范本合同。为了使合同简易明了,在航运习惯中都将合同制作成表格和条文两部分形式。

范本合同可以由航运公司、航运协会、经纪人组织、航运交易所或者其他组织或个人制定。如交通部、国家工商管理局1997年发布的航次租船合同国家合同范本,编号为GF-97-0405,可供参考,见表4-1。

2. 航次租船运输形式下的运输合同的内容

(1)合同当事人。包括承租人的全称、地址、电话、银行及账号;出租人的全称、地址、电话、银行及账号。当事人的名称填写企业注册名称或者个人的完整姓名。由代理人订立合同时,仍填写被代理人名称。地址则为当事人的主营业地的地址、承办的分支机构的地址或者个人的常住地址。银行及账号为开列账号的银行(营业所)及账号。

(2)船舶资料。包括船名、船籍港,船舶总吨/净吨、总舱容、载货吨,舱口数,吊杆数/负荷,船舶长度、空船吃水、满载吃水。

(3)货物资料。包括货名、件数,包装,重量(t)、体积(m^3),价值(元)。

(4)装卸货港。起运港、到达港、中转港。约定具体港口的名称,如广州港、大连港。根据需要也可以约定为泊位条款或港区条款,如广州黄埔港、天津新港等。

本合同有关出租人和承租人的权利和义务适用《国内水路货物运输规则》的规定

表 4-1

航次租船合同

GF-97-0405

编号：

<table>
<tr><td rowspan="3">承租人</td><td>全　称</td><td></td><td rowspan="3">出租人</td><td>全　称</td><td></td></tr>
<tr><td>地址、电话</td><td></td><td>地址、电话</td><td></td></tr>
<tr><td>银行、账号</td><td></td><td>银行、账号</td><td></td></tr>
</table>

<table>
<tr><td rowspan="3">船舶资料</td><td>船　名</td><td></td><td>总舱容</td><td></td><td>吊杆数/负荷</td><td></td></tr>
<tr><td>船籍港</td><td></td><td>载货吨</td><td></td><td>空载吃水</td><td></td></tr>
<tr><td>总吨/净吨</td><td></td><td>舱口数</td><td></td><td>满载吃水</td><td></td></tr>
</table>

货　名	件　数	包　装	重量(t)	体积(m^3)	价值(元)

<table>
<tr><td>起运港</td><td></td><td>受载期限</td><td></td><td>装船期限</td><td></td><td>滞期费率</td><td></td></tr>
<tr><td>到达港</td><td></td><td>运到期限</td><td></td><td>卸船期限</td><td></td><td>速遣费率</td><td></td></tr>
<tr><td>运　费</td><td colspan="3"></td><td colspan="2">费用结算方式</td><td colspan="2"></td></tr>
<tr><td>特约事项
和
违约责任</td><td colspan="7"></td></tr>
</table>

出租人(签章)　　　　　　　　　　承租人(签章)

年　月　日　　　　　　　　　　年　月　日

说明：规格：长 17cm，宽 27cm。

(5)装卸期限。确定受载期限、装船期限、装卸时间、运到期限、滞期费率、速遣费率。

(6)运费及支付方式。包括运费率、运费总数、费用结算方式。约定采用现金支付还是转账支付。

(7)装卸费承担。由出租人或者承租人承担货物装船或者卸船费用。该条款常用缩语表达，有：

①FI(Free In)：出租人不负责装货费，如果没有其他约定则需承担卸货费；

②FO(Free Out)：出租人不负责卸船费用，如果没有其他约定则需承担装船费用；

③FIO(Free In and Out)：出租人不负责装卸费用；

④FIOST(Free In and Out and Stowed and Trimmed)：出租人不负责装卸堆舱平舱费；

⑤Liner Term：出租人承担装卸费的"班轮条款"。

根据以上条款组合的有：FILO；LIFO 等。

(8)转租限制。合同约定承租人能否转租船舶的条款。如果允许转租，在转租中的责任由承租人承担，出租人只承担本租约的责任。

(9)签发运单。出租人是否签发运单的约定。如需出租人签发运单，则只对收货人有效，且出租人在承担运单责任时不超过租船合同的约定范围。

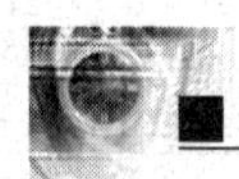

(10)特约事项。双方对运输的具体事项、操作要求、费用承担等约定的条款的记载。常见的条款有:

①运费支付时间和支付方式。可以约定运费为预付运费、到付运费、部分预付部分到付等运费支付方案。如:货物装船完毕支付全部运费;或者货物装船完毕支付20%运费;或者船舶到达目的港锚地支付全部运费;或卸货完毕支付剩余全部运费;合同订立时预付部分,提货时结算等方式。支付方式一般约定为转账支付和账号,也可以约定代收代付的其他人。

②泊位条款。一般约定为船舶在港口装卸作业时只使用"一个安全泊位"。"一个"是指在装或卸货过程中船舶无须进行移泊或船舶在装卸中所进行的移泊费用由承租人承担,包括移泊的码头费、引航费、拖轮费、解系缆费、待时费等。"安全"是指进行装或卸货的泊位必须是对船舶的安全不构成危害,船舶在所要靠离的泊位能够安全进入、安全进行机动操作、保持安全浮泊,因泊位不安全的驳卸由承租人负责。

③其他费用支付。在合同中注明可能产生的各种费用的承担。如货物平舱费、堆舱费、扫舱费由承租人承担;货物的特殊绑扎费由承租人承担;实际装船货物的数量超过约定数量时按实际数量计费;浮吊和重吊费用由承租人承担等。

④对运输法规的任意性规范的不同约定。当事人对运输中的事项的约定与运输法规非强制规定不同或运输法规未明确时,应作为特约事项在合同上注明。如出租人不确定货物重量;采用水尺计量;不化验货物质量等。

(11)违约责任。航次租船合同是协议性极强的运输合同,承租人与出租人可以就所有有关租船期间的事项进行约定。违约责任主要有涉及的可能违约事项及所进行的惩罚。运量、运力落空的违约金数额;迟付费用的违约金;货物的留置权;不可抗力的约定,当事人的免责等。

(12)责任规定。有关出租人与承租人之间的权利、义务与责任界限,当事人可以在合同中详细约定。当事人未约定的,适用《国内水路货物运输规则》的有关规定。使用范本合同的,由于范本合同都极为详细的列出当事人的责任条款,而这些条款都经过不断的考究,较为合理和全面,当事人一般不进行修改。

(13)争议处理。出租人和承租人在合同中约定发生合同争议时采用仲裁的约定,确定仲裁的地点和机构。当事人也可以约定诉讼和诉讼地点。

(14)当事人签章。包括出租人、承租人在合同上签名、盖章。该签章必须使用当事人的合同专用章,章上的名称与当事人的名称完全一致。

三、合同当事人的责任

当事人可以自由约定航次租船合同中当事人的责任事项和责任承担。当事人没有约定的,适用水运法规的规定。根据《国内水路货物运输规则》,航次租船运输合同当事人承担以下合同责任。

1. 出租人的责任

1)出租人提供约定的船舶

航次租船合同是特定船舶的运输合同,出租人应当按航次租船合同的约定提供船舶,也就是使用合同中写明的船舶完成承租人的运输任务。约定船舶的方法可以采用指定船舶、替代

船舶、选择船舶的方式。指定船舶为指定唯一的船舶；替代船舶则是在指定一艘船舶后加注“或由出租人选择”。在这两种情况下，出租人不能提供列明的船舶，可以经过承租人的同意更换列明船舶。但承租人的该同意并不意味着出租人可以任意安排其他船舶进行运输。出租人安排代替运输的船舶必须是能满足合同关于船舶要求的规定。船舶运输要求包括船型、船舶等级、载重能力、舱容、舱口数、吊杆起吊能力、船舶吃水等与合同规定相同。否则承租人有权拒绝该船的代替，甚至依此解除合同。选择船舶则是在合同上列出两到三艘船舶，将来指定其中一艘船舶参与运输。

因出租人未能提供约定的船舶，或虽经承租人同意，出租人所提供的代替船舶不满足合同约定的需要，致使承租人遭受损失，出租人应负赔偿责任和承担违约责任。所赔偿的承租人的损失是合同未履行所直接造成的损失，包括承租人重新租船而支付的额外费用、货物额外仓储费等。

2）出租人应在约定的受载期限内向承租人提供船舶

（1）受载期的表示方式。受载期是指合同约定船舶能够装载货物的时间期限。航次租船合同关于受载期的约定通常采用的方式：一种是约定从起始至结束的一段时间，如4月15日到4月20日；另一种只写明最后日期，如受载期至5月25日；还有采用确定日期和允许偏差时间的方法，如4月15日±1天；此外还可以采用特定的日期，如某项事件发生的日期；以及采用请求的时间为准的方式。

受载期间的最后日期或写明的日期是受载期的最后一天。按《民法》规定，期间最后一天或日期的截止时间是这一天结束或者停止业务活动的时间。表示时间也就是说一般的截止时间为当天的24时，我国的航运企业、港口企业、航运代理企业都已将2400作为截止时间。而多数货主企业为8小时业务工作，则截止时间为当天的1700或1800。出租人应该在这一天的截止时间以前将船舶提供给承租人，否则在这时刻之后，表示出租人未履行约定时间交付船舶的义务。

（2）提供船舶的地点。船舶到达约定的港口是出租人的基本义务，但船舶到达港内具体的地点的不同，不仅所要使用的时间不同，而且意味着所要办理的业务、花费的费用不同。实际业务中为了避免港口业务时间的影响，出租人往往在合同中采用船舶到港的规定，如：船舶到达港口引航锚地，且以航海日志记载的时间为准。承租人则愿意采用泊位条款，以船舶靠上指定的港口泊位为条件。而折中的方式则为指定的接近泊位的锚地为条件。

（3）所提供船舶的状态。提供船舶是指出租人使船舶能够接受承租人的货物装船或承租人使用船舶进行营运。出租人在履行此项义务时应做到：

①船舶适航，即符合一般安全航行和适合预定航线的航行，并妥善配备船员、装备船舶和配备船上的供应品；

②船舶适载，即使载货处所适合约定货物的装载、保管、运输、卸载；

③船舶到达约定的港口锚地或靠上约定的装货泊位；

④若航次租船合同约定由出租人负责装卸货物的，出租人还应与港口经营人签订作业委托合同，办理装卸货手续。

（4）解约和解约日。受载期往往是货方贸易合同的交货时间，不能在受载期装运货物，货方可能会对贸易合同违约，因而对受载期的履行是出租人的重要义务，亦是承租人解除航次租船合同的主要原因。

受载期对承租人亦有着重要的约束作用,承租人应在受载期的开始就应准备妥当所要装运的货物,做好装载准备,否则会造成船舶延滞,承租人需承担相应的延滞费。而在船舶运力紧张之际,出租人可能不愿意仅仅得到延滞费而耽误船舶营运,在达到一定的延滞后宁愿解除合同,或者收取较高额的延滞费。

解约日的约定方式主要有:

①明确约定解约日。如:5 月 15 日为解约日,则 15 日起可以解约。

②在仅约定受载期限时,受载期限的最后一天为解约日。如:受载期间为 5 月 5 日至 5 月 10 日,则 11 日起可以解约。

船舶不能在受载期受载,承租人可以解除合同。这会对出租人极为不利,甚至造成重大的损失。由于船舶经营有着许许多多的不确定因素,很多时候因为非出租人的原因造成船舶不能在约定的时间抵达装货港受载,而航次租船合同没有对受载期以前的预备航次进行约定,目前的法规也没有对受载以前的责任作规定,形成了对受载期的履行为出租人无条件的义务。针对这种现象,为了维护运输市场的秩序,保护当事人的利益,《国内水路货物运输规则》第75 条规定,出租人在预计船舶不能在受载期抵达港口时,将船舶延误情况和船舶预期抵达装货港的日期(延期)通知承租人的,承租人应在收到通知起 24 小时内,将是否解除合同的决定通知出租人。这就意味着承租人有在出租人询问后,通知是否解除合同的义务。如果承租人未在 24 小时内答复出租人,则作为承租人不解除合同的默认。当然尽管承租人未答复解除合同,因出租人延期提供船舶,应该承担承租人遭受的损失赔偿和逾期违约责任。

(5)提前受载的约定。在订立航次租船合同时,除了考虑延期的问题外,当事人还需考虑船舶提早到达能否进入装载期的问题。这个问题影响到出租人船舶的利用与承租人受载期的使用和产生延滞的可能。在订立航次租船合同,若承租人不能立即准备好货物,就要订立受载期的前限,写明受载期的起始时间,如不早于 × 月 × 日。这样出租人的船舶提早到达亦不进入受载期的计算。

3)出租人的运输管理责任

航次租船中的出租人对海上货物运输的管理责任,应该遵守《国内水路货物运输规则》中关于承运人的货物管理责任的规定,以及当事人约定的其他责任。《国内水路货物运输规则》关于出租人的船舶适航、货舱适载、不绕航的责任是航次租船合同的强制责任。

出租人应当使船舶处于适航状态,妥善配备船员、装备船舶和配备供应品,并使干货舱、冷藏舱、冷气舱和其他载货处所适于并能安全收受、载运和保管货物。

提供货物的基本衬垫与绑扎材料,妥善保管货物,做好监装、监卸,按约定办理装卸货物手续。

4)船舶不绕航的义务

承运人应按照约定的或者习惯的或者地理上的航线将货物送到约定的到达港。否则构成出租人的绕航,对绕航期间发生的货物一切损害和因绕航出现的延迟出租人必须承担所有责任。

5)出租人承担实际承运人应承运的货物造成损害的赔偿责任

在航次租船运输中,承租人在租用船舶后,以承运人的身份接受托运人的货物运输,或者发生转租。该航次运输中存在着三方的关系，即出租人、承租人（承运人）、托运人或收货人（货方）的运输关系。该三方的关系可以从以下三方面看：

（1）托运人或收货人（货方）与承运人（承租人）有着运输合同的关系，双方遵守他们之间订立的货物运输合同。在运输中造成的货物损害，按运输合同约定的运输责任，由承运人（承租人）承担责任。

（2）出租人对于承租人承运的货物，在运输中承担了实际承运人的责任，在运输中负有管理、照料的责任，因出租人的过失造成的货物损害，应向承租人和收货人承担责任。

（3）出租人在运输中有管理货物的责任，对于因出租人的过失造成第三方的货物的损害，应向货物所有人承担责任。因而在运输中由于出租人的过失造成的货物损害，货方（收货人或托运人）可以依据运输合同向承租人要求赔偿，也可以按实际承运人的责任要求出租人赔偿。为了保护第三方的利益，维护运输市场的良好秩序，法规规定，由于承运人和实际承运人都负有赔偿责任的货物损害，由双方承担连带赔偿责任。

所谓连带责任是指连带之债，债权人有权向数个有连带责任的债务人中的任何一人要求履行全部债务。被要求履行债务的任一债务人应无条件地、全部承担清偿债务的义务。然后再由清偿人依据其内部关系及分担债务的约定或规定，向其他债务人追讨不属于其承担的部分。应注意并非所有有多方债务人的同一债务都负连带责任，只有法律、法规规定当事人对债务承担连带责任的，才产生连带责任。法律未规定有连带责任的，各自承担分内责任，即按分责任。

对由于出租人造成的承租人承运的货物的损害，出租人和承租人都需要承担赔偿责任时，出租人或承租人对货方（托运人或收货人）承担连带赔偿责任。任一方全部予以赔偿后，双方按航次租船合同的约定，划分责任，一方向另一方追讨不应该由其承担的损失赔偿部分。

在航次租船中，如果出租人以承运人的名义签发了货物运单，那么在运输中出租人就要向收货人承担承运人的责任。但是出租人依据水路货物运单所承担的责任若超过了航次租船合同的约定，出租人可以凭航次租船合同向承租人追偿超出航次租船合同约定的部分。例如，货物运单要求承运人（出租人）负责卸货、扫舱，而航次租船合同未要求出租人承担此项工作。作为名义上的承运人，出租人必须安排卸货、支付扫舱费，然后凭航次租船合同向承租人追偿其支出。

6）分舱航次租船合同中出租人的责任

航次租船除了整艘船舶的租用外，出租人还可以按承租人的货量把各货舱分开租给不同的承租人，即分舱租船。对于这种航次租船，在一航次中出租人需履行多份航次租船合同，出租人的基本责任就是不违反任何一份租船合同。即要做到船舶适合各份合同预定的所有航线的适航要求；货舱适合所约定的相应货物的载运适货要求；按各份合同约定的时间受载；按各份合同约定的时间将货物运抵相应的目的港口。为了避免出现违约，出租人要特别慎重处理各份合同的受载时间和运达时间。不要因为装载其他的货物而使已装上船的货物超出运达时间运到。在订立这种航次租船合同时，出租人可以将以下条款写入合同：由于未满载，出租人可以将剩余舱容租给其他人使用，加载货物时间不计入运达时间计算，或者订立较宽松的运达时间等避免出租人违约。

2. 承租人的责任

1)支付运费

承租人应按航次租船合同的约定向出租人支付运费及有关费用。航次租船的运费有两种约定方式:

一种是船舶租金,以约定的船舶的运输条件船舶载货定额确定运费,不管承租人装载多少货物,运费固定。这种运费也称为包干运费。整船租用时均采用这类运费确定方式。

另一种是以合同约定的货运量确定运费。即确定每吨货物的运价,按合同约定的运量计算运费。部分舱位租船时以这种运费方式为主。

航次租船的运费应由承租人支付,可以是预付或到付或部分预付由当事人协议,并写明在航次租船合同内。预付运费一般在货物装船后或平舱后支付;到付运费应在船舶到达目的港锚地时支付。另外若当事人约定运费由到达港收货人支付,则必须在航次租船合同上明确,并转载到所签发的货物运单上,作为出租人向收货人收取运费的依据。

2)提供约定的货物

承租人应将合同约定的货物提供给船舶运输。在受载期的开始承租人就应备好所要装运的货物,船舶到港即刻可以装货。当然对备货数量的要求,可以考虑港口的装船速度,将货物逐步运到港口受载,并不构成违约。

承租人提供的货物必须是合同约定的货物。若承租人因需要而改变货物,要经出租人同意,否则构成承租人的违约。然而尽管出租人同意更换货物,但更换的货物对出租人不利时,出租人可以拒绝装运或者解除合同。更换货物对出租人不利表现为:出租人需改变适载的要求,或需要出租人提供更多的垫舱、绑扎物料,改装为危险品、笨重长大货物,货物需要特殊管理要求,延长装卸时间,改变目的港等,致使出租人增加费用支出,延长航行时间,增加成本等情况。出租人拒绝是指拒绝接受对其不利的货物装载和运输。若出租人选择解除合同,则是因为承租人的首先违约使出租人解除合同。对于出租人拒绝接受或选择解除合同所产生的出租人的损失,由承租人承担。

3)承租人应在约定的装卸货期间内完成装卸货作业

对于以运量、运力为收费标准的航次租船运输来说,其航次时间的长短对出租人的经济效益有着重大的影响。船舶航次时间 = 装货时间 + 航行时间 + 卸货时间。

船舶航行时间由船舶的航行速度、航线距离、气象因素所决定的,也就是由出租人本身因素和不可抗拒因素所决定,由出租人承担风险。

装货、卸货时间除了气象因素外,主要由承租人的装货、卸货速度或者承租人所委托的港口装卸速度所决定。为了控制航次所用时间,出租人对装卸货时间进行明确规定,规定承租人必须在限定的时间内完成装卸作业。

承租人不能在限定的装卸货时间内完成装卸,违反了航次租船合同的约定,必须向出租人支付超出时间的滞期费,以弥补出租人的损失。当然若承租人在许用的装卸时间内完成装卸作业,为出租人节省了航次时间,出租人向承租人支付速遣费。滞期费与速遣费标准由双方约定。一般滞期费略高于船舶日平均成本;速遣费为滞期费的1/2。如某船载货吨为4 400t,滞期费为2万元/天;速遣费为1万元/天。承租人未在约定的许用装卸作业时间内完成货物装卸,仅视为违反合同的保证条款,不能因此而解除合同。

当事人在订立航次租船合同时,必然要对装卸时间进行认真商谈。确定装卸时间要参考以下因素:

①港口装卸作业能力;

②货物装卸作业难易程度;

③船舶货舱结构及作业设备;

④季节与天气的影响;

⑤港口日工作时间等。

对许用装卸作业时间的表示方法有以下三种:

(1)规定具体天数,如装货期限3天。天数的起算时间为受载期内出租人向承租人提供船舶起,或船舶做好受载准备起,或船舶到港时起。装卸作业满天数后,进入滞期时间。船舶的滞港时间均计入滞期时间,直到作业完毕。除非当事人另有约定。采用这种方式规定装卸时间,双方的要求必定有较大的差距,需要双方认真协商。

(2)规定每天应装卸的效率,具体装卸时间天数 = 货量 × 效率。该规定比较具体地考虑到港口的作业条件,但对于杂货等作业效率变化较大的货物不易确定其效率。

(3)不规定具体装卸时间,而按"港口习惯速度"(CQD,Customary Quick Despatch)装卸货物。这种规定没有明确具体的装卸作业时间,而是以港口的作业安排作为货物装卸速度的限制,承租人必须保证港口的作业速度能够正常进行。由于承租人供货不及时所造成停工时间作为滞期处理,由承租人支付滞期费或误工费。这种装卸时间的规定可以减少计算滞期或速遣的问题,但出租人不易控制船舶停港时间。

无论如何规定,在计算装卸时间及延滞和速遣时都用"天数"表示。天数的表示有以下方法:日历日、工作日、晴天工作日、累计24小时晴天工作日等。

①日或连续日(Days),也称日历日。自0000至2400为一日。这种计算方式将港口的休息时间、节假日、天气不良等影响作业的时间,均计入装卸时间。由于我国大多数港口采用三班制24小时作业,因而大多数航次租船合同采用这种计时方式。习惯上用"天"表示。

②工作日(WD,Working Days)。是指港口的正常工作时间的一天为一工作日,节假日、休息日不计入装卸时间。如港口法定工作时间为8小时,则一工作日为8小时。对于节假日不停止工作的港口及在重大节日期间装卸货的,法定工作时间外加班作业的,则不计入装卸作业时间,使得预定的作业时间会有剩余,因而采用工作日计算装卸时间对承租人较有利。出租人希望在节假日、加班作业能够装卸作业,而又能计入装卸作业时间,则在工作日的条款后加上"节假日如已使用则计入"或者"节假日除非使用"。

③晴天工作日(WWD,Weather Working Days)。是指天气不良的工作日不计入装卸时间的计时方式。对于所装卸的货物在天气不良时(雨、雪、风暴等)不能进行装卸作业的,应考虑采用这种计时方式。

④累计24小时晴天工作日(Weather Working Days of 24 hours)。即以晴天工作时间累计达24小时为一日。如某一港口工作时间每天为8小时,则3个晴天工作日满一个累计24小时晴天工作日。采用这种计时方式将不会受到具体港口法定作业时间和天气的影响。

4)承租人在选择港时的责任

当事人在订立航次租船合同时,承租人应当确定卸货港口。但因承租人货物商业经营的原因未能确定卸货港口时,可以在航次租船合同上写上几个可能的卸货港或将要卸货的地区,如“长江下游”。在这种情况下,合同就必须确定承租人通知具体卸货港的时间,即“宣港”时间。“宣港”时间有以下方式:

(1)确切的宣港日期,如×月×日。

(2)船舶开航后的第×天。

(3)船舶航经某地点时,如“驶入台湾海峡”。

(4)到达第一选择港以前的一定时间。

如果承租人未按约定及时通知出租人确定的卸货港,出租人可以在合同约定的选择港中自行选择一港口卸货,且由此造成出租人遭受的损失由承租人负责。当然出租人未在约定的供选择的港口,或约定地区以外的港口卸货,致使承租人遭受损失的,应负赔偿责任,且须将货物运往承租人指定的港口卸货。

5)承租人在转租船舶中的责任

按《国内水路货物运输规则》规定,承租人可以将其租用的船舶转租。也就是承租人以航次租船的形式从出租人处租下船舶后,再以航次租船的形式承接货物运输,承租人以出租人的名义与货方订立航次租船合同。在这种经营方式中,对一个航次的运输,出现了两份甚至两份以上的航次租船合同。这两份合同的效力如下:

(1)出租人仅受出租人与承租人所订立的合同的约束,仅履行第一份合同的义务,也只能享受第一份合同的权利。

(2)承租人受到两份合同的约束,他既要承担第一份合同的义务,又要承担他与转租承租人之间订立的合同义务。

(3)转租承租人仅受到他与原承租人(转租出租人)之间订立的合同的约束。

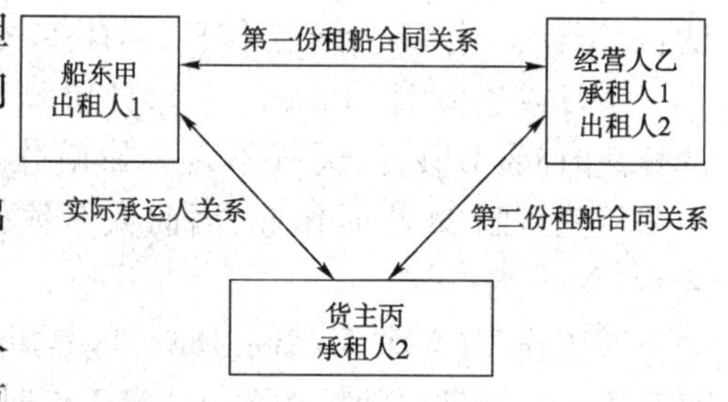

图4-1　转租中的关系图

以上关系可以通过以下例子进行说明:经营人乙以航次租船的方式从船东甲租用了船舶,又以航次租船的方式承接货主丙的货物运输。在运输中由于货主丙的货物标志的重心位置标注错误,造成舱底破损。船东甲按其与经营人乙订立的合同向其索赔。经营人乙在赔偿船东甲的损失后,凭转租合同向转租承租人货主丙要求赔偿。三者的关系见图4-1。

反之,转租承租人的货物因出租人的过失造成损害,亦按合同向与其订立合同的转租出租人要求赔偿,转租出租人再以承租人的名义向出租人索赔。承租人在转租船舶中为了避免承担额外的责任,应力求将两份合同的责任、义务作相同规定。当然承租人为了获得额外的利益,通常利用两份合同责任条款不同进行高风险、高回报的操作。

在实践中经常发生通过留置货物、扣押船舶的方式进行索赔,当货物被留置时,转租承租人要立即通知转租出租人出面与出租人处理;而船舶被扣押时,出租人要立即通知承租人出面处理。

第四节　航次租船合同范例

水路货物运输(航次租船)合同(参考格式)

(本合同仅为教学示范,作者对引用不承担任何责任)

合同编号:

甲方(承租人):________________________________

地址:________________　邮编:__________　电话:__________

法定代表人:________________　职务:________________

乙方(出租人):________________________________

地址:________________　邮编:__________　电话:__________

法定代表人:________________　职务:________________

根据《中华人民共和国合同法》、《国内水路货物运输规则》和海上货物运输管理有关规定,经双方友好协商同意,签订本租船运输合同,以便互相督促、共同遵守。具体条款经双方协商如下:

一、运输办法

1. 运输船舶

船名				船籍港	
总登记吨		净登记吨		船长(m)	
总载重吨		舱　　容		舱口数	
空载吃水		夏季满载吃水		吊杆数/负荷	

2. 货物

货名	标志	包装	单重	件数	重量(t)	体积(m^3)	价值(元)
合计							

3. 装卸货地点

起运港:__________,一个安全泊位。船舶到达地点__________,到达时间以航海日志记载时间为准。

到达港:__________,一个安全泊位。船舶到达地点__________,到达时间以航海日志记载时间为准。

二、受载期限与解约日

乙方应于________年____月____日至______年____月____日之内派以上所列的船舶到达

上列地点受载。若船舶不能在______年____月____日受载,甲方可以解除合同。

三、装卸时间

装货时间:________日,卸货时间________日。装卸时间________可以合并计算。装卸时间起算:自船舶抵达上列港口引航锚地后的下一工作日开始。

四、运到期限

船舶自装货完毕办好手续时起,于______天内,将货物运到目的港。

五、运费、空舱费

货物运价以委托运输货物计费吨计,运费率为________元/吨(W/M),总运费按照装货前船长的宣载货物数量计算。不满足宣载货物数量的,甲方需支付空舱费,空舱费按运费的50%计。

六、费用结算

本合同经双方签字后,甲方应先付给乙方预付运输费用________元。乙方在船舶卸完后,以运输费用凭据与甲方一次结算,多退少补。

费用通过银行进行转账支付。

开户银行:

账号:

七、港口费和作业委托

装货港作业委托由________负责;卸货港作业委托由________负责。

装货费、平舱费、港口绑扎费由________直接向港口支付;

卸货费、扫舱费由__________直接向港口支付。

货物保管费、特殊作业费、设备租用费由甲方自行与港口结算。

八、双方义务

1. 乙方所提供的船舶处于适航状态,且妥善地配备船舶、装备船舶、配备供应品。在装货之前使货舱满足上列货物的装载和保管、卸载,免费使用船上备有的货物衬垫绑扎物料。

2. 甲方所提供的货物应具有合法的手续,应处于良好的状态,按照海上运输的安全要求进行包装和捆绑,合适地进行标志。并根据规定自行进行货物运输保险。

3. 乙方应按照约定、习惯或者地理的航线尽快航行。船舶到达目的港锚地起的24小时内向甲方发出到货通知。

4. 发生船舶在上述的装卸货港口的一个安全泊位以外的地点装卸货物而产生的驳运、移泊、租用装卸设备等增加的装卸费及其他费用由甲方承担。所发生的时间消耗计入装卸作业时间。免费使用船舶装卸设备。

5. 无论在什么地点所进行的装货、卸货作业,乙方都如一勤勉地进行装卸安排、监督作

业、理货交接货物。

6. 货物装船后，乙方根据甲方的要求签发运单。根据运单所产生的乙方责任超出本合同约定时，超出部分由甲方承担费用和赔偿。

7. 甲方应及时依装货速度不间断地供货装船，依卸货速度不间断的提货，否则所发生的待工待时费用均由甲方负责支付。

九、违约责任

1. 甲方在解约日前未提供以上货物，需向乙方支付违约金______元；甲方未在以上约定的装卸时间内完成装卸货，按全部延滞天数向乙方支付延滞费______元/天，滞期不足一天的按半天计算。反之，甲方在以上约定的装卸时间内完成装卸货，乙方按实际节约的天数向甲方支付速遣费______元/天。滞期费在货物装/卸完毕后的______天内支付。出租人留置货物不影响该条款的效力。

2. 甲方在装货前需改变货物（包括种类、包装、状态）时，应经乙方同意。改变的货物造成乙方增加支出的，增加的支出由甲方承担。如果改变的货物对乙方不利时，乙方还可以拒绝受载，且仍作为甲方违约看待。甲方需要对所提供的货物不当造成船舶、属具损害，产生的翻舱、衡量、特殊绑扎、清洗货舱、货舱加固等承担赔偿责任。

3. 乙方未提供以上船舶运输的，经甲方同意可以变更船舶，但变更的船舶必须满足运输的要求。乙方在受载期内未受载，向甲方支付违约金______元。

4. 由甲方委托港口作业而未委托的，船舶到港起，乙方可自行委托港口作业，所发生的港口费用仍按上述约定承担。

5. 乙方未在上述约定的时间将货物运达到达港，按实际迟延天数，向甲方支付每天元延迟费。

6. 甲方未向乙方支付上述运输费用以及运输中乙方为货物所支付的垫费、延滞费、赔偿费，乙方可以对货物行使留置权。

7. 乙方及其雇佣人、代理人在货物受载、积载、运输、装卸、驳运中的过失货不当造成货物损害的，应按到达地的货物价格赔偿。

十、免责条款

1. 因当事人不可抗拒的原因、政府命令、军事行为造成的合同不能履行和直接造成的合同履行中的损害，双方不互相赔偿。但遭遇不可抗力一方应及时通知对方。

2. 因船舶的潜在缺陷、货物的自然特性、自然减量和合理耗损造成的货物损害乙方不承担损失赔偿。乙方为了救助或者企图救助海上人命或者财产期间所造成的货物损害不承担赔偿。救助或者企图救助海上人命或者财产所花费的时间不计入运达期间。

3. 乙方不对甲方与其他人所协议的有关货物、费用、责任的约定承担责任。

十一、争议处理条款

有关本合同发生的争议，双方应友好协商解决。协商不成的，提交合同订立地海事仲裁委员会仲裁。

十二、佣金条款与代理费用

本合同的经纪人佣金为运费和空舱费、滞期费总和的1.5%，由出租人在收到运费后次日支付。装货港口均使用出租人的代理，卸货港口使用______的代理。

十三、其他约定

十四、附则

本合同经双方盖章生效，甲乙双方各持正本一份，副本______份。如有未尽事宜，按照《中华人民共和国合同法》、《国内水路货物运输规则》及国家的有关规定处理。

甲方：（盖章）　　　　乙方：（盖章）

代表人：　　　　　　　代表人：

年　月　日　　　　　　年　月　日

本合同签署地点：

复习思考题

1. 如何认识航次租船运输的商务特点？
2. 如何进行航次租船？
3. 航次租船合同有哪些内容？
4. 航次租船合同当事人承担哪些义务？
5. 根据事例编制航次租船合同。
6. 根据以下装卸时间记录表，分别计算日历日、工作日、晴天工作日、晴天工作日（除非已使用）、累计24小时晴天工作日。

2月23日星期五	2月24日星期六	2月25日星期日	2月26日星期一	2月27日星期二
0800开始作业	2400停止作业	停工	0800开始作业 1200～2400下雨停工	1600作业结束

第五章　港口货物作业与商务管理

学习目的

了解港口的功能和作用，熟悉港口作业的内容，掌握集装箱包干作业的内容；了解港口商务管理组织；熟悉港口商务的操作，掌握港航货物交接和港口单证；了解仓储的功能和种类，掌握仓储商务和仓单业务。

第一节　港口与港口货物作业

一、港口的概念和地位

1. 港口的概念和港口类型

港口是对在海洋、江河湖泊沿岸经人工建筑而形成的供船舶停泊和作业的建筑、场所和水域的称呼。《中华人民共和国港口法》定义的港口：是指具有船舶进出、停泊、靠泊，旅客上下，货物装卸、驳运、储存等功能，具有相应的码头设施，由一定范围的水域和陆域组成的区域。一个港口可以由多个港区、码头组成。国务院交通主管部门主管全国的港口工作。由港口所在地的市、县人民政府管理的港口，由市、县人民政府确定一个部门具体实施对港口的行政管理；由省、自治区、直辖市人民政府管理的港口，由省、自治区、直辖市人民政府确定一个部门具体实施对港口的行政管理。

港口有一定的水域场所，港口水域由港口管理机构根据港口的功能、地理特性、航行安全需要，依照一定的法律程序划定且公告的水域范围，由所属的港口管理机构实施港务管理。

港口水域分为码头泊位水域、港区水域、航道水域、锚地以及航标、浮筒、水上作业区域、水上仓储等设施和区域。

码头是供船舶靠泊，进行货物装卸的临水建筑设施，要求有足够的强度、一定的场地和设备。泊位是船舶靠泊使用的水域，泊位的水域深度和长度确定了港口货物作业的条件。码头泊位的建设是港口建设的主要投资项目。由于码头建设的主体的不同，码头分为投资者自行使用的企业专用码头和供社会使用的公共码头。为了实行专业化分工提高效率，港口一般都采用专业化分工设置码头，依据用途建设的码头具有极强的使用特性，配备相应的作业设备和实行效率性布局。按照用途码头分为：杂货码头、集装箱码头、油码头、矿石码头、煤炭码头、粮食码头、滚装码头等货运码头和客运码头。

航道和锚地是供船舶进出港口和船舶停留的水上通道和水域，航道的深度对港口的规模有

决定性的影响。航道有天然航道和人工挖掘航道,一般港内航道都需要人工挖掘和人工维护、疏浚,是港口维护的最重要且巨额的支出。锚地分为:作业锚地、候泊锚地、引航锚地、检疫锚地等。作业锚地设有供船舶系泊的浮筒。其他锚地只是选择具有良好的避风条件、一定的水深、水流平缓、具有良好的底质条件的非航道水域,划定区域并公告和实行锚地管理,供船舶锚泊。

港口陆域根据港口生产的需要,向国土管理部门申请划定,由港口经营企业使用。港区陆域场所由仓库、堆场、集装箱场站、生产和管理用建筑物、通道、道路、门卫(闸口)、铁路线、月台等构成的港口生产作业和管理的场所,以及装卸作业设备存放与维修、供电、供水、通信设施构成。随着港口经营业务的增加,港口介入物流管理和货物的流通加工领域,相应的在港内加设流通加工场所。

港口又是一定的组织和机构,包括有国家对港口进行管理的行政管理机构,称之为港口管理机关(港口当局);有利用港口进行货物装卸作业的企业组织,如港务公司等;有对船舶、运输进行服务的经营组织,如船舶引航、船舶代理、理货、船舶供应等。

按照用途港口可以分为:供运输使用的商港、渔业生产的渔港、军事用途的军港、航海用途的避风港等。涉及港口商务管理的只有商港。按照人工建筑的程度分为:完整功能的港口码头、简易的装卸站、锚地水面装卸点。按照港口所处的位置不同分为:海港、河口港、(内)河港、湖泊港。

2. 港口的地位

(1)港口是国家的基础设施。无论投资主体如何,港口都纳入国家基础设施管理的范畴。

(2)港口是国际贸易和国际交往的门户。

(3)港口是交通运输业的组成部分,连接着水陆运输。港口是国际物流的组成环节。

(4)港口是地区经济发展的促进动力源。

(5)港口是发展海洋事业的基地。

二、港口的作用

(1)提供船舶服务。港口是船舶经过漫长的水上航行后的休整地。船舶进港后,采取抛锚或者靠泊、系泊的方式停航,进行船舶检修、维护、补充船舶供给、船员更换、得到技术支援等服务,保证船舶的继续航行。货物运输的船舶在港口装卸货物,实现船舶运输的目的。港口向船舶提供泊位、引航、作业设施,为船舶停泊提供服务,进行货物装卸、船舶供应等服务。

(2)水陆运输的枢纽。港口是水陆和陆路运输的衔接地,连接着水陆运输。货物唯有通过港口的换装作业才能从陆运工具转换到船舶上进行水路运输。或者进行相反的操作,完成运输,实现物质流动。同时,由于港口四通八达的公路运输网和与铁路的连接,也形成了陆路运输的枢纽。

(3)对货物进行保管、处理。因为运输工具的衔接,货物需要一定时间在港口进行存放。港口需对货物进行存放管理、保管;货物还可以在港口进行包装、标注标志、分拣、修整以及其他加工;国家为了对进出口货物的管理,对水路口岸进出口的货物在港口进行商品检验、卫生检疫、海关检查等进出口手续办理。

(4)物流的集散地。港口承担着水陆货物运输的转换,大运量的船舶运输货物进港后,要逐步地向内陆疏散;由内陆分批进港的货物集中装船。巨量的物质在港口进行集中和扩散,港口承担着集散货物的作用,以及集散货物的信息传递、物流管理和配送等物流节点的作用。

(5)地区经济的带动作用。港口处于陆路运输的最末端或者起点,为维持港口货物疏运的需要,港口的交通运输条件必然有较高的标准,使得港区后方的交通运输条件较好,公路网、铁路线完善且等级较高,交通条件极为便利。港口地区有着便利的交通条件、良好的仓储条件,有着物流成本低廉的优势。港口地区必然成为生产布局、产品供应链的主要组成环节所在地。同时为港口的城市发展提供了有力的支持,促进城市经济的发展,往往使港口所处的城市成为各地的经济中心,形成物流中心、生产中心、加工中心、交易中心。同时也成为港口腹地的经济发展的动力。

三、我国港口的现状和发展

近年来我国的港口得到了巨大的发展,基本满足了国内外水路运输周转货物的需要。2005 年底,全国港口拥有生产用码头泊位 35 242 个,其中万吨级及以上泊位 1 034 个。

全国共有沿海港口 165 个,沿海港口拥有生产用码头泊位 4 298 个,其中万吨级及以上泊位 847 个;内河港口拥有生产用码头泊位 30 944 个,其中万吨级及以上泊位 187 个。内河港口万吨级泊位分布在长江干流、长江支流和珠江水系,分别为 179 个、4 个和 4 个。

港口码头泊位继续向大型化、专业化方向发展。全国沿海港口万吨级及以上泊位中,1 万~3 万吨级(不含 3 万吨级)泊位 476 个、3 万~5 万吨级(不含 5 万吨级)泊位 155 个、5 万~10万吨级(不含 10 万吨级)泊位 167 个、10 万吨级以上泊位 49 个。全国内河港口万吨级及以上泊位中,1 万~3 万吨级(不含 3 万吨级)泊位 106 个、3 万~5 万吨级(不含 5 万吨级)泊位 51 个、5 万~10 万吨级(不含 10 万吨级)30 个。全国万吨级及以上泊位中,通用件杂货泊位 276 个、通用散货泊位 134 个、专业化泊位 577 个。专业化泊位中原油泊位 55 个、成品油及液化气泊位 97 个、煤炭泊位 119 个、粮食泊位 31 个、集装箱泊位 175 个。

港口货物吞吐量和集装箱吞吐量已连续三年居世界第一位。2005 年全国港口完成货物吞吐量 48.54 亿吨。沿海港口完成 30.09 亿吨,内河港口完成 18.45 亿吨。全国港口完成外贸货物吞吐量 13.67 亿吨。其中沿海港口完成 12.53 亿吨,内河港口完成 1.14 亿吨。

综合性大型枢纽港发展进一步加快。2005 年货物吞吐量超过亿吨的港口有 11 个,其中吞吐量超过 2 亿吨的港口为 4 个。上海港吞吐量达 4.43 亿吨。其他 10 个亿吨港的完成情况分别为:宁波港 2.69 亿吨、广州港 2.50 亿吨、天津港 2.41 亿吨、青岛港 1.87 亿吨、大连港 1.71亿吨、秦皇岛港 1.69 亿吨、深圳港 1.54 亿吨、苏州港 1.19 亿吨、上海内河港 1.07 亿吨、南京港 1.07 亿吨。

集装箱吞吐量继续快速增长。2005 年全国港口完成集装箱吞吐量 7 564 万 TEU。其中沿海港口完成 7 002 万 TEU、内河港口完成 562 万 TEU。2006 年我国集装箱吞吐量位于前十位的港口为:上海港、深圳港、青岛港、宁波港—舟山港、广州港、天津港、厦门港、大连港、连云港港、中山港。

集装箱货和干散货吞吐量。2005 年全国港口完成干散货吞吐量 27.56 亿吨、液体散货 5.84亿吨、件杂货 6.14 亿吨、集装箱吞吐量(按重量计算)6.94 亿吨、滚装吞吐量 2.05 亿吨。干散货、液体散货、件杂货、集装箱货和滚装车辆在港口货物吞吐量中所占比重分别为56.8%、12.0%、12.7%、14.3%和4.2%。

煤炭及制品、石油天然气及制品、金属矿石、钢铁和矿建材料在港口货类中占较大比重,全

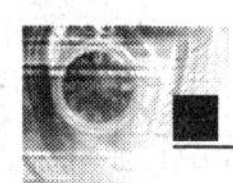

国规模以上港口完成货物吞吐量39.42亿吨。其中煤炭及制品吞吐量8.07亿吨、石油天然气及制品4.83亿吨、金属矿石5.75亿吨、钢铁1.96亿吨、矿建材料4.95亿吨。

我国港口虽然规模上得到巨大的发展,但在港口结构和管理组织上存在着很大的缺陷。深水泊位不多,跟不上船舶大型化发展的步伐,许多港口都不能接受超大型船舶进港;泊位专业化的分工不合理,特别是近年来高速发展的集装箱运输泊位不足,港口效率提高不足,国际竞争能力差。

我国大多数港口仍然保持着发展初期的以完成运输任务为根本目的的色彩,单一的运输周转功能,把货物吞吐量作为港口能力和规模的唯一指标,港口建设、港口生产组织都围绕着扩大货物吞吐量上,淡化和忽略港口经济效益的提高。港口的经济资源没有得以充分发挥,甚至造成严重的浪费。没有使港口真正成为以利润最大化为目的的微观经济组织,也没有以最优化来配置港口经济资源。

随着我国工业化和城镇化进程的不断加快,沿海港口面临新的发展机遇。2003年6月28日通过,自2004年1月1日起施行的《中华人民共和国港口法》,对于加强港口管理,维护港口的安全与经营秩序,保护当事人的合法权益,促进港口的建设与发展,规范从事港口规划、建设、维护、经营、管理及其相关活动起着重大的促进作用。2006年8月16日,国务院审议通过了《全国沿海港口布局规划》(以下简称《规划》),对于合理、有序地开发和利用港口资源,完善国家综合运输网络,依法推进沿海港口健康、协调、可持续发展,促进沿海港口规模化、集约化和现代化,具有重要的意义。确立了“形成布局合理、结构优化、层次分明、功能完善的现代化港口体系”的布局规划目标。根据《规划》要求,我国沿海将推进五大区域港口群建设,形成涉及国计民生的煤炭、石油、铁矿石、集装箱、粮食、商品汽车、陆岛滚装和旅客运输八个运输系统的合理布局。沿海五大区域港口群的吞吐量见表5-1。

针对我国沿海具备良好开发条件的港口岸线资源相对不足,且分布不均衡。目前,长江三角洲和珠江三角洲可成规模开发的优良港口岸线资源已出现匮乏,加上现有老港区进行城市化功能改造,港口岸线资源前景不容乐观。《规划》提出节约港口资源的方针,通过布局集约化、规模化的港口和大型化、专业化的码头,提高港口岸线资源的利用效率;通过科学划分各港口的功能分工,指导各港口合理规划港区的发展,避免盲目建设和乱占、多占港口岸线资源;引导综合运输通道合理布局,节约城市的土地资源和通道资源,有利于建设资源节约型社会,实现经济的可持续发展。

《规划》提出了“区域协调、布局均衡”、“综合运输、系统化布局”、“突出重点、层次分明”的布局思路,合理安排了各港口群大中小港口的分布。结合各个港口的区位优势、发展水平和发展潜力、综合运输通道条件和服务范围等,分层次、分区域、分主要货种运输系统对沿海港口布局进行了规划,明确了各港口群的服务方向,强调了具有主体作用的港口在港口群中的功能和地位,以增强港口群为广大腹地服务的能力和综合竞争力,同时也兼顾了各地区经济自身发展对港口的需求。

形成以大连、天津、青岛、上海、苏州、宁波、厦门、深圳和广州等港口为集装箱干线港,其他港口发展支线、喂给运输的集装箱运输系统港口布局;形成以大连、营口、唐山、天津、青岛、日照、连云港、宁波、舟山、泉州、惠州、茂名、湛江、防城港等港口为主的外贸进口原油或铁矿石接卸港的布局。

突出港口在现代综合交通运输体系中的作用,以高速公路、铁路、航空、内河航道、管道等构成的综合运输大通道。沿海五大港口群及其主体港口,连接了东北、华北—西北、山东—中原、陇海铁路沿线、长江沿线、东南—华中、京九铁路沿线、京广铁路及西江沿线、洛湛铁路沿线、南防及南昆铁路沿线等综合运输通道。沿海港口逐步实现公路、内河、铁路及管道等多种集疏运方式和保税、仓储、物流、加工及配送等多种功能的有机衔接,成为国家综合运输体系的重要枢纽。

推进港口协调和可持续发展必须要进一步树立效益优先的原则,坚持走内涵式发展道路,坚持节约资源,以加强管理和科技进步为手段,不断提升港口的服务能力和水平。

在我国港口发展中应按照《港口法》的要求,以《规划》为指导,进一步完善各层面的沿海港口布局规划。以《港口法》为依据,加快完善港口规划和港口岸线资源管理的相关法规,依法对港口规划的实施和港口岸线资源的使用进行严格管理,防止盲目建设,使有限的港口岸线资源得到有效保护和合理使用,确保港口健康、有序和可持续的发展。

近年来随着我国向世界开放的程度不断加大,港口建设和经营主体呈现多元化的现象。港口建设有国家投入、地方政府投入、企业投入、外资投入、私人投入等。港口经营主体从单一国有企业向股份制企业、集团公司、有限责任公司、私营企业、合资企业等多元化转变。

沿海港口分区域、分主要货种港口吞吐量表 表5-1

年份	港口吞吐量合计(亿t)	其中外贸货物吞吐量(亿t)	主要货种吞吐量(亿t)				
			煤炭	其中煤炭一次下水量	一次接卸原油	一次接卸铁矿石	集装箱(万TEU)
沿海港口合计							
2000年	14.2	5.5	3.6	1.9	0.7	0.7	2 130
2005年	33.8	13.2	7.2	3.6	1.2	2.8	7 195
环渤海							
2000年	4.9	2.3	1.8	1.7	0.2	0.2	532
2005年	11.5	5.2	3.6	3.4	0.4	1.6	1 610
长江三角洲							
2000年	5.8	1.9	1.2	0.1	0.2	0.4	744
2005年	13.9	4.6	2.4	0.1	0.5	0.9	2 670
东南沿海							
2000年	0.7	0.3	0.1	0	0.03	0	167
2005年	1.9	0.7	0.2	0	0.03	0.02	492
珠江三角洲							
2000年	2.3	0.9	0.4	0	0.15	145	671
2005年	5.3	2.1	0.9	0	0.14	181	2 360
西南沿海							
2000年	0.5	0.2	0.04	0.007	0.03	0.06	13
2005年	1.1	0.6	0.08	0.007	0.07	0.18	62

四、港口货物作业的内容

1. 货物装卸

港口提供装卸设备和劳动力对到港的船舶、汽车、火车进行货物装卸作业。装卸船时进行开关舱盖、连接拆除管道、货物起落舱作业,货物堆舱、平舱、绑扎作业,清舱扫舱;装车中进行堆积、积载、绑扎货物,遮盖篷布等作业;卸车中进行拆除固定装置、遮盖,卸货搬离等作业。

2. 理货计量、分拣分票

港口库场理货是港口为交接货物而对货物进行的理货,是港口对接受、交付的货物进行理算、查验,以划分责任的工作。在直取、直装作业时,承运人、收货人、托运人可以委托港口进行理货。港口理货包括货物点数、计量、丈量、分票、货物验残、库场安排、货垛设计和堆垛指挥等工作。

货物分拣、分票是将混合在一起的不同货物或者不同收货人的货物按照一定的要求进行区分的工作。

3. 堆存仓储

货物从运输工具卸下后,港口可以将货物在堆场或者仓库进行堆存,等待提货或者转运。根据货主的要求,货物还可以在港口进行一定时间的仓储保管。港口利用所拥有的仓库管理的能力和资源,发展仓储业务,提供仓储服务。

4. 驳运、搬移

船舶在锚地等水面停靠点(锚地)停留后,港口可以将船上的货物卸到驳船上,由驳船驳卸到码头仓库或者进行短途运输;或者将驳船运到港的货物换装到船舶,利用驳船将码头上的货物驳装到停泊在作业锚地的船舶之上。在港区范围内的驳运由港口提供,港口也可以提供超出港区范围的短途驳运。

存放在库场的货物,港口根据需要或者货主的要求,在港区范围内进行水平搬移。

5. 装拆集装箱作业

在港口或者港口货运场的货物托运人可以要求港口将货物装入集装箱,进行集装箱海上运输。从海上运到的集装箱,也可以委托港口进行拆箱作业。开展拼箱运输的承运人也可以委托港口进行装拆集装箱作业。

6. 货物运输处理

为了满足运输或者满足经济运输、物流管理的需要,货主或承运人可以要求港口对在港口的货物进行包装、标注标志(贴唛)、加固包装、灌包、拆包、货物成组、装托盘作业(打托)、分唛、分拣、分量、过磅、熏蒸等作业。

7. 办理手续

在港口的国际进出口货物进行商品检验、海关检验、安全检查、报关等手续办理,可以要求港口提供协助或委托港口服务企业办理手续,在港口内实施检验。

8. 单证处理和交接

港口货物作业自身就需要办理有关交接、残损处理、计费的各类单证,相关单证可以供各方使用。同样港口也可以接受其他方的要求办理其他有关单证。港口在交接货物时,对随货交接的各类单证同时办理交接,并转交给下一个接货人。

9. 货运信息服务

港口将运到港口的货物或者货物起运的各种信息及时传递给需要信息的各方，确保货运各方及时掌握货物动态，妥善安排生产和经营，提高效率。港口常见的信息服务有：到货通知、提货通知、船舶到离港通告、集装箱船舶预积载、船舶装载方案传递、货运信息录入、在港货物查询等。随着物流管理要求的提升，港口货运信息服务工作将成为物流信息的重要组成环节。

10. 港口与委托人协议的其他服务

港口经营企业利用所具有的企业资源，向社会提供其他服务，是港口企业充分利用企业资源的一种手段。这类服务内容极为广泛，主要依据港口企业能够提供服务的能力、所能获得的经济效益，市场的需求，委托人的需要，以及港口企业经营范围的许可来确定。当今的大多数港口都在向着服务多元化、服务系列化、规模化发展，港口与委托人通过协议提供的服务会越来越多。

五、装卸包干作业

1. 包干作业的意义

港口装卸包干作业本身是针对港口收费的简化而设定的，由于《港口收费规则》是以单项的作业项目定价，计算收费较为复杂，且只能在作业完毕才能确定整个作业费用，不利于作业委托人的成本控制和预算。包干作业一方面是将作业过程进行组合固定，采取单一费率，而当实际作业项目超出包干项目时，不增加收费；同样，减少作业项目时也不减少收费。另一方面，通过作业项目的组合调整，港口可以在一定范围能调整作业价格，适应市场的需要。

2. 散杂货装卸包干作业包括

(1)进港货物。将货物从船上卸到库场，到装上汽车(火车或船舶)时止的全部过程。

(2)出港货物。将货物从汽车(火车或船舶)卸到库场，到装上船时止的全部过程。

3. 集装箱装卸包干作业

(1)进港重箱。港口将装在船上的重箱的一般加固拆除，从船上卸到堆场，分类堆存，从堆场装上货方卡车或送往港方本码头集装箱货运站(仓库)，然后将空箱从货方卡车卸到堆场或从港方本码头集装箱货运站(仓库)送回堆场。

(2)出港重箱。将堆场上空箱装上货方卡车或送往港方本码头集装箱货运站(仓库)，将重箱从货方卡车卸到堆场或从港方本码头集装箱货运站(仓库)送回堆场，分类堆存，装船并进行一般加固。

(3)进港空箱。将空箱在船上的一般加固拆除，从船上卸到堆场，分类堆存。

(4)出港空箱。将堆场上的空箱装到船上，并进行一般加固。

(5)集装箱中转。自集装箱在运进港的船上拆除一般加固开始卸船起，至装上离港船舶并完成一般加固为止的整个过程。

六、港口货物作业的性质

1. 港口货物作业是水路运输的组成部分

港口货物作业是为了货物完成水路运输的过程，与水路运输共同完成水路运输过程，是水路运输的组成部分，属于交通运输的范畴。港口货物作业受到水路运输法规的约束。

2. 港口货物作业是独立的经济行为

公共码头的港口货物作业是在水路货物运输中作为独立的经济主体对作业负责，独立对作业委托人和运输相关人承担港口作业的责任，在运输中具有独立的法律地位。

3. 港口货物作业是中华人民共和国国内企业的行为

作为中华人民共和国的经济法人组织的行为，港口货物作业受国内法规的约束，承担国家法律所规范的责任。对涉及我国已参加的国际公约规范的事项优先适用国际公约，没有或者没有参加国际公约的，依照我国的法律规范处理。

4. 对国内、国际水路运输提供港口货物作业

对外开放港口同时承担着对内、对外的水路运输货物的作业，由于目前我国港口管理实行内外有别的管理制度，对两种运输的货物作业港口承担着不完全相同的权利和义务，包括责任承担、收费标准、商务程序不同。但随着我国加入世界贸易组织（WTO）过渡期的完结，两者的差别会逐步缩小。但由于国家对于进出口货物的口岸管理，仍会对内贸和外贸货物在港口作业的商务运作造成差别。

5. 实行合同作业

港口经营人与作业委托人订立港口作业合同，双方依据合同的约定承担责任和享受权利，遵从我国关于合同的法律制度。作业合同受我国合同法律制度的约束。

第二节　港口商务管理的组织和内容

一、港口商务管理的概念及其目的

港口商务是指港口企业对航运经营人和货物所有人之间交换港口货物装卸作业、货物存储和其他有偿服务产品活动的总称。港口企业对作业产品交换中的各项活动进行的计划、组织、指挥和控制的过程构成了港口商务管理。

港口商务管理是为了有效地进行港口商务活动，其目的是为了实现港口生产的稳定和持续地进行，充分利用港口的经济资源，提高港口的服务水平，实现港口企业的效益最大化，这种效益包括企业自身的经济效益和社会效益。

二、港口商务管理的内容

港口商务是港口与外部所发生的经济活动，这些经济活动分为三个层次：

第一层次为，港口企业为了进行正常的生产活动所需要的，与运输经营人或者货物所有人进行的货物装卸作业、仓储安排，货物交接，计收费用，租赁场地、设备以及相关的服务等活动。

第二层次为，港口企业维持生产的承揽货源，为了稳定港口与运输经营人或者货物所有人的经济关系所进行的商务洽谈、合同订立与履行、商务纠纷的处理等活动。

第三层次为，港口企业为了稳定和发展商业机会所进行的货源调研，新市场的开发，经营扩张，客户关系管理，以及企业竞争战略的制订，企业形象的塑造，经营风险防范等的战略性活动。

港口商务管理的内容就是根据港口企业的规模、地位、发展阶段，对以上商务的三个层次

有重点地或者全面地进行内部的计划、组织、指挥和控制的活动。

(1)计划。是对以上三个层次商务事项的设计和策划，制订行动方针和实施步骤。

(2)组织。包括组织机构的设定，人员选择、配备，活动所需条件的准备。

(3)指挥。是对商务人员的工作安排和调动，提出行为要求，督促计划落实。

(4)控制。包括监督、审查、重新核算和对计划的调整，对意外的应急处理，对商务人员的约束和激励。

三、港口商务的管理组织

管理组织是为了实现一定的目标而进行的岗位设定和人员安排。不同的目的需要有不同的组织方式，而不同的组织方式所产生的效果不同。港口商务组织在不同时期和不同生产特点的港口，采取不同的管理组织方式。

1. 以完成生产任务为中心的港口商务组织

在港口发展初期，由于港口作业能力不足，供不应求，货物装卸速度跟不上运输需求量的增长，港口成为水路运输的瓶颈。社会不断要求港口增大作业能力，加快装卸作业速度。港口企业也围绕着加快装卸速度，提高装卸能力进行港口资源配置，进行企业组织，形成了以港口调度为中心的生产管理组织。这种组织有利于将港口的一切资源都利用到装卸、疏港之上，提高港口的装卸速度，增强港口的通过能力。

在我国持续相当长的计划运输时代，港口只是执行国家的运输计划的部门，按照国家的运输计划组织作业生产，以完成国家下达的计划为生产目的，港口企业也采取以完成生产任务为中心的组织方式。

采取以完成生产任务为中心的港口管理组织，港口商务成为次要的管理工作，港口没有独立的商务管理机构，只设置低级的商务事务部门，商务管理工作被分散到其他管理和生产部门，由其他管理部门附带进行，商务工作服务于其他生产的需要。设置的商务事务部门也层次很低，仅进行一些与生产无关的事务性工作。

以完成生产任务为中心的港口商务组织(见图5-1)，生产调度与商务(业务)处于相同的地位，商务管理工作被分散到人事、计划、企业管理、安全质量管理的职能部门，港口调度、货运、仓库、检算计费等生产部门之中，独立设置的商务室只承担文件管理、货运事故处理、索赔理赔等事务工作。

2. 以经营为中心的港口商务组织

随着我国市场经济改革的进一步深入，经济的进一步发展，社会物质不断增加，港口建设的步伐加快，港口作业能力大幅度提高，供求矛盾得以缓解，在某些方面甚至出现剩余。随着港口体制的进一步改革，港口政企分离，港口企业亦被完全地推到市场之中。港口已不再是按国家计划任务进行生产，需要港口企业到市场中去找货源，参与市场的竞争。港口企业的生存和发展取决于港口的经营能力和经营效益。港口企业要把经营管理作为企业管理的中心，以经营定生产，以经营组织生产。

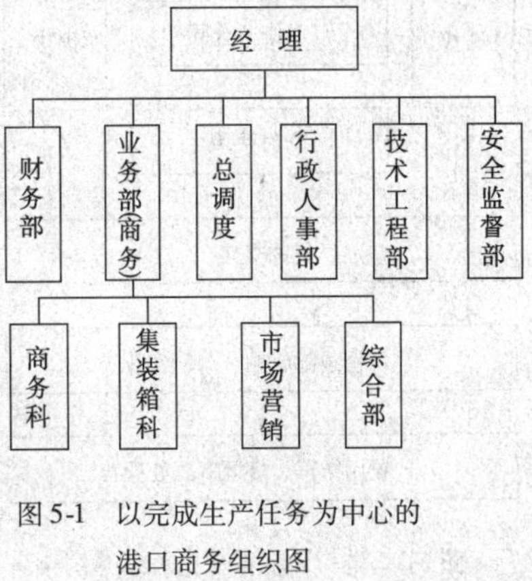

- 经理
  - 财务部
  - 业务部(商务)
    - 商务科
    - 集装箱科
    - 市场营销
    - 综合部
  - 总调度
  - 行政人事部
  - 技术工程部
  - 安全监督部

图5-1　以完成生产任务为中心的港口商务组织图

企业经营是企业利用其所具有的资源，以经济效益为中心地组织各种要素，实现经济效益最大化。企业经营包括企业经营决策、经营计划的制订、资金筹措、财务管理、商务管理、成本管理等一系列的管理工作的集合。商务是经营管理的实施工作，是实现经营管理目的的途径。

以经营为中心的港口生产组织就需要依赖商务工作，将商务工作作为生产的前提和条件，以商务的标准要求和控制生产管理。港口组织中就要强化商务管理工作，提高商务管理的地位，完善商务管理的组织体系，使商务管理进入企业管理的高级层次，贯穿在整个生产组织之中，见图5-2。该图所示为以经营为中心的港口商务组织结构，由独立的商务职能部门组织和实施企业的商务管理工作，根据经理的授权以商务的需要控制生产部门的生产，调动企业的一切资源。

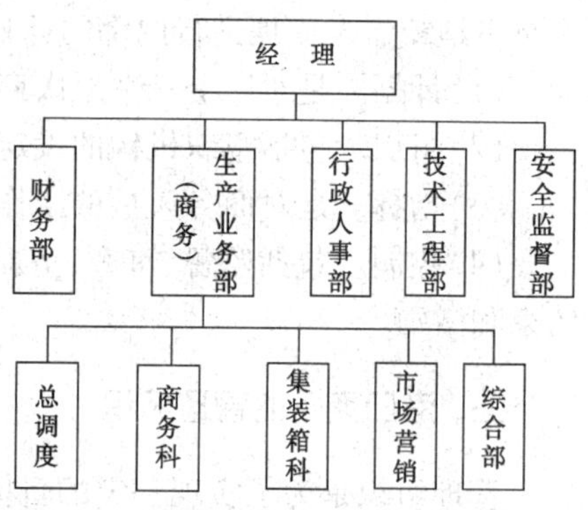

图5-2　以经营为中心的港口商务组织图

第三节　港口货物作业商务程序

港口商务工作是一项系统的工作，向上涉及港口企业的经营战略管理，向下涵盖货物交接的具体操作过程。港口货物作业商务程序分为一次性作业委托合同下的商务程序和长期作业合同下的商务程序。

一、单次作业委托合同下的商务程序

单次作业委托的业务程序见图5-3。

1. 作业委托人委托作业

作业委托由作业委托人向港口经营人发出订立作业合同的要约。作业委托可以采用作业委托书的书面形式进行作业委托，也可以采用口头的形式进行委托。作业委托人将委托要求传递到港口经营人处就构成作业委托。

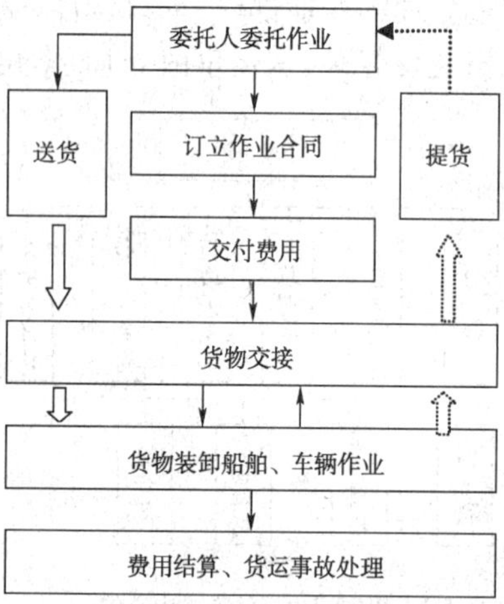

委托人委托作业
送货
订立作业合同
提货
交付费用
货物交接
货物装卸船舶、车辆作业
费用结算、货运事故处理

图5-3　港口作业商务过程示意图

作业委托人在委托作业时，应准确申报作业货物的情况、作业项目、作业要求。作业委托的主要内容如下：

（1）货物情况。货物的情况包括货物的名称、件数、重量、体积（长、宽、高）、货物识别标志、包装方式。

货物的包装应符合国家规定的包装标准，或者在没有包装标准时，应当保证作业安全和货物质量的原则下进行包装。

在沿海港口单件货物重量超过5t、长度超过12m，在长江、黑龙江干线、广东省内河港口重量超过3t、长度超过10m的货物为笨重、长大货物（其他水域由各地交通主管部门规定）。笨重、长大货物作业，作业委托人应当声明货物的总件数、重量和体积（长、宽、高），以及每件货物的重量、

长度、体积(长、宽、高)。

委托装卸在《水路危险货物运输规则》列明的爆炸、燃烧、有毒、腐蚀、放射性等危险性质货物或者具有这种性质的未列明的新产品时,委托人应该向港口经营人书面正式声明,并告知货物的正式的货物名称、危害性质、必要时采取的预防措施。

(2)作业项目。港口作业项目分为:货物装卸作业、集装箱装卸、装拆集装箱作业、驳运、储存、货物的分拣、混合、制作标志、更换包装、灌包、拆包、捆绑、加固、打码(成组)、装托盘等服务。作业委托人在委托港口进行装卸作业时,可以委托港口进行其他作业服务。委托人对在港口的货物也可以独立地委托港口进行装卸以外的作业服务。在港口以外的货物经港口同意也可以进行委托作业。

(3)特殊要求。对于要求保价作业、特殊作业和保管,委托人在委托时需声明。保价作业是指在港口作业中所造成的货物损害,港口经营人按照委托人所声明的货物价值进行赔偿,并由委托人支付保价费的赔偿制度。委托人需要港口提供保价作业的,应向港口经营人声明货物的价值。货物需要特殊的作业,或者特殊的作业方法和作业工具、货物需要特殊的保管条件,应在作业委托时向港口明确声明。

2. 港口接受委托和订立作业委托合同

港口经营人在接到作业委托人的委托作业要求后,经审核认为港口具备相应作业条件的,港口本着公平的原则与作业委托人商定合同事项。作为公共码头的经营人,港口经营人不得拒绝作业委托人合理的作业要求。

港口经营人应当优先安排抢险物资、救灾物资和国防建设急需物资的作业。

双方对作业项目、作业时间、作业费用、当事人的合同责任承担经协商意见一致时,双方在作业合同上签字盖章,合同成立;或者双方签署确认书,也构成合同成立。

作业委托人以递交作业委托书要求作业的,港口经营人经审查作业委托书,对委托书的内容确认无误后,认为港口具备所委托的作业能力时,在委托书上签名盖章,构成作业合同的成立。托运人或承运人将货物运送到港口,港口接受并安排作业,亦构成作业合同成立。

3. 作业委托人交付作业费用、办理运输和作业手续

作业委托人应按照作业合同的约定向港口交付作业费用,交付作业费用是委托人履行合同义务的行为。作业合同未约定交付费用的时间的,或者合同约定为预付作业费用的,作业委托人应该在货物提交作业之前交付约定的作业费用。合同有其他约定的,按照合同约定的时间交付费用。

作业委托人应该在港口作业之前及时办理有关作业的港口、海关、检验、检疫、公安的手续,及时办理有关的运输手续,并及时将已办理手续的单证交给港口经营人。

4. 作业委托人将货物运送到港口提交给港口作业

在合同约定的时间内,作业委托人将货物运送到港口,并停放到港口指定的位置,由港口经营人依合同约定对运货入港的运输工具进行卸载作业。由作业委托人以外的其他人向港口交付货物的,交货人也应按合同的约定交付货物,承担代理人或者第三人的责任。

货物由船舶运进港口的,船舶应按照港口的调度安排,靠上指定的泊位或者在指定的锚位抛锚;货物由卡车运入港口的,卡车驾驶员应将车辆驶到港口安排的仓库堆场位置并停放妥

当。船舶和车辆应做好卸货准备。

运进港的货物名称、件数、重量、体积、包装方式、识别标志应与作业委托合同的约定相符。需要随附备用包装的，作业委托人应该随附足够的备用包装。

5. 港口经营人接收货物、进行作业

港口经营人在合同约定的货物进港之前应做好作业准备，妥善安排和处理好货物存放场地，合理选择作业机械和作业工属具，安排合理数量的作业人员和管理人员，准备好相应的表格和记录、单证。保证所安排的机械、工具、库场处于良好的状态。

在进行作业之前，港口经营人应会同作业委托人或者交货人验收货物和检查运输工具的外表状态。由港口仓库理货员会同船舶大副或者船舶理货员、送货进港的车辆驾驶员共同检查货物，双方按约定的理货方法进行理货验收。

在作业过程中港口应谨慎、合理地进行作业。在船舶指挥的作业指导员按照与船舶商议的卸货方案和程序，指挥卸船人员安全的将货物卸船；在库场的车辆由仓库理货员指挥装卸操作人员安全卸车；仓库管理员安排和监督装卸操作人员安全、合理地进行货物堆垛。港口应在约定的时间内完成作业，没有约定作业时间的，港口经营人应在合理的时间内完成作业。

货物作业和接收完毕，港口经营人应签发确认接收货物的收据。由仓库理货员签署货物交接清单或者货物出入库凭单。

存放在港口的货物，港口要安排合适的人员，按照合理的管理方法保管货物。

6. 提货人办理提货手续

货物进港后港口货运部门应及时通知收货人提货。提货人未在约定时间提货时，港口货运部门要对收货人进行催提，每 10 天催提一次。逾期满 30 天未提货或者找不到货物接收人的，应通知作业委托人，由作业委托人进行处理。

作业委托合同指定的提货人在收到港口提货通知后，应及时向港口办理提货手续及提取货物。提货人办理提货时要出具本人身份证明或企业证明，证明确实是作业委托合同所注明的提货人。

作业委托合同约定由提货人支付作业费用的，以及应由提货人支付的滞期转栈费、存储费或超期存储费、货物保管费、特殊货物处理费的，提货人在办理提货手续时交付。在港口货运部门开单、检算、计费后交费，凭交费后的出入库凭单向仓库提货。

在港口将货物交付之前，作业委托人可以要求港口将货物交给其他货物接收人。港口在接到委托人的变更要求后，应该将货物交给变更的提货人，除非港口明确通知委托人变更不可能进行，或已明确拒绝委托人的变更要求。

7. 港口交付货物或货物装船

提货人在提货前要对货物进行检查验收，确定接收的货物质量和数量。提货人或者提货的车辆驾驶员对港口装车作业提出要求，提货人或者驾驶员监督港口装车作业。在提货后向港口签发收据或者在出入库凭单上签署。

所委托的货物是装船运输的货物，港口应按照船舶到港的时间安排做好货物装船准备。按照船舶货物积载的安排将货物装上船舶。船舶在货物装船前，应会同港口仓库对货物进行检查，约定交接理货的方法，或者委托专业理货公司代表船舶进行理货。货物装船完毕，船港办理货物交接，签署货物交接清单。

8．地脚货处理

港口在货物卸船、码头搬运、库场堆存中，由于货物泄漏出包装落到地面、场地、通道、搬运作业工具上，经收集后，不能灌回原包装，而应单独进行灌包，从而形成了地脚货。地脚货是因为货物漏损而产生的，仍属于原货货主。港口应将地脚货物归还原主，随原货一起装卸、搬运、堆存，随原货一起交付。经港口灌包的地脚货不计入原货件数之中，而是独立地进行单据处理，港口将地脚货批注在货运或港口单据，如出入库凭单、货物交接清单上，并向下一环节交付、交接。

9．港口作业过程业务程序

(1)港口集装箱运输出口业务流程，见图5-4。

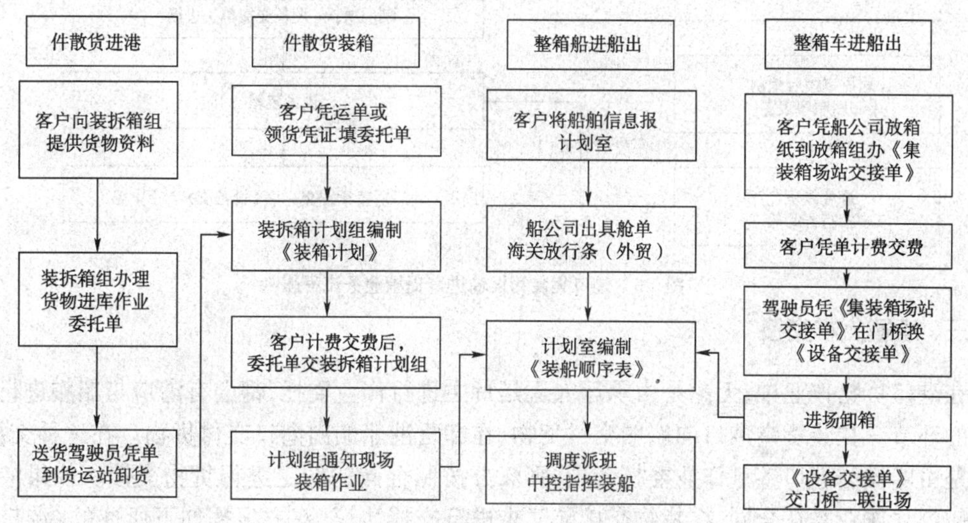

图5-4　港口集装箱运输出口业务流程图

(2)港口集装箱运输进口提箱业务流程，见图5-5。

二、长期作业合同下的港口商务程序

有大宗货物长期要通过港口作业的货物所有人或者定线班轮经营人，与港口存在着长期的业务合作关系，为了稳定双方的关系，保持业务的稳定性和持续性，将双方之间的基本权利、义务关系在较长一段时期内固定下来，双方订立长期作业合同。

由于长期作业合同中双方所约定的事项的内容的范围和程度不同，在具体货物作业时，采取不同的商务处理方式。

长期作业合同较为简单时，或者在具体作业时需要对长期作业合同进行补充和变更，双方通过签订具体单次作业分合同，作为处理单次货物作业的具体依据。

长期作业合同完善和详细的，在具体作业时，由作业委托人直接向港口经营人递交作业通知书联系和布置作业，双方不再订立单次作业合同。双方的权利和义务由长期合同调整。

班轮运输的船舶进港卸货的作业采取长期作业合同的形式，船舶到港时直接向港口交付货物交接清单作为委托书，港口按交接清单安排装卸船。

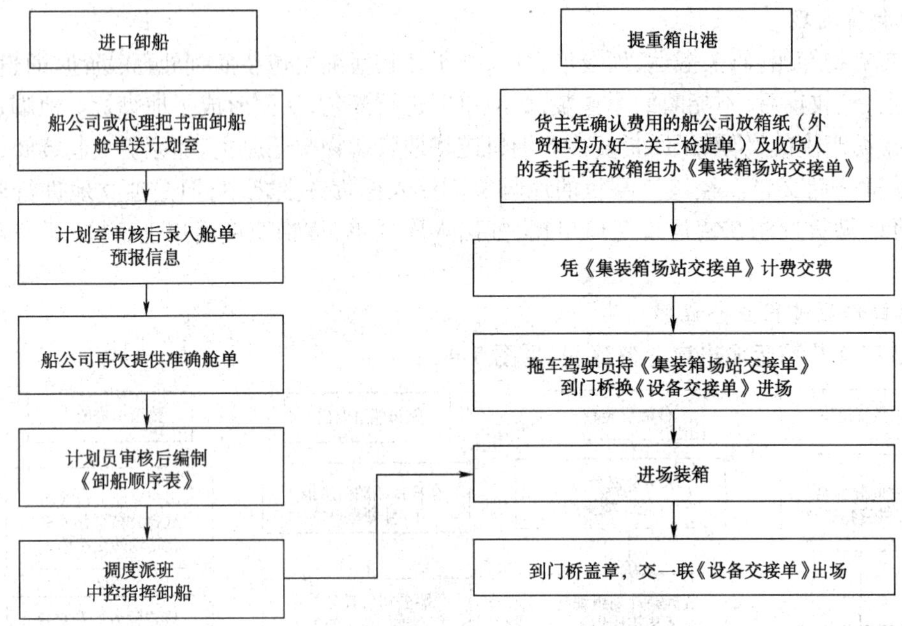

图 5-5　港口集装箱运输进口提箱业务流程图

三、港航货物交接

在港口货物作业中，无论是由承运人还是货主进行作业委托，都会有港口与船舶进行货物交接的环节。在装货港港口向船舶交付货物，在卸货港船舶向港口交付货物。在这种交接中，如果是由船舶与港口签订作业委托合同，则双方按照合同的约定进行货物交接。如果港口未与船舶订立作业委托合同，在货物交接前又未进行交接协议，双方根据如下所述的《港口货物作业规则》的规定进行货物交接。

1. 港航理货交接

没有其他约定时，港口与船舶的货物交接应该在船边进行，双方在船边对货物进行理算检验，以在船边的货物状态进行交接。港航协商采取在其他地点交接货物数量的，如在仓库、计量场所、运输工具上进行交接货物数量，则按照预定地点所获得的货物数量为交接数量。但双方仍按船边的货物质量进行质量交接。

国际运输的以件交接的货物、集装箱货物和集装箱，船方应当通过专业理货机构与港口交接。其他货物或国内水路运输货物船舶可以委托理货机构与港口交接，或者自行与港口交接。

2. 货物交接理货方法

货物交接理货方法原则上采用按件、按衡量重量进行交接。但根据货物的特性、港口条件，为实现高效率、小误差、低成本的原则经双方协商可以确定采取更有利的方法。双方同时商定数量和质量交接方法，特别是数量和质量分开交接时更要明确。

以件交接的货物可以采用划关计数、收发筹计数、小票交接、点交点接、自动设备计数等方法进行理货交接。对同品种、同规格、同定量包装的件数货物采用划关计数交接时，双方需商定关型和关数。

以重量交接的货物可以约定采用船舶水尺计量、液舱液量计算、连续计量设备衡量等方式进行交接。但货物的质量以船边时的货物状态为准进行交接,或者在约定的位置时的货物质量进行交接,如油罐、粮仓内、船舱内等。

3. 承运人及时提供运输方案

承运人在货物配载后,应及时将载货清单交给港口,以便港口对进港货物合理安排仓位,提高装船效率。船舶在货物积载后,应及时将积载图(表)交给港口。港口应按积载方案进行货物装船。

在装船过程中,船舶应该在现场指导港口装船、舱内堆积货物。

载货船舶到港前,船舶应向港口进行预报和确报船舶到港时间,并提供船舶规范资料,以及货物在船装载状态的实载图(表)、卸载方案,以便港口及时和合理安排船舶卸载。

4. 货物交接单据

船舶与港口之间的货物交接依据货物交接清单或者舱单(M/F)进行。双方按照承运人编制的交接清单或者舱单(M/F)的记载办理交接,在交接后双方在交接清单或者舱单(M/F)上签注。港口在接货时编制"出(卸)货凭单",逐票记录卸船货物数量和状态。每票货物卸船入库与船舶进行核对签署,作为港口收货的凭据。船舶采用专业理货进行理货时,由理货编制的理货单证作为双方交接货物的凭据。

四、港口作业单证

港口在进行货物作业时,商务管理部门下达作业任务,各作业部门和具体作业人员因需要掌握所作业货物情况、对货物情况进行记录和说明、外部交接签署留档以及财务管理,故需采用单证描述、记录、签署、留存的方法进行作业管理。港口商务工作所涉及的单证主要有:港口货物出(卸)货凭单、出门证、现场记录、事故报告、货运记录、普通记录等。其中货运记录、普通记录、事故报告在第十一章事故处理中介绍。

港口作业单证由港口根据工作安排和职能设置、内部作业程序的需要自行设计和印制。

1. 提货时的单证

由于提货人自委托作业到提清货物涉及作业联系、计费、交费、验货理货、提货等手续,这些手续都涉及所委托的货物,且各项工作环环相扣,为了减少制单工作量,港口将提货相关的单证制作成系列联单,共一式六联,分别有:

(1)货物出货凭单。是提货人向港口业务部门办理提货作业委托时业务签发的提货凭证,提货人凭以到仓库提取货物。每批货物提货时由仓库管理人员记录实际出货记录,并由提货人签名。提货人提清货物后,交回港口业务部门存查。出货凭单主要内容有:作业委托人与收货人、运输资料、货物资料、作业项目、进库日期、货物堆存地点、实际卸货记录、出库工具、货物出库记录等。

(2)港口作业计费单。由港口业务对货物在港作业所发生的费用进行核算并记录在单证上,该联为计费存查联,由港口保存和核收费用。

(3)港口作业收款单。该联作为作业委托人到港口财务缴费时,随同交付给港口财务部门的单证,由财务留存备查。

(4)港口作业缴款单。作业委托人向港口交费后,财务签收后交给作业委托人的收费凭证。

(5)作业(配载)联系单。作业委托人办理作业委托时,港口商务部门签发的接受委托的单证,由作业委托人保存。

(6)货物出货记录单。货物提清后,由货运业务查存,作为业务统计使用。

2. 港口货物卸货的单证

当由运输的承运人委托作业时,港口编制港口货物卸货凭单,作为船舶卸货单证和收货人提货的单证。港口将卸货提货相关的单证制作成系列联单,共一式六联,其中港口作业计费单、港口作业收款单、港口作业缴款单、作业(配载)联系单与收货人提货时的单证功能相同。与提货单证不同的为:

(1)货物卸货凭单。是对实际卸货情况进行记录的单证。该单由港口业务部门根据卸货资料编制,提货人凭该单证向仓库提货,并由仓库管理人员记录提货情况。

(2)卸货记录单。港口仓库对卸货和出货情况的记录的存查单证。

3. 出门证

提货人在仓库提取货物后,由仓库管理人员签发的货物出港口时向门卫交验的单证。当货物出门卫时,出门证由门卫收回存档。

出门证当天有效,并且一车一证。

第四节　仓 储 商 务

一、仓储概述

仓储又称为仓储保管,是工农业生产和商品流通的重要过程,生产原料或者产品在使用和销售之前,在仓库进行存储保管。物质仓储可以是企业自有仓库仓储和公共仓库仓储。公共仓库经营人向他人提供仓库和仓储作业,进行仓储服务,发生了仓储商务。在仓储活动中,为他人储存货物、收取仓储费的是保管人;提供被储存货物并且支付仓储费的是存货人。有权提取仓储物的一方为提货人,将货物送到仓库的非存货人的为送货人。仓储的仓储物可以是生产的商品、生产所使用的原料、个人使用的物品等,但必须是动产。

保管人开展仓储业务需要具备的条件如下:

(1)必须具有仓储设备。不论是法人组织、非法人组织还是个体工商户从事仓储服务,必须具有保管和储存货物的基本设施,拥有仓库、场地或者其他存放货物的设施,具有存取货物的作业能力。

(2)必须具有从事仓储业务的资格。保管人必须取得专门从事或者兼营仓储业务的营业许可,取得相应的公安、消防部门的许可。

保管人可以是具有从事仓储业务条件的专门从事仓储经营的专业仓储公司,也可以是流通货栈的经营人,经营物流业务的车站、港口经营人所从事的仓储业务。

二、仓储的功能

1. 进行货物储存保管

货物保管是仓储最基本的功能。对于未及时使用的已生产出的物质,需要在仓储中进行

存放。货物仓储不仅是货物的存放，还需要对货物进行管理，使货物不发生质量上的改变，维持物质数量上的不变。货物通过仓储保管实现货物的时间价值。

2. 市场货物供应调节

在粮食收获季节，大量的粮食收成，如果都把粮食拿到市场上去卖给消费者，一方面短期内卖不出去，另一方面大量的供给会使得粮食价格极低。只有将目前还不需要消费的粮食存放在仓库，在下一次收获前逐步向市场供应，才能保证市场供应不间断，避免市场价格波动太大。仓储具有调节市场商品数量和价格的功能。

3. 运输发送和接受的集中

货物运输的手段和降低成本都需要有一定的货物数量，逐步生产出的产品先集中在仓库，累计到一定数量后才进行运输；大运量的运输工具将货物运到后，集中在仓储，逐步提运。仓储具有集中货物发运和集中接收货物的功能。

4. 流通加工

货物存入仓库，可以在仓库内进行包装、灌包、标志、装配、捆绑、拆除包装、装拆集装箱等为了运输或流通需要或提高流通效率的加工工作。对于部分货物存储过程本身就是生产加工过程。

5. 信用保证

在大批量货物的实物交易中，购买方必须检验货物、确定货物的存在，方可成交。购买方可以到仓库查验货物。由仓库保管人出具的货物仓单是现货交易的凭证，可以作为对购买方提供的保证。在金融发达国家，仓单本身就可作为融资工具。

6. 现货交易的场所

存货人要转让已在仓库存放的商品时，购买人可以到仓库查验商品，取样化验，双方可以在仓库进行转让交割。国内众多的批发交易市场，就是既有商品存储功能，又有商品交易功能的仓储。

三、仓库的种类

仓库可以依据不同的分类方式进行分类。

1. 依据仓库的功能分类

(1)仓储仓库。为了进行长期或者较长期保管货物的仓库。一般建设在较为偏远的位置，仓储费用较低。

(2)流通仓库。为了货物流通周转而设立的仓库。仓库注重货物周转速度，建立在接近消费地的交通便利地区，方便货物提运。较多设置在车站、港口附近。

(3)流通加工仓库。具有对货物进行流通加工能力的流通仓库，具有存储和加工并存的功能，依据仓库所具有的加工能力，按照存货人的要求对仓储物进行流通加工，如包装、装箱、成组、标志、混合、拆箱、切割、分拣等流通加工。

2. 按照仓库的性质分类

(1)综合仓库。仓库具有通用性，接受多种货物存储。功能多、用途广，但效率较低。

(2)专业仓库。针对特定货物而建设的仓库。如粮食仓库、油库、车库、冷冻仓库等。专

业仓库针对特定货物的操作和存储进行建设,管理和作业具有专业化、效率高、货物管理质量好的优点。

(3)危险品仓库。专门用于存放危险品货物的仓库。由于危险品种类甚多,危险品仓库不仅按货物特性进行建设,而且针对危险性质进行分类仓储。危险品仓库具有危险防范的能力,一般设置在极为偏远地处,远离人群和水源,具有很高的消防、安全防护要求。

(4)保税仓库。海关批准的,用于存放海关未结关的进出口货物的仓库。保税仓库受到海关的直接监管。

3. 按建筑不同分类

(1)室内仓库。设置在建筑物内的仓库,用于保管存放怕雨湿、日晒货物。建筑物有土建建筑物、金属结构建筑物,单层、多层建筑物等。采用如集装箱、货棚、货架等存放货物的移动式仓库仓储,相当于室内仓库。

(2)堆场。又称露天堆场,货物直接在露天存放。堆场结构简单,操作方便,货物存放量大。根据地面结构不同分为水泥混凝土堆场、泥地堆场、石地堆场、沙地堆场等。

(3)水上仓库。使用船舶、驳船等漂浮工具存放货物的仓库。水上仓库用于存放经水路运输的货物。对于原木、竹等漂浮物,直接在特定范围的水面存放也形成水面仓库。在特定地区将煤炭、矿石等直接沉于水底进行保存的则形成水下仓库。

四、仓储经营的种类

仓库经营人根据自身的经营能力、管理水平和实力,根据市场对仓储的需要情况、仓储物的仓储特性,以追求最大收益为原则确定所拥有的仓库的经营方式。

1. 一般保管仓储

仓库经营人提供完善的仓储条件,接受存货人的仓储物进行保管,在保管期届满,将原先收保的仓储物原样交还给存货人的仓储保管方式。该仓储方式的仓储物为确定物,保管人需将原样返还。

2. 混藏式仓储

存货人将一定品质数量的种类物交付给保管人储存保管,期满,保管人只需以相同种类、品质、数量的商品返还给存货人,并不需要原物归还的仓储方式。这种仓储方式常见于粮食、油品、矿石或保鲜期较短的商品的储藏。

3. 消费式仓储

存货人在存放商品时,同时将商品的所有权转移给保管人,保管期满时,保管人只需将相同种类、品质、数量的替代物归还给存货人。存放期间的商品所有权由保管人掌握,保管人可以对商品行使所有权。消费保管的经营人一般具有商品消费能力,如面粉加工厂的小麦仓储、加油站的油库仓储、经营期货交易的保管人等。

4. 仓库租赁经营

仓库所有人将所拥有的仓库以出租的方式开展仓储经营,由存货人自行保管商品。仓储人只提供基本的仓储条件、进行一般的仓储管理,如环境管理、安全管理等,并不直接对所存放的商品进行管理。

五、仓储商务过程

1. 订立仓储合同

1)仓储合同的订立

存货人向保管人发出货物保管的要约,保管人予以承诺,仓储合同成立。仓储合同可以是书面、口头或其他的形式。仓储合同为诺成性合同,除了法律法规规定某些仓储物需要审批或者登记的之外,无论仓储物是否交付存储,仓储合同自成立时生效。需要审批登记的,在办理审批登记后生效。

在订立合同之前,存货人将货物交给仓储保管人,保管人接收货物,则构成合同成立。

2)仓储合同的主要内容

(1)存货人、保管人的名称、地址,必要时增加的通知人。

(2)仓储物的品种、数量、质量、包装、件数和标记。仓储物必须是动产,能够存放到仓储地。仓储物的质量除了双方约定的质量外,必要时需要通过商品检验的质量报告为准。

(3)仓储物的损耗标准。仓储物在经过长期存放和多次作业后,双方约定的不追究仓库责任的数量减少标准。商品损耗标准可以由双方合理约定,也可以采用国家标准确定。

(4)储存场所。双方约定的仓储物存放的地理位置,在仓库或货场存放。

(5)储存期间。双方约定的仓储物的存放时间,可以采用期限或者日期的方式表示;或者不约定具体的存放期间,但约定到期方式的确定方法,如提前1个月通知等。

(6)仓储费。商定仓储费的费率、仓储费的计算方法,仓储费是预付、定期支付、结算等支付方式。当事人未约定仓储费的,保管人仍可对提供劳务向存货人要求支付报酬。

(7)仓储物的保险约定。仓储物必须进行保险。若保管人已对仓储物进行了保险,必须告知保管人所投保的保险人、保险金额、保险期间。未保险的可以委托保管人进行投保,但需由存货人承担保险费。

(8)违约责任。合同约定存货人未交付货物、未在约定时间交付仓储物的违约责任;保管人不能接受仓储物、不能在约定的时间接受仓储物的违约责任。存货人未在约定时间提取仓储物的超期费用、合同解除的条件等违约责任的承担和合同处理事项。

(9)争议处埋。有关合同争议的诉讼或者仲裁的约定。

2. 存货人向仓库存货

存货人应按合同的约定向保管人交付仓储物。存货人交付仓储物是存货人履行合同的行为。存货人交付仓储物时必须对仓储物进行妥善处理,保证仓储物适合仓储。对存放危险品或者易变质物品,应提供有关资料,说明仓储物的性质和处理方式。对仓储物的状态、质量程度提供相应的证明。

合同约定预付仓储费的,存货人在存货时应向保管人支付约定的保管费。

3. 保管人接收货物和保管货物

保管人应按照合同约定的接收仓储物之前准备好仓储场地,使场地适合仓储物存放和保管。保管人在接收仓储物之前必须验收仓储物,确认仓储物的状态和质量。

合同约定由保管人负责仓储物装卸、堆放的,保管人应安排并妥善进行装卸、堆放。仓储物接收完毕,保管人应向存货人签发仓单。约定由存货人卸货存放的,存货人按照仓库的安

排，将货物运至指定的地点，卸货并按仓库的要求进行堆码摆放。

在仓储物入仓后，保管人应按照合理的方法、有效的措施对仓储物进行妥善地管理和相应的作业。在存放期间发生仓储物损害或变化，应及时通知存货人及时处理，且采取必要的处理措施，减少损失，并同意存货人或者仓单持有人检查仓储物或提取样品。

4. 存货人提货

仓储期届满，存货人或者仓单持有人凭仓单向保管人提取仓储物。交付仓储费用和保管人的垫费、因仓储物的性质造成的保管人的损失、超期存货费和超期加收费等费用。提货人在提货时要对仓储物进行检验，确认仓储物的状态和数量。

提货人提货完毕，在仓单上签署后，将仓单交回保管人。

如果合同未约定存储期限，存货人或者仓单持有人可以随时要求提取仓储物，但应有合理的通知期。

保管人应将作为一般保管仓储的仓储物在存放期间产生的孳息，交给仓单持有人。

六、仓单

1. 仓单的概念和作用

仓单是保管人在接受仓储物后签发的表明一定数量的保管物已经交付仓储保管的法律文书。签发仓单表明存货人已接收了仓单上所记载的仓储物；仓单是仓储保管人凭以返还保管物的凭证；仓单是确定保管人和仓单持有人、提货人责任和义务的依据；同时仓单还是仓储合同的证明。

2. 仓单的法律特性

(1)仓单是有价证券。仓单是仓储物的文件表示，仓储保管人表明依据仓单返还仓储物，占有仓单表示占有仓储物。仓单是仓储物财产权的证券。

(2)仓单是仓储合同的证明。仓单本身并不是仓储合同，当双方没有订立仓储合同时，仓单作为仓储合同的书面证明，证明合同关系的存在，存货人和保管人按照仓单的记载承担合同责任。

(3)仓单是提货凭证。在提取仓储物时，提货人必须向保管人出示仓单，并在提货后将仓单交回保管人注销。没有仓单不能直接提货。

3. 仓单的背书转让

仓储物交给仓储保管人保管后，保管人占有仓储物，但是仓储物的所有权仍然属于存货人，存货人有权依法对仓储物进行处理，可以转让仓储物。为了便利和节省交易费用，存货人通过直接转让仓单的方式转让仓储物。存货人通过背书的形式将仓单转让，由受让人凭仓单提货。

4. 仓单的形式与内容

仓单由保管人提供。仓储经营人准备好仓单簿，仓单簿为一式两联，第一联为仓单，在签发后交给存货人；第二联为存根，由保管人保存，以便核对仓单。

《合同法》规定仓单的内容包括：

(1)存货人的名称或者姓名、住址。

(2)仓储物的品名、数量、质量、包装、件数和标记。

(3)仓储物的耗损标准。
(4)储存场所。
(5)储存期间。
(6)仓储费。
(7)仓储物的保险金额、期间以及保险人的名称。
(8)填发人、填发地和填发日期。

复习思考题

1. 简述某一港口的基本布局。
2. 港口有何作用？港口货物作业主要有哪些项目？
3. 集装箱包干作业包括哪些作业？
4. 怎样理解港口作业的性质？
5. 港口商务有什么内容？港口商务管理有什么样的组织方式？
6. 港口货物作业的商务程序是什么？
7. 港航货物交接有何规定？
8. 如何理解仓储的功能？
9. 仓储商务程序怎样？
10. 仓单需有哪些基本内容和有何法律特性？

第六章 港口货物作业合同

学习目的

掌握港口货物作业合同的种类及形式，了解港口作业合同当事人，掌握作业合同的订立和生效；熟悉港口货物作业合同的内容；掌握合同当事人的权利和义务，掌握港口经营人的免责事项。

第一节 港口货物作业合同概述

一、港口货物作业合同的概念、种类和表现形式

1. 港口货物作业合同的概念

港口货物作业合同是指港口经营人在港口对水路运输货物进行船舶、车辆的装卸、驳运、储存、装拆集装箱等作业，由作业委托人支付作业费用的合同。港口作业合同由港口经营人与作业委托人依据公平、诚实信用的原则订立。

2. 港口货物作业合同的种类

(1)单次作业合同。作业委托人按每批货物或者每船舶航次与港口经营人订立作业合同，作业合同只规范该次货物和船舶作业。单次作业合同要求完整全面，条款细致，将该次货物或者船舶作业中可能发生的各种情况进行规范和协议。

(2)长期作业合同。是指持续一段较长时期的合同，时间可以为一个季度、半年或一年。具有大批量长期性运输的货物经营人，或者长期使用港口的船舶经营人、班轮公司，为了保持与港口的作业关系的长期稳定，将作业中双方的基本权利和义务关系固定下来，双方签订长期作业合同。执行指令性港口作业的港口与指令性计划的执行人，也采用长期作业合同的方法订立合同。

在长期作业合同关系中，对于具体单次货物和船舶作业，双方采用订立单次作业分合同的方式或者按长期作业合同的约定采用单证的方式，确定具体单次作业的事务。

3. 港口货物作业合同的表现形式

根据《合同法》规定，合同可以采用书面形式、口头形式和其他形式。港口货物作业合同也可以采用相应的各种形式。但由于港口货物作业存在着货物量大、保管时间长、涉及多方的交接，故无论采用何种合同形式，都需要书面的凭据。另外虽然港口货物作业合同的目的是为了确定货物作业时的港口经营人与作业委托人之间的权利和义务关系，但不同的作业委托

人对港口作业的要求不完全相同，为了突出不同的要求，解决特殊的权利和义务关系，港口货物作业委托合同的表现形式亦有所不同。港口货物作业合同的表现形式主要有：

(1)月度生产计划。是主要适用于指令性水路货物运输的港口货物作业合同。由有关指令性运输的执行人与执行指令的港口经营人依照有关法律、行政法规规定的权利和义务订立，也用于长期作业合同的执行过程。

指令性运输和作业计划由国务院、省级政府计划部门直接下达，或者授权有关部门下达。港口与下达计划或者执行计划的部门订立作业合同。国家生产和运输的计划产品主要有：原油、成品油、煤炭、天然气、军用汽车以及由军费开支的军事物质和由财政支出的救灾物资等。国家计划部门以及省级计划部门每年召开订货会，确定产品的生产和调拨，下达调拨单给获得计划产品的生产部门、需求部门、运输部门等。需方按照调拨单与生产部门订立供销合同，与运输部门订立运输合同、与港口订立港口货物作业合同。

由于指令性计划都以年度、月度计划的方式进行确定，相应地执行指令性计划的运输合同和港口货物作业合同也以月度计划的形式存在。具体安排作业任务时，港口还将月度计划分解成旬度生产计划、昼夜船舶作业计划。

在签订较长期间的长期作业合同时，作业委托人依据合同的约定也采用月度生产(作业)计划的方式向港口确定作业安排。这种情况的月度生产计划则为长期作业合同履行的文件。如果在概括性的长期作业合同中，月度生产计划较为详细地补充了合同未明确的事项，则月度生产计划成为长期作业合同的补充合同或者分合同。

(2)港口货物作业委托合同。由进行国际贸易或者国内贸易的经营人，即运输关系中的托运人或收货人，为了规范货物在港口作业时双方的权利和义务，与港口经营人订立货物在港口进行装卸船舶等作业的港口货物作业委托合同。港口货物作业委托合同一般为一次性作业合同。

(3)作业费用包干协议。内贸货物的贸易经营人在采用租船运输时，与港口经营人订立的货物单船装卸合同，以及集装箱港口作业时采取单一的价格的协议。该合同的主要目的是协议整船或整批货物、集装箱的单一港口作业费用的标准和支付方式。

(4)沿海单船协议。在由货方与港口订立作业合同时，船方为了加快船舶装卸货作业速度，减少船舶停港时间，与港口经营人订立的有关船舶装卸时间的船舶速遣合同。船舶与港口订立作业委托合同时，为了突出船舶装卸速度，也会采用该协议为作业合同。

沿海单船协议主要是约定船舶作业时间，以及当港口超出约定作业时间时向船舶支付的延滞费及标准，以及港口提前完成船舶货物作业时由船舶支付给港口的速遣费及标准。

(5)昼夜船舶装卸作业计划。当船舶或者货方与港口经营人订立口头合同或者以其他形式订立的合同时，港口为了工作组织和安排的需要，将所订立的口头协议、实际交货或已进港船舶的船舶或者货物资料，以及作业要求、作业时间等记录在昼夜船舶装卸作业计划上，用于安排作业。由于船舶作业的要求和事项在昼夜船舶装卸作业计划中得到较为明确的表达，使得昼夜船舶装卸作业计划成为口头合同或者的其他形式订立的合同的证明和书面表现形式。

二、港口货物作业合同的特点和法律性质

1. 港口货物作业合同的特点

(1)平等的民事关系。港口货物作业合同由港口经营人和作业委托人依据公平的原则订

立，当事人双方地位平等，权利和义务相当。任何一方不能采用歧视或不公平的条件确定合同条款。港口经营人不能拒绝作业委托人合理的要求。

(2)运输合同、贸易合同的履行。虽然港口货物作业合同是一份独立的合同，但其订立是为了实现运输合同、贸易合同的履行。因贸易合同、运输合同的解除或者未履行，必然使港口货物作业合同不能履行。港口货物作业合同的履行与运输合同的履行有着密切的关系，后者的约定直接影响到前者的订立和履行。

(3)重复性。水路运输货物的港口作业不断发生，每一次作业都涉及港口货物作业合同的订立。港口不断频繁地订立作业合同，为了简化工作，港口往往采取固定格式的表格作为合同格式。

(4)书面的必要性。港口货物作业虽然时间短，但货物量大，涉及多方的交接，且港口货物作业合同大都由作业委托人的代理人与港口订立和履行，因而港口货物作业合同大都采用书面合同形式，并且都采用书面单证作为合同的形式或者证明。

(5)国内合同，部分具有涉外性。港口货物作业合同是由中华人民共和国国内企业的港口经营人与作业委托人订立的国内合同，适用中国法律的规定。但港口在进行国际运输货物作业时，需同国际贸易的经营人或者国际运输的经营人订立作业合同，这部分合同具有涉外性。对于涉外的经济活动，优先适用我国参加的国际公约和订立的条约。

(6)部分费用确定性。港口货物作业费用目前仍是采用国家定价和企业定价相结合的政策，港口经营人仍需要遵守有关的国家定价，按照定价收取费用。在订立合同时，只能按照作业项目的组合进行包干价格的商定，以及在法规允许企业自行定价的部分与作业委托人商定价格。

(7)计划性和突发性。由于港口泊位的有限容纳能力，船舶只能轮流靠泊。为了充分利用泊位，既要保持泊位连续使用，又要避免船舶长期等待，港口作业具有极强的计划性，要求作业委托人尽早订立作业合同，以便港口计划使用泊位。但是货物贸易又存在着突发性，突发的贸易需要突发的作业，使得作业合同又有突发性。

2. 港口货物作业合同的法律特性

(1)无名合同。《合同法》根据法律是否赋予合同特定名称并设有规范为标准，把合同分为有名合同和无名合同。无名合同是指法律上未确立一定的名称和规则的合同，又称非典型合同。无名合同大体可分为纯粹非典型合同(合同内容不属于任何典型合同所涉事项)和混合合同(由数个典型合同的部分所构成)。港口作业合同属于混合性的无名合同，即港口作业合同包含运输合同、仓储合同、承揽合同的部分特征。

无名合同适用《合同法》总则的规定，并可以参照合同分则或者其他法律中最类似的规定。因而港口货物作业合同除要遵守《合同法》的总则外，可以参照《合同法》运输合同分则、仓储合同分则和委托合同分则的相应规定，来进行规范和调整。

(2)有偿、双务合同。港口经营人对在港的货物进行作业，作业委托人必须支付相应的作业费用，否则港口经营人有权行使留置权。在港口作业中作业委托人和港口经营人对货物作业都承担着行为的义务，双方权利和义务对等。

(3)诺成、不要式合同。港口货物作业合同一经订立即行生效。港口货物作业合同没有强制规定的形式，当事人可以约定所要采用的合同形式，因而是不要式合同。

(4)国内合同。港口货物作业虽然涉及国际航运船舶和外国货主，但其签订的合同属于

国内合同，适用《合同法》和我国《民法》的规范。

三、港口货物作业合同的当事人

1. 港口经营人

港口经营人是指与作业委托人订立港口作业合同的人，是在中华人民共和国境内，在港口范围内经营港口业务的法人企业、个体经营者或者其他港口作业经营组织、个人。经港口行政部门批准设立，取得《港口经营许可证》。港口经营人必须具有货物装卸作业的条件和能力，能够为船舶提供货物装卸和其他作业，具有独立承担民事责任的经济主体。港口经营人具体有：

(1)港务公司。是在公共码头内经营港口装卸业务的企业。包括国家投资的港务公司，以股份制形式存在的港口集团、港务公司和港务有限责任公司。港务公司以港内货物装卸作业为基本经营业务，提供装卸货、驳运、搬运作业、拖轮服务和港口仓储服务，进行码头和其他港口设施经营，以收取作业和服务费用为基本收入。

(2)储运公司。以经营仓储和运输为主业，对部分具有港口泊位的储运公司，也经营其拥有的码头的船舶货物装卸作业。储运公司的经营业务较为广泛，涉及多方面经营，一般同时提供水陆运输、仓储和港口作业服务。因而大部分时候，储运公司都用运输合同、仓储合同的形式包括港口作业。储运公司也具有公共码头的经营性质。

(3)个体经营码头。由个人独立或者合伙投资建造码头，并从事该码头上的货物装卸船舶、仓储、集装箱作业等业务的个体经营者。

(4)货主企业专用码头。由使用或出产大宗货物的企业投资建立的码头，专门用于本企业货物的装卸船舶和储存。货主企业码头不能对外营业，只能进行本企业的货物装卸。在运输本企业货物时与为其运输的船舶经营人订立船舶作业合同。

货主企业码头经准许从事对外货物装卸业务时，与公共码头一样，独立承担港口经营人的责任。

2. 作业委托人

作业委托人是指与港口经营人订立作业合同的人。即作业委托人是港口货物作业生产产品的需求方。任何需要港口经营人提供货物在港口的装卸船舶、装卸车辆，货物在港口库场的仓储，装拆集装箱等港口业务服务的企业、其他组织、个人等都可以作为作业委托人。作业委托人主要有：

(1)运输经营人。从事水路或者陆路运输的运输经营人，在运输合同中约定由运输经营人承担货物在港口作业责任的，则由运输经营人作为作业委托人与港口经营人订立港口货物作业合同。具体包括水路运输的承运人、实际承运人、公路运输的承运人、铁路运输的承运人、多式联运经营人、物流经营人等。

当运输经营人对货物行使留置权时，无论运输合同如何约定，运输经营人都可以作为作业委托人，向港口委托作业、仓储和指示提货。运输合同约定由货方进行港口作业委托，货方未进行或者未及时进行委托时，运输经营人可以进行作业委托，并由应该进行作业委托的收货人承担作业费用。

(2)货方(货主)。货方包括货物运输的托运人、发货人、收货人、受货人，货物贸易的买方、卖方，货物所有人、国际贸易的进出口人、提单持有人等。当运输合同约定由货方负责货物的港口作业,则由相应的货方进行港口货物作业委托,相应的货方为作业委托人。

国家计划物质的计划执行时,由调拨任务执行人作为作业委托人与港口订立作业合同。

(3)司法或行政机关。由于民事争议或者行政管理的需要,法院或者运输行政管理机关需要对货物进行民事权利保全或者扣押时,由司法机关或者行政管理机关进行港口货物作业委托和仓储委托,或者下令港口进行作业和仓储。但是由司法或者行政管理机关所进行的作业委托,作业或其他费用并不是委托或下令的司法机关或行政机关支付,而是由责任人承担或者以拍卖货物的收入来支付。

3. 代理人

代理人是指受作业委托人的委托,以作业委托人的名义进行港口货物作业委托的行为人。由其依据委托人的要求进行作业委托合同的订立和履行,向港口承担委托人的义务。代理人虽然实施了订立合同、履行合同的行为,但并不是合同的当事人,不承担作业合同所确定的委托人的责任。

4. 货物接收人、送货人

货物接收人是指在作业合同中由作业委托人指定的从港口经营人处接收货物的人。没有与港口经营人签订作业合同的货物接收人不是作业合同的当事人,但他承担着委托人履行合同的接收货物、支付费用等的义务,同时享受着委托人完整提取货物的权利。货物接收人的合同权利与义务是通过合同的约定产生的,委托人将部分或者全部权利义务授权给货物接收人承受。但是合同中委托人的责任仍然由委托人承担。

与货物接收人相同的还有作业合同约定的向港口经营人交付货物的货物交付人,合同约定的向港口经营人支付作业费用的费用支付人,在合同履行中因合同的约定承担着相应的合同履行义务。合同中未确定交付货物人的,实际交货人同样需要承担委托人的交货义务。

四、港口货物作业合同的订立、生效和形式

1. 港口货物作业合同的订立与成立

港口货物作业合同的当事人本着公平的原则,遵守法律法规的规定,通过协商一致订立作业合同。

当事人可以约定采用书面合同或者口头合同。

采用书面合同书形式订立合同的,自双方当事人在合同书上签字或者盖章时合同成立。

采用信件、数据电文等形式订立合同的,在合同成立之前任一方可以要求签订确认书。确认书经双方签订,合同成立。

双方约定采用口头合同的,双方对合同的主要事项经协商意见一致,合同成立。

此外一方向另一方履行港口货物作业的主要义务,对方接受的,表示双方的作业合同关系成立。如托运人将货物用汽车运入港口,港口将货物卸车并装船,表明港口接受货物作业,作业合同成立。同时也表明该运输托运人愿意向港口支付作业费用。

2. 港口货物作业合同的生效

港口货物作业合同自成立时起生效。有关该合同的货物的交付、作业手续办理、费用支付、作业准备等都是合同的履行行为,任一方未履行都构成对合同的违约,需承担违约责任。

但是如有法规、法律规定合同必须经审批或者登记的,合同必须在有关部门审批或者登记

后才生效。

五、港口货物作业合同的履行与变更履行

港口货物作业合同订立之后，当事人双方应严格按照合同的约定，完全、实际地履行合同，任意一方不得擅自变更合同，在履行中充分合作，使合同得以顺利履行，实现双方订立合同的目的。在合同履行中发生意外事故，当事人应积极采取有效行动，减少损失。

但由于港口货物作业合同是运输合同、贸易合同的从合同，因运输合同、贸易合同的变更，以及订立合同的客观条件发生变化，应允许当事人对合同进行相应的变更，使其损失降到最低，或者双方获得更大的利益。

变更合同的原因有：

(1)双方当事人经协商同意变更合同。在履行港口货物作业合同中遇到履行不利时，当事人双方进行协商，双方同意变更合同的履行。或者一方提出变更，另一方同意变更则合同可变更履行。

(2)由于不可抗力变更合同的履行。在合同订立之后发生不可抗力事件，不可抗力影响到合同的履行的，当事人任一方都可以根据实际情况，改变合同的约定进行合同履行。但是这种改变必须是实现合同原有的目的，变更履行使得能减少不可抗力所造成的损失为标准。

(3)为了双方共同的利益变更合同。为了双方的共同利益单方变更合同的履行是合同变更的可以接受的原因。但由于当事人一方对对方在合同履行中的相关利益并不能完全了解，因而认为有增加共同利益的行为，可能还会造成对方损失，在实践中应获得对方的同意。

(4)变更货物接收人。根据《港口货物作业规则》第20条规定：港口经营人将货物交付货物接收人之前，作业委托人可以要求港口经营人将货物交给其他人。货物接收人是港口作业合同订明的接收人，接收人在提取货物时，要出具其身份证明，证明确为合同所确定的接收人方可从港口提取货物。作业委托人因为交易，改变货物接收人时，必须通知港口经营人，并获得港口经营人的同意或者默认。如果在货物已交付之后变更，或者港口经营人明确拒绝变更，则这种变更无效。

第二节　港口货物作业合同的内容

一、概述

合同的内容是根据合同的对象、目的来确定的。为了使合同能够公平，便于合同的履行，合同履行中的权利义务关系明确，当事人在订立合同时应充分考虑合同的相关事项和可能出现的情况，遵守法律法规，不损坏社会公共利益，充分利用丰富的实践经验、合同事项的专业知识和当事人完备的法律知识，完整、全面地订立合同条款。

合同的内容还受到行业内的规章制度、习惯做法，当事人之间的业务关系的影响。

港口货物作业合同的内容则根据港口货物作业的情况和实际需要，保证作业的顺利进行，当事人公平地承担权利和义务，以及《民法通则》、《合同法》、《港口货物作业规则》等法律法规来确定。

港口货物作业合同的主要内容有:合同当事人条款,合同标的物条款,合同标的条款,合同价格条款,当事人权利和义务条款,合同责任条款,合同争议处理条款,当事人签署等。

二、港口货物作业合同的主要条款

1. 合同当事人

合同当事人条款是对合同当事人的明确和限定,是合同的要件条款。合同的订立使得当事人之间形成了新的民事法律关系,合同就是为了规范当事人的权利和义务关系。当事人条款包括:港口经营人的名称、地址;作业委托人的名称、地址。此外对于合同履行中涉及指定的合同第三人的,需明确第三人的名称,如货物接收人、货物交付人等人的完整名称和联系方法。

2. 作业项目

作业项目条款是作业合同的标的条款,是订立合同的目的。港口作业项目由委托人根据需要提出要求,港口经营人根据其能力和企业的经营范围确定。港口作业的基本项目为货物装卸作业,包括装卸船舶、装卸车辆。此外港口主要作业项目还有:仓储、搬运、移仓、驳运、装拆集装箱、货物分拣、混合、制作标志、更换包装、灌包、拆包、捆绑、加固、清扫清洗货舱、计量分批、货物成组、打托,甚至配送等的物流服务。

作业项目必须在合同中明确,以便港口根据委托进行相应作业和计费。

3. 货物资料

货物资料包括货物的名称、件数、重量、体积(长、宽、高),集装箱的箱号、箱型。货物是作业合同的对象,也称为"标的物"。

(1)名称。是货物的正式标准名称,可以采用货物品名或者商品名称。

(2)件数。为货物运输包装的件数,在采取成组运输时,需以实际件数申报,货物件数不包括件内的小件数。

(3)重量。为货物的实际整体重量,即货物毛重。

(4)体积。为货物的最大体积,采用"满尺计量"的方式确定。

货物为笨重长大件货物的,还要在合同中明确每件货物的重量、长度和体积(长、宽、高)。

4. 作业费用

作业费用是港口经营人对货物进行相关作业而向作业委托人收取的劳务费用,是港口经营人开展货物作业的目的,为港口经营人的合同目的。作业费用的内容包括作业费费率、作业费用的支付方法、支付时间等。

对于采用国家定价的作业项目的费率,无需在合同中确定,但采用包干费时则需要注明在合同之上;对于由港口定价的项目则可在合同中注明;由双方协商的费率则必须在合同中明确注明。

作业费用的支付方法可以采用现金支付和转账支付,但要遵守国家财金管理制度。

作业费用的支付时间可以采用预付费用、结算支付费用等方法。如果当事人没有约定费用的支付时间,则为预付作业费用。

5. 货物交接地点和时间

货物交接是当事人对货物承担责任的划分点。港口作业采用交接责任制,货物在交付前由交方负责,交接之后由接方负责。交接地点确定了当事人承担责任的范围。由于港口经营人在货物接收到交付期间对货物负责,因而港口一般在船边和港口库场交付或接收货物,若需

要港口扩大其责任区间范围时,必须在合同中明确。

货物交接时间是港口安排工作的时间依据,港口应该在合同所确定的交接时间之前做好货物作业准备。货物交接时间是判定港口在约定作业时间完成作业的起算时间和作业迟延、延滞责任的判断依据。

6. 包装方式

该条款一方面是作业委托人向港口声明货物状态,另一方面是港口判定货物能否符合作业要求和作业难易程度的依据,也是确定适用作业费收标准的依据。港口作业货物的包装方式主要有:袋装、箱装、桶装、灌装、捆装、捆包、捆扎、裸装、箩筐装等。货物的包装方式确定了货物件数的计算方法。

作业委托人所提供的货物必须包装妥当,按照国家规定的包装标准进行包装,没有国家规定的包装标准的,必须在保证作业安全和保证货物质量的原则下进行包装,与运输包装一致。否则港口可以拒绝作业。

7. 识别标志

识别标志是区分货物的最基本的依据,由作业委托人制作和在货物包装表面标注或者拴挂。完整的识别标志包括:发货符号、货物名称、到达港、收货人、货物总件数、起运港、中转港,集装箱有集装箱箱号和箱型。对于国际运输的货物可以采用提单号(B/L No.)、货物主标志(Marks)作为识别标志。

8. 船名、航次

船名、航次是指运输某货物的船名和航次编号。水运进港货物注明载运该货物进港的船舶;出港货物注明将要运输该货物出港的船舶;水路中转货物同时注明将该货物运进港的船舶和将要运出港的船舶。船名、航次由船舶经营人确定,船名、航次的组合用于判定货物的运到或运离的船舶和时间。

9. 起运港、到达港

起运港、到达港是指货物在水路运输的起运港口和到达港口的名称。若有水运中转的另行注明中转港。通过起运港、到达港、中转港资料能知道货物的流向。发现货物遗漏、错运时能够进行追查或退回。

10. 违约责任

违约责任是当事人在合同中约定,当事人一方不履行合同或者违反合同约定时,需向对方承担的行为责任和经济责任。

当事人可以在合同中约定,当事人一方不履行合同或者履行合同义务不符约定时,应当承当继续履行合同的条件和方法,采取补救措施的条件和措施等违约责任。

违约经济责任可以为约定违约金、约定赔偿金等方式。在订立合同时,双方根据需要和可能,在合同中约定需承担违约责任的违约事项和违约责任承担方式。

港口货物作业合同的违约经济责任条款如下:

(1)未履行合同承担的违约金,不完全履行合同的违约金的数额以及计算标准。

(2)港口经营人迟延完成作业的滞期费标准,提早完成作业的速遣费标准。

(3)未在约定时间提取货物的超期保管费和转栈费支付等。

11. *解决争议的方法*

港口作业纠纷的解决属于专属管辖范畴。专属管辖是指法律规定的某些特殊类型纠纷专门由特定的人民法院管辖，其他人民法院无权管辖，当事人也不得以协议的形式改变这种管辖。专属管辖具有两大特征，一是强制性，二是排他性。既排除其他法院，也排除仲裁机构管辖。

根据《民事诉讼法》第 34 条第 2 款的规定：因港口作业中发生纠纷提起的诉讼，由港口所在地人民法院管辖。

根据《海事诉讼特别程序法》第 7 条第 1 款规定：因沿海港口作业纠纷提起的诉讼，由港口所在地海事法院管辖。

12. *其他当事人认为有必要明确的事项*

双方根据作业的具体需要以及作业以外的需要，在合同中订立相应的条款，用于明确责任或者确定义务和权利。

三、港口货物作业合同的参考格式

为了方便合同的订立，便于合同的履行，港口货物作业合同习惯上设计成表格形式，并且在订立合同时将合同副本同时缮制，以方便办理业务使用。

港口货物作业合同可以采用表 6-1 的格式。

作业委托人和港口经营人的有关权利、义务，适用《港口货物作业规则》

港口货物作业合同

表 6-1
编号：

<table>
<tr><td rowspan="2">作业委托人</td><td>名　　称</td><td colspan="2"></td><td colspan="2" rowspan="2">港口经营人</td><td>名　　称</td><td></td></tr>
<tr><td>地址、电话</td><td colspan="2"></td><td>地址、电话</td><td></td></tr>
<tr><td rowspan="2">货物接收人</td><td>名　　称</td><td colspan="2"></td><td colspan="2" rowspan="2">作业项目</td><td colspan="2" rowspan="2"></td></tr>
<tr><td>地址、电话</td><td colspan="2"></td></tr>
<tr><td>船名</td><td>航次</td><td>装货日期</td><td colspan="3">运到期限</td><td rowspan="2">货物交接地点和时间</td><td>接收</td></tr>
<tr><td colspan="3">起运港</td><td colspan="3">到达港</td><td>交付</td></tr>
<tr><td>提/运单号</td><td>识别标志</td><td>货物名称</td><td>件数</td><td>包装方式</td><td>重量（t）</td><td>体积（长×宽×高）（m^3）</td><td>作业费用及结算方式</td></tr>
<tr><td></td><td></td><td></td><td></td><td></td><td></td><td></td><td></td></tr>
<tr><td colspan="8">其他约定</td></tr>
<tr><td colspan="4">作业委托人（签章）
年　月　日</td><td colspan="4">港口经营人（签章）
年　月　日</td></tr>
</table>

说明：1. 本合同格式适用于单次港口作业合同；

2. 规格：长 19cm，宽 27cm。

第三节　港口货物作业合同当事人的权利和义务

一、作业委托人的权利和义务

1. 公平订立合同的权利

港口经营人应按照公平的原则与作业委托人订立合同，不得歧视或者不公平对待作业委托人。

2. 作业委托人按照合同约定的时间交付约定的货物

作业合同是诺成合同，合同一经订立就开始生效。合同订立之后，作业委托人应在约定的时间将合同约定的货物交付港口经营人进行作业，作业委托人所交付的货物的名称、件数、重量、包装方式、识别标志应当与作业合同的约定相符。委托人应对货物进行妥善的包装，按需要提供足够的备用包装，对货物包装不当和与委托不符的危险性货物港口经营人可以拒绝作业。

3. 对笨重、危险货物声明和说明的义务

作业委托人所委托的货物属于长大笨重货物、危险品时，需向港口经营人书面声明，说明货物的尺度、危险性，并保证符合安全要求。

在《水路危险品运输规则》附录一中列明的货物为危险品。在进行危险货物作业委托时，作业委托人应向港口经营人提交"危险货物声明书"。

对于其他有特殊保管要求的货物，作业委托人应当与港口经营人约定货物保管的特殊方式和条件。

4. 及时办理货物作业和运输的手续

作业委托人应当按照有关管理规定及时办理相应的港口、海关、检验、检疫、公安和其他货物运输和作业所需的各种手续，并将已办理各项手续的单证递交港口经营人。办理作业和运输手续、提交单证是作业委托人履行合同的责任，并不影响合同的成立。

5. 在约定的时间内提取货物

作业委托人或者作业委托人指定的提货人，有提取货物的权利。但是需按照合同约定的时间提取货物，并在提货后签署收据。

提货人在提货前有义务验收货物，在接收货物时没有就货物的数量和质量提出异议的，视为港口经营人已按照约定完整地交付货物，除非货物接收人能够提出相反的证明。

在港口交付货物之前，作业委托人可以要求港口经营人将货物交给其他人。

6. 支付作业费用

作业委托人应该按照合同约定的时间和约定的数额支付作业费用。合同没有约定支付时间的，作业委托人应当预付作业费用；合同没有约定作业费用标准的，按照国家定价和指导价支付费用。作业委托人还要支付因货物的性质或原因造成的港口损害的赔偿责任、港口经营人额外的费用支出，承担因货物的性质或者携带虫害造成需要对库场、工具或货物进行检疫、洗刷、熏蒸、消毒等费用。

作业委托人可以要求办理保价作业，按规定支付保价费。

7. 承担第三方履行合同的保证

作业合同约定港口经营人从第三方接收货物的,作业委托人应当保证第三方按照作业合同的约定交付货物;作业合同约定港口经营人将货物交付第三方的,作业委托人应当保证第三方按照作业合同的约定接收货物。

当第三方不履行合同时,作业委托人必须承担有关义务。

二、港口经营人的权利和义务

1. 港口经营人适当配备的义务

港口经营人应按照合同约定,根据作业货物的性质和状态,配备适合的机械、设备、工属具,安排合适的库场,并使之处于良好的状态。做到库场清洁、无积水,垫垛妥当,排水畅通,备妥苫盖材料。

2. 妥善作业

港口经营人应根据作业约定和作业过程、所要作业货物的特性和数量,正确、合理的制订装卸、搬运方案和作业计划。安排适当的人力和设备,严格遵守操作规程,妥善的进行作业。

3. 按约定接收货物和完成作业

港口经营人应按照合同的约定接收货物,接受货物时查验货物,接受货物后签发确认接收货物的收据。但当货物在运输工具间立即转移或单元滚装运输,可以不签署接收单据。

港口经营人应该在约定的时间内完成作业。当没有约定作业时间时,应在合理的时间内完成作业。

4. 妥善保管货物

货物进港保存之前,合理安排仓位,妥善进行货物货位安排。货物进港后妥善地保管、照料和货物作业,保证货物质量。

港口在对货物进行保管、表面状态检查时发现货物有变质、滋生病虫害或者其他损害时,应当及时通知作业委托人或者货物接收人处理,并按其指示处理和救助货物。

5. 编制普通记录的义务

当作业委托人或者货物接收人要求港口经营人编制普通记录时,港口经营人应该编制普通记录。

6. 履行催提义务

货物到港,港口经营人应该及时付出到货通知。货物接收人逾期不提取货物时,港口经营人应每 10 天催提一次,满 30 天仍未提取货物的或者找不到提货人时,港口经营人应通知作业委托人处理货物。委托人在接到通知的 30 天内未处理货物时,应当将该货物按照无法交付货物进行提存处理。

7. 交付货物

港口经营人应按照合同的约定交付货物。在交付货物时,港口经营人应当核对证明货物接收人单位或者身份以及经办人身份的有关证明,防止货物交错。

港口经营人在交付货物时,应该将收集的地脚货物交付给提货人。当不能确定地脚货物的货主时,应当按照无法交付货物处理。一批货物有多位提货人时,应合理分配地脚货。

港口在交付货物后,应要求提货人签署收据。

提货人拒绝提货，港口经营人可以根据《合同法》的规定将货物提存，以完成履行交货义务。

8. 行使留置权

应当向港口经营人支付的作业费、速遣费和港口经营人为货物垫付的必要费用没有付清，又没有提供合适的担保的，港口经营人可以留置相应的货物。

9. 超期保管

货物接收人没有在约定的期限内提取货物时，港口经营人可以根据港口生产和货物安全保管的需要，依据有关规定，将货物转栈储存、调港外存储，有关费用和风险由作业委托人承担。

三、当事人的责任和免责

1. 当事人的赔偿责任

1）港口经营人的赔偿责任

港口经营人对货物的责任期间为：从其接管货物之时起，至其向有权提货的人交付货物或将货物交给该人处理之时止。在港口经营人的责任期间内港口经营人对港口作业合同履行过程中所发生的货物损害、灭失或者迟延交付承当损失赔偿责任。

港口经营人不能在约定的时间或者合理的时间完成作业，造成作业委托人损失的，应当承担赔偿责任。港口经营人错交、错运货物，应将货物收回，交到正确的收货人或运到正确的到达港，并赔偿相应损失。

如果港口货物作业合同订立有港口经营人的责任限制，则港口经营人依据责任限制进行赔偿。所谓责任限制是指对货物造成损害的赔偿金额限制，损害金额低于责任限制的，以实际损害赔偿；损害金额高于责任限制的，按照限制的金额进行赔偿。如采取保价作业，港口经营人按照声明的价格进行赔偿。

2）作业委托人的赔偿责任

作业委托人未交付货物，未办理妥善运输、作业手续，对港口经营人造成的工作准备、工人待工等损失需承担赔偿责任。

作业委托人未声明笨重长大货物、危险货物，造成港口作业事故或者其他损失的，承担赔偿责任。

作业委托人要求改变货物接收人，承担造成港口经营人损失的赔偿责任。

2. 当事人的免责

1）港口经营人的免责

港口经营人对港口合同履行过程中所发生的货物损害、灭失或者延迟交付时港口经营人可以证明是由于下列原因造成的，可以免除赔偿责任：

（1）不可抗力。

（2）货物的自然属性和潜在缺陷。

（3）货物的自然减量和合理耗损。

（4）货物包装不符合要求。

（5）包装完好但货物与港口经营人签发的收据记载的内容不符。

(6)作业委托人申报的重量不准确。

(7)普通货物中夹带危险、流质、易腐货物。

(8)作业委托人、货物接收人的其他过错。

2)港口经营人对危险货物的处理

作业委托人未将危险货物进行妥善包装、标志,未通知或者通知有误的,港口经营人可以在任何时间、任何地点根据情况需要停止作业、销毁货物或者使其不能危害,而不负赔偿责任。

港口经营人知道危险货物性质并且同意作业的,仍然可以在该项货物对港口设施、人员或者其他货物构成实际危险时,停止作业、销毁货物或者使其不能危害,而不负赔偿责任。

3)作业委托人的免责

因不可抗力造成合同不能履行,根据不可抗力的影响,委托人可以部分或者全部免除责任。但是在作业委托人迟延履行后发生不可抗力的,作业委托人不能免除责任。

复习思考题

1. 港口货物作业合同有什么种类和表现形式?
2. 港口货物作业合同有什么特点和法律性质?
3. 港口货物作业合同的当事人有哪些?
4. 港口货物作业合同如何订立和何时生效?
5. 如何处理和看待港口货物作业合同的履行和变更?
6. 港口货物作业合同有哪些主要内容?
7. 作业委托人有什么合同权利和义务?
8. 港口经营人有什么合同权利和义务?
9. 港口经营人在什么情况下可以免责?

第七章　理货业务

学习目的

了解理货的现状和作用；掌握理货基本技术；明白理货商务和理货公司的权利和义务，了解现行的理货收费标准和收费方法；熟悉理货业务过程和要求；了解理货单证和单证制作要求。

第一节　理货概述

一、理货现状和作用

理货是指对在货物交接时对货物进行清理和点数，其根本的目的是为了确保所交接货物的正确和确定货物的状态。在船舶运输的装货交接和卸货交接时，船方都要安排理货工作，以确认货物的状态。对配备较多船员的船舶，可安排船员进行理货工作。但现在多数船舶都不具备足够的船员来进行此项工作，因而由专业的理货公司安排理货员代替船舶进行理货成为普遍的做法，也被口岸管理部门和社会认为是必要的方式。本章所阐述的理货业务就是指由专业理货公司所进行的理货。在我国专业提供理货服务的公司有"中国外轮理货总公司"(CHINA OCEAN SHIPPING TALLY COMPANY，简称 COSTC)设立在各个港口的"外轮理货公司"，"中联理货有限公司"(CHINA UNITED TALLY CO.，LTD)设立在各港口的"中联理货公司"。

专业理货的发展，减轻了船舶工作的负担，也促进了理货专业水平的提高，促进了社会服务的完善。专业理货起到了多方面的作用：

(1)保证物流环节的顺畅。专业理货的规范运作，保证了理货的效率和理货质量，减少了纠纷，加快了港口物流的速度。

(2)维护委托人的合法权益。专业理货接受客户委托，订立委托协议向客户提供服务，理货不仅需要依据合同向委托人提供服务，还要依据法规规定履行理货职责，保护了委托人的合法权利。

(3)促进对外贸易的发展。理货的监督和把关，提高了进出口运作的透明度，保障了对外贸易秩序，减少了纠纷，提高了当事人的诚信程度，有力地促进了贸易的发展。

(4)确保国家税收。理货结论是货物交接的证明，也是口岸管理部门管理的依据，所提供的准确数据避免了税收流失。

二、理货的性质

1. 理货的服务性

专业理货通过与委托人订立合同提供理货服务,依据合同的约定以及理货章程向客户服务,完成客户委托的事项,实现客户委托的目的。因而说服务性是专业理货的基本属性,理货企业只有通过满足客户的需要,提供优质的服务,企业才能生存、发展。

理货企业服务的对象:

(1)船舶、承运人。船舶是运输的主体,必须对运输负责,理货是其运输功能的组成环节。为了证明船舶完成了运输和反映运输质量,船方必须进行装、卸货理货,可以采用接受专业理货服务的方式。作为承担运输责任的名义责任人,承运人也可以委托专业理货进行理货,以明确划分其与货主、船舶之间的责任。在实践中绝大多数的理货委托来自于承运人与船舶。

(2)托运人、收货人。即使由承运人委托的理货,理货结论也直接为托运人或者收货人提供了办理口岸手续、索赔、退税等的证明文件。如有需要,托运人或者收货人也可以直接委托理货企业提供理货服务。

(3)海关、商检等口岸管理机关。口岸管理机关在进行管理时依据理货的结论进行管理,直接使用理货的数据,涉及关税征收、进出口许可、走私认定等多方面工作。税务机构在办理出口退税时也要根据理货签署的出口舱单。

(4)保险公司。购买保险的货物发生损害时,保险公司需要根据被保险人提供理货的货物残损单、溢短单等文件进行理赔。

(5)司法机关和仲裁机构。发生运输争议时,有效的理货单证和证明是法院、仲裁机构依法判决和裁决的依据。

(6)其他服务对象。与船舶运输无关的其他人,需要理货验残等服务时,也可以委托专业理货机构,由其提供专业服务。

2. 理货的公正与公证性

(1)理货公正的必要性。一方面,货物进出港口,不仅是交接双方需要准确掌握货物的状况,以便明确责任,还涉及国家口岸机关的各种管理需要,如海关、保险、商检、银行需要掌握货物情况;交接双方发生争议时的法院判定依据,需要有货物状态的权威性结论。因而需要公正性的理货,为各方提供具有法律效力的服务。

另一方面,专业理货企业所开展理货服务,也希望其理货结论具有较高的法律效力,提升其服务的品质和地位。

公证是国家法定的公证机关进行的有法律效力的证明。一些国家,如日本、德国的理货机构具有法定的公证职能。我国虽没有这一方面的法律授权,但我国的理货机构也以公正为宗旨,通过一定的制度和规范保证其公正性。如《中国外轮理货工作规程》规定"外轮理货工作具有公正性","理货人员必须立场公正"。

(2)理货公正的保证。我国理货的公证职能没有得到法律的直接授权,理货机构还不属于法定的公证机构。为了保证理货的公正性,通过相关法规规范、理货宗旨、业务程序、人员资格和行为规范、经济责任等制定方面要求来保障理货的公正性。

我国《港口法》规定了理货的资格要求,禁止理货与港口装卸仓储业务的交叉经营,保证理货的独立性。我国的理货的宗旨为:严守公正立场,遵循实事求是原则,维护委托方的正当权益。采取船边交接,一次签证的原则,理货使用规定的文件格式。理货人员持证上岗,理货公司制定了严格的理货工作程序和工作规范。理货对其失误和过失承担经济责任。以上制度和管理措施在一定程度上保证了我国理货的公正性。

三、理货工作的内容

(1)货物鉴定。理货工作的首要任务是对货物的鉴别和确定,通过运输单证和资料记载辨别货物的标志、货名、包装、状态确定货物的归宿。只有在正确认定货物的基础上才能开展理货工作。

(2)数量鉴定。对于计件货物(包装货物、集装箱),理货需要根据一定的标准,一般来说以运输包装为单位,清点货物件数,得出货物数量。

(3)重量鉴定。对于非计件货物,如干散货物、液散货物、废钢铁等,或者委托人要求确定货物重量的,通过一定的方式确定货物重量。

(4)衡量鉴定。按照一定的规则对货物进行丈量,并计算货物的体积或者面积。这项工作是针对需要按照体积计费的货物才开展的。

(5)残损鉴定。在理货中需要对货物进行查验,确定货物的状态,当发现货物有外表状态不良或者有损害时,理货需要确定受损害货物的数量(件数或重量),并查找和确定造成货物损害的原因。即使未发现货物损害时,也要证明没有损害。

(6)监装监卸。对装卸作业进行现场监督。监督港口对积载图、卸货计划的执行;协调发生的作业变动;监督装卸工人作业,发现违章作业、野蛮作业及时制止;记录作业中的异常现象。

(7)作业时间、地点证明。对货物装卸交接的时间、过程、地点、内容和数量进行记录,为运输情况提供证明。

(8)编制文件。编制和组织签署货物交接文件,对发生和发现的事故撰写现场记录,编制货物装在船上的实载图、出口舱单等运输文件。

四、理货的业务范围

1. 我国外轮理货总公司(COSTC)的业务范围

(1)国际、国内航线船舶理货业务。

(2)国际、国内集装箱理箱业务。

(3)集装箱装、拆箱理货业务。

(4)货物计量、丈量业务。

(5)监装、监卸业务。

(6)货损、箱损鉴定业务。

2. 各外轮理货公司的具体业务

(1)根据进口舱单和出口装货单,核对货物上的主标志是否相符,按票理清货物数字,分清或剔除残损货物,办理货物交接手续。

(2)指导和监督货物装舱积载、隔票和分票卸货,分清货物工残、原残。

(3)根据理货结果,出具进口货物溢短、残损证明,签批出口货物装货单,提供原始理货单证。

(4)根据货物实际装船情况,绘制积载图,制作分舱单。

(5)船舶配载和货物挑样、分规格等。

(6)集装箱装卸船的理箱和装/拆箱的理货业务。

(7)丈量货物尺码,计算货物容积。

(8)办理散装货物装卸船的单证手续业务,包括提供装卸进度、分清货物残损、办理交接签证手续,提供理货单证。

(9)港区外理货;随船理货;出国理货。

(10)其他理货业务。

五、理货人员的素质要求

理货工作由在现场的理货员根据规定进行,由理货组长进行现场管理。理货员、理货组长在现场进行理货,直接面对天气、货物、多种语言文字、装卸工人、中外船员,工作环境较为杂乱,作业对象种类繁多,作业方式多样,工作过程瞬息万变,处在交接争议的最前线,工作时间长,责任重大,因而对理货人员需要有极高的要求,须经过严格、完整的培训和教育,持证上岗。理货人员需要掌握理货业务、货物学、船舶货运技术、运输业务、理货英语等专业知识,需要具备理货技术、交往沟通、英语交流、计算机应用的能力,具有强壮的身体素质。更为重要的是要具有高度的遵纪守法的自觉性,坚决依法办事,既能坚持原则又敢于承认错误,具有高度的责任感,办事细心。

六、理货工作的依据

理货工作的依据指的是理货用于检查和核对实际货物标志和数字的资料。

1. 理货工作的依据要符合以下要求

(1)符合以下三个条件:

①能够反映实际货物上标注的主标志;

②能够被承运人、托运人、收货人接受;

③符合常规。

(2)理货依据是判断实际货物是否符合要求的依据,因此更改理货依据,必须办理规定程序的更正手续。

(3)理货依据由委托方提供。

2. 理货依据的内容

(1)理货依据必须记载货物的主标志、件数、包装、货名、重量、发(收)货人等内容。

(2)进出口货物的理货依据必须盖有海关准许进口和出口的放行印章。

(3)理货依据上面有承运人或其代理人的签章。

具体来说,理货依据为:进口舱单、出口装货单、集装箱进口舱单、内贸运输的货物交接单。其他运输单据,如装货清单、积载图、实载图、分舱单、重件清单、危险品清单、装箱单、集装箱清单等都只是理货的参考资料,不能作为理货依据。

第二节　理货技术

一、货物丈量

货物丈量是指使用量具对货物的长、宽、高进行测量，并计算出货物的方形体积。这种方形体积就是货物所占用空间的体积，而不是货物的实际体积。确定货物的占用体积一方面是为了安排运输工具的空间，确保在空间上能够装载的下所要运输的货物；另一方面是为了以体积计收运输、作业费用时，获得准确的计费依据。

1. 丈量单位与容积吨

在国际上丈量单位分为公制单位和英制单位两类，公制单位以米(m)为核心单位，相应地使用到平方米(m^2)、立方米(m^3)。英制单位以英尺(ft)为核心单位，相应地使用到平方英尺(ft^2)、立方英尺(ft^3)。我国采用公制单位。

航运业习惯以吨位来表达船舶体积，货物的体积也采用吨位的方式表示。将货物丈量体积通过一定标准折算为吨位，这种吨位称为容积吨，也称为尺码吨或体积吨。在公制单位中，$1m^3$为1吨；在英制单位中，$40ft^3$为1吨。

英制与公制单位换算：

$$1m = 3.283ft; 1ft = 0.305m$$

$$1m^3 = 35.314ft^3; 100ft^3 = 2.83m^3$$

2. 量具

丈量货物要使用工具，任何有法律效力的计量工具都需要经国家计量管理部门(国家质量监督检验检疫局及其所属机构)鉴定合格后方可使用。理货中常使用的量具有木卡尺、钢卷尺、皮卷尺等。货物丈量的读尺单位为厘米(cm)，厘米以下精确到0.5cm，即0.5cm以下不计，0.5cm及以上计为0.5cm。

3. 丈量的基本原则

(1)满尺丈量。在丈量货物的长、宽、高尺度时，对货物的最大部位进行丈量，包括货物及其包装、托盘上的任何突出部位，得到货物最大的长、宽、高。这种方式称为"满尺丈量"，见图7-1，图中a、b分别为该货件的宽和高。

(2)丈量选样。对于相同包装、相同规格的一份提单或者运单的货物，只需选择一件或者选择若干件组成一个组合单元进行丈量，见图7-2。在选择样件时要注意其代表性，能反映货

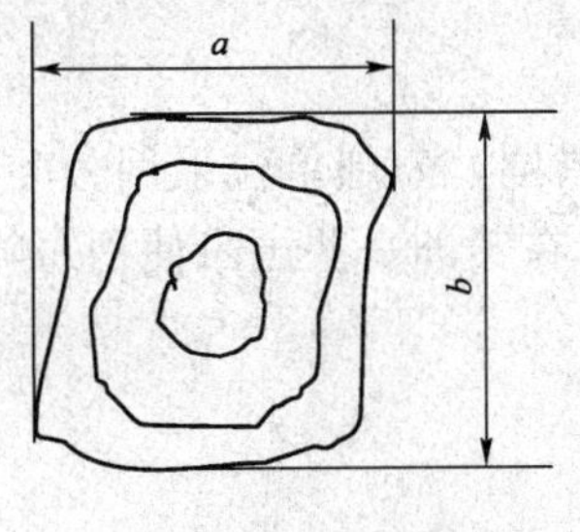

图7-1　满尺丈量

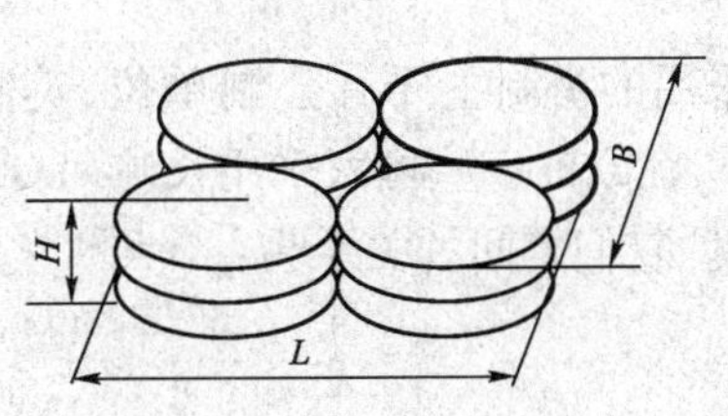

图7-2　组合丈量

物的正常状态。如采用组合丈量的,组合方式与实际载运堆装方式应尽量相同,样件也应分位选择。不同包装或规格的货件要逐件丈量。在一批货物中有个别不同包装规格的,要独立逐件丈量。

(3)减量与免量。对于货物的突出部位,如提手、货脚、管套等,由于在堆放时相互交叉或重叠,实际不占用或少占用载货空间,根据习惯可以采用突出部位减半的丈量方式,见图 7-3。可收起的把手可以免量;车辆缓冲器、挡泥板、排气管可以免量。

由不同尺度组成的大件货物,如有伸长臂的机械、大小箱件,可以经过协商,将大小两部分分别丈量,见图 7-4。

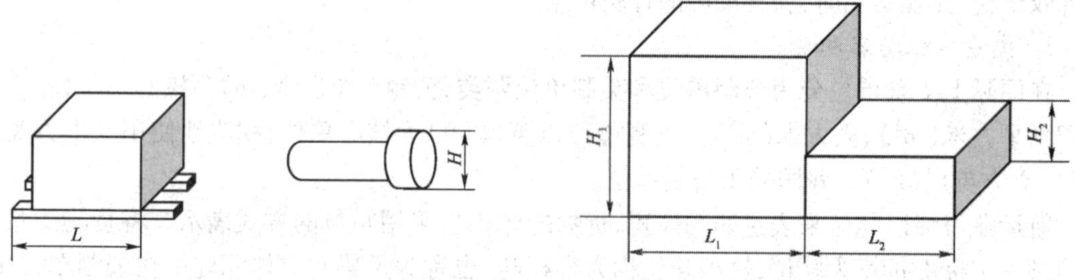

图 7-3　突出物减半丈量　　　　图 7-4　不规则货物分别丈量

(4)尾数处理。在丈量时,由于存在 0.5cm 的读尺精度,在计算时根据以下规律进行尾数处理。

①三个尺度中有一个 0.5cm 时进整为 1cm;

②三个尺度中有两个 0.5cm 时小数进为 1cm,大数去尾;

③三个尺度中有三个 0.5cm 时最大数和最小数进为 1cm,中数去尾。

例如:

实际丈量数为:40.0cm×30.0cm×20.5cm,尾数处理为:40×30×21;

实际丈量数为:40.5cm×30.0cm×20.5cm,尾数处理为:40×30×21;

实际丈量数为:40.5cm×30.5cm×20.5cm,尾数处理为:41×30×21。

货物的体积单位为立方米。以组合方式丈量后计算的平均单件体积尾数保留 6 位小数。计算的总体积尾数保留 3 位小数。

二、货物衡重

货物衡重是指鉴定货物的重量,掌握货物重量是控制运载工具装载货物量的基本因素,同时也是计算运费、制定作业计划的依据。

1. 衡制

现行采用的衡制主要有公制单位、英制单位和美制单位。公制单位采用公吨(METRIC TON,M/T),在欧洲一些国家采用长吨(LONG TON,L/T),在美洲一些国家使用短吨(SHORT TON,S/T)。它们之间的关系为:

1M/T=1 000kg;

1S/T=907.185kg;

1L/T=1016.047kg。

2. 衡重方法

海运货物以货物的毛重(GROSS WEIGHT,GW)计重,它包括货物的净重(NET WEIGHT,NW)和皮重(Tare),即直接对带包装、带托盘的货物进行衡重。货物衡重的基本原则是逐件衡重,但为了提高衡重效率,根据具体情况分别采用以下方式:

(1)整批或分批衡重。以批次为单位,如吊钩、成组、叉车、搬运设备、容器为单位进行衡重,确定货物重量。

(2)抽查衡重。对于同品质、同包装规格、定量一致的货物,选择一定样本将衡重核对单件货物重量,依据件数计算货物重量。对于有标重的货物,也是抽取一定样本进行标重核对,衡重与标重无差别时,按标重计算。

(3)求平均值计算。对同品质、同包装规格的货物,选择较多的样本组合衡重,计算货物平均单件重量,依据件数计算货物重量。

(4)车辆衡重。对载货车辆和空车分别进行衡重,其差值为货物重量。

(5)水尺计量。在装(卸)货前后观测船舶的吃水,计算出平均吃水,查找船舶静水力曲线图或载重表,确定装(卸)前后的船舶排水量,其差值在扣除船舶油和水变化值、船舶常数后即为货物重量。该方法有较大的误差,但简便易行,是运输低价值大宗货的重要衡重方法。

(6)液舱液量计算。对液面上的空档高度、液体密度、液体温度经过空档倾侧修正、液体密度修正,根据造船提供的液舱容量表,计算每一个液舱的液量,再计算总重量。这种方式适用于液体散货的船舶运输计重,常用于油舱的油量计算。或者通过液罐测量计算。

(7)连续计量设备衡重。使用连续计量设备进行衡重计量,如管道油表、输送带动态轨道衡等。

3. 衡器选择和核验

衡器的种类很多,而且不断出现更为便捷、更为精确、高效率的衡器。但有效的衡器必须是法定衡器,即具有我国质量监督管理部门颁发的有效鉴定合格证书(合格证),该设备每2年需要鉴定一次,在鉴定有效期内方为有效。此外在选择衡器时还要考虑衡器的衡量范围是否合适,一般以衡器的最大衡重量是衡量的2~3倍为适。当然选用的衡器应具有较高的效率且适合工作环境。

水运行业常用的衡器有:汽车衡(地磅)、吊勾秤、皮带秤、定量秤、轨道衡、台秤等。

三、分票

分票是指理货员根据出口装货单或者进口舱单分清货物的主标志和确定货物的归宿,即识别货物和确认货物属于哪一票单据所属。只有做好分票工作才能正确认定货物,避免装卸错或交错货物。

1. 装船时分票要求

(1)货物上的主标志与装货单一致,不一致的不能装船。

(2)标志不清、脱落,无标志货物及时通知发货人处理,处理妥当后方可装船。

(3)副标志不同按不同货物处理,要分别计数。

(4)根据分票结果指导装舱,做到一票一清,按要求做好隔票。

2. 卸货分票要求

(1)在确认货物之后,指导起卸。

(2)卸货过程中抽查辨认货物,避免错卸。

(3)指导货物流向。

(4)标志不符、不清,无标志货物在联系收货人确认后确定能否归票。

(5)散件或抽件仔细辨认后归票,并计入货数中。

3. 发生混票时的处理

不同票的货物混装在一起的为混票。货物之间没有良好隔票的为隔票不清。混票会造成作业和理货错误,产生事故。装船时理货要保证绝不允许发生混票;卸船时有混票则会增加理货的业务量。

造成混票的原因有:积载不当;装船不当;隔票材料选择不当;隔票方法不当;发生海事;卸货港操作不当;理货工作过失等原因。

防止混票要做到坚持按票装卸,一票一清;先卸后装;边装卸边分票,正确识别。

发现混票时处理:装船时发现混票坚决制止并纠正,必要时通知船方处理。卸船发现混票通知船方验看,做好现场记录,注明"MIXED",编制分标志单。

四、理数

理数是理货的最基本工作,即采取一定的方式清点货物件数,并同时进行分票、查验等理货工作。

1. 理数岗位

理数岗位在船舶的舱内、甲板、船边的装卸货现场;在安全、能看清货物和能对货物点数,便于与舱口指挥、起重机手联系的位置。不能够在舱盖上、吊钩移动线路下、远离作业现场,更不能在室内透过窗户点数。应该与交接对方一起进行点数,以便及时核对和解决争议。

理货员应坚守岗位,不得以任何理由离开岗位;需要临时离开必须有其他理货人员替工。

2. 理数方法

(1)发筹理数。理货与交、接方约定采用一定形式的筹码代表一定数量的货物,每吊钩货物由交方发出一筹,另一方收回,双方分别依筹码统计货物。该方法适用于"三定"(定钩、定量、定型)的大宗件杂货物理数。

(2)挂牌理数。由交货的一方在每一装船单元货物上挂上货牌,货物装上船后接货一方摘下货牌,通过统计货牌计数。由于对货牌进行编号,可以分清货物的批次,减少错误。该方法适合大宗货物、"三定"货物计数。

(3)小票理数。交货方对每一装卸船单元货物清点后,填制小票,票和货一起交给接货方,接货方核对小票统计货物。该方法适用于不固定件数的单元交接。

(4)画钩理数。在装卸货现场,对每吊钩次数进行记录,以吊钩数统计货量,要求每一吊钩固定货量。如果不能固定货量就需要对每一吊钩清点货物后记录,交接双方独立点数。这是在港口最常用理数方式。

(5)点垛理数。在库场对已堆码好的货垛进行货量清点。该方法最为方便,但需要对作业过程和现场进行监督,防止遗漏或混货。采用该方法需要承运人的认可。

(6)抄号理数。对于每一件均有编号的货物,包括成套设备、贵重货物、集装箱,在装卸时通过查对、抄写货物件号(箱号)进行交接,是最准确的点数交接方式。

(7)自动理数。采用自动化设备进行点货。目前最常用的是在货物上设置电子标签卡,通过射频读卡器读卡计数;或者采用条形码及读码器方式进行理货计数。这是最便捷的理货方式,是提高效率、减少差错的有效途径,是港口理货的发展方向。

3. 理数要求

(1)根据货物和交接的性质正确的选择理货岗位。如有约定则采用约定的理货方法,否则根据需要确定合适的理货方法。

(2)采取"三定"作业的货物,约定好关数。

(3)选择固定的基准线,如船舷栏杆、舱口,作为画钩的界限,防止漏钩和重钩(漏计和重计)。

(4)理货员因经常移动调整合适的位置,做到脚勤、眼勤,短小件六面点数,长件两端点数,防止漏点。

(5)及时填写理货计数单。

(6)每一次点数时要点清后才放行。

(7)经常与交接对方核对,发现不一致时及时查核,重新点数,更正错误。

4. 理残

理货点数和检查货物同时进行,发现货物包装或外表出现破损、污损、水湿、锈蚀、异常变化均作为残损处理,将残损的货物剔除,不能装或卸船,并进行如下处理:

(1)查明受损货物及受损情况。根据货物标志确认货物属于哪票装货单或者进口舱单,确认货物所有人。确定货物受损范围和程度,受损情况不同时,应分别确定每一种损害的情况,按损害情况进行分类,如桶装货物分为破裂、盖脱、变形等。

(2)清理受损货物的数量,判定损害程度。将受损货物剔除后,分别对不同票的受损货物进行清点和记录,确定不同损害的受损件数。对于大宗货物,则要测算其货损率,可以采用适当的抽查方式确定。卸货时测算舱内货损率,也可以以每一吊钩测算货损率,以货损率确定总损害数。

(3)确定受损原因,明确责任方。理货确定货物受损原因主要目的是为了明确责任,可将受损原因分为:

(1)工残。装卸作业过程中的货损,包括作业中发生和发现的残损,由港口负责。

(2)原残。装卸作业以前发生的货损,含未对该货件作业发现的残损,由交货方负责。

(3)意外事故残损。发生意外事故造成的货损,由造成意外事故的一方负责。

(4)自然灾害事故残损。因为自然灾害造成的货损,如果没有任何一方过错则按不可抗力处理;如由责任方造成遭遇自然灾害受损,则由责任方负责,如港口在下雨前未关舱,由港口负责。

(5)编制记录和办理签署。如果损害较为严重时,在发现损害的当时记录。如果个别件数损害,则在该票货作业完毕或交接班时对剔除的残损进行理残后,理货员在现场编制现场记录,分票、分损害情况,将残损货物的数字、积载部位和残损情况进行记录。工残、意外事故残损要求装卸工组签字;自然灾害事故残损、卸船的原残、船舶设备不良造成的残损由船长或大副签字。理货组长编制《货物残损单》，由船长/大副签字。

对于装船货物发生残损，理货后应不安排装船，通知发货人处理，更换或修复货物后装船。如发货人坚持装船，则要编制《货物残损单》。

5. 货物溢短处理

货物溢短是指理货的货物数量在装货时比装货单或者卸货时比进口舱单、交接清单多出或者短少的情况，多出称为溢货（OVER），短少称为短货（SHORT）。发生溢短的原因有：发货人发货数字不准、标志不符，港口漏装或错装，装舱混乱、隔票不清，中途港错误、发生海事，收货人数字不准，理货不准、错误和疏忽产生的假溢假短。

溢短货物的确定和处理：

理货组长通过细心复核、销账、核实，确定发现溢短。装船时发现溢短应随时处理，溢货不装，短货补足。如发货人坚持要装溢货或不能补齐短货时，要求发货人办理更改装货单手续后方可装船，否则编制《货物溢短单》。卸船时发现溢短除了可以采取溢短相抵、无标志归票外，编制《货物溢短单》。未办理海关手续溢票的不卸，进口舱单中有列出但卸货港为船舶不停靠或已停靠的其他国内港口的货物可以卸船。

五、理箱与装拆箱理货

1. 集装箱理箱

对于集装箱运输所进行的理货工作就是理箱，其工作的主要内容为核对箱号、点清箱数，检查箱外表残损和铅封断失，装船时指示集装箱装船位置，编制有关单证。

(1)核对箱号。每一个集装箱都标注有规定格式的箱号，由箱主代码(4个英文字母)、序列号(6位阿拉伯数)和核对数(1位阿拉伯数)组成，在出口预配图和进口舱单中都标注有箱号，理货在核对箱号无误后加注编号圈销号。发现箱号不符时，进口箱应联系船方处理，如船方要求卸船，则按溢卸处理；出口箱拒装，联系装箱单位或作业区处理。

(2)检查箱外表和铅封。发现箱外表有《集装箱残损标准》规定的破损、凹凸变形、异样标志或铅封断失时，进口箱应联系船方验看确认，对铅封断失的箱应重新加铅封；出口箱应联系装箱单位或作业区验看确认，对铅封断失的箱，经确认箱内货物无误后重新加铅封。

(3)填写理箱单证和记录。在集装箱理货中，需要编制《集装箱理箱单》，签署《集装箱装卸交接单》，发生事故编制《工残记录》，编制《集装箱溢短/残损单》，填制《理货业务凭证》。与杂货运输一样，还需要编制相关的运输单证以及《集装箱设备交接单》。

2. 集装箱装拆箱理货

装拆箱理货是理货的另一项业务。是接受承运人或者货主委托，在货物装集装箱或者拆集装箱时所进行的理货。装拆箱理货工作由集装箱检查、封志检查、货物理货、编制单证四部分组成。

(1)集装箱检查：

①外部检查。箱外部无弯曲、凹陷、折痕、擦伤、破口、松钉等现象。

②内部检查。箱内无漏光、水湿痕迹、内衬板脱落变形、通风口堵塞等异常。

③箱门检查。箱门开关顺畅、关门密封、门锁完好。

④附件检查。角件、立柱、系环完好，冷藏箱的冷机正常。

⑤清洁状态。箱内无异味、积水、杂物。

(2)封志检查。拆箱时在开箱之前检查封志的完整性,若封志损坏、脱落、封志号与记录不一致,需要进行记录。装箱后要安排加装封志,并记录封志号。

①发现铅封号不符或铅封断失,在理货单上写明实际铅封号,在备注栏内写明“铅封断失”。

②拆箱前发现封志断失,或被自行拆箱,不编制《集装箱溢短/残损单》。

③发现箱号不符时,应联系装拆箱单位处理。

④发现箱内货物原残或标志不符,在理货单的备注栏内写明残损数字、残损情况和实际标志。

(3)装拆箱理货。与普通理货一样,核对货物标志,检查货物外表状况,清点货物件数,处理装拆箱或箱内货损事故。

(4)编制单证。编制理货单、理货报告书、现场记录、货物残损单、货物溢短单等理货文件。根据业务不同分别编制和签署场站收据、交货单、集装箱装箱单、设备交接单等货运单证。

六、理货交接

理货接受船方委托还需要与港方或者收、发货方办理货物交接。货物交接由双方理货员在船边进行。双方通过在现场点数查验、记录,互相签认对方的计数单,确认交接内容,共同签署交接清单。若港方或者收、发货方未派人参与交接,则视同放弃权力,交接的内容就以理货的结论为准。未参与理货交接的一方除非有足够的证据,否则不得有异议。

理货交接的要求:

(1)当面交接,不能靠信用交接。

(2)有交有接,不能单交无接。

(3)船边交接,不要离开船边到仓库或其他地方交接。

(4)各自制单,不相互抄数、相互替代。

(5)勇于负责,不无故推翻自己的结果。

第三节 理货商务

一、理货关系建立与理货合同

理货公司通过与委托人签订理货合同建立理货服务关系,从事理货业务。理货合同可以是长期合同,也可以是一次性合同。理货业务合同的基本形式为理货委托书。

理货业务合同应具有以下内容:

(1)理货公司和委托人的名称和主要营业场所。

(2)船舶名称。

(3)理货日期。

(4)委托项目。

(5)理货费用及结算方式。

(6)特约事项。

(7)理货公司和委托人签字。

理货委托书范例：

理 货 委 托 书

中国外轮理货总公司

广州分公司

兹委托贵公司为__________轮,第__________航次所载的__________货物进行理货。

委托人将遵照中国外轮理货公司章程的规定,通过__________代理公司,按照中国外轮理货公司制定的《理货费收费规则》支付理货费。

委托人(盖章)

日期：

二、理货企业的权利和义务

理货公司以提供高效、优质的理货服务为其理货工作的服务宗旨,依据合同约定提供理货服务。

委托方在船舶开始装卸前,向理货提供相应的船舶理货资料及相关信息。

在船舶开始作业前,理货公司落实港口作业计划,并按照港口调度作业计划,及时派出相应数量的合格理货人员进行理货作业。

严格按照理货章程及相关的规定从事理货业务,实事求是地理清集装箱和货物数字,认真地分清原残、工残,依据理货结果及时办理集装箱和货物的交接签证手续。正常情况下在船舶装卸完毕后2小时内办理签证手续,尽快向委托方提供相关的理货单证。

理货公司应积极主动与海关、港口、货主保持联系和沟通。在理货中遇有问题时,及时反馈给委托方,双方根据实际情况主动与有关部门联系,力争妥善解决。

在每艘船舶理货结束后的6个工作日内将理货账单送委托方;委托方接收账单后及时核对,如有异议应在2个工作日与理货核实;如无异议应在4个工作日内结清费用。

理货公司或者委托人未履行合同义务或者履行义务不符合约定,给对方造成损失的,应承担相应的责任。中国外轮理货总公司规定:对具备封舱条件并在装卸两港均委托该公司理货的船舶,由于装卸两港理货数字不一致而造成船方短少货物、蒙受经济赔偿时,该公司分担船方一半的赔偿金额,但最高赔偿金额以装卸两港当航次的理货费用为限。

理货公司因工作失误造成其他人损失的,依法承担赔偿责任。

案例：

1999年广西柳州冶炼公司(以下简称:柳冶)出口澳洲20t氧化锌,14.8万美元,装1个20ft集装箱。柳冶委托黄埔集装箱公司(以下简称:黄集)进行装箱,由广州外轮理货分公司理货装箱和理货装船,货到澳洲后发现为磷酸三钠,收货人拒收,由柳冶重新发货。事后柳冶在广州海事法院提起诉讼。法院审理中发现,装货方和理货方均弄不清在哪个环节出错。海事法院认定:黄集对货物装箱出错应承担赔偿责任,理货方也要承担相应的责任。广东省高级人民法院终审判决:黄集和理货方负连带责任,赔偿柳冶17万美元和5 000元人民币的损失。

三、理货费用

交通部1993年3月16日以交财发(1993)272号发布的《航行国际航线船舶及外贸进出口货物理货费收规则》是现行的对航行国际航线船舶(含外贸出口一程、进口二程船舶)和国外进出口货物计收理货费用的依据。航行于内地各港与香港、澳门航线的船舶,也比照该规则办理。委托性理货业务的收费标准,除节假日、夜班外,可在《费率表》规定费率的20%的幅度内上下浮动协商定价。对其他委托业务,如随船理货、监装监卸等的收费标准,可由理货公司与委托人协商议定,或者由理货公司酌定,报交通部备案。

1. 理货费计费方法

计费吨为货物的重量吨与尺码吨中择大的吨数。重量吨为货物的毛重,有换算重量的货物用换算重量,以1 000kg为1重量吨计。骆驼、牛、马等大型家畜、动物的货物换算重量为0.8t/头;牛犊、马驹、猪、羊等小型家畜、动物的货物换算重量为0.2t/头。尺码吨以$1m^3$或$35.314ft^3$为1尺码吨计。

计费吨以进口舱单、出口装货单(场站收据)上所列重量或体积为准。进口舱单上未列明的,则以船方的装货单或提单副本上所列的为准。但经抽查证实,货物的重量或体积大于进口舱单、出口装货单(场站收据)上所列数字时,在向船公司提供货物丈量单后,整票货物均以抽查结果作为计费的依据。

一票货物中含有两种或两种以上计费类别的货物,且计费类别高的货物的计费吨占整票货物的计费吨满30%或一票货物同属两种计费类别时,则整票货物的理货费用均按计费类别高的费率计收。

同一计费类别的货物、计费吨累计后计费。累计计费吨的尾数不足1计费吨的,按1计费吨计。

以小时为计费单位的,按小时累计后计费。累计小时的尾数不足1小时的,按1小时计。

以日为计费单位的,按日历日累计后计费。累计日的尾数不足1日的,以1日计。

2. 国际航线船舶理货费率表

1)基本理货费

(1)件货理货费。件货理货费率表见表7-1。

件货理货费率表　　表7-1

计费类别	货　物　名　称	费率(元)	计费单位
1	危险货物,冷冻、冷藏货物,有色金属	2.85	W/M
2	每1重吨不足$2m^3$的列名外件货	2.30	W
3	橡胶、电解铜	2.00	W/M
4	金属制材,原木,纯碱,水泥,鱼粉	1.40	W/M
5	每1重吨满$2m^3$、不足$4m^3$的列名外件货	1.10	M
6	盐,化肥,糖,粮,枣	1.00	W/M
7	棉花,麻,烤烟	0.70	W/M
8	每1重吨满$4m^3$的各类货物	0.55	M

(2)集装箱理箱费。8 元/TEU。带有底盘车的:10 元/TEU。非标准尺寸的集装箱:45ft箱换算为 2.5TEU;58ft 箱换算为 3TEU。

(3)集装箱装/拆箱理货费。装/拆普通箱理货费:25 元/TEU。危险品、冷藏、冷冻箱:30元/TEU。铅封费:施封环每枚 2.60 元;施封锁每枚 6.40 元。

在市区装/拆箱,交通费每往返一次包干计收 60 元;在市区外装/拆箱,交通费每往返一次包干计收 60 元,或按实计收交通、住宿费。在市区外每次装/拆箱不足 3TEU 时,按 3TEU计费。

(4)散装货物交接单证手续费。0.30 元/重量吨。

(5)行李、包裹理货费。1.30 元/件。

(6)分标志费。1.10 元/吨。

(7)理货人员待时费。16.60 元/人·小时。

(8)翻舱理货费。舱内翻舱,按理货人员待时费率计收。出舱翻舱,按相应货物或集装箱基本理货费率加倍计收。

(9)特殊委托业务费。货物甩样、挑小号、分规格:1.10 元/吨。按小时计费:20.50 元/人·小时。按日计费:164.00 元/人·日(8 小时)。

(10)理货单证费。按船舶当航次所理货物、集装箱重量吨计收:

①1 000t(含 1 000t)以下 128.20 元;

②5 000t(含 5 000t)以下 384.60 元;

③10 000t(含 10 000t)以下 512.70 元;

④10 000t 以上 640.90 元。

2)计量费。

(1)货物丈量费。0.60 元/m^3,每批货物起码收费 40.00 元,另按实计收货物捣载费用。

(2)货物计重费。看船舶水尺计算货物重量:0.30 元/重量吨。使用衡器确定货物重量:0.60元/重量吨。使用衡器确定回空汽车重量:2.00 元/单车。

3)交通费

(1)陆上交通费。按每艘船舶每航次包干计收 210.00 元。

(2)水上交通费。按实计收或按每艘船舶每航次包干计收 800.00 元。

4)附加费

附加费计收标准见表 7-2。

附加费计收标准 表 7-2

项　　目	计收内容	费　　率
节、假日附加费	基本理货费(1)、(2)、(4)、(6)、(7)、(8)、(9)项和计量作业	加相应费率的 100%
夜班附加费	基本理货费(1)、(2)、(4)、(5)、(6)、(7)、(8)、(9)项和计量作业	加相应费率的 50%
非一般货舱附加费	基本理货费(1)、(6)、(8)项	加相应费率的 50%
浮筒、锚地附加费	基本理货费(1)、(2)、(4)、(5)、(6)、(8)项	加相应费率的 50%
融化、冻结、凝固、粘连货物附加费	基本理货费(1)、(4)、(6)、(8)项	加相应费率的 50%

续上表

项　目	计收内容	费　率
海事货物附加费	基本理货费(1)、(2)、(6)、(8)项	加相应费率的100%
外出理货、计量附加费	—	加当航次费收总额的10%
超长、超重货物附加费	基本理货费(1)、(6)、(7)、(8)项	加相应费率的50%

5)起码理货费

在每艘船舶当航次计收的基本理货费中的(1)、(2)、(4)、(5)、(7)、(8)、(10)项和附加费之和低于在全船工作的理货人员总人(次)数×7小时理货人员待时费标准时,则按在全船工作的理货人员总人(次)数×7小时理货人员待时费标准,向船舶计收起码理货费。

第四节　船舶理货程序和工作内容

一、装船理货程序和工作内容

1. 装船前的准备工作

在船舶装载前24小时,船代向理货人交付经承运人或船方签署的装货清单(L/L)、经海关签署的装货单(S/O)、危险货物清单(DCL)、船舶积载图(S/P)、交接清单等装船文件。经理货人的业务部门审核登记后交负责该船舶的理货组长。

理货组长核对单证,了解货物和作业情况,编制舱口装货计划表(进度表),准备好上船的资料和装备。上船后与大副联系,核实和修正货运资料,确定船舶装卸作业安排,约定理货方法。召开船前会,向理货员安排工作。

理货员了解所分配的工作情况,准备工具、用具。

2. 装船过程中的理货工作

理货组长根据理货方法安排理货员的工作岗位,布置任务、说明要求,向各舱口理货员发放装货单。与港口的装船指导员落实作业安排和作业要求,落实货物衬垫、堆积、隔票要求,残损剔除方法等。在整个理货过程持续地检查和督促理货员的工作,在发现货物不良或发生事故时进行处理和记录。保持与船舶、港口之间的联系和沟通。复核理货员交回的计数单与装货单,汇总进度,在进度表、载货清单将已装上船的货物画圈注销,编制理货日报表、分舱单。

理货员按照岗位安排开展装船现场理货,根据装货单识别和确认货物,按积载图指挥货物装船位置,监督装舱。现场理数并填制理数单、待时记录。每班或一批货物作业完毕,签注单证,将单证送交组长。办理好理货员交接班工作,无人接班或替班不得离开岗位。

3. 装船结束时的理货工作

一般要求在船舶装船作业结束后2小时内完成所有理货工作,结束工作主要由理货组长完成。理货组长尽可能提早开始进行结束工作,理货员应及时将已装船货物的工作记录和装货单交给理货组长。结束工作主要有:

(1)查验现场。对作业现场进行查验,确认没有遗漏、错误。损害货物已按要求进行了处理。

(2)核对单证。单证完整,即单证上的记录和核算完整。

(3)编制和签署单证。编制最后一份日报表、全船的装船理货证明书、船舶实载图、出口舱单等单证。签署好装货单、退关单证,残损、溢短单、交接清单、货运记录等,并做好批注。需要由船方签署的单证交由大副或船长签署。

(4)结算费用。编制和计算好理货费用单,取得船方签证。

二、卸船理货程序和工作内容

卸船理货与装船理货的工作程序基本相同,只是部分工作资料和工作文件有所不同,理货的工作重点亦有所不同。

卸船理货的依据是进口或过境舱单(M/F)、实载图、分舱单,国内水运的交接清单、运单、货运记录及危险品清单、重件货清单等。理货业务部门事先编制好分标志单和分舱单供现场理货使用。

在理货过程中需识别舱内的货物并指挥卸船。发现舱内混票、隔票不清、原残要通知船方验看,做好现场记录,取得船方签认再卸货。

理货结束理货组长编制证明书、残损、溢短单、待时记录等,做好签署,并办理船方签证。

三、签证和批注

1. 签证

签证是指船方在理货单证上签字,确认理货的结果,作为与港口、托运人、收货人交接货物的认定,是船方承担责任的肯定。签证的文件有:货物残损单(DCL),货物溢短单(OSL),大副收据(M/R),场站收据(D/R),理货证明书(T/S),货物交接清单等。这些单证必须经过船方签证方可有效。因而理货应认真对待送签单证,认真核对确保真实、准确无误,并对单证上的情况详细和有证据地对船方给予说明,避免出现船方误解。签证工作在装卸结束后的2小时内进行完毕。

2. 批注

批注是指在理货或者货运单证上对货物的数字和状态与单证记载不一致时所书写的说明,以表达书写人的意见。批注在签证时进行。

1)批注的分类

批注分为理货批注和船方批注。

(1)理货批注。分为装船批注和卸船批注。装船批注是装船时理货人员发现货物数量或外表状况有问题,发货人坚持要装船的,理货将装船货物不良情况或数字不一致批注在大副收据或场站收据上;卸船批注是在卸船时理货对船方批注的反批注。

(2)船方批注。是船方(大副或船长)在理货单证和货运单证书写其对货物数量和状况与理货的意见,或对理货意见的修正或补充、否定。船方有当然的权力进行批注,但船方批注显然会影响理货的威信。因而理货应认真工作,确保工作质量,还应加强与船方的沟通,消除误解,避免船方不符合事实的不适批注。通过事实据理力争,拒绝无理的对理货工作否定的批注;或者采用反批注的方式声明自己的立场和否定船方的批注。

批注往往是伴随着责任的发生,对当事人的经济利益产生影响,要慎重和严肃地进行。

2)批注的要求

(1)批注的内容符合实际情况,合情合理,既不随意批注也不轻易放弃。

(2)描述准确,文字确切、精练,含义明确、具体,避免含糊其辞、模棱两可的内容。

(3)实事求是,公平合理,既坚持原则又灵活掌握。

(4)对大副收据和场站收据的批注倍加谨慎,注意其必要性。根据1951年国际商会(ICC)的意见,以下批注不作为不清洁批注:

①不明显指出货物或包装不令人满意的批注,如旧箱、旧桶等。

②强调对由于货物性质或包装而引起的风险,承运人不予负责的批注。

③否认承运人知悉货物的内容、重量、尺码、质量或技术规格的批注。

④属于提单和贸易合同中规定的免责条款的批注。

第五节 理货单证

一、理货单证性质和作用

理货单证是理货机构在理货业务中编制以及出具的各项理货工作结果的原始资料或证明。是理货人员目睹实际情况制作和统计的现场原始记录,并取得交接对方认可,具有凭证和证据的性质。

理货单证的作用:

(1)货物数量和状态的交接证明。

(2)利益人向责任人索赔的依据;货运事故司法处理证据。

(3)港口、提货人、发货人、承运人安排货运工作的依据。

(4)船舶货物管理依据。

(5)发货人、收货人处理贸易事务的文件。

(6)口岸管理机构开展管理的依据。

(7)理货机构处理业务依据。

二、理货单证的种类

国际上理货单证并没有统一要求,各理货机构根据需要的习惯编制单证,但单证的主要内容基本一致。我国理货主要使用的单证有以下种类。

1. 理货委托书(APPLICATION FOR TALLY)

理货委托书是委托人向理货机构发出的要求理货服务的业务联系文件。在双方未签署理货委托合同时,如果理货机构未明确拒绝,理货委托书就是理货合同。理货委托书是理货机构开展理货服务的依据。

2. 计数单(TALLY SHEET)

计数单是理货员在现场理货时的点数的原始记录。理货结束后交理货组长,由理货组长依此统计各理货员和舱口装卸货物的数量,判定货物是否溢短的依据。计数单上同时记录节假日、夜班、特殊作业理货等,作为计算理货费的依据,最后由理货公司保管。

3. 现场记录(ON-THE-SPOT RECORD)

现场记录是理货人员在装卸货开舱或作业中发现舱内货物装舱混乱、隔票不清,或者发现货物原残时,在通知船方验看后编制的记录。它详细记录货物不良状况和具体数量,并由船方签署。现场记录要在发现问题时随时记录、随时签认，就地解决，它是编制货物残损单的依据。

4. 日报表(DALLY REPORT)

日报表是理货组长每天下午汇总当日的理货数字后编制的报表，反映每一货舱和全船装或卸货的本日数量和整体进度，交船舶以便掌握工作进度。

5. 待时记录(STAND-BY TIME RECORD)

待时记录是记载由于船方的原因造成理货人员停工待时的记录。分舱口详细记载待时理货人数和待时原因。当全船停工时加计理货组长的待时，由船方签署。为收取理货待时费的依据。

6. 货物溢短单(OVERLANDED/SHORTLANDED CARGO LIST)

货物溢短单是由理货组长按舱单和计数单计算后编制的溢短证明。对有溢短的货物以船舶为单位记录货物每票提(运)单号、卸船数量、舱单记载数量及溢出或短少数量，由大幅或船长签署。是收货人索赔和保险赔偿的依据。全船没有溢短也要编写，填“NIL”。

7. 货物残损单(DAMAGED CARGO LIST)

货物残损单是在卸船过程中发现货物原残，理货组长根据现场记录汇总编制的全船残损情况的证明。记录提(运)单号、货损件数与包装、货损情况。要大幅或船长签署。作为收货人索赔的依据。全船没有残损也要编写，填“NIL”或者画线，成为空白残损单。

8. 货物丈量单(LIST OF CARGO MEASUREMENT)

货物丈量单是理货对货物进行丈量的记录，以及对货物体积计算的结论。

9. 货物分舱单(CARGO HATCH LIST)和货物实载图(CARGO PLAN)

货物分舱单是按照实际装货情况，按装货顺序编制每一货舱的清单货物；货物实载图则是按照实际装货情况编制的装载图。为航行管理和卸货提供便利。

10. 理货证明书(TALLY CERTIFICATE)

理货证明书是理货结束时由组长编制的全船或者整个委托项目的总结，包括理货开展的具体业务分项目、各项理货结论、工作时间等，是向委托人提交的理货结果，也是理货收费的依据。

11. 其他理货单证

此外，根据需要理货还需要编制以下相关的单证，如：分港卸货单(DISCHARGING REPORT INSEPARATE PORTS)；复查单(RECHECKING LIST)；更正单(CORRECTION LIST)；分标志单(LIST OF MARKS-ASSORTING)；查询单(CARGO TRACER)等。

三、理货单证的编制要求

1. 理货单证编制的基本要求

(1)进出口货物的理货单证使用简练的英文，常用词要规范化，字体用印刷体大写。

(2)数字用阿拉伯数字，字体用印刷体正楷。

(3)单证上的内容要填写齐全，不用的空格画斜线或注“NIL”。

(4)标准计量单位使用国家标准的名称或符号，如：t、kg、m^3、h、RMB、USD 等。

(5)理货人员的签名用汉字签名。

(6)文字打印。

(7)批注手写,使用钢笔或圆珠笔书写。

(8)单证整洁、美观,不得涂改。

2. 理货单证基本内容填写要求

(1)船名。用船舶登记的中文或英文填写船名全称。

(2)航次。按进口舱单、装货单或交接清单上的航次号填写。

(3)国籍。根据注册国籍填写。

(4)泊位。按船舶实际停靠的泊位的全称或缩语填写,如:黄埔 6#,GCT-7#,SCT No. 3 等。锚地作业写"ANCHORAGE"。

(5)舱别。使用数字和舱位略语,如三舱底前部:3LHF;五舱二层舱后部:5TDA。

(6)编号。按单证顺序编号,编号结束后注"结束"或"END",仅一页结尾注"全"或"ONLY"。

(7)日期时间。中文按年月日 8 位数,如:20070203;英文按日月年 8 位数,如:03022007。时间使用 4 位数,如 1118;持续时间用"至"或"TO"。

(8)提单/装货单编号。按舱单或装货单上的编号填写。舱单或装货单上无编号或者不一致时,标注"无编号"或"N/N"(No Number)。

(9)标志。按舱单或装货单的主标志填写,无标志货物写"N/M"(No Marks);多种标志混合时写"V/M"(Various Marks)。

(10)货名。按舱单或装货单主要货名填写,使用名词单数。

(11)包装。用实际的包装方式填写,成组或托盘货物也按照实际包装方式填写,使用单数或缩语;一票货物有两种包装分别分类填写。

(12)数字。数字大于 3 位数时,用 1,010,894 方式填写。大写数字使用 SAY…ONLY 格式,如 657 为 SAY SIX HUNDRED AND FIFTY- SEVEN ONLY。货币金额采用 ¥…元整或 YUAN ONLY 格式。

复习思考题

1. 理货有什么作用?理货业务具有什么性质?
2. 理货工作有哪些基本内容?
3. 如何进行货物丈量?
4. 货物衡重有哪些方法?使用衡器有什么要求?
5. 理数有哪些方法和要求?
6. 理残有哪些内容?残损的原因有哪些?如何处理溢短和残损?
7. 集装箱理箱和理货业务有何差别?
8. 理货合同有哪些内容?主要的形式是什么?
9. 理货公司有什么义务?
10. 理货单证有哪些?其各有什么作用?
11. 理货单证填制有什么要求?

第八章　水路货物运价与港口费用

学习目的

了解价格的经济作用，掌握水路运价制定的依据，了解价格制定理论和基本原理，理解市场价格的生成机制，熟悉水路货物运输价格的策略，了解港口费用制定依据，掌握港口费用的类别，能进行运输和港口费用估算。

第一节　水路货物运价和定价依据

一、水路货物运价的概念

水路运输价格同其他产品价格一样，是国民经济价格体系的一个部分。水运业是一个特殊的物质生产部门，它的产品表现为货物或旅客的空间位移。这种空间位移同样也耗费社会的必要劳动，实现了位移也就是创造了价值，水路运输价格就是这种价值的货币表现。

水路运输价格包括水路货物运输价格和水路旅客运输价格两大类，简称水路运价。本章主要论述水路货物运输价格。港口费收是水路运输必须支付的费用，亦为本章介绍的重点。

水路货物运输价格（简称水路货物运价）是指水路运输企业对运送货物、邮件等向托运人收取运输费用的标准。

水路货物运输价格是运输企业凭以计算货物运输费用的手段。物资部门向运输企业支付的运输费用，最终将追加到产品的成本之中，成为计算和确定产品价格的依据之一。特别是在社会主义市场经济条件下，商品生产和商品流通都应符合商品生产和交换的基本价值规律。价格是价值规律作用的货币表现形式，价值规律只有通过价格的作用才能得到体现。运输是生产过程在流通领域中的继续，是现代社会生产不可或缺的环节，作为交易成本的重要组成部分，货物运输费用对物资流通有着重要的影响。因此，水路货物运价水平的高低，不仅影响运输企业的收益，还直接影响工业、农业、商业以及运输业本身的发展，合理的运价对国民经济和社会发展起到积极的作用。

二、水路货物运输合理定价的意义

1. 合理的运价有利于促进工农业生产合理的布局和发展

运输费用是工农业产品价格的组成部分，是国民经济各产业部门据以制定价格的一个重

要因素，也是用来确定产销联系，生产合理布局的重要指标。采取不同货种、不同里程的差别运价有利于调整产业结构和布局，均衡配置生产力。

社会分工是生产力发展的基础，同时又促进生产力的发展。社会分工是交易成本下降的结果，合理的运输价格使社会的分工能进一步进行，生产力能有效地发展，有利于促进工农业的发展。

2. 合理的运价有利于促进各种运输方式的合理分工

运输方式有汽车运输、铁路运输、水路运输、管道运输、航空运输五种方式，不同的运输方式具有各自的特点和经济运输范围。由多种运输方式组成的运输业生产的是同一种的产品，运输产品的同一性决定了在一定条件下各种运输方式的可以相互替代。因此，各种运输方式之间的合理比价，有利于运量在各种运输方式之间的合理分配，运输资源合理利用，各种运输业协调发展。

3. 合理的运价有利于促进科技进步，提高运输工具的利用效率

合理的运价对新技术的发展、科技的进步有着重要的促进作用。一般来说，使运输对象更加安全、迅速、方便的优质运输服务所消耗的劳动量多，因而，对优质运输可以采用较高的运价。这样，一方面可以促进运输业加速技术改造，及时更新设备，采用新技术提高生产效率；另一方面还可刺激货主从经济上关心运输工具的选择和利用。例如实行新线、新车(船)型、普快和特快等运输差价，以及对整体、包船(舱)和零担货物实行运输差价等，都可以达到促进技术进步。

4. 合理的运价有利于促进运输企业加强经济核算，提高经济效益

运价必须以运输价值为基础，与它的经济成本相一致，这是确定运价的基本出发点。所以，合理的运价应尽量符合它的价值。能够通过运价收入，用以补偿运输生产过程中的物化劳动和活劳动的消耗，并取得利润。但是在运价确定之后，只有通过企业降低消耗，加强核算，改进管理，才能提高经济效益。

5. 运价对社会资源的配置起着杠杆的作用

在市场经济的条件下，社会资源总是向着最能反映其价值的方向流动，当资源投入到水路运输能获得比其他投入方向更多的收益时，大量的社会资源就会向水路运输行业流入。反之，社会资源就会流出。

三、水路运价的制定依据

水路运价是水运企业进行水路运输生产时所收取的费用，水路运输价格由水路运输企业根据企业经营情况和运输市场的供求关系以及国家政策确定。具体影响运价制定的依据有：

1. 运输生产的成本

为进行货物运输生产，水路运输企业需要投入经营资本和劳动，消耗物化劳动和活劳动，包括折旧、燃料、物料、修理费、工资以及各项生产管理费等，运输成本就是补偿这些物化劳动和活劳动的货币表现，它反映了运输产品的价值，因而它是运输产品定价的基础。

2. 盈利水平

水运企业在与社会交换劳动产品时，除了收回其投入的成本外，还应能够获得一定的盈

利，以维持简单再生产和扩大再生产，使企业获得利润。与其他任何经营活动一样，国家要以强制性的方式介入水运企业盈利的分配，即征赋税收。企业需将税金通过价格向消费者转移，因而影响到产品的价格水平。运价由运输成本和盈利（包括利润和税金）组成，制定运价除了以运输成本为基础外，还需要考虑盈利和赋税。

3. 国家规定的运价政策

运输费用是构成工农业产品价格的重要因素，国家为了调整产业结构和产品结构，鼓励或限制某种商品的生产或消费，合理利用资源和均衡配置生产力，通过宏观调控的手段对企业的价格行为进行干预，使运输价格与运输价值发生一定程度的背离。因而企业定价必须遵从国家价格政策的取向。

4. 货物对运费的负担能力

所谓货物对运费的负担能力，是指货物本身的价值对运费的承受能力。其负担能力的大小，可以用运费在货物销售价格中所占的比重来衡量。

$$d = t/p$$

式中：d——运费在货物销售价格中所占的比重；

t——货物从产地运至销地的运费；

p——货物的销售价格。

在运输距离一定时，运费在货物销售价格中所占的比重应有一定的限度，若其值超过货物贸易的盈利率时，反映该货物对运输不堪负担，该货物将无法运输，应相应降低运价；反之，则可适当提高运价。货物对运费的负担能力，基本表现为货物价值越高对运费的负担能力越强；货物价值低则对运费的负担能力差。

5. 运输市场的供求关系

在制定商品价格时，除了以其价值为主要依据外，还应考虑商品的供求关系。当商品供不应求时，为刺激生产，其价格可适当定得高些，经过市场调节，最终运到需求平衡。

货物在空间的位移也是一种商品，同样存在一个供求关系问题。它的供给表现为承运部门的运输能力；需求则表现为特定货物在一定方向上的移动。货物运输的供求关系，简单地表述，即是承运部门的运输能力与托运部门的运输量之间的关系。若运输能力大于运输量，则表明运输的供过于求，这时应适当降低运价，吸引货源；若运输能力小于运输量，则表明运输供不应求，这时可适当提高运价，促使剩余的运输量向其他运输部门转移。

6. 各种运输方式之间的比价关系

为了充分利用各种运输方式，各种运输工具之间应有合理的分工。在制定运价时，必须保证铁路、水路与公路之间，干线运价与区间运价之间保持合理的比价关系。其中，最重要的是铁路与水运的比价关系，为发挥水运的长处和优势，应使平行区段上的水运运价低于铁路运价，以充分利用水运和减轻铁路压力。

7. 运输企业之间的竞争因素

企业竞争是市场经济的基本特征，价格竞争是市场竞争的最基本的方法。处在竞争市场中的水运企业在确定价格时，应根据企业所处的地位和所拥有的条件，采取合适的价格策略，保证企业的生存和发展。

第二节　水路货物运输价格的制定理论

根据《价格法》的规定,企业定价的基本依据为生产经营的成本。水运产品定价的基本方法应为成本定价法。根据企业经营的需要可以采取成本利润定价法、边际成本定价法、目标成本定价法等方式来定价。

一、水路运输的价值与价格

运输价值是凝结在运输产品中的运输社会劳动。运输产品的价值决定于生产它的社会必要劳动时间。运输价值用货币形态表现出来,就是运输价格(运价)。价格是价值的货币表现,价值是价格的基础。规定价格,如果离开价值这个基础,就会使价格失去科学的依据。

运价必须以运输价值为基础,即与社会必要的劳动消耗相匹配。决定运输价值的社会必要劳动消耗,包括必要的活劳动消耗和物化劳动消耗。所以,运价必须包括必要的活劳动消耗和物化劳动消耗两部分。具体是:一是过去劳动创造的价值,即消耗的生产资料价值,也叫转移价值;二是活劳动创造的价值,即新创造的价值。新创造的价值又可分为两部分:一是劳动者为自己劳动所创造的价值;二是为社会的劳动所创造的价值。因此,从运输价值的角度看,可以划分为三个组成部分:①物化劳动消耗支出,即转移价值的货币表现;②劳动报酬(工资)支出,即为自己劳动所创造的价值的货币表现;③盈利,即为社会劳动所创造的价值的货币表现。

运价必须大体上符合其运输价值,围绕运输价值波动,这是就其总体发展的一般趋势而言的。对于其具体运输对象来说,运价高于或低于其运输价值,是市场现象,是市场供求规律的作用。运输对象位移的劳动消耗经常在变动,因而要求作为价值表现形态的运价随着运输价值的变动而随时变动。此外,运价的形成不仅取决于价值规律,同时也受到其他经济规律、国家政策,以至社会、历史等因素的影响。所以,在某一时期、某一阶段将货物运价适当地规定得高于或低于其运输价值,是价格的客观现象。

二、货物成本运价的构成要素

运价的构成是以运输价值为基础,正如上述,运价构成是运输价值构成中的三部分的货币转化形态。表现为:经营成本、利润和税金要素。

1. 经营成本

(1)资本成本。为企业投资通过折旧和利息的方式计入成本。资本成本是运输经营企业的固定成本支出。无论是社会资金还是企业自有资金,都存在着资本成本。

(2)船舶费用。为船舶的固定费用支出,基本与船舶营运情况无关。主要有:船员工资、维修费、备品备件、润滑油、进坞检验费、管理费等。

(3)营运成本。为船舶载货运输而产生的费用支出,属于船舶的变动成本。有:燃料费、港口使费、船闸费、引航费、拖轮费、货物装卸费、佣金代理费等。

(4)企业管理费。包括企业日常管理开支、员工工资及工资附加费(包括奖金、福利、交通费)、宣传广告费、交易成本、行政成本、员工培训等。

(5)风险成本。为避免船舶、企业经营、财务等风险的支出。有:船舶保险费、保赔费、坏

账准备等。

2. 利润和税金

(1)利润。保证一定的利润是扩大再生产的资金来源,确定利润是一个十分复杂的问题。在社会主义市场经济条件下,由于存在商品生产,部门与部门之间、企业与企业之间存在着一定程度的竞争,资金可以在行业间转移,关系到国民收入在国民经济各部门之间的分配,在确定价格时要合理地确定利润的水平。利润水平一般有以下几种确定方法:即成本利润率、工资利润率、资金利润率、综合利润率等。

①成本利润率。就是按成本比例确定利润,它反映运价中利润与成本之间的关系。货物运价中的利润可确定为:

$$M_1 = (C+V) \times \Sigma M / \Sigma (C+V)$$

式中: M_1——货物运价中的利润;

$C+V$——运输部门的平均成本;

ΣM——全社会的利润总额;

$\Sigma M / \Sigma (C+V)$——全社会的平均成本利润率。

按这种方法确定价格中的利润基于企业的利润与生产成本之间存在一定的比例关系。它的最大优点是确定利润简便易行。但是也存在很多缺点和弊端,主要是成本高的部门获得的利润多,而且由于各个部门成本的构成不同,成本及成本项目之间难以比较;同时运输成本中没有构成产品实体的原材料,如按成本利润定价,运输部门所获得的利润就较少,这不利于运输业的资金积累,因此,运输业不宜采用按成本利润率定价。

②工资利润率。就是按工资比例确定利润,它反映运价中利润与工资的关系。货物运价中的利润可确定为:

$$M_1 = V \times \Sigma M / \Sigma V$$

式中:M_1——货物运价中的利润;

V——平均支付的工资;

ΣV——全社会的工资总额;

$\Sigma M / \Sigma V$——全社会的工资利润率。

这种方法的特点,就是把利润同工资直接联系起来。按此定价,凡是使用活劳动量多的部门获得的利润就多,反之就少。这对劳动密集型的部门特别有利,而对资本占用多的部门特别不利,会阻碍技术的进步。从这个意义上讲,对现代化运输业是不宜采用工资利润率来定价的。

③资金利润率。就是按资金比例确定利润,它反映运价中利润与资金之间的关系。货物运价中的利润可确定为:

$$M_1 = H \times \Sigma M / \Sigma H$$

式中:M_1——货物运价中的利润;

H——运输部门的平均占用的资金;

ΣH——全社会占有的资金总额;

$\Sigma M / \Sigma H$——全社会的资金利润率。

这种方法的特点,就是把利润同占用的资金(包括固定资金和流动资金)直接联系起来。

资金利润率实质上是按社会平均生产价格定价。如果占用资金较多,技术装备程度就高,从而有利于提高劳动生产率和降低单位产品价值。如产品按社会平均价值出售,就会获得较多的利润。按资金利润率定价,要求等量资金带来等量利润,这样就能够促使合理使用资金,改善经营管理,提高资金利润效果,有利于促进运输业的技术进步。同时按资金利润率定价,也可为同一货类在不同运输方式和线路、航线之间比较投资效益提供合理的经济依据。运输业资金构成中,固定资金占很大比重,适宜采用这种方法定价。但是必须指出,由于各部门资金构成差别很大,既有技术水平方面的客观因素,也有国家技术政策方面的主观因素。因此,按资金利润率定价,要同资金占用费和调节税等结合起来,才能收到预期效果。

④综合利润率。这种方法的特点是部分地按工资利润率、部分地按资金利润率定价,又称双渠道定价。它比较全面地反映职工和技术装备的作用,反映了各种货类的运输生产效率。但是工资和利润两者的综合比例较难确定,尤其是影响它们的因素又处在经常变化之中,随着各部门资金占用的普遍提高,最终还是应当过渡到以资金利润率来定价比较合理,它反映了市场经济和价值规律的客观要求。

(2)税金。是运输企业为社会劳动创造价值的货币表现中的另一个重要组成部分。从理论上讲,在价值构成中,税收与利润的性质和来源是一样的,同属于劳动者为社会劳动所创造的价值。但是,各自的职能是不同的,税收完全受国家政策的支配,而利润由经营者确定。企业所缴纳的税金(如营业税),通过价格的形式转移到消费者身上,成为企业定价的要素。

三、水路货物运价的制定方法

1. 确定基价

基价,亦称基本运价率,它是衡量运价总水平的重要标志,是确定各种运价的基准。

为了对不同货物、不同运输距离制定出不同的运价,首先必须确定基本运价率,然后在基本运价率的基础上,按照一定程序合理确定各不同等级(运价号)的运价率。

基价的确定,一般采取如下公式计算:

$$基本运价率=\frac{运输成本+利润+税金}{换算周转量}(元/吨公(海)里)$$

式中:运输成本——企业或线路、航线的平均运输成本;

利润——按所确定的利润率计算方法所得的利润额;

税金——按国家规定的税率计算出的税金总额;

换算周转量——不同货物的周转量换算成可比的周转量。

2. 确定分级与级差

在基价确定以后,就应确定不同货物的运价率。但是运输货物种类繁多,如果对每一种货物都规定一个运价率,事实上既不可能也没有必要。为此,首先应解决货物的分级问题,以及每级之间的运价率差异程度。所谓分级就是先按照货物的自然属性和经济属性划分为若干类别,然后对每一类别制定出一个运价率。怎样正确划分货物类别,实质上就是划分运价等级的问题。

货物运价分级,就是确定某一货物运价率的具体数值。它必须符合运价的形成基础及其主要依据的要求,在这个前提下,再结合考虑到各种货物的下列因素:理化性质、用途、积载因素、运输、装卸、保管条件等。一般来说,贵重货物高于低值货物,危险货物高于普通货物,运输和装卸难度大的货物高于运输和装卸难度小的货物等。然后具体确定其应属于哪个等级。

(1)分级数。全部货物究竟划分为多少运价等级为宜,主要取决于其能否合理地体现各种货物在运价上的差别和便于费用核收。分级过少,则不能体现差别,如将许多属性相差很大的货物同属于一级,这也是不合理的;但分级过多过细,不便运价的实行,会给费收工作带来困难,也是不必要的。

(2)确定级差。级差就是各级运价率的差异程度。级差有两种表示方法,即级差率和级差系数。

①级差率。是指各相邻两级运价率之间的递增(或递减)的百分数,其计算方式为:

$$级差率=\frac{后级运价率-前级运价率}{前级运价率}\times 100\%$$

级差率的数值可以是正数,也可以是负数。正数表明后一级运价率高于前一级的,逐级递增;反之则表明后一级运价率低于前一级的,逐级递减。

②级别系数。是指各级运价率差与第一级运价率(基价)的比率,其计算公式为:

$$级别系数=\frac{各级运价率-基价}{第一级运价率(基价)}$$

虽然以上两种表示方法不同,但结果是相同的。在制定货物运价时,直接按级别系数进行测算更为方便。如交通部原《水路货物运价规则》规定了我国沿海、长江、黑龙江航区的各货类分为10级,其对应的级别系数见表8-1。

货物级别系数表

表8-1

级　别	1	2	3	4	5	6	7	8	9	10
级别系数%	100	105	110.25	115.76	134	155.14	216.8	125	85	60

级别系数确定后,只要知道基价,其他级别的运价率可利用下式很方便地推算出来:

$$各级运价率=基价\times 相应级别系数$$

3. 确定运价里程

运价里程是用于计算运输费用所规定的里程,它不同于实际里程和行驶里程。运价里程由主管部门统一颁布。运价里程一经公布,必须统一执行,只有线路发生永久性变化时,才由主管部门作统一修改颁布。

4. 制定运价率表

在确定了基价、级差和运价里程以后,即可把所得出的数据汇列成货物运价率表。货物运价率表一般以两种形式体现,即分航区运价率表和主要航线运价率表。

(1)分航区运价率表的制定。分航区运价是指依据不同的航行条件划分航区,在同一航区内采用相同的基价的定价方式。交通部原直属航运企业按北方沿海、华南沿海、长江和黑龙江四大航区进行划分。航区运价率表由运价里程表、运输基价和运价分级表组成。

(2)主要航线运价率表的制定。根据航线的港口的分布,确定基本港以及以基本港辐射的非基本港。确定基本港之间的分级运价,基本港到非基本港的转运费和附加费。航线运价率表由分级表、基本港分级运价、非基本港转运运价和港口附加费组成。

5. 运费计算

根据运价等级与运价里程,或者货物运价率表中的航线港口,就可以查出适用的运价率。

将确定的计费重量与该批货物适用的运价率相乘，即可算出运费。

四、目标成本定价法

目标成本定价法是以预期能够达到的目标成本为依据，加上一定的目标利润和应纳税金来确定价格的方法。

$$价格 = 目标成本 \times (1 + 目标成本利润率) \times (1 + 应纳税金率)$$

$$目标成本利润率 = \frac{要求提供的利润总额}{目标成本 \times 目标产量} \times 100\%$$

目标成本定价法适合于成本不能准确核算的产品定价，相当于估算产品的价格，既不考虑市场的因素也不进行同类比较。较适合于新产品、新航线的定价。政府定价也采用目标成本定价法。

五、边际成本定价法

边际成本为每增加一单位产量所引起的总成本的增加。可用下式表达：

$$MC = \frac{\Delta TC}{\Delta Q}$$

式中：MC——边际成本；

ΔTC——总成本的增加；

ΔQ——产量的增加。

或者将边际成本表达为：

$$MC = \frac{\mathrm{d}TC}{\mathrm{d}Q}$$

从成本构成来看，总成本 TC 由不变成本 FC 和可变成本 VC 组成，根据上式，不变成本的导数为零，边际成本仅为产量增加一单位的可变成本 VC 的增加量。

$$MC = \frac{\mathrm{d}VC}{\mathrm{d}Q}$$

根据经济学理论，厂商获得最大利益的原则是让边际成本等于边际收益。也就是说在边际成本等于边际收益时的产量阶段，厂商获得最高利润。

边际成本定价法的前提条件是要达到产量条件，即处在边际成本等于边际收益的产量阶段。因而边际成本定价法只适用于船舶接近满载时加载货物的定价，或者是已获得固定成本回报时为了充分利用运载能力时的定价。它可作为一种吸引货载的临时定价措施。

第三节 市场价格的生成

水路运输市场是指水路运输生产产品进行交换的场所，在市场中活动的运输企业提供运输生产，称为运输供给；运输产品的购买方，代表着运输需求。双方在运输产品的提供和需要的矛盾和统一，在运输产品价格上的对立和一致就构成了市场价格。

一、水路运输的供给和价格

水路运输企业参与水路运输生产的目的是为了通过交换生产产品获得经济利益。当在运输产品交换中能够获得巨大经济利益时,运输企业就会加速船舶周转、提高船舶速度和运输能力,扩大运输能力,使运输供给量增加。相反的,当运输产品在交换中不能获得利益时,运输企业就会减少产品投入,减少运输量,如只进行直达运输、减少挂港数量,为了减少油耗降低航行速度,为节省港口费用而延长在港口停留时间等。可以说,当运输产品的价格低下时,运输企业所提供的运力供给量减少;反之,运输产品价格高时,运输供给量增大。价格与供给量的关系见图 8-1。

二、运输市场需求与价格

市场需求是水路运输的需要者对运输产品潜在购买量,即需要运输的货运量或周转量。从本质来说,货物运输量是由货物交易量确定的,运输只是交易的从属行为。但必须看到,货物运输费用最终会计入交易成本,假如交易成本大于交易所得到的利益,交易就不会发生,货物的购买方就会寻找其他替代品,也就没有运输。运输价格高,运输量就会减少;相反,运输价格低,货物流动获利的空间扩大,生产企业可以大量使用外地优质原料,或者产品可以在更大的市场销售,运输量就会增加。运输市场的需求与运输价格之间的关系见图 8-2。

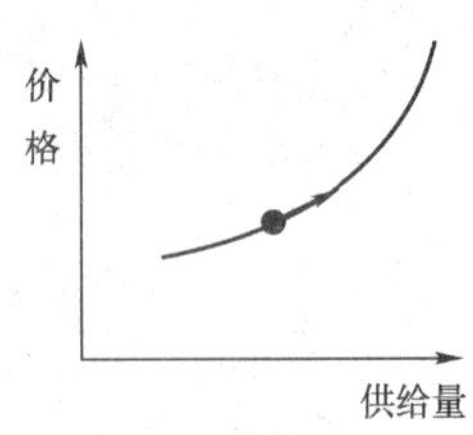

图 8-1　供给量与价格的关系

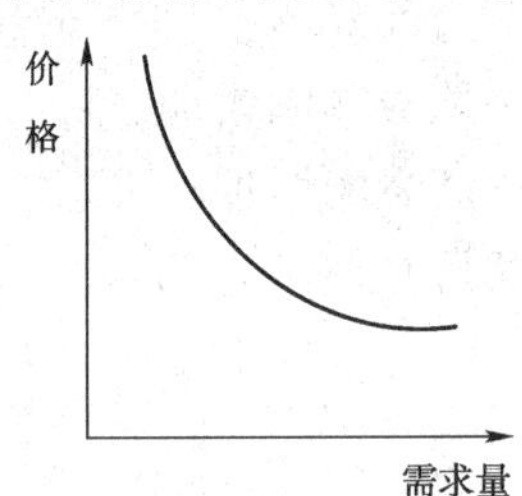

图 8-2　需求量与价格的关系

三、市场价格的生成

市场需求与市场供给之间呈相反的变化关系,但在同一市场的双方必须取得平衡。在短期内,市场供给与价格关系曲线 1 和市场需求与价格关系曲线 2 的交点 A,构成了双方的平衡点,见图 8-3。相交点 A 的运量和价格就是双方可接受的运量 Q 和价格 P,P 也就是短期内的市场价格。

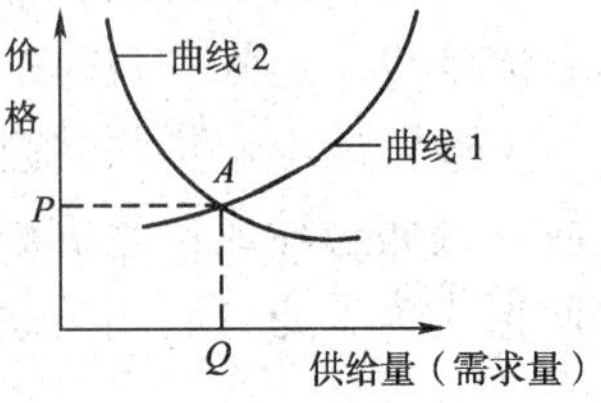

价格　曲线 2　曲线 1　A　P　Q　供给量(需求量)

图 8-3　市场价格的生成

如果因为某突发原因使价格上升,当该原因消除后,价格会如何变化呢?当价格上升时,供给方会提高供给量;但是需求方会减少需求量,也就是供方所增加的供给量不会被使用(消费),因而只有降低价格,再吸引需求,使价格又恢复到原先的平衡位置。这就是市场机制对价格的调控能力。

四、供求关系变化对价格的影响

供求关系变化会对价格产生影响。如果供给水平提高,如新造船舶等,会使供给曲线 1 向

外移动为曲线1′,其结果就是使价格下降,见图8-4,这就是通常所说的供过于求。反之,如果供给水平下降,如船舶大量报废退出运输市场,会使供给曲线1向内移动为曲线1″,其结果就是使价格上升,见图8-5,这就是通常所说的供不应求。

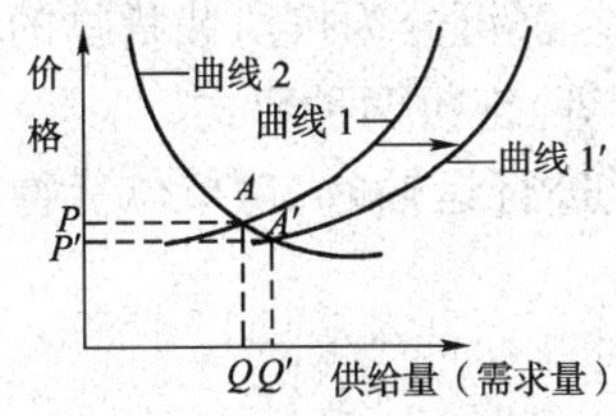

图8-4　供给增加运价下降

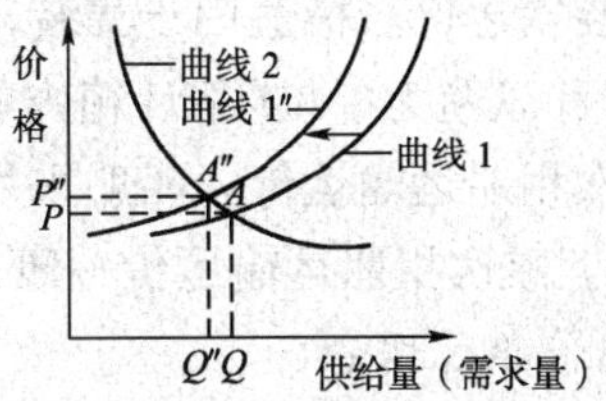

图8-5　供给减少运价上升

第四节　水路货物运价的种类和运价政策

一、水路运价的种类

水路货物运价,也称为船舶货物运价,是指航运企业运输各类货物时的价格。可以按适用范围、运价制定方式、运输形式及运价单位划分。

1. 按适用范围分

(1)远洋船舶货物运价。是适用于对外贸易进、出口的船舶货物运输的价格。采用美元计费。

(2)沿海船舶货物运价。是适用于我国沿海港口之间的船舶货物运输的价格。大多采用航线运价。

(3)内河船舶货物运价。是适用于长江、珠江等内河的船舶货物运输的价格。大多采用里程运价。

2. 按运价制定方式划分

(1)国家定价。是由国家发展和改革委员会与交通部共同规定的船舶货物运价。适用于由军费开支和财政直接支出的军事、抢险救灾货物的运输价格制定,旅客和行李运输价格制定。国家定价可分为以下两种:

①政府定价。由国家和水运主管部门制定并统一颁布。国家一旦颁布,企业必须严格执行。同时往往是一定几年不变,过若干年后才作一次较大的调整。

②政府指导价。由国家规定货物的基准运价以及浮动幅度,企业在允许范围内根据运输市场的供求变化确定船舶货物运价。

(2)合同运价。又称为协议运价。是由承运人与托运人通过商定达成的运价标准,通过双方订立合同予以明确和按合同实施。这种运价的特点是随行就市,完全受市场供求关系的调节,即在短时间内其价格水平会有较大的波动。

(3)运价表运价。也称班轮运价。水运企业根据经营成本和市场供求关系制定运价,编制运价表,向社会公开,并按运价表的规定计收运费。这种运价受交通主管部门的监管较严格,采取报备制度,有运价变动的时滞限制和稳定期的规定,具有相对的稳定性。

3. 按运输形式划分

(1)直达运价。指适用于两港间直达运输的货物运价,没有转运过程。

(2)联运运价。指适用于水-陆联运的货物运价,包括港口和车站的转运费用。

(3)集装箱运价。指适用于集装箱货物的运输价格。又可分为按所装货物的种类及重量(体积)定价和以箱为单位(不计箱内货物的种类及重量等)定价两种形式。

(4)航次租船运输运价。船舶采用航次租船的形式进行运输时,对单位货物或者货物总量规定运价。航次租船运输运价一般采用合同运价。

4. 按运价单位划分

(1)单一运价。指对同一货种不论其运输距离长短,都采用相同的每货运吨运价(以下简称"运价率")。这种运价一般仅适用于短途航线、轮渡或某些海峡间的货物运输。我国仅在内河和市内轮渡航线使用单一运价。

(2)航区运价。指适用于同一航区内各港间按不同货种、不同运输距离而规定的差别运价。这种运价的特点是同一货种随运输距离变化其运价水平有较大的差别,因此,有时称这种定价方式为"里程运价"。航区运价又可分为下面两种主要形式。

①均衡里程运价。同一货种货物的运价率的增加随运输距离的增加成正比关系,即每吨公里运价为不变值。某些内河航区采用这种定价。

②递远递减运价。对同一货种,每单位里程的运价随运输距离的增加而降低。如在100海里时运价为0.1元/吨海里,则每吨货物100海里的运费为10元;而在200海里时运价为0.09元/吨海里,则每吨货物的200海里运费为18元。

(3)航线运价。指按照船舶运输的航线对货种进行定价。如秦皇岛—广州煤炭运价为30元/吨。航线定价也可以包括中转在内的运输定价。

二、运价政策

1. 国家价格管理的要求

运输企业在制定运输价格时,必须遵守国家关于价格的法律制度和管理规定。《中华人民共和国价格法》以及行业价格管理规定是企业定价所要遵循的原则。主要价格原则有:

1)遵循价值规律

《价格法》规定价格的制定应当符合价值规律。以产品的价值为价格的条件,实行高值高价、低值低价。

2)明码标价

经营者定价应当遵循公平、合法和诚实信用的原则。实行明码标价,对提供服务的产品价格,公开服务项目和收费标准;对有形产品的销售,需明码标明商品品名、产地、规格、等级、计价单位和价格。

3)不进行不正当价格行为

经营者的以下行为为不正当行为:

(1)相互串通操纵市场价格,损害其他经营者或消费者的合法利益。

(2)以排挤对手为目的的低于成本的价格倾销。

(3)捏造、散布涨价信息,哄抬价格。

(4)利用虚假或者使人误解的价格手段,诱骗消费者与其进行交易。

(5)对同等交易条件的价格歧视。

(6)在标价以外变相调价。

(7)违反法律、法规的规定牟取暴利。

经营者实施不正当价格行为,由价格管理部门处以处罚。有违法所得的,责令改正,没收违法所得,并可以处以所得的5倍以下的罚款;没有违法所得的,予以警告、罚款。情节严重的,予以停业整顿直至吊销营业证书。

4)水运价格报备制度

水运企业制定班轮运输运价和调整运价,需报交价格主管管理部门、交通管理部门或者其委托的机构(如航运交易所)备案。

(1)报备运价分为公布运价、多重运价和协议运价。

①公布运价是指航运公司"运价本"上载明的运价。

②多重运价是指单航次一定箱量时的(折扣)运价。

③协议运价是指航运公司与货主商定的运价。

(2)报备运价应同时报备附加费及佣金。

(3)报备运价生效前,航运公司不得提出新的运价调整要求。运价生效时间如下:

①公布运价和多重运价30天;

②协议运价7天;

③新开辟航线和恢复航线2天;

④附加费调整15天;

⑤非航运公司原因造成附加费调整7天。

2. 水运企业价格策略

水运价格是水运企业参与运输生产的回报,价格的高低是社会资源是否愿意投入到水运生产的条件。在社会资源投入到水运生产后,水运企业所确定的价格,不仅关系到企业能否获利,而且决定企业能否在运输市场立足。水运企业应在国家法律制度的规范和约束下,根据企业的实力和条件、市场的状况,合理、灵活的运用价格手段,获得理想的利益。

1)追随价格策略

对于实力较弱小的企业,没有控制市场的能力又不具备挑起竞争的条件,采取完全按市场均衡价格进行定价的价格措施,企业获得行业的平均利润。要提高收益,只能通过降低成本的途径。由于市场均衡价格的确定困难,运输企业根据其他企业的价格进行定价,或者按照交易市场的价格指数进行定价。

追随价格还可以在被动竞争的情况之下采用,此时采取与竞争对手同样的价格,来消除对手的竞争优势。

2)竞争价格策略

市场经济就是竞争的经济,市场的参与者都必须参与市场的竞争,在竞争中求生存和发展。价格是市场竞争的最重要手段,通过降低价格,吸引更多的货源,以获得利益,或者将竞争对手逼出市场。

总体来说,价格竞争在短期内是损害企业收益的行为,必须是有条件地采用价格竞争手段。积极的价格竞争常用于初入市场,存在大量的潜在竞争对手之时,为了扩大市场占有率,当遇到竞争对手的有力竞争时,降低价格的消极竞争亦是有一定市场规模的企业采取的措施。

3)利润原则价格策略

企业生产的目的就是为了获得利润,有效的价格策略实施会使企业获得超额利润。差别价格是企业获得超额利润的有效方法。

(1)差别价格。差别价格是指对与相同的产品因不同的交易条件,采用不同的价格的方法。差别价格又称为价格歧视,可以分为以下三种:

①一级价格差别。指针对不同的消费者,按照消费者所愿意(能够)支付的最高的而又不会拒绝的价格进行索价。这种定价方式需要根据消费者具体的情况,了解消费者的消费能力,按消费者所能付出的最高价格进行交易,运输企业获得了最大的收益(得到了全部消费者剩余)。这种价格差别又称为完全价格歧视。

在水路运输中,应托运人特殊运输要求而进行的运输可以采用一级价格差别。如紧急运输、特殊货物运输、非基本港口的直达运输等。在实行一级价格差别时要注意不违反《价格法》的非歧视原则。

②二级价格差别。根据消费者所购买的产品数量分等级差别定价的方法称为二级价格差别。水运企业常常根据货物批量的大小给予不同的价格折扣的方法,就是适用二级价格差别的表现。

③三级价格差别。对不同市场的消费者采用不同价格的方法。实行三级价格差别的基本条件是对市场具有划分能力。如分航线定价,运输代理人和货主价格不同等。

(2)实行差别价格的条件。采用差别价格会给企业带来额外的利益,但差别价格的采用必须具有一定的条件:

①产品提供者必须具有市场垄断能力,或者具有一定的控制能力。

②产品提供者能了解消费者的消费能力,可以将消费者的消费水平进行分级。不同消费者对价格的敏感程度不同,或者说不同的消费者的需求价格弹性不同。

③市场可以划分和分隔,不会发生产品在所分割的市场之间流动。

第五节　港口费用

一、港口费用的内容及其收费依据

港口费用是指船舶和货物使用港口设施,港口对货物进行装卸作业和各项服务工作或为船舶、货物提供港口设备和劳务,由船舶和货物经营人向港口交付的费用。费率则为向货主或船方收取的各种费用的标准。

按港口费用的性质,可把港口费用分为港口劳务费和港口规费两大类。

1. *港口劳务费*

港口劳务费是港口企业或服务单位向船舶或货物提供劳务和服务所收取的费用。包括货物装卸作业费、货物保管费、拖轮费、工时费等。

2. 港口规费

港口规费是政府规定的船舶和货物必须要缴纳的费用。包括船舶港务费、货物港务费、航道养护费、船舶停泊费、港口建设费、船舶引航费、移泊费、解系缆费、开关舱费等。

我国港口收费遵守交通部和各省政府制定的《港口收费规则》的规定,实行国家定价、部分企业定价和协议价格制度。交通部的《港口收费规则》分为外贸部分与内贸部分。外贸部分适用于国际运输船舶和国际贸易货物的港口费用计收,各港与香港、澳门之间的货物和集装箱运输。内贸部分适用于中华人民共和国沿海、长江干线和黑龙江水系(不包括吉林省)的港口向航行于国内航线的船舶及内贸进出港的货物和集装箱计收港口费用,以及外贸部分未规定的外贸运输收费。

二、货物作业费率的制定

货物作业费率,是指港口对货物装卸、转栈、翻装、包装、打托,集装箱装卸、搬移,装拆集装箱等作业而规定的收费标准。

1. 货物作业费制定的依据

1)货物作业花费的社会必要劳动量

货物作业劳动量是货物作业所花费的社会必要劳动量,又称为货物作业价值。用货币表现为货物作业成本、利润和税金。

(1)货物作业成本。货物作业所耗费的物质资料价值和劳动报酬的价值是确定作业成本的理论基础。与货物作业无关的费用支出,不能计入定价成本中去,具体包括以下几部分:

①企业在货物作业中消耗的材料、燃料、油料和动力费用;

②固定资产折旧和修理基金提取;

③工资及工资附加费(包括奖励基金);

④企业管理费。

(2)利润。是港口装卸企业为社会劳动创造的价值货币表现,是社会资源投入到港口中所获得的报酬。由于港口装卸企业之间的竞争,出现了利润平均化的趋势。这在自然条件、地理环境相差无几的同一港口的各装卸企业之间表现得尤为突出。作为基础产业的港口装卸生产,相对来说资金回报率较低,往往低于社会平均收益。

(3)税金。是港口装卸企业为社会劳动创造价值货币表现中的另一重要组成部分。它是国家强制进行二次分配社会收入的主要形式。税金主要有营业税和企业所得税。

2)应兼顾国家有关政策

制定货物作业费率应以货物装卸价值为基础,这是价值规律所要求的。但为了国家经济结构的调整、人民生活的需要,国家进行宏观调控,通过制定政策和措施进行调控或直接调整收费标准,如涉及国计民生的物质的低费收规定。

3)货物对作业费的负担能力

货物在港口的装卸费,最终将追加到货物(商品)的销售价格中去。因此要考虑货物对作业费的负担能力。

2. 港口作业费率的确定方法

港口对货物进行装卸作业会用不同的方法操作,为了进行量化和比较,设定若干操作过程。不同操作过程所消耗的物化劳动和活劳动是不同的。就是同一操作过程,由于装卸货种(包括外包装)不同,装卸成本也会有较大差异。在确定货物装卸作业费率时,应该体现这些差别。货物作业费率确定方法如下:

$$\text{作业费率}=\text{作业费基价}\times\text{货类系数}\times\text{操作过程系数}\times\text{费率调整系数}$$

1)作业费基价的确定

作业费基价是指基准的货物作业费率。确定基价的目的,是以此来推算各货种、各操作过程的费率。

$$\text{作业费基价}=\frac{\text{作业成本}+\text{利润}+\text{税金}}{\text{计划期换算操作吨}}(\text{元/吨})$$

式中: 作业成本——与货物作业有关的费用支出;

利润、税金——按合适的利润率和工商税率确定的港口作业利润与税金;

计算期换算操作吨——以基本货类、基本操作过程为基础,将其他货种、其他操作过程按其作业效率分别换算并汇总而得。

2)货类系数的确定

货类系数是指对同一操作过程中各类货物对基本货类操作难易程度的比例系数。货类系数大,说明该货类与基本货类相比操作困难;反之,对该货类进行操作相对比较容易。一般将不同货类(包括外包装)按其作业难易程度适当进行归并,操作难易程度相当的货物归在同一类,实行同一费率。

3)操作过程系数的确定

操作过程系数是因为不同的货物或者不同的时期,货物在港口作业中所需要的作业过程和项目的不同而进行的调整。如有的货物经过卸、搬、存、取、装,而有的货物仅经过卸、装过程,分别取不同的系数。

4)费率调整系数的确定

费率调整系数是考虑国家的有关政策和货物的负担能力等因素,对作业费用进行适当调整。费率调整系数的大小应按不同货类分别确定。如为考虑货物对装卸费的负担能力,低价货的调整系数可定得低些;反之,高价货可相应定得高些。为鼓励多用煤、少用原油,煤的费率调整系数可定得低些;原油的调整系数可定得高些。

3. 现行港口货物作业费率

目前我国主要港口的货物装卸费率制定分为两大类。一类为适用于国际贸易进、出口货物的作业费率;另一类为适用于内贸货物的港口作业费率。对于集装箱作业也独立制定费率。

1)计费单位

港口装卸费率计费单位分为重量吨(W)、体积吨(M)和择大计费(W/M)。重量吨为货物的毛重量,以1 000kg为一重量吨;体积吨为货物"满尺丈量"的体积,以1m^{3}为一体积吨;计费单位为W/M的,按重量吨和体积吨两者择大计算;规定为换算重量货物,按换算重量计算,见表8-2。

水路货物重量与体积按运单的记载为准,外贸进出口货物重量与体积以提单或装货单所列数量为准。

货物重量换算表　　表 8-2

货　物　名　称	计算单位	换算重量(kg)
骆驼、牛、马、骡、驴	每　头	1 000
猪、羊、狗、牛犊、马驹、骡驹、驴驹	每　头	200
散装的猪崽、羊羔	每　头	30
笼装的猪崽、羊羔、家禽、家畜、野兽、蛇、卵蛋	m^3	500
藤、竹制的椅、凳、几、书架	每　只	30
鱼苗(秧、种)	m^3	800
其他不能确定重量的货物	m^3	1 000
家具(折叠的除外)	自重再加 2 倍	
各种材料的空容器(折叠的以及草袋、布袋、纸袋、麻袋、塑料袋除外)	自重再加 2 倍	
原木	m^3	1 270

注:1. 自重加 2 倍的计算方法,是以货物本身毛重再加 2 倍。例如:如果一只空桶的自重为 25kg,换算重量为 $25+25\times2=75$kg。

2. 订有换算重量的货物,实重大于换算重量时,仍按换算重量计算。

2)国际贸易进出口货物的作业费率

国际贸易进、出口货物的装卸费率执行《中华人民共和国交通部港口收费规则(外贸部分)》。适用于中华人民共和国内地港口向国际航行的船舶和外贸进出口货物计收港口费用,港澳运输货物也适用该规则。现行规则为 1997 年 6 月 20 日颁布,2001 年 12 月 3 日的修订版,2002 年 1 月 1 日起执行。货物港口作业费分为作业过程计费和集装箱包干费。

外贸货物的装卸作业过程分为:船舱←→船边,船边←→库、场、车、船。费率按照货类和作业过程制定,见表 8-3。货类分为 20 级,其中散货分 4 级、包装货分 3 级、其他货分 11 级、散装液体分 2 级。

外贸进出口货物装卸费率表　　表 8-3

编号		货类 ＼ 费率(元/计费吨) ＼ 作业过程	船舱←→船边：船方起货机械：一般货舱	船舱←→船边：船方起货机械：冷藏舱非货舱	船舱←→船边：港方起货机械：一般货舱	船舱←→船边：港方起货机械：冷藏舱非货舱	船边←→库、场、车、船	计费单位
散装	1	煤炭、硫酸渣、腐殖酸、矿砂、矿粉(铁矿石、粉除外)、铁矿石(块矿)、磷灰土、砂石、碎石、水泥、水泥熟料、盐、化肥、粮	10.40	15.60	13.50	20.30	5.20	W
散装	2	铁矿砂、铁矿粉	6.70	10.05	8.70	13.10	3.35	W
散装	3	焦煤、原矿(块矿、铁矿石除外)、铜、硫、锌、铅精矿、块煤、加工成型的石料、氧化铝、纯碱、鱼粉	16.30	24.50	21.20	31.80	8.15	W
散装	4	糖、大豆、豆粕、大麦、燕麦、黑麦、饲料	14.80	22.20	19.20	28.80	7.40	W

续上表

编号		货类 \ 费率(元/计费吨) \ 作业过程		船舱←→船边 船方起货机械 一般货舱	船方起货机械 冷藏舱非货舱	港方起货机械 一般货舱	港方起货机械 冷藏舱非货舱	船边←→库、场、车、船	计费单位
包装	5	煤炭、各种矿石(含块、砂、粉矿)、沙土、盐、化肥		16.30	24.50	21.20	31.80	8.15	W
包装	6	水泥、纯碱、鱼粉		19.40	29.10	25.20	37.80	9.70	W
其他	7	糖、大豆、豆粕、大麦、燕麦、黑麦、饲料		18.10	27.20	23.50	35.30	9.05	W
其他	8	钢坯、钢锭、生铁、金属块锭、钢材、钢轨、钢管		16.80	25.20	21.80	32.70	8.40	W
其他	9	废碎金属		24.30	36.50	31.60	47.40	12.15	W
其他	10	笨重货物	设备	41.70	62.60	83.40	125.2	20.85	W
其他	10	笨重货物	其他	32.10	48.20	64.20	96.40	16.05	W
其他	11	组成车辆	轿车	42.00	63.00	54.60	81.90	21.00	W/M
其他	11	组成车辆	其他	32.00	48.00	41.60	62.40	16.00	W/M
其他	12	各种纸、纸浆		18.50	27.80	24.10	36.20	9.25	W/M
其他	13	橡胶		19.20	28.80	25.00	37.50	9.60	W/M
其他	14	木材		13.40	20.10	17.40	26.10	6.70	W/M
其他	15	危险货物	二级	23.80	35.70	30.90	46.40	11.90	W/M
其他	15	危险货物	一级	38.40	57.60	49.90	74.90	19.20	W/M
其他	16	轻泡货物		6.40	9.60	8.30	12.50	3.20	W/M
其他	17	冷冻货物		23.80	35.70	30.90	46.40	11.90	W/M
其他	18	列名外货物		14.20	21.30	18.50	27.80	7.10	W/M
散装液体		船边法兰盘←→库、车、船		装船		卸船			W
散装液体	19	一般液体		17.40		12.30			W
散装液体	20	一级危险液体	原油	11.70		9.80			W
散装液体			其他	27.10		19.30			W

(1)笨重货物。是指每件货物的重量满5t的货物,但订有换算重量的货物,托盘、集装袋、成组货物、10t以下成捆钢材除外。

(2)一级危险货物。是指《中华人民共和国交通部水路危险货物运输规则》中规定的:爆炸品、压缩气体、液化气体、一级易燃液体、一级易燃固体、一级自燃物品、一级遇潮易燃物品、一级氧化剂、有机过氧化物、一级毒害品、感染性物品、放射性物品、一级腐蚀品。

(3)二级危险货物。是指《中华人民共和国交通部水路危险货物运输规则》中"一级危险货物"以外的危险货物。但石棉、鱼粉、棉、麻及其他动物纤维、植物纤维、化学纤维不按危险货物计费。

(4)轻泡货物。是指每1重吨的体积满$4m^3$的货物。但订有换算重量的货物及组成车辆、笨重货物除外。

(5)超长货物。是指每件货物的长度超过12m的货物。每件长度超过12m不满16m,按相应货类费率加收50%;每件长度超过16m不满20m,按相应货类费率加收100%;每件长度超过20m,按相应货类费率加收150%。

3)内贸作业包干费

内贸货物和集装箱在港口进行装卸等劳务作业(堆存保管除外),实行包干计费,包干范围为货物在港口作业的全部过程。非集装箱货物的港口作业包干费实行市场调节价,收费标准由港口经营人自行确定,并在其经营场所提前对外公布。

4)集装箱包干费

(1)外贸进出口集装箱作业包干费。集装箱包干作业的过程包括进口重箱、出口重箱、进口空箱、出口空箱和箱体检验、重箱过磅及编制有关单证。包干费即是对每一个设定的过程单一收费,不再按照实际作业过程分段计费。集装箱以箱为计费单位。可折叠的标准空箱,4只及4只以下摞放在一起的,按1只相应标准重箱计算。集装箱装卸包干费详见表8-4。

非标准集装箱包干价面议,最高不超过其相应箱型标准箱费率的1倍。

内支线运输的集装箱在港口的装卸作业,按规定费率的90%计收集装箱装卸包干费。

集装箱装卸包干费、国际过境集装箱包干费率表　　表8-4

项目			外贸(元/箱)		内贸(元/箱)	内外贸(元/箱)	
箱型			装卸包干费	过境包干费	装卸包干费	装卸、搬移、翻舱费	货车、驳船装卸费
标准箱	20ft	装载一般货物	425.50	659.50	220.00	49.50	70.20
		空箱	294.10	503.00	110.00	49.50	70.20
		装载一级危险货物	467.90	725.20	240.00	53.70	76.50
		冷藏重箱	467.90	725.20	240.00	53.70	76.50
		冷藏空箱	324.10	502.40	120.00	53.70	76.50
	40ft	装载一般货物	638.30	1 000.20	330.00	74.30	105.30
		空箱	441.10	768.60	165.00	74.30	105.30
		装载一级危险货物	702.00	1 088.20	360.00	82.50	115.30
		冷藏重箱	702.00	1 088.20	360.00	82.50	115.30
		冷藏空箱	486.10	753.40	180.00	82.50	115.30

(2)内贸集装箱装卸作业包干费。港口内贸集装箱装卸包干费属于国家定价,执行国家规定的收费标准(即交通部、国家发展和改革委员会于2000年3月20日发布的《国内水路集装箱港口收费办法》,交水发(2000)156号),包括其中订立的费目和费率。各港口企业可在规定费率上下20%的幅度内自行确定,集装箱在港口的装卸作业,按表8-4的规定,向作业委托方计收集装箱装卸包干费。装卸带有底盘车的集装箱,使用船方拖车进行"滚上滚下"方式作业的,按表8-4规定费率的50%计收装卸包干费。

空、重集装箱在港口进行水转水作业,由各港根据本港情况自定集装箱中转包干费。

(3)翻装、搬移。在采取包干费时,港方若是按船方或货方要求或因船方或货方责任造成的集装箱在船上翻装或船舶与码头之间的集装箱翻装装卸，以实际发生的翻动次数，向造成集装箱翻装的责任方或要求方按表8-4的规定计收翻装装卸费或翻舱费；集装箱需进堆场的，除收取翻装费外，另加收二次搬移费，但2天之内不另收堆存费。港方责任造成的集装箱翻装，免收翻装费和堆存费。

集装箱在码头发生搬移，以实际发生的搬移次数，向造成集装箱搬移的责任方或要求方按表8-4的规定计收搬移费。搬移费适用下列情况：

①非港方责任，为翻装集装箱在船边与堆场之间进行的搬移；

②为检验、修理、清洗、熏蒸等进行的搬移；

③存放港口整箱提运的集装箱超过10天后，港方认为必要的搬移；

④因船方或货方责任造成的搬移；

⑤应船方或货方要求进行的搬移。

搬移集装箱需相应搬移其他集装箱时，其他集装箱不另收搬移费。

(4)拆、装箱包干费。在港方集装箱货运站(仓库)进行拆、装箱作业，按一般货物、冷藏货物、一级危险货物每计费吨，向作业委托方计收拆、装箱包干费，费率见表8-5。拆、装箱包干作业包括：

租用船舶、机械、设备和委托其他杂项作业费率表 表8-5

项目		计费单位	费率(元)		
			国际	国内航行船舶与货物	
拖轮		马力小时	0.48	沿海0.35	内河0.50
起重船	50t以内	负荷吨时	9.30	协议价	
	超过50t满100t	负荷吨时	8.30		
	100t以上	负荷吨时	6.30		
起重机		负荷吨时	4.20	协议价	
吸扬机		台时	31.10		
拆包和倒包费、灌包和缝包费		每项每吨	1.40		
分票费		每计费吨	5.00		
挑样费		每计费吨	2.00		
一般扫舱		每个舱口	429.00		
拆隔舱板(防动板)		每个舱口	824.20		
特殊平舱		按平舱舱口实装货物吨数的30%计费(t)	3.70	沿海0.80	内河1.65
倒垃圾	船运	每次	100.00	50.00	
	陆运	每次	40.00	20.00	
集装箱拆、装箱包干费	一般货物	每计费吨	12.40	7.40	
	冷藏货物	每计费吨	13.50	8.10	
	一级危险货物	每计费吨	18.60	11.10	
装卸指导员工时费		每人每工时	17.20		

续上表

项　　目		计费单位	费　　率(元)		
			国际	国内航行船舶与货物	
其他作业工时费	普通工	每人每工时	9.20		
	技术工	每人每工时	13.70		
装卸用防雨设备		每舱口日	89.40		
防雨罩		每只每次	35.80		
靠垫费		每只每次	2 500.00		
污水处理		每吨	2.20	1.10	
码头供水劳务费	供水 100t 及以下	每次		100.00	
	供水 100t 以上	每次		200.00	
围油栏使用费	1 000 净吨以下船舶	每船每次	3 000.00	500 净吨以下	1 000.00
	1 000-3 000 净吨船舶	每船每次	3 500.00	500-1 000 净吨	1 200.00
	3 000 净吨以上船舶	每船每次	4 000.00	1 000 净吨以上	1 400.00

①拆箱。拆除箱内货物的一般加固,将货物从箱内取出归垛,然后送到货方汽车上(不包括汽车上的码货堆垛)、编制单证及对空箱进行一般性清扫。

②装箱。将货物从货方汽车上(不包括汽车上的拆垛)卸到集装箱货运站(仓库)归垛,然后装箱并对箱内货物进行一般加固、编制单证及对空箱进行一般性清扫。

(5)取送箱费。通过港区铁路线的集装箱,按每箱次 20ft 重箱 4.10 元、空箱 1.40 元,40ft 重箱 8.00 元、空箱 2.70 元计收铁路线使用费。使用港方机车取送的集装箱,按每箱次 20ft 重箱 6.00 元、空箱 3.20 元,40ft 重箱 12.00 元、空箱 7.20 元计收货车取送费。取送装卸一级危险货物的集装箱重箱,其货车取送费按上述费率加收 50%。非标准集装箱按上述相应箱型标准箱费率计费。

三、货物保管费率的制定

货物保管费率是指港口对在港内存放的货物和集装箱除免费保管期以外的货物存港时间收取保管费用的标准。

一般地说,除了货物在船边直接换装(卸)外,货物在港口短暂存放是船舶运输中不缺少的环节。港口对货物进行堆存并保管同货物装卸一样,同样花费物化劳动和活劳动,从而创造价值。因此它也属于港口劳务费。制定货物保管费率的主要依据与制定作业费率基本相同。其主要区别在于除应区别不同货种外,还应区别货物因在港口保管条件(即仓库、堆场)的不同而在保管费率上的差异。这是因为货物如堆放在仓库,作为港口来说所花费的费用比堆放在堆场大得多。某些特殊货物甚至不宜选用普通库场进行堆存,港口对此花费的劳务就更大。

保管费率 = 保管费基价 × 保管种类系数 × 日累进系数(元/吨·天)

1. 保管费基价

保管费基价是指基准的货物保管费率。确定方法为:

$$\text{保管基价} = \frac{\text{保管总成本} + \text{利润} + \text{税金}}{\text{计划期保管总吨天}}(\text{元/吨}\cdot\text{天})$$

式中:保管总成本——与保管货物有关的费用支出;

利润、税金——按设定的利润率、国家规定的税率确定的保管利润、税金;

计划期保管总吨天——计划期保管货物的吨数与其保管天数乘积之和。

2. 保管种类系数

保管种类系数是指不同的货种或者采用不同的保管条件的货物,相对基本货种采用基本保管条件时在保管费用上的差别系数。

保管系数大,说明该货种与基本货种相比,港口对其花费的支出大;反之,其费用支出较小。其值可由下式确定:

$$\text{保管种类系数} = \frac{\text{所求保管货种、采用某种保管条件的单位成本}}{\text{基本保管货种、采用基本保管条件的单位成本}}$$

其中,货种可按普通货物、轻泡货物、危险货物等加以区别;保管条件可按仓库、堆场区别,有的还可再分为前(后)方仓库、前(后)方堆场等。

3. 日累进系数

日累进系数是指随着货物堆存天数的增加,每天收取的保管费率(即每吨天费率)呈递增关系的比例系数。

日累进系数为各堆存天的保管费率与第一天保管费率之比。例如,除免费保管期外,某货物堆存期1天的保管费率为0.10元/吨·天;堆存期2天的保管费率为0.15元/吨·天;堆存期3天的保管费率为0.20元/吨·天。则堆存期2天的日累进系数国150%,堆存期3天的日累进系数为200%。

按日累进的办法制定货物保管费率,主要理由有两点:其一,港口库场不同于专业仓储企业的产品储存场所,进、出港口的货物在库场的短暂堆存,目的是为了加快货物在库场的周转,因此港口堆存货物除了立足于港口企业的经济效果外,还应考虑社会效益,尤其对于进口货物,促使货主尽快提货,采用此法就显得尤为重要;其二,类似货物装卸费率中引进"费率调整系数"所考虑的政策等因素,在确定日累进系数的大小时,可按不同货种、不同保管条件等加以区别。一般情况下,日累进系数值的大小应有一定限度,建议最大不要超过300%,以免保管费率与保管成本之间差异过大,致使货主不愿负担。

堆存在港口仓库、堆场的货物,按下列规定计收货物堆存保管费:

(1)沿海港口国内外水路进港货物和集装箱。自每张港口作业委托单(提单)的货物开始进入库场的第5天起,至货物提离库场的当天止。

(2)内河港口国内外水路进港货物和集装箱。自每张港口作业委托单(提单)的货物开始进入库场的第2天起,至货物提离库场的当天止。

(3)国内外水路出港货物和集装箱。自每张港口作业委托单(提单)的货物开始进入库场的当天起,至货物装船的前一天止。

(4)沿海港口水路进港转出港的货物和集装箱。自每张港口作业委托单(提单)的货物开始进入库场的第5天起,至货物装船的当天止。

(5)内河港口水路进港转出港的货物和集装箱。自每张港口作业委托单(提单)的货物开

始进入库场的第2天起,至货物装船的当天止。

(6)存栈货物及全过程都由货主自行装卸的货物。自货物开始进入库场的当天起,至货物全部提离库场的当天止。

(7)危险货物、冷藏重箱和散装液体货物。按实际存放天数计费。

(8)在港口存放的国际过境集装箱。自到达港口的第15天起计收堆存保管费。

因港方责任,不能在原定时间的当天交付货物时,自次日起至具备交付货物条件并通知货方提货之日的次日止,免收货物堆存保管费。存放货物发生数量不符时,自更正的当日起,按更正数量计费。

堆存保管费率和库场使用费率实行市场调节价,收费标准由港口经营人自行确定,并在其经营场所提前对外公布。广东省内河港口货物保管费率见表8-6。如黄埔港仓库与帆布盖堆场每计费吨基本费率为0.25元,每增加一级增加0.25元。那么1 000t货物保管10天为2.5元/t,10天保管费为2 500元;保管12天为3.0元/t,1 000t货物12天保管费为3 000元。

广东省港口货物保管费率表　　表8-6

货物名称	普通货物	轻泡、贵重、危险品	集装箱(元/TEU·天)			
计费单位	元/计费吨天	元/计费吨天	20ft		40ft	
			重	吉(空)	重	吉(空)
堆场	0.30	0.60	12.00	4.00	24.00	8.00
仓库	0.60	1.20				

四、港务费和港口建设费

1. 港务费

港务费率是指港口港务和海事部门向使用港口水域、航道的船舶和在港内装卸货物的货主征收各项规费的标准。前者称为船舶港务费率,后者即为货物港务费率。属于非劳务性费用。收费标准由政府主管部门颁布并强制执行。设置这一费用的目的是为了补偿有关部门为维护航道、码头、系泊、海事管理设备的良好状态而发生的费用支出,是非盈利性的费收项目。

(1)船舶港务费。按船舶进港或者出港一次,各征收船舶港务费一次。船舶航行过闸,征收过闸费。船舶港务费按船舶净吨或船舶功率计算,不足500净吨按500t计,没有净吨位的船舶则按总吨或载重吨计收。船舶港务费由海事管理部门征收。

以下情况下不征收船舶港务费和过闸费:

①遇难和避难船舶,公务船舶、捕鱼、非运载旅客式货物的船舶。

②进港船舶没有卸货、下客行为;出港船舶没有装货、上客行为。但港内换单原船出口,应征收船舶港务费和过闸费。

③进港货出港船舶的客货运费收入在船舶港务费或过闸费2倍以下,并持有证明者。

④进出港口的旅游船舶,应征收船舶港务费和过闸费。

现行费率为船舶港务费率:国内航行船舶每净吨(马力)0.25元;国际航行船舶每净吨(马力)0.71元;长江干线港口的国内航行船舶每净吨(马力)0.55元。

国际航行船舶过闸费率：每净吨 0.30 元。国内航行船舶收费标准由船闸管理或经营部门自行确定，在其经营场所提前对外公布。

(2)货物港务费。经由港口吞吐的国内进出港口、外贸进出口货物，分别按进口或出口征收货物港务费。货物港务费由港口行政管理部门征收，或者委托港口企业代为征收。

以下货物免征货物港务费：

①邮件、凭客票托运的行李、空集装箱（商品箱除外）、使馆物品、军用物品。

②船舶自用燃料、物料、包装备品、随活动物运输的饲料。

③因意外事故临时卸在港内仍需运往原到达港的货物，以及未卸换单转运、国际过境货物。

货物港务费费率按货物计费重量计征，最少为 10kg。分为外贸进出口货物和内贸货物费率，现行费率见表 8-7。

货物港务费费率表 表 8-7

编号	货类	计费单位	外贸费率元/吨(箱)		内贸费率	
			进口	出口	计费单位	元/吨
1	煤、矿、磷灰土、水泥、纯碱、粮食、盐、沙石、生铁、钢材管坯锭、化肥、轻泡货	W	1.40	0.70	W	0.50
		M	0.90	0.45		
2	列名外货物	W	3.30	1.65		
		M	2.20	1.10	M	0.30
3	一级危险品、冷藏货物、金银珠宝、工艺品、贵重物品	W	6.60	3.30		
		M	4.40	2.20		
集装箱	装载一般货物、商品箱	20ft	40.00	20.0	W/M	8.00
		40ft	80.00	40.00		16.00
	装载一级危险货物、冷藏重箱	20ft	80.00	40.00		16.00
		40ft	160.00	80.00		32.00
	2D 集装箱				箱	1.00
	5D 集装箱				箱	2.50

2. 港口建设费

对进出我国沿海港口的货物根据规定需征收港口建设费。港口建设费的征收管理工作由交通部负责，港口港务管理局或港口经营人为港口建设费的代征单位，按照交通部制定的《港口建设费费率表》的标准征收。港口建设费的缴费人为发货人（或其代理人）或收货人（或其代理人）。在水路运输全过程中只征收一次港口建设费，即在出口货物装货港、进口货物卸货港、内贸装货港征收。下列货物免征港口建设费：交通部颁发的《港口费收规则》中免征货物港务费的货物；企业专用码头运输本企业生产所需要的原材料及其产品；《港口建设费费率表》中免征的货物。

五、航道养护费

凡在交通部门管理的内河航道上航行、作业的各种船舶、竹木排筏和浮运物体，除另有规定者外，均应缴纳航道养护费（简称航养费）。

1. 航道养护费的征收

航养费由船籍、长期营业、营业起运港省、自治区、直辖市负责征收。但不得重复征收。在外省、自治区、直辖市航道上起运客货的船舶，由该航道所属省、自治区、直辖市的航养费征收单位按通过该航段里程和当地的航养费费率计征航养费。已按外省、自治区、直辖市的规定计交航养费，在船箱港计交航养费时，可凭有效缴费票证抵扣。但对起、讫地均在外省、自治区、直辖市境内营运的船舶的航养费，由客货起运港全程一次征收。

航道养护费原则上由船舶、竹木排筏、浮运物体所有者或经营者负责缴纳。

营业性运输船舶，按其运费收入的8%计征航养费。长江干线航道养护费按运费收入的6%征收。对难以准确反映运费和水上作业收入的船舶，按其总吨或载重吨、客位、千瓦，比照营业性运输船舶的航养费费率标准择大者计征。

从事非营业性运输的机动船舶，按船舶功率、定额载重吨择大者计征，每千瓦每月征收4.80元或每载重吨每月征收3.00元。

航行国际航线船舶长江航道养护费费率按航行国际航线船舶长江航道养护费征收办法，分航段按每净吨或千瓦1.14～3.45元的费率标准征收。

2. 航道养护费缴费时间

每月终后15日内缴清上月的航养费；非营业性运输船舶必须在每月5日前缴清本月的航养费；竹木排筏和浮运物体必须在每次浮放、拖运前缴清当次的航养费；外国籍、港澳台籍船舶及外省、自治区、直辖市各类船舶和竹木排筏、浮运物体应于每航次进出口签证时，向当地的航道部门或其委托代征单位（海事局）缴清本航次的航养费。

六、其他港口费收

1. 引航费与移泊费

引航费与移泊费是由于引航员引领船舶进港或出港以及在港内移泊而发生的费用，按船舶净吨征收。船舶引航、移泊费率由交通部制定，见表8-7，包括国内航行船舶引航、移泊费率，国际航行船舶在沿海港口引航、移泊费率，航行国内航线船舶长江干线和黑龙江水系引航费费率。

引航费按第一次进港和最后一次出港各一次分别计收。引航距离由各港口所在地港口管理部门公布，报省级交通（港口）主管部门和交通部备案。

接送引航员不另收费。因船方原因不能按原定时间起引或应船方要求引航员在船上停留时，计收引航员滞留费。沿海港口进港船舶因船方原因取消引航计划，但引航员已上船的，按0.05元/净吨（马力）计收引航费，最高收费额为500.00元。

2. 解、系缆费

解、系缆费是船舶在港口靠离码头、浮筒或移泊时，由港口工人进行船舶系、解缆作业，向船方收取的作业费。按解、系缆绳作业次数计收，以每系缆一次或解缆一次计收系、解缆费；船舶在港口停泊期间,每加系一次缆绳计收一次系缆费,收费标准见表8-7。

3. 停泊费

停泊费是船舶停泊在港口码头、浮筒、外档停靠,由码头、浮筒的所属部门征收船舶停泊费。停泊费分为船舶生产性停泊和非生产性停泊,收费标准见表8-7。生产性停泊是指在装卸期间停靠码头、趸船、浮筒。非生产性停泊包括以下情况:

(1)装卸,上、下旅客完毕(指办妥交接)4小时后,因船方原因继续留泊的船舶。

(2)非港方原因造成的等修、检修的船舶(等装、等卸和装卸货物过程中的等修、检修除外)。

(3)加油加水完毕继续留泊的船舶。

(4)非港口工人装卸的船舶。

(5)观光、旅游船舶(含涉外旅游船舶,不含国际旅游船舶)。

由于等潮、气候影响或港方原因造成船舶在港内留泊及建港工程船舶,军事及执行公务的公安、边防、海关、检疫、海事、航道、水利等公务船舶,免征停泊费。

停泊费按船舶净吨(马力),以24小时为1日,不满24小时按1日计。

4. 开、关舱费

开、关舱费是由于港口工人开、关船舶舱口作业而收取的作业费用。征收方法:不分船舶大小、层次和开、关次数,分别以卸船计收开、关舱费各一次,装船计收开、关舱费各一次。由港口工人单独拆、装、移动舱口大梁,视同开、关舱作业。大型舱口(又称A、B舱)中间有纵、横梁的(包括固定纵、横梁和活动纵、横梁),按2个舱口计收开、关舱费。设在大舱口外的小舱口,按4个折1个大舱口计算,不足4个按1个大舱口计算。现行的开、关舱费率见表8-8。

船舶港口费率表　表8-8

编号	项　目	计费单位	费　率(元)		说　明
			国际航行	国内航行	
1	引航费	净吨(马力)	0.50	0.20	引航距离10n mile以内(不含长江)
		净吨(马力)/kn	0.005	0.002	引航距离超出10n mile部分
2	移泊费	净吨(马力)	0.22	0.15	沿海各港港内移泊
			0.29	0.12	长江干线和黑龙江水系港口
3	引航员滞留费	每人每小时	20.00	10.00	—
4	解、系缆费	每　次	码头:107.00 浮筒:159.00	免征	50净吨(或100载重吨)以下船舶
				30.00	50~500净吨船舶在码头
				50.00	50~500净吨船舶在浮筒
				70.00	501~2 000净吨船舶在码头
				100.00	501~2 000净吨船舶在浮筒
			213.00	140.00	2 000净吨以上船舶在码头
			318.00	200.00	2 000净吨以上船舶在浮筒
5	停　泊　费	净吨(马力)/日	0.23	0.06	生产停泊:国际船舶锚地0.05元
			0.15	0.12	非生产停泊

续上表

编号	项　目	计费单位	费率(元)		说　明
			国际航行	国内航行	
6	开、关舱费	每　舱　口	264.00	50.00	500 净吨以下船舶
				100.00	501 ~1 000 净吨船舶
				170.00	1 001 ~2 000 净吨船舶
			530.00	340.00	2 000 净吨以上船舶

航行国内航线船舶长江干线和黑龙江水系引航费率表

船舶类型	船舶净吨或马力	费率(元/km)	船舶净吨或马力	费率(元/km)
客货船、货船	300 及 300 以下	0.99	5 001 ~7 000	3.95
	301 ~500	1.48	7 001 ~10 000	4.77
	501 ~1 000	1.97	10 001 ~15 000	6.08
	1 001 ~2 000	2.63	15 001 ~20 000	8.88
	2 001 ~3 000	2.96	20 000 以上	面议
	3 001 ~5 000	3.45		
拖轮、驳船	500 及 500 以下	0.49	2 001 ~3 000	0.82
	501 ~1 000	0.66	3 001 ~4 000	0.99
	1 001 ~2 000	0.74	4 000 以上	面议

5. 工时费和其他杂项作业费

工时费和其他杂项作业费是应船方、货方委托，港口在装卸融化、冻结、凝固、装舱混乱等货物时，进行敲、铲、刨、拉、整形等困难作业，进行捆拆、加固、拴标志、铺舱、隔票等杂项作业，应船方或货方的委托港口对集装箱进行一般性清扫以外的清洗作业而发生的费用。

港口按照作业工时收取工时费或者按照作业数量收取作业费。

租用船舶、机械、设备和委托其他杂项作业，按表 8-5 的标准费率收费。

6. 港口管理费

经港口同意，货方自带工人进港装卸货物或进行杂项作业，不使用港口工具和机械的，按港口作业包干费的 10% 收取港口管理费。

7. 节假日、夜班附加费

国际航行船舶在中华人民共和国法定节假日、夜班进行引航、移泊、过闸、拖轮、系解缆绳、开关舱、装卸的，按工日费率的 50% 计收节假日附加费，夜班按基本费率的 100% 计收附加费。

七、港口费用的支付

托运人或收货人对应支付的港口费，除订有协议外，应当在结算当日(法定节假日和星期日顺延)一次付清，逾期自结算的次日起按日交付款额 5‰的滞纳金。

港口费用以人民币元为计算单位。每一计费单每项费用的尾数以 1.00 元计算，不足1.00元的进整；每一计费单的最低收费额为 10.00 元。付款人对各种费用除与港方订有协议者外，应当预付或现付，并应在结算当日(法定节假日顺延)一次付清。

外贸运输，国外付费人以外币支付，按中国人民银行正式兑换率进行清算；国内付费人以人民币进行清算。外贸运输的租船合同和运输合同中有关港口费用负担的约定，船方或其代理应最迟于船舶到港当天，将有关资料书面交港口和有关部门，否则向代理人进行清算。

第六节　水路货物运输全程费用计算

水路货物运输全程费用包括运费和港口费用两部分。

一、运费计算

1. 使用《运价本》时的运费计算

《运价本》是水路运输企业根据经营成本和经营策略、竞争需要、国家政策制定的运价表及其计算文件的汇集。此外政府定价项目也采用《运价本》的形式。完整的《运价本》由《货物分级表》、《运价里程表》、《里程分级运价(航线分级运价)》、《换算重量表》和《附加费率表》等构成。

使用《运价本》时的运费计算一般经过以下过程：

(1)确定货物的运价等级。根据货物的名称或概括名称、形式，在《货物分级表》中查定货物的运价等级。在《货物分级表》中未列名的，则为“列名外”等级。

(2)运价里程。根据货物运输要求，根据《运价里程表》确定从起运港到目的港的运价里程；或者确定货物的运输航线。

(3)货物运费率确定。根据货物运价等级、运价里程(航线)，查《里程分级运价(航线分级运价)》，确定货物单位运价率。

(4)确定货物的计费重量。根据货物在《货物分级表》、《换算重量表》中所确定的计费重量确定方式，判定货物的计费重量确定方式。

①如规定按重量吨(W)计费，则按货物的质量(Weight)计费。按托运人申报的货物重量或者承运人确定的货物重量计算运费。货物每1 000kg为1计费吨。

②如规定按体积吨(M)计费，则按货物的丈量体积(Measurement)计费。按托运人申报的货物体积或者承运人确定的货物体积计算运费。每1m^3为1计费吨。货物体积丈量采用“满尺丈量”的方式确定。

③如规定按重量吨(W)和体积吨(M)择大计费的(W/M)，按货物的质量和体积择大计费。

④列入《换算重量表》的货物，按该表所确定的计费重量计费。

(5)附加费。根据该运输货物或者运输航线需要征收附加费的，如转港附加费、直航附加费、燃油附加费、作业附加费等，相应计算附加费。附加费有相对附加费(用百分比表示)和绝对附加费两种方式。绝对附加费为基本费率直接相加，相对附加费则为基本费率加上基本费率乘以相对附加率。

(6)货物运费计算：

$$货物运费=货物运费率\times计费吨+附加费(元)$$

2. 协议运价时的运费计算

协议运价是托运人(承租人)和承运人(出租人)经过协商,在运输合同中达成运价和计费方式的协议。运费直接按照协议的运价和计费方式计算。

(1)达成总运费协议时,总运费即为所要支付的运费。

(2)达成运费率和货物重量协议时,要确定货物的计费吨:

货物运费 = 货物运费率 × 计费吨

(3)达成运费、货物重量和亏舱费协议时:

货物运费 = 运费率 × 实运货物计费吨 + (协议重量 - 实际重量) × 亏舱费率

二、港口费用计算

1. 按实际项目的货物港口费计算

目前我国的港口费收仍然采用国家定价、企业定价相结合的机制,港口执行相应的《港口收费规则》。现今的港口收费规则分为《中华人民共和国交通部港口收费规则(外贸部分)》和《中华人民共和国交通部港口收费规则(内贸部分)》,以及地方政府在国家授权范围内的定价。

(1)货物装卸作业费:

①根据货物名称、包装种类作业过程查《货物装卸费率表》,如表8-3的,确定货物船舱←→船边,船边←→库、场、车、船的装卸作业费率,并确定货物的计费单位(W、W/M)。

②将货物所要经过的作业过程的费率相加,确定总作业费率。

③根据作业委托单所列明的货物资料或者港口确定的货物重量和体积,确定计费重量。

货物装卸费 = 计费重量 × 作业费率

(2)货物港务费:根据货物名称和流向查《外贸进出口货物港务费率表》或者《内贸货物港务费率表》,确定货物计费单位和费率。

货物港务费 = 计费重量 × 港务费率

(3)货物保管费:

①根据货物种类、入库时间,确定货物保管费收费时间。

②按照保管费收费时间依港口关于保管费规定,确定货物保管费费率,如表8-6的。

货物保管费 = 计费重量 × 保管费费率

(4)其他费用。作业委托人要求港口提供装卸作业以外的作业或服务,则根据收费规则的规定或者双方的约定,计收相应的作业服务费用。如:包装、特殊绑扎加固、成组、分标志、刷标志、货物磅秤、驳运、租用设备、装拆箱、技术指导员工时费等,如表8-5的。

2. 港口货物作业费用包干时的港口费计算

港口货物作业费包干是港口对货物作业过程进行标准化组合后,将分散的项目定价组合成单一的价格,统一收取的费用。港口包干费还可以根据作业委托人的要求进行作业组合,使整体价格更适合委托人的需要,灵活执行国家定价,如表8-4的。

包干费 = 计费量 × 包干价格 + 超期保管费

例:某船净吨为20 000t,装载5万t煤炭2003年2月20日进广州港卸货,卸货时间约2天。2月23日空载出港北上,现作为代理预算该次在广州港所需的港口费用。

(1)港务费。因出港未载货,仅需支付进港港务费。

港务费:20 000 ×0.25 =5 000.00 元

(2)引航费。广州港引航约 80n mile。需一艘 10 000 马力拖轮作业约 1h。

进、出港船舶引航费:20 000 ×0.25 ×2 =10 000.00 元

进、出港拖轮费:10 000 ×0.35 ×2 =7 000.00 元

(3)解系缆、开关舱费。该船有 6 个舱口,预测该船仅一次靠离泊和开关舱。

解系缆:200.00 ×2 =400.00 元

开关舱费:340.00 ×2 =680.00 元

(4)停泊费:20 000 ×0.06 =1 200.00 元。

(5)垃圾费:50.00 ×2 =100.00 元。供水 1 次 200.00 元。

(6)船舶代理费。船舶代理费包括船舶业务代理费,按每吨货物收取 0.20 元;船舶服务代理费,按每净吨收取 0.40 元。

船舶业务代理费:50 000 ×0.20 =10 000.00 元

船舶服务代理费:20 000 ×0.40 =8 000.00 元

(7)航道养护费。因无载货起运,故无需支付航道养护费。

(8)预计总费用。根据以上各项累计,预计该船该次进广州港的港口费用为:42 580.00元。

复习思考题

1. 水路货物运价有何作用?制定水路货物运价依据什么原则?
2. 构成水路货物运价的成本有哪些?
3. 水路货物运价的定价方法有哪些?
4. 运输市场价格如何生成?
5. 《价格法》规定哪些定价为合法行为?
6. 企业如何选择合适的价格策略?
7. 我国港口费用有哪些项目?如何定价?
8. 某万吨船 NET4 000t,载运 8 000t 豆粕从天津到广州港卸货,租船合同为 FI 条款,使用一个安全泊位,装卸时间为调剂使用 6 天,预计航行时间 8 天,该船航行日成本 4 万元、停航日成本 2 万元,卸货作业费包干 20.00 元/t。试预算该航次总运输成本。

第九章 特殊货物水路运输与港口商务

学习目的

了解滚装运输的商务特点和作业过程，滚装运输合同的内容，掌握滚装当事人的合同责任；掌握水路危险货物的概念、分类，危险货物的包装标志，熟悉危险货物托运文件、托运方法和承运条件，了解危险品的操作要求。

第一节 水路滚装运输商务管理

一、水路单元滚装运输的概念与经营方式

滚装运输是指需要运输的货物通过车辆或者其他移动式机械，以及车辆或者其他移动式机械本身直接驶上和驶离滚装运输船舶，由滚装船舶运往其他港口的水路运输方式。

滚装运输船舶是指具有船舶艏部、艉部或侧面上下船舶车辆通道，滚装装货处所或者装车处所的船舶，包括滚装客船和滚装货船。滚装客船是指具有乘客定额证书且核定乘客定船(包括车辆驾驶员)12 人以上的滚装船舶。滚装货船是指滚装客船以外的且核定乘客定额(包括车辆驾驶员)11 人以下的其他滚装船舶，分为全滚装船和滚装/吊装两用船。

滚装运输适用于海峡、岛屿之间短途运输，湖泊、河流摆渡；公路、铁路运输的连带车辆运输水路连接；商品车辆本身的运输。滚装运输主要采用班轮运输的形式经营，可以是定线定期的严格班轮，也可以是不严格船期的定线不定期的班轮运输。商品车辆的运输还有采用航次租船运输的方式。

二、滚装运输的特点

1. 专用船舶的运输

滚装运输需采用专用滚装船舶进行运输，船舶具有供车辆驶上驶下船舶的跳板和艏门、侧门或艉门，以及车辆或者移动设备在船舱内移动的舱内通道、升降设备。船舱整体横向分层，由于车辆不能重叠，每层高度较低；层与层之间通过跳板或者舱内升降机连接，使车辆能在层间移动；通过舱内通道和跳板、升降设备，车辆能行驶到船舱任意位置，相应位置有供车辆或移动设备就位的固定设施。采取甲板滚装的船舶，甲板面较为平整，且有供车辆进出、停放的围闭处所和固定设施。

2. 船舶周转速度快

车辆和移动设备的吊装装卸不仅操作困难，而且效率极低，损害率高。采用车辆直接驶上

驶离船舶的滚装装卸方式，能够大大提高装卸船舶速度，减少船舶停港时间，加快船舶周转，并减少损害，提高作业质量。

3. 船舶载运能力利用率低

车辆不能重叠，需要保留车辆机动的场所通道，载货与不载货车辆占用相同的车位，使得船舶的运输能力不能完全被使用，货舱容积和船舶载重能力利用率低。当然相对于普通船舶运输车辆只能装载一层而言，其载运能力利用率并不低。

4. 由托运人装卸船舶

车辆驾驶员驾驶车辆或者移动机械的上下船舶，由托运人本人或者其雇佣的驾驶员驾驶车辆的做法导致由托运人负责装卸船舶。对于商品车辆的运输，则由港口安排驾驶员驾驶车辆上下船舶。

5. 具有旅客运输的能力

除专用商品车辆运输外的单元滚装运输不仅要运输车辆或者移动机械，还要将驾驶和操纵车辆或者移动机械的驾驶员运送到相同的目的地，要求船舶具有旅客运输的能力。具有核定乘客人数 12 人及以上的滚装船舶必须符合旅客运输船舶的技术规范和管理要求。

6. 能较好保证车辆运输的质量

滚装运输可以说是车辆运输的专业化运输方式，从装船、舱内车辆存放、系固、航行保管到卸船等过程都能保证车辆的运输质量。特别是对大型车辆、商品汽车滚装运输是最能保证运输质量的船舶运输方式。

三、滚装运输的商务过程

承运人在开辟滚装运输航线后，与任何运输经营一样，要进行广泛的市场宣传，提高知名度，建立品牌，吸引客户。由于滚装运输的对象极度分散，因此采用统一的标准商务程序的方式开展商务，承运人根据运输港口的特性，制定商务程序并公布。

滚装运输需要使用港口泊位供船舶停靠、车辆上下船舶，使用港口场地供车辆候船，需要与港口签订泊位和场地使用协议。

一次滚装运输的商务和运输操作过程如下：

(1)订立单元滚装运输合同：

①托运人与承运人通过协商一致订立合同；或者

②车辆驾驶员向承运人交款购买船票，达成运输合同关系。

(2)托运人(驾驶员)凭船票或者滚装运单将车辆驶进港口候船。

(3)车辆进港时承运人向车辆签发运单。

(4)承运人(船舶)检查和核对车辆及车载货物。

(5)驾驶员听从船员的指挥将车辆驶上船舶就位；船员(或委托港口)将车辆定位，按船舶系固手册进行绑扎固定；安排驾驶员席位。

(6)船舶开航运输。

(7)船舶到港时，船员拆除车辆定位系固设备。

(8)驾驶员检查车辆和货物，签署运单，按照船员的指挥将车辆驶下船舶。

四、滚装运输合同与运单

水路滚装运输合同是指承运人收取费用，负责将托运人托运的运输单元从一港（站、点）运至另一港（站、点），并包含起运港和到达港港口费用的运输合同。

承运人在接受运输单元运输时应签发运单，运单是运输合同的证明，也是双方交接的凭据，还可作为港口放行车辆和货物的凭证。

滚装运单的基本内容：

（1）托运人名称和车牌号码。

（2）承运人名称和船名。

（3）起运港（站、点）和到达港（站、点）。

（4）运输单元重量和体积；货物名称、重量与体积。

（5）运输费用、装卸费用、特殊绑扎费用。

（6）开船日期或时间。

（7）运输单元表面状况。

（8）承运人、托运人签章。

五、托运人权利与义务

（1）托运人在办理托运手续时，应出示车辆行驶证和驾驶证，并如实申报所托运车辆及车载货物的名称、性质、重量和体积。

（2）托运人的运输单元应凭水路滚装运单进出港口和运输。

（3）车载货物中严禁夹带危险货物，禁运货物、货币、有价证券、贵重物品以及承运人公告不予承运的货物，如危险品、有生动、植物等。采取滚装客船运输时，车辆不得装载危险货物。

（4）托运人或其雇佣人员对车辆所载货物应绑扎牢固，适合水路滚装运输；确保车辆具备安全运输的条件；如实填写《滚装船舶车辆安全装载记录》，见表9-1。

（5）托运人托运的运输单元在船舶上需要特殊加固绑扎的，应在托运时向承运人或其代理人提出，并支付特殊绑扎费及物料费用。

（6）运输单元进出港口时，托运人或其雇佣人员应服从港口有关人员的指挥，按顺序和指定的行车路线行驶和停放。

（7）运输单元驶上或驶离船舶时，托运人或其雇佣人员应服从船舶有关人员指挥，按顺序行驶。运输单元进入指定的车位后，驾驶员应当关闭发动机，使车辆处于制动状态。

（8）运输单元中的旅客和驾驶员应遵守船舶的有关规定，听从船舶有关人员的指挥。旅客在车辆上船之前下车，在车辆下船之后上车，不得随车上下船舶。

（9）托运人在办理运输单元托运手续时，除另有约定者外，应一次付清运费及港口费用。

（10）由于托运人的过失造成船舶、港口设施及其他运输单元或货物的灭失、损坏以及人身伤亡事故的，托运人应当负赔偿责任。

（11）运输单元在驶上船舶前或之后，托运人或其雇佣人应配合承运人检查运输单元。运输单元在驶离船舶前，托运人应对其进行检查，发现灭失、损失，应会同承运人进行检验，签署运单交回承运人。

滚装船舶车辆安全装载记录 表 9-1

<table>
<tr><td rowspan="7">托运人填写</td><td>姓名或名称</td><td></td><td>住址</td><td>电话</td></tr>
<tr><td>车辆行驶证号</td><td></td><td>驾驶证号码</td><td></td></tr>
<tr><td>车　　号</td><td></td><td>车辆种类</td><td></td></tr>
<tr><td>装载货物后总尺度</td><td>长：　宽：　高：</td><td>车辆总重</td><td></td></tr>
<tr><td>货物名称</td><td></td><td>货物性质</td><td></td></tr>
<tr><td>拟乘船名称</td><td></td><td>拟离港时间</td><td></td></tr>
<tr><td colspan="4">兹声明：
上述内容已经按规则准确填写，车载货物中无经营人公告不予承运的货物，未装载危险货物或夹带危险品，车辆及车载货物绑扎牢固。以上申报准确无误。
申报人：　　年　月　日</td></tr>
<tr><td>港口验收情况</td><td colspan="4">验收时间：　　验收员：</td></tr>
<tr><td>经营人验收情况</td><td colspan="4">验收时间：　　验收员：</td></tr>
<tr><td>其他情况</td><td colspan="4"></td></tr>
</table>

注：1. 此申报单随车辆运转，最后由船方保存，并随时接受管理部门检查。

2. 此申报单应向船舶始发港或车辆装船港的海事管理机构备案。

六、承运人的权利与义务

（1）承运人应根据船舶技术条件、航区自然环境、航线特点，确定可以承运的运输单元重量、尺度，以及不予承运的车种、车载货物品种，并予以公告。

（2）承运人应提供适航、适载的船舶从事运输。船舶内应有有效的照明、通风等设施，备妥加固绑扎的物料，并按照经安全部门审核的滚装船舶系固手册所明确的系固方案进行系固。

对有特殊绑扎要求的,由双方另行约定,但必须达到规定的系固要求(标准)。

(3)从事水路滚装运输的船舶应分设供旅客和车辆上下船的专用通道。船舶只设有一个通道时,旅客与运输单元上下船时必须分流。

(4)承运人应妥善地、谨慎地装载、积载、运输、保管、照料和卸载所运输的运输单元。按所公布的航线航行。严格遵守船舶安全管理体系进行航行安全管理。

(5)运输车辆进港时,承运人必须对运输单元进行检查。对不符合国家规定或已公告不予承运的货物,以及不具备安全运输条件的运输单元,承运人可以拒绝承运;对运输单元的外表状态不良的应在运单上记载。检查核实后向托运人(驾驶员)签发运单。

装船前,承运人验收运输单元,对实际内容与水路滚装运单记载不符的,应责成托运人补办托运手续,应当指定专人对车辆装载的安全状况进行检查,填写《滚装船舶车辆安全装载记录》。运输单元状态不良的要编制货运记录。

(6)车辆上下船舶和在舱内移动时,由船方进行指挥,安排车位。车辆就位后由船方进行固定,检查并关密车辆油箱。实行人车分离运输的,承运人要提供驾驶员和旅客的休息场所或席位和基本生活条件。

(7)滚装船舶开航后,应当立即向驾驶员、旅客说明消防、救生手册所处位置和滚装船舶应急通道及有关应急措施。运输中船员要经常检查运输单元,防止移动;禁止非船舶工作人员进入货舱。

(8)承运人对运输单元进入起运港起到离开到达港期间对运输单元的质量负责。由于承运人的过失造成运输单元灭失、损失的,承运人应负责赔偿责任。但属于下列原因造成的除外:

①不可抗力;

②车辆及车载货物的潜地缺陷或自然属性;

③托运人及其雇佣人员的过错;

④其他非承运人的过失造成的损失。

七、港口经营人权利与义务

(1)运输单元进港时,港口经营人应按水路滚装运单对其表面状况进行查验核对,对实际状况与水路滚装运单记载不符的,应责成托运人按规定办理托运手续。

(2)港口经营人应提供适合滚装运输船舶靠泊、装卸的泊位或相应设施,确保人车分道。指挥并安排车辆候船停放。

(3)港区道路、交通设施、标志线应齐全和清晰、灯光照明良好。

(4)港口经营人与承运人在装船或卸船时,应对运输单元进行交接,并在交接清单上签章。

(5)由于港口经营人的过失造成运输单元灭失、损坏的,港口经营人应负赔偿责任。但下列原因造成的除外:

①不可抗力;

②车辆及车载货物的潜在缺陷和自然属性;

③驾驶员未按港口经营人指定的行车路线行驶或停放地点泊车;

④其他非港口经营人过失造成的损失。

八、滚装运输运价

滚装运输采取班轮运价的方式确定价格,以运价表的方式向社会公布。承运人根据经营成本支出和市场供求关系、竞争需要,根据运输的车辆规格、载货情况确定运价,按车型和载货重量制定价格。运价包括运输单元的运输费用和港口费用,以及驾驶员一人的运输和基本生活条件的费用。

承运人与港口则采用租用泊位的方式订立长期的合同,以租金的方式向港口支付港口使用费用。租金标准由双方协商确定。

对于一些摆渡式的渡口,也有采用直接由渡口向车辆收费的方式收取港口(站、点、渡口)费用。

第二节　水路危险货物运输

一、危险品的概念、分类、分级和顺序号

1. 危险品的概念

凡具有爆炸、易燃、毒害、腐蚀、放射性等特性,在运输、装卸和储存过程中容易造成人身伤亡和财产毁损而需要特别防护的货物,均属危险货物。具体的危险品包括我国国家标准《危险货物分类和品名编号》(GB 6944—2005)、《危险货物品名表》(GB 12268—2005)所列明的,以及符合《水路危险货物运输规则》所确定的物质特性和包装类型实验方法和标准的一切物质和物品。

2. 危险货物运输管理法规及其适用

鉴于危险货物的易发生危害的特性和发生危害后的灾难性损害,危险货物在运输、港口作业、存储过程中需要有特殊的技术条件和严格的管理。这种保证安全的技术条件和管理要求显然大大提高了经营人的经营成本,与企业追求低成本的经营相冲突,因而需要通过法规的形式进行强制执行,并通过订立法律、行政法规设立严厉的惩戒制度,以承担法律责任、行政责任来惩罚不安全行为,保障安全和防止事故发生。同时违反法规的行为本身就是违约形成,需承担违约的合同责任。

我国涉及危险货物运输安全管理的法规有:《中华人民共和国海上交通安全法》,《中华人民共和国内河交通安全法》,《中华人民共和国海洋环境保护法》,《中华人民共和国水污染防治法》,《中华人民共和国消防条例》,《中华人民共和国刑法》,国务院《危险化学品安全管理条例》,交通部《水路危险货物运输规则》(以下简称:《水路危规》)。

我国涉及危险货物的国家标准有:《危险货物品名表》(GB 12268—2005)、《危险货物分类和品名编号》(GB 6944—2005)、《常用危险化学品的分类及标志》(GB 13690—92)、《危险货物包装标志》(GB 190—90)和《危险货物运输包装通用技术条件》(GB 12463—90)等。

我国参与的有关危险货物运输的国际公约有:《经修正的1974年国际海上人命安全公约》(SOLAS 74),联合国《危险货物运输建议书》(橙皮书),《国际危险货物规则》(IMDG

CODE)(以下简称:《国际危规》)等。

我国国内的水路危险货物运输、包括国际运输危险货物的国内转运以及国内水路运输危险货物的港口作业、存储等业务,需遵守《水路危规》。

对于国际运输危险货物、我国港口对该危险货物的装卸作业,执行《国际危规》(IMDG CODE)。

3. 危险货物分类

危险货物的危险性按照 GB 6944 分为9类。有些类别再分成项别,这些类别和项别分列如下:

第1类:爆炸品

第1.1项:有整体爆炸危险的物质和物品;

第1.2项:有迸射危险,但无整体爆炸危险的物质和物品;

第1.3项:有燃烧危险并有局部爆炸危险或局部迸射危险或这两种危险都有,但无整体爆炸危险的物质和物品;

第1.4项:不呈现重大危险的爆炸物质和物品;

第1.5项:有整体爆炸危险的非常不敏感物质;

第1.6项:无整体爆炸危险的极端不敏感物品。

第2类:气体

第2.1项:易燃气体;

第2.2项:非易燃无毒气体;

第2.3项:毒性气体。

第3类:易燃液体

第4类:易燃固体、易于自燃的物质、遇水放出易燃气体的物质

第4.1项:易燃固体;

第4.2项:易于自燃物质;

第4.3项:遇水放出易燃气体的物质。

第5类:氧化性物质和有机过氧化物

第5.1项:氧化性物质;

第5.2项:有机过氧化物。

第6类:毒性物质和感染性物质

第6.1项:毒性物质;

第6.2项:感染性物质。

第7类:放射性物质

第8类:腐蚀性物质

第9类:杂项危险物质和物品

4. 危险品命名和品名编号

(1)危险货物的运输名称。危险货物的运输名称在危险品运输规则的物质或物品栏目中直接列出,命名方式包括:

①物质的学名。在科学上能表明一种物质的化学组成和结构特征的名称,有时也包括适当的限量词。其中文名包括以国家有关标准所确定的名称,如:塑料术语、涂料命名、颜料命

名、农药通用名称等;按中国化学协会的《无机化学命名原则》、《有机化学命名原则》进行命名的名称,如:过氧化钠、无水的氯乙酸。

②物品的名称。按照物品的功能或用途进行命名。如:锂蓄电池、空投照明弹。

③商品名称。对于结构和组成复杂的物质和混合物,可以采用通用的商业名称作为运输中的正式名称。如:胶合剂、武器弹药。

④通用名称。按照危险品的类属进行命名,如:溴化汞类、氟代苯类;国家有关标准所确定的名称,如:塑料术语、涂料命名、颜料命名、农药通用名称等;危险品运输规则“未列明的”,如:“金属粉,易燃的,未列明的”。

(2)危险货物的品名编号。国家标准《危险货物分类和品名编号》(GB 6944—2005)规定,危险货物品名编号采用联合国编号(UN No.)。联合国编号采用4位数字组成,从0000到4000。

从目前到2007年11月1日前的过渡期内同时还采用由GB 6944—1986规定的品名编号(CN No.),该编号由5位阿拉伯数字组成,分别表示危险货物的所属类别、项号和顺序号。

如品名编号为51048,该危险品属于第五类、第5.1项的氧化剂,顺序号为048,品名为高锰酸钾,俗名灰锰氧。其联合国编号为UN 1490。

每一危险货物对应一个编号,但对其性质基本相同,运输、储存条件和灭火、急救、处置方法相同的危险货物,也可使用同一编号。

5. *危险货物的危险程度*

《危险货物运输包装通用技术条件》(GB 12463—90)将危险货物的危险程度分为I、II、III等级。在《危险货物品名表》(GB 12268—2005)中也采用了I、II、III等级的表述。水路危险货物运输详细查看《水路危规》附件一“各类危险货物引言和明细表”。

6. *危险货物危险性的先后顺序*

当一种物质、混合物或溶液有一种以上危险性,其危险性的先后顺序按危险性的先后顺序表确定,见表9-2。对于其名称未具体列入危险货物品名表的物质或物品,也必须按照危险性的先后顺序表确定其危险性类别。

危险货物危险性的先后顺序表 表9-2

类或项 包装类别		4.2	4.3	5.1			6.1,Ⅰ		6.1		8,Ⅰ		8,Ⅱ		8,Ⅲ	
				Ⅰ	Ⅱ	Ⅲ	皮肤	口服	Ⅱ	Ⅲ	液体	固体	液体	固体	液体	固体
3	Ⅰ[a]		4.3				3	3	3	3	3	–	3	–	3	–
	Ⅱ[a]		4.3				3	3	3	3	8	–	3	–	3	–
	Ⅲ[a]		4.3				6.1	6.1	6.1	3[b]	8	–	8	–	3	–
4.1	Ⅱ[a]	4.2	4.3	5.1	4.1	4.1	6.1	6.1	4.1	4.1	–	8	–	4.1	–	4.1
	Ⅲ[a]	4.2	4.3	5.1	4.1	4.1	6.1	6.1	6.1	4.1	–	8	–	8	–	4.1
4.2	Ⅱ		4.3	5.1	4.2	4.2	6.1	6.1	4.2	4.2	8	8	4.2	4.2	4.2	4.2
	Ⅲ		4.3	5.1	5.1	4.2	6.1	6.1	6.1	4.2	8	8	8	8	4.2	4.2
4.3	Ⅰ			5.1	4.3	4.3	6.1	4.3	4.3	4.3	4.3	4.3	4.3	4.3	4.3	4.3
	Ⅱ			5.1	4.3	4.3	6.1	4.3	4.3	4.3	8	8	4.3	4.3	4.3	4.3
	Ⅲ			5.1	5.1	4.3	6.1	6.1	6.1	4.3	8	8	8	8	4.3	4.3

续上表

类或项 包装类别		4.2	4.3	5.1			6.1，I		6.1		8，I		8，Ⅱ		8，Ⅲ	
				I	Ⅱ	Ⅲ	皮肤	口服	Ⅱ	Ⅲ	液体	固体	液体	固体	液体	固体
5.1	I						5.1	5.1	5.1	5.1	5.1	5.1	5.1	5.1	5.1	5.1
	Ⅱ						6.1	5.1	5.1	5.1	8	8	5.1	5.1	5.1	5.1
	Ⅲ						6.1	6.1	6.1	5.1	8	8	8	8	5.1	5.1
6.1	I 皮肤										8	6.1	6.1	6.1	6.1	6.1
	I 口服										8	6.1	6.1	6.1	6.1	6.1
	Ⅱ吸入										8	6.1	6.1	6.1	6.1	6.1
	Ⅱ皮肤										8	6.1	8	6.1	6.1	6.1
	Ⅱ口服										8	8	8	6.1	6.1	6.1
	Ⅲ										8	8	8	8	8	8

说明：a. 自反应物质和固态退敏爆炸品以外的 4.1 项物质以及液态退敏爆炸品以外的第 3 类物质。

b. 农药为 6.1。

－表示不可能组合。

下列危险性的先后顺序没有列入危险性的先后顺序表，因为这些主要危险性总是占优先地位：

(1)第 1 类物质和物品；

(2)第 2 类气体；

(3)第 3 类液态退敏爆炸品；

(4)4.1 项自反应物质和固态退敏爆炸品；

(5)4.2 项发火物质；

(6)5.2 项物质；

(7)具有 I 类包装吸入毒性的 6.1 项物质；

(8)6.2 项物质；

(9)第 7 类物质。

此外，具有多种危险性质的放射性物质始终必须划入第 7 类，同时，其次要危险性也必须确定。

二、危险货物的包装

1. 危险货物包装的目的

(1)防止对危险货物造成损坏。

(2)避免危险货物造成危害。

(3)便于操作、堆放和识别。

(4)实现危险品单元数量的控制。

2. 危险货物包装的类别和标记

需要包装的危险货物按其具有的危险程度划分为三个包装类别：

(1)I类包装。适用于盛装高度危险性的物质。在包装上用字母X表示,可用于装载I、II、III类包装的危险货物。

(2)II类包装。适用于盛装中度危险性的物质、爆炸品。在包装上用字母Y表示,可用于装载II、III类包装的危险货物。

(3)III类包装。适用于盛装轻度危险性的物质。在包装上用字母Z表示,可用于装载III类包装的危险货物。

(4)感染性物品、放射性物品用国家卫生防疫部门规定或同意的包装;装载压缩气体、液化气体等的压力容器需由商品检验部门监测合格的容器;爆炸品适用II类包装,但还要符合爆炸品包装的特殊要求。

对于经检验符合《水运危规》的危险货物包装,每一个包装上都有标记。危险货物的包装标记由两排字符组成:

使用标准/包装种类/包装类别和适用说明/适用固体或液体压力/生产年号

生产国/检验机构/生产厂/生产批号或生产月份

例如:GB/1A1/Y1.4/160/92

CN/11/0001/PI01

表示:适用国家标准/小开口钢桶/II类包装、液体最大密度为1.4/试验压力为160kPa/1992年生产;中国制造/11检验局/0001生产厂/批号为PI01(1月)。

3. 包装的基本要求

根据危险货物的性质和水路运输的特点,包装应满足以下基本要求:

(1)包装的规格、形式和单件质量(重量)应便于装卸或运输。

(2)包装的材质、形式和包装方法(包括包装的封口)应与拟装货物的性质相适应。包装内的衬垫材料和吸收材料应与拟装的货物性质相容,并能防止货物移动和外漏。

(3)包装应具有一定强度,经受得住运输中的一般风险。盛装低沸点货物的容器,其强度须有足够的安全系数,能承受住容器内可能产生的较高的蒸气压力。

(4)包装应干燥、清洁、无污染,并能经受住运输过程中温度、湿度的变化。

(5)容器盛装液体货物时,必须留有足够的膨胀余位(预留容积),防止在运输中因温度变化而造成容器变形或货物渗漏。

(6)盛装产生易燃、毒性、腐蚀性气体或蒸气或干燥后成为爆炸品、与空气发生危险反应的危险货物的包装要达到气密封口的要求。

(7)采用其他包装方法(包括新型包装),应符合规定,由起运港的港务(航)监督机构和港口管理机构共同依据技术部门的鉴定审核同意并报交通部批准后,方可作为等效包装使用。

(8)危险货物的成组件应具有足够的强度,并便于用机械装卸作业。

(9)使用可移动罐柜盛装危险货物,可移动罐柜应符合《水路危规》附件六"可移动罐柜"的要求。对适用于集装箱条款定义的罐柜还应满足船检部门《集装箱检验规范》的有关要求。

三、危险货物的标志

每一盛装危险货物的包装上均应标明所装货物的正确运输名称,名称的使用按《水路危规》附件一"各类危险货物引言和明细表"中的规定。包装明显处、集装箱四侧、可移动罐柜四

周及顶部应粘贴或刷印符合《水路危规》附件二“危险货物标志”的规定。

具有两种或两种以上危险性的货物，除按其主要危险性标贴主危险标志外，还应标贴规定的副危险标志。标志应粘贴、刷印牢固，在运输过程中清晰、不脱落。除因包装过小只能粘贴或刷印较小的标志外，危险货物标志尺寸不应小于100mm×100mm；集装箱、可移动罐柜使用的标志尺寸不应小于250mm×250mm。

四、危险货物的托运

1. 托运危险货物需提交的单证

在办理危险货物运输、装卸时，托运人、作业委托人应向承运人、港口经营人提交以下有关单证和资料：

(1)“危险货物运输声明”或“放射性物品运输声明”。该单证是在托运危险货物时，托运人向承运人和港口经营人提交的经港务监督签认的“危险货物申报单”和“危险货物声明”，注明危险货物的名称、危规编号、类别、包装、件数、重量等，并表明已按《水路危规》的规定进行处理。在托运前，由托运人编写一式两份，递交港务监督签认后，一份留存港务监督存查；一份由托运人随货交港口转交船舶随货同行。“危险货物声明”与“危险货物申报单”一般合并为一份单证。

“危险货物运输声明”的参考格式为：

“兹声明上述托运货物的正确技术名称或运输名称是完整和准确无误的，并按照适用的国际和国家政府的规定对货物进行了危险分类、包装、标记和标志，现已适合运输。

发货人”

(2)“危险货物包装检验证明书”或“压力容器检验合格证书”或“放射性物品包装件辐射水平检查证明书”。这些证明书分别是对包装符合要求的相应证明。证明书由检验人填写，一式四份，一份由托运人留存；一份交港务监督存查；一份交港口经营人；一份交船方随货同行。

(3)集装箱装运危险货物，应提交有效的“集装箱装箱证明书”。“集装箱装箱证明书”由装箱人填写，一式两份，一份留存港务监督存查；一份交港口转交船舶随货同行。

(4)托运民用爆炸器材应提交所在地或者进出口爆炸器材的收货地或出境地的地、县公安机关根据《中华人民共和国民用爆炸物品安全管理条例》核发的“爆炸物品运输证”。托运人将“爆炸物品运输证”向港务监督、港口经营人出示，经认可后移交船方随货同行。

(5)除提交上述的有关单证外，对可能危及运输和装卸安全或需要特殊说明的货物还要提交有关资料。

(6)运输危险货物应使用红色运单；港口作业应使用红色作业委托单。性质相抵或消防方法不同的危险货物应分票托运和分单委托作业。

(7)托运《水路危规》未列明的危险货物，托运前托运人应向起运港港口管理机构和港(航)监督机构提交经交通部认可的部门出具的“危险货物鉴定表”，由港口管理机构会同港务(航)监督机构确定装卸、运输条件，经交通部批准后，按《水路危规》相应类别中“未列明”项办理。

(8)托运人向海事部门申报并获得海事部门签证的《危险货物安全适运申报单》。

2. 空容器的托运

托运装过有毒气体、易燃气体的空钢瓶，按原装危险货物条件办理。

托运装过液体危险货物、毒害品、有机过氧化物、放射性危险物品的空容器，如符合下列条件，并在运单和作业委托单中注明原装危险货物的品名、编号和注明“空容器清洁无害”字样，可按普通货物办理：

(1)经倒净、洗净、消毒，并持有技术检验部门出具的检验证明书，证明空容器清洁无害。

(2)盛装过放射性物品的空容器，其表面清洁无污染，或按可接近非固定污染程度，或持有卫生防疫部门出具的放射性物品空容器检查证明书。

托运装过其他危险货物的空容器，经倒净、洗净，并在运单中和作业委托单中注明原装危险货物的品名和编号及“空容器，清洁无害”字样，可按普通货物办理。

3. 符合下列条件之一的危险货物，可按普通货物条件运输

(1)成套设备中的部分配件或部分材料属于危险货物(只限不能单独包装)，托运人确认在运输中不致发生危险，经起运港港口管理机构和港务(航)监督机构认可后，并在运单和作业委托单中注明“不作危险货物”字样。

(2)《水路危规》危险货物品名索引中注有“ * ”符号的货物，其包装、标志符合规定，且每个包装件不超过10kg，其中每一小包件内的货物净重不超过0.5kg，并由托运人在运单和作业委托单中注明“小包装化学品”字样；但每批运货物总净重不得超过100kg，并按有关规定办理申报或提交有关单证。

(3)在水路运输中不作为危险品看待的货物。鉴于国内水路运输的特点和实践，根据交通部有关规定，部分危险货物在满足一定条件下，可以按普通货物运输，见表9-3。石棉、鱼粉、棉、麻、动物纤维、植物纤维、化学纤维在港口作业时也不作为危险货物处理和收费。

水路运输中不作为危险货物处理的货物及条件　　表9-3

编号		货物名称	承运注意事项
水路危规	国际危规		
42525	1386	种子油饼，含油超过1.5%，含水不超过11%	在装卸期间，严禁吸烟和使用裸露灯具，严格控制火种，严禁装运潮湿、油污和破损包件。 鱼粉在装卸和运输中，温度控制在35℃以下
	2217	种子油饼，含油不超过1.5%，含水不超过11%	
42526	1374	鱼粉(鱼屑)，未加稳定剂的	
	2216	鱼粉(鱼屑)，稳定的	
42521	1362	活性炭	通过《国际危规》规定的炭的自热试验并合格
42522	1361	炭，来源于动物或植物	
42523	1376	废氧化铁或废海绵状铁，从提纯煤气获得的	在托运前冷却和露天堆放至少8周
42524	1363	椰肉干	
43505	1408	硅铁，含硅30%或以上，但低于90%	含量证明，存放3日以上
61906	2212	蓝石棉(青石棉)或棕石棉(铁石棉)	
	2590	白石棉(温石棉，阳起石，直闪石，透闪石)	
61907	2969	蓖麻籽或蓖麻粉或蓖麻油渣或蓖麻片	

4. 托运单证的填制

托运人在托运危险货物时,要准确定填写货物运输的基本要求,明确托运人、收货人、起运港、到达港、货物数量、包装等。对危险品还要注意以下几点:

(1)货物名称。必须使用正确的运输名称,采用《水路危规》品名表中所列的货物名称。不能只填写商品名或俗名、简称名等。

(2)类别。按《水路危规》的分类和分项填写,爆炸品还需要写明配装类。

(3)危规编号。外贸进出口的危险货物在水路运输时的托运,除了填写《水路危规》品名表的编号(CN No.),还要填写《国际危规》中相同危险品的联合国编号(UN No.)。

五、危险货物的承运

1. 船舶载运危险货物的条件

承运人应选派技术条件良好的适载船舶装运危险货物。船舶的舱室应为钢质结构。电气设备、通风设备、避雷防护、消防设备等技术条件应符合要求。

客船、滚装客船和客渡船载客时,不得装运危险货物。

2. 危险货物的载运要求

(1)载运危险货物的船舶,在航行中要严格遵守避碰规则。停泊、装卸时白天应悬挂"B"字母旗,夜间显示红光环照灯一盏。

(2)装载易燃、易爆危险货物的船舶,不得进行明火、烧焊或易产生火花的修理作业。如有特殊情况,应采取相应的安全措施。在港时,应经海事部门批准并向港口公安消防监督机关备案;在航时应经船长批准。

(3)除客货船外,装运危险货物的船舶不准搭乘旅客和无关人员。若需搭乘押运人员时,需经港(航)监督机构批准。

(4)船舶装载危险货物应严格按照"积载和隔离"的规定和《水路危规》附件一"各类危险货物引言和明细表"中的特殊积载要求合理积载、配载和隔离。积载处所应清洁、阴凉、通风良好。

下列危险货物,应采用舱面积载:

①需要经营检查的货物;

②需要近前检查的货物:

③能生成爆炸性气体混合物,产生剧毒蒸气或对船舶有强烈腐蚀性的货物;

④有机过氧化物;

⑤发生意外事故时必须投弃的货物。

(5)船舶危险货物的积载,要确保其全安和应急消防设备的正常使用及过道的通畅。

(6)纸质容器(如瓦楞纸箱和硬纸板桶等)应装在舱内。如装在舱面,应妥加保护,使其在任何时候都不会因潮湿而影响其包装性能。

(7)危险货物装船后,应编制危险货物清单,并在货物操作积载图上标明所装危险货物的品名、编号、分类、数量和积载位置。

六、危险货物的装卸

1. 装卸前的准备和防护

装卸危险货物应选派具有一定专业知识的装卸人员担任。装卸前应详细了解所装卸危险货物的性质、危险程度、安全和医疗急救等措施,并严格按照有关操作规程作业。应根据货物性质选用合适的装卸机具。装卸易爆货物,装卸机械应安置火星熄灭装置,禁止使用非防爆型电气设备。装卸前应对装卸机械进行检查,装卸爆炸品、有机过氧化物、一级毒害品、放射性物品,装卸机具应按额定负荷降低25%使用。

应根据货物的性质和状态,在船—岸,船—船之间设置安全网,装卸人员应穿戴相应的防护用品。

夜间装卸危险货物,应有良好的照明,装卸易燃、易爆货物应使用防爆型的安全照明设备。

船方应向港口经营人提供安全的在船作业环境。如货舱受到污染,船方应说明情况。对已被毒害品、放射性物品污染的货舱,船方应申请卫生防疫部门检测,采取有效措施后方可作业。起卸包装破损的货物和能放出易燃、有毒气体的危险货物前,应对作业处所进行通风,必要时应进行检测。

2. 装卸注意事项

(1)船舶装卸易燃、易爆危险货物期间,不得进行加油、加水(岸上管道加水除外)、拷铲等作业;装卸爆炸品时,不得使用和检修雷达、无线电报发射机。

(2)装卸易燃、易爆危险货物,距装卸地点50m范围内为禁区。内河码头、泊位装卸上述货物应划定合适的禁火区,在确保安全的前提下,方可作业。作业人员不得携带火种或穿铁掌鞋进入作业现场,无关人员不得进入。

(3)没有危险货物库场(危险品仓)的港口,一级危险货物原则上以直接换装方式作业。特殊情况,需经港口管理机构批准,采取妥善的安全防护措施并在批准的时间内装上船或提离港口。

(4)遇有雷鸣、电闪或附近出现火警,应立即停止作业,并将危险货物妥善处理。雨雪天气禁装卸遇湿易燃物品。

(5)装卸危险货物,现场应备有相应的消防、应急器材。

(6)装卸人员应严格按照计划积载图装卸,未经船方同意不得变更。装卸时应稳拿轻放,严禁撞击、滑跌、摔落等不安全作业。堆码要整齐、稳固,桶盖、瓶口朝上,禁止倒放。

(7)包装破损、渗漏或受到污染的危险货物不得装船,理货部门应做好检查工作。

(8)爆炸品、有机过氧化物、一级易燃液体、一级毒害品、放射性物品,应最后装最先卸。

(9)装有爆炸品的舱室内,在中途港不应加载其他货物,确需加载时,应经海事部门批准,并按爆炸品的有并规定作业。

(10)对温度较为敏感的危险货物,在高温季节,港口应根据所在地区气候条件确定作业时间,并不得在阳光直射处存放。

(11)装卸可移动罐柜,应防止罐柜在搬运过程中因液体晃动而产生静电等不安全因素,在搬运、起吊时均连接接地地线。

(12)危险货物集装箱在港区内拆、装箱,应在港口管理机构批准的地点进行,并按有关定

采取相应的安全措施后方可作业。

3. 监督管理

水路危险货物运输的监督管理由各级交通主管部门、港口管理机构、港务(航)监督机构依据法规规定施行和进行监督检查。

船舶载运危险货物,承运人应按规定向港务(航)监督机构办理申报手续,填报《船舶载运危险货物申报单》并经港务监督签证,港口作业部门根据该单安排作业。装卸危险货物的泊位以及危险货物的品种和数量,应经港口管理机构和海事部门批准。对下列各种情况,港口管理机构和海事部门有权停止船舶作业,并责令有关方面采取必要的安全处置措施:

(1)船舶设备和装卸机具不符合要求。

(2)货物装载不符合规定。

(3)货物包装破损、渗漏、受到污染或不符合有关规定。

港口作业危险货物,均须办理海事部门的审批手续,并接受作业过程监督。

危险货物装集装箱前,装箱单位应事先通知海事部门装箱作业计划的安排,包括时间和地点。海事部门根据装箱计划,安排人员进行检查。装箱完毕后,应将由装箱现场检查员签署的《集装箱装箱证明书》呈交海事部门查验。必要时,海事部门可以对拟装船的集装箱进行抽样开箱监督检查。在港区内进行危险货物的装箱或拆箱作业均须征得海事部门的同意。

七、危险货物的储存和交付

1. 储存的要求

(1)经常装卸危险货物的港口,应建有存放危险货物的专用库(场);建立、健全管理制度,配备经过专业培训的管理人员及安全保卫和消防人员,配有相应的消防器材。库(场)区域内,严禁无关人员进入。

(2)非危险货物专用库(场)存放危险货物,应经港口管理机构批准,并根据货物性质安装安全电气照明设备,配备消防器材和必要的通风、报警设备。库内应保持干燥、阴凉。

(3)危险货物入库(场)前,应严格验收。包装破损、撒漏、外包装有异状、受潮或沾染其他货物的危险货物应单独存放,及时妥善处理。

(4)危险货物堆码要整齐,稳固,垛顶距灯不少于1.5m;垛距墙不少于0.5m、距垛不少于1m;性质不相容的危险货物、消防方法不同的危险货物不得同库存放,确需存放时应符合隔离要求。消防器材、配电箱周围1.5m内禁止存放任何物品。库区内主消防通道不少于6m,货场内的消防通道不小于4m。

(5)存放危险货物的库(场)应经常进行检查,并做好检查记录,发现异常情况迅速处理。

(6)危险货物出运完后,库(场)应清扫干净,对存放危险货物而受到污染的库(场)应进行洗刷,必要时应联系有关部门处理。

2. 交付的要求

抵港危险货物,承运人或其代理人应提前通知收货人做好接运准备,并及时发出提货通知。交付时按货物运单(提单)所列品名、数量、标记核对后交付。对残损和撒漏的地脚货应由收货人提货时一并提离港口。收货人未在港口规定时间内提货时,港口公安部门应协助做好货物催提工作。

对无票、无货主或经催提后收货人仍未提取的货物,港口可依据国家《关于港口、车站无法交付货物的处量办法》的规定处理。对危及港口安全的危险货物,港口管理机构有权及时处理。

八、消防和泄漏处理

1. 消防的要求

港口经营人、承运船舶应建立健全危险货物运输安全规章制度,制订事故应急措施,组织建立相应的消防应急队伍,配备消防、应急器材。

承运船舶、港口经营人在危险货物作业前应根据货物性质配备《船舶装运危险货物应急措施》有关应急表中要求的应急用具和防护设备,作业过程中(包括堆存、保管)发现异常情况,应立即采取措施,消除隐患。一旦发生事故,有关人员按《危险货物事故医疗急救指南》的要求在现场指挥员的统一指挥下迅速施救,并立即报告公安消防部门、港口管理机构和海事部门等有关部门。

2. 泄漏处理的要求

危险货物运输中有关防污染要求,应符合我国有关环境保护法规的规定。船舶在港区、河流、湖泊和沿海水域发生危险货物泄漏事故,应立即向海事部门报告,并尽可能将泄漏物收集起来,清除到岸上的接收设备中去,不得任意倾倒。船舶在航行中,为保护船舶和人命安全,不得不将泄漏物倾倒或将冲洗水排放到水中时,应严格遵守《海洋环境保护法》的规定,并应尽快向就近的海事部门报告。

泄漏货物处理后,对受污染处所应进行清洗,消除危害。

船舶发生强腐蚀性货物泄漏,应仔细检查是否对船舶造成结构上的损坏,必要时应申请船舶检验部门检验。

复习思考题

1. 滚装运输有什么特点?一般要经过什么样的商务过程?
2. 滚装运单有什么基本内容?
3. 滚装运输的托运人承担什么责任?承运人、港口经营人承担什么责任?
4. 什么是危险货物?水路运输危险货物如何分类?
5. 涉及危险货物运输的法规有哪些?
6. 危险货物如何进行命名、编号和分级?
7. 危险货物的包装要实现什么目的?包装有哪些类别和基本要求?
8. 水路危险货物的标志有什么要求?
9. 托运水路危险货物需要哪些文件?运输空容器如何处理?
10. 哪些危险货物可以作为普通货物运输?
11. 如何保证危险货物装卸安全?
12. 如何对危险货物作业进行监管?存储危险货物有何要求?

第十章 多式联运商务管理

学习目的

明确多式联运的概念和适用范围，掌握多式联运的商务关系和责任制度；了解铁路运输的方式和商务组织，掌握铁路运输托运的商务操作和运费估算；了解水铁联运的组织方式，掌握其合同的订立；了解汽车运输组织及经营，熟悉汽车运输的商务过程，掌握汽车运输合同的主要内容及运单使用，了解汽车运输的责任承担。

第一节 多式联运概述

一、多式联运概念

多式联运是指由一位多式联运经营人负责组织两种或两种以上的运输方式互相衔接，完成整个运输过程的运输组织方式。大部分货物的运输，都需要经过多种运输方式运输，才能从生产地运至消费目的地，为了完成运输，托运人就需要在每个运输环节进行托运、提取、再托运直至货物运到消费目的地。这样分段办理运输，不仅手续繁多，而且费用支出不少，运输衔接不良，时常需要通过转运仓储，延长运达时间，托运人需要花费大量的人力、物力。而实行多式联运，则托运人只需在起运地一次托运，就可在目的地收取货物。在运输过程中的转运、换装、搬运等均由多式联运经营人办理，大大减少了托运人办理运输的业务。良好的多式联运组织，不仅使得托运人减少运输业务，而且保证运输的整个过程无缝衔接，缩短运输时间，减少货物在中途的停留仓储，能够经济、合理、迅速地完成运输，且降低运输总成本。

从定义看多式联运必须具有两种和两种以上的运输方式相互连接，因而是发生在不同运输方式之间的联运。对于同一种运输方式的联运，只能称为连续运输或相继运输或单式联运，与单一运输方式具有相同的制度规定，涉及承运人与实际承运人的责任制度。

多式联运从运输对象不同，可以分为货物多式联运和旅客多式联运；按照所遵循的制度的不同，又分为国际多式联运和国内多式联运。本章阐述的是国内货物多式联运。

在我国近年来由于公路运输、水路运输市场经济的改革较为深入，经营主体极为复杂、众多，运输力量分散，多式联运组织困难，多式联运经营人的能力较低、规模较小，多式联运的开展规模很小，没能发挥这种优良的经营方式的优势。目前在国内运输市场，主要进行的多式联运是水路铁路联运（亦称为水陆联运）、水路公路、水路铁路集装箱多式联运。但随着我国国内物流管理的兴起，服务产业规模化的发展，多式联运会成为极为重要的物流操作手段而得以发展,成为货物运输组织的最为重要的方式。

二、多式联运经营人与实际承运人

在多式联运中,涉及运输责任的主体有多方,分别是多式联运经营人和实际承运人。多式联运的制度正是因为在多式联运中涉及多名与运输有关的责任主体,为了区分他们的责任关系而设立。

1. 多式联运经营人

多式联运经营人是指其本人或者委托他人以本人的名义与托运人订立多式联运合同的当事人。多式联运经营人在与托运人订立多式联运合同后,组织运输的整个过程,并向托运人签发运输票据单证,收取运费和向托运人承担运输合同责任。多式联运经营人在组织运输中,其本人可以是其中一种运输方式的承运人,也可以不承担任何运输,但是多式联运经营人对全程运输享有承运人的权利,也承担承运人的义务。从事多式联运经营的可以是某一种运输方式经营的货运企业、无船承运人、物流经营人等。多式联运经营需取得联运经营许可,使用统一(登记)的货运票据。

2. 实际承运人

实际承运人是指接受多式联运经营人的委托,实际进行某一区段运输的承运人。在一次多式联运中,实际承运人必须有两名或者两名以上,且从事不同的运输方式经营。如果仅为一名实际承运人则不构成多式联运,仅为一般的运输关系。实际承运人接受多式联运经营人的委托,承担其与多式联运经营人约定的运输区段的运输责任。也就是说实际承运人与多式联运经营人独立地订立其承担的运输区段的运输合同,而该运输合同不影响多式联运合同中多式联运经营人对托运人的义务。

三、多式联运合同

多式联运合同是指托运人与多式联运经营人订立的有关多式联运的运输协议。合同的当事人为托运人和多式联运经营人。与一般运输合同比较,多式联运合同不同之处在于运输方式的约定和多式联运经营人的责任承担方式上。

多式联运合同必须约定运输的过程和方式,即明确起运地、转运地、目的地以及各段的运输方式。而对各区段的实际承运人则可以事先限定,也可以由多式联运经营人选择。事先限定实际承运人对托运人有利。此外在多式联运中由最后区段的实际承运人向收货人交付货物,涉及实际承运人的代理承运人的行为也是合同约定的重要内容。

多式联运合同与一般运输合同一样,为诺成合同,双方协商一致合同成立。合同的形式可以为书面形式、口头形式和其他形式。但是由于多式联运经过的环节较多,涉及较多的责任当事人,采用书面合同较为妥善。合同的书面格式可以为文本、表格、电子数据等。

四、多式联运责任的承担

1. 多式联运的责任原则

(1)按照实际运输区段的责任制度承担责任。国内多式联运目前没有形成统一、完整的运输法规与制度,在处理多式联运业务时以独立的某种区段运输制度分割管理,互相不统一。

在同一运输过程中受到不同的规定、标准的约束。因而在实际进行多式联运商务时，则遵从具体的运输区段的运输法规。除了水铁联运由《水铁联运货物运输规则》规范部分责任外，其他多式联运的具体运输区段，按照《合同法》规定，货物的毁损、灭失发生在多式联运的某个区段时，适用调整该区段运输方式的有关法律规定。这种责任制度称为“网状责任制”。

(2)按照多式联运合同的约定承担责任。货物的毁损、灭失的运输区段不能确定时，则无法采用任何区段的责任原则。如果在多式联运合同有约定的，则按照多式联运合同对此类损害的约定承担责任；如果合同没有约定，但能达成补充约定，按照补充约定处理；不能达成约定，可以按照交易习惯和惯例确定。

合同中可以约定多式联运经营人承担都能满足各运输区段法规的单一责任承担方式，这种责任承担方式称为“统一责任制”。当然也可以约定为“网状责任制”。

(3)不能确定责任区段而又无约定时，按实际损害承担责任。货物的毁损、灭失的运输区段不能确定时，如果合同未约定也不能达成补充约定，又不能按照交易习惯和惯例确定时，多式联运经营人的责任原则就为对货物的毁损、灭失的实际损失进行赔偿，该实际损失为到达地的货物实际价格。

2. 多式联运经营人承担承运人的责任

多式联运合同由多式联运经营人与托运人订立，由多式联运经营人对全程运输负责，向托运人、收货人承担统一的最终承运人的责任，由其收取运费和保证履行合同。

3. 实际承运人的责任

实际承运人是在多式联运经营人的安排下实际从事某一区段的运输，实际承运人只是在其承担的运输区段对多式联运经营人承担该区段的运输责任。这种责任只按照该运输区段的责任制度或者双方的运输约定承担责任。实际承运人对多式联运合同不承担最终责任。

由于实际承运人直接面向货物运输的操作，面向托运人、收货人的送货、提货，实际承运人承担有保管货物的物权责任，甚至有对收货人完整交货的直接责任。也就是说，对于收货人而言，实际承运人承担着承运人的直接责任。实际承运人与多式联运经营人所约定的合同，并不能直接对抗收货人。

4. 托运人与收货人的责任

托运人应该按照多式联运合同的约定履行责任，交付货物和支付运费，保证收货人提取货物。托运人无论运输单据是否转让，都需要对托运货物的错误向多式联运经营人承担赔偿责任。收货人因运输合同的授权或者运输单证的转让获得了提取货物的权利，同样要承担因运输合同的授权和单证的转让而产生的义务。

五、多式联运单据

在多式联运中，以多式联运经营人签发的多式联运单据为办理业务的凭据。多式联运单据采取一次性签发的方式，在运输过程中不再向托运人签发其他单据。多式联运单据有多式联运运单和场站收据。

1. 多式联运单据的作用

多式联运单据是多式联运经营人或者实际承运人收到货物的收据；是在联运过程中承运人之间办理货物交接的凭据；是向收货人交付货物的凭据；是多式联运合同存在的证明。

2. 多式联运单据签发的时间和签发人

多式联运单据在多式联运经营人收到货物时签发。签发的方式有四种:

(1)由多式联运经营人直接签发。如果是多式联运经营人承担第一程运输的,则直接由多式联运经营人签发多式联运单据。

(2)由第一程实际承运人签发。如果第一程非多式联运经营人,则由第一程实际承运人使用多式联运经营人的单据直接向托运人签发单据。

(3)依据第一程实际承运人的单证签发。第一程实际承运人面向多式联运经营人签发实际承运人的单据,多式联运经营人凭实际承运人的单据签发多式联运单据。

(4)委托代理人签发。在(1)和(3)方式中,多式联运经营人可以委托代理人签发。

3. 多式联运单据可以为可转让单据

多式联运单据可以为不可转让单据也可以为可转让单据。使用哪一种单据由托运人选择使用。所谓不可转让单据为确定收货人的单据,在单据上明确收货人的名称,在目的地仅向该收货人交货;可转让单据则为不确定收货人的单据,采用指示收货人的方式,在单据上只注明指示人或者通知人。最终的收货人由托运人自行指定,承运人无条件地向托运人通知的、持有多式联运单据的收货人交货。

第二节 铁路货物运输业务

一、铁路货物运输的运输方式

铁路货物运输分为整车、零担和集装箱运输。一批货物的重量、体积或形状需要以一辆或一辆以上铁路货车运输的以及特殊货物,应按整车托运;不需要单独整车运输的,按零担托运;符合集装箱运输条件的,可按集装箱托运。整车货物除了采用整车托运外,还可采用货方自备车运输或者向铁路租车运输。

整车货物每车为一批;零担货物或集装箱货物,每张货物运单为一批,但不超过一车;大宗循环运输的货物,可以每列车为一批。集装箱货物以每张货物运单所托运的集装箱数为一批(每批必须同一箱型,至少一箱,最多不得超过铁路一辆货车所能装运的箱数)。每批托运的货物,必须是托运人、收货人、发站、到站和装卸地相同,运输条件相同。整车货物在同一路径上多个站点卸车的,可以办理整车分卸托运。

下列情况不能按一批办理:

(1)易腐货物与非易腐货物。

(2)危险货物与非危险货物。

(3)根据货物性质,不能混装运输的货物。

(4)保价运输货物与非保价运输货物。

(5)投保运输险货物与未投保运输险货物。

(6)运输条件不同的货物。

零担货物一件的体积不小于0.02m^3或重量不小于10kg,每批不得超过300件。以下货物不得按零担货物运输:冷藏、保温或加温运输货物;规定按整车运输的危险品、污秽品;蜜蜂;不

易计件的货物；未装笼器的活动物；超重(2t)、超长(9m)、超大($3m^3$)的货物。

二、铁路货物运输的基本过程

铁路托运货物的步骤及铁路内部相应的作业过程简要表示见图10-1。

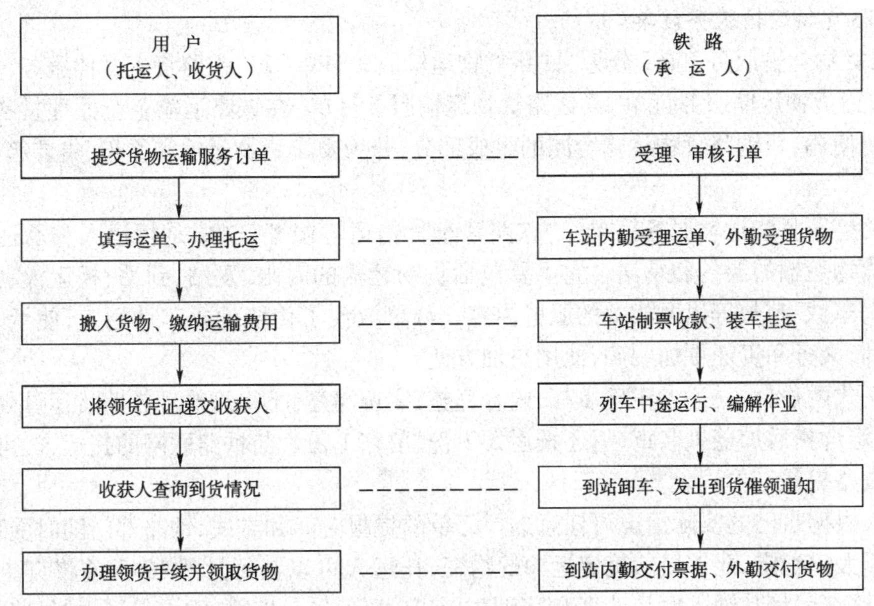

图10-1　铁路货物运输的基本过程

三、铁路货物运输合同

1. 货物运输合同的订立

托运人以铁路运输货物，应与承运人签订铁路货物运输合同。铁路运输的承运人是从事铁路运输的国家铁路运输企业（铁路局和铁路分局）、地方铁路经营人、专用铁路线经营人且兼办公共运输的企业或其他单位。以具体接受托运的车站和承担运输、作业的车站为承运人的代表。合同的形式有：

(1)按季度、半年度、年度或更长期限运输的大宗货物，可签订整车大宗货物运输合同，并提出月度铁路运输计划。

(2)其他整车货物可用“铁路货物运输服务订单”作为运输合同。整车货物交运时，还需向承运人递交“铁路货物运单”。

(3)零担货物和集装箱运输的货物，使用“铁路货物运单”作为运输合同。

(4)使用自备车运输，要与过轨车站订立过轨运输合同。

(5)采用租车方式进行运输，需与车站订立租车合同。

(6)由铁路货场代表铁路企业与托运人签订运输服务合同的，使用“铁路货物运输服务订单”，并与“铁路货物运单”共同作为合同文件。

铁路运输合同的主要内容有：托运人、收货人，发站与到站，货物名称与重量、体积、包装、标志，车种与车数，装卸作业，交接方式与地点，运费支付，起运时间，违约责任，争议的处理，双方约定的其他事项等。

托运人、收货人有自然人和法人之分。托运人、收货人是法人,与铁路部门办理运输手续履行其权利义务时,可指定法定代表人(或称法定代理人)办理。法定代表人应凭托运人、收货人出具的"委托书",与承运人办理相应的运输手续。

2. 铁路货物运输服务订单

"铁路货物运输服务订单"分为"铁路货物运输服务订单"和"铁路货运延伸服务订单"。

(1)铁路货物运输服务订单。"铁路货物运输服务订单"在铁路运输企业办理货物运输和运输服务时使用,是铁路货物运输合同的组成部分,分为整车货物运输和零担、集装箱、班列运输两种。

①铁路整车货物运输服务订单。"铁路整车货物运输服务订单"是托运人和承运人双方关于铁路货物运输的要约和承诺。它主要包括货物运输的时限、发站、到站、托运人、收货人、品名、车种、车数、吨数等以及相关的服务内容。订单取代了传统的要车计划表,使承、托运人双方的权利、义务和责任更加明确,使用更加方便。

订单一式两份,由托运人正确填写,内容完整,字迹清楚,不得涂改。铁路货运计划人员受理,并经审定合格后加盖人名章,返还托运人 1 份,留存 1 份。与铁路联网的托运人,可通过网络直接向铁路提报订单。

托运人根据自己的实际情况可任意选择订单的提报时间和方式,铁路部门随时受理,随时审定。对于大宗稳定、能够提前确定运输的物资,托运人可以在每月的 19 日前将订单提报给装车站,铁路部门将其纳入次月计划,进行集中审定,以便统一安排,重点保证。对抢险救灾和紧急运输物资的订单,则随时受理,立即审定,在运输上优先保证。

订单的审定结果铁路装车站要及时通知托运人。审定后的订单当月有效,不办理运输变更。托运人根据订单审定的车数、到站等内容按实际需要向车站提出装车请求,并同时做好装车准备,将货物搬入车站或自己选择的专用线。

②零担、集装箱、班列运输服务订单。托运人在办理零担、集装箱、班列货物运输时,将填写好的零担、集装箱,班列服务订单一式两份,提报给装车站,车站随时受理并根据货场能力、运力,安排班列开行日期和在订单上加盖车站日期戳,交与托运人 1 份,留存 1 份。铁路部门据此安排运输,并通知托运人将货物搬入仓库或集装箱内。

(2)铁路货运延伸服务订单。"铁路货运延伸服务订单"为铁路内外从事铁路货运延伸服务的经营者办理货物运输延伸服务时使用,主要包括托运人自愿选择的服务项目和延伸服务经营者的报价等内容。

托运人(或委托人)有延伸服务要求的,向延伸服务经营者提交"铁路货运延伸服务订单"(一式两份)。延伸服务经营者按托运人所提要求,依照物价部门审批的收费项目及标准,计算各项收费并填写报价金额。托运人对报价无异议的,延伸服务经营者在订单上加盖业务专用戳记,交与托运人 1 份,留存 1 份。

3. 铁路货物运单

托运人托运货物时,应向承运人按批提出《铁路货物运输规程》规定格式(见表 10-1)的货物运单一张。整车分卸的货物,对每一分卸站应增加两份运单。运单由承运人(铁路)印制,在办理货运业务的车站购买。

货物运单格式由两部分组成，左侧为运单，右侧为领货凭证。

表 10-1

货物指定于　月　日　　　　× × 铁路局

搬入货位:　　　　　　　　　**货 物 运 单**

计划号码或运输号码　　　托运人→发站→到站

运到期限　　日　　　　　　→收货人

承运人/托运人装车
承运人/托运人施封

货标第　号

托运人填写					承运人填写				
发站		到站(局)			车种车号		货车标重		
到站所属省、自治区、直辖市					施封号码				
托运人	名称				经由	铁路货车篷布号码			
	地址		电话						
收货人	名称				运价里程	集装箱号码			
	地址		电话						
货物名称	件数	包装	货物价值	托运人确定重量(kg)	承运人确定重量(kg)	计费重量	运价号	运价率	运费
合计									
托运人记载事项:	保险:				承运人记载事项:				
	托运人签名盖章 年 月 日				到站交付日期戳		到站交付日期戳		

领货凭证

车种及车号

货票第　号

运到期限　日

发站		
到站		
托运人		
收货人		
货名	件数	重量
托运人盖章或签名		
发站承运日期戳		

注:收货人须知见背面

运单左粗线各栏和右端的领货凭证由托运人填写，托运人对由其填写的内容负真实填写的责任。托运人填写的内容及要求如下:

(1)“发站”和“到站(局)”的站名应按《铁路货物运价里程表》规定的站名完整填写。“到站(局)”中的(局)名，填写到达站的主管铁路局名的第一个字，如(广)、(哈)，但北京铁路局写(京)。

(2)“托运人名称”和“收货人名称”填写托运人与收货人单位或个人的完整名称。

(3)“托运人地址”和“收货人地址”应详细填写所在的省、自治区、直辖市城镇街道和门牌号码或乡、村名称。

(4)“货物名称”按《货物运价分类表》或国家产品目录、《危险货物品名索引表》所列明称完整填写。需说明货物规格、用途、性质的，在品名后用括号加以注明。危险品、集装箱需在运单右上角用红色注明危险性质或集装箱的重量。

(5)“件数”写明具体货物件数，只按重量承运的货物填写货物形态。

(6)“包装”写明具体包装种类及包装材料。

(7)"货物价值"填写该项货物的实际价值(发票价值)。

(8)"托运人确定重量"为包括包装在内的重量,以千克为单位。

(9)"托运人记载事项"填写托运人需声明的事项,如货物的缺陷、性质、运输文件、押运、对运输的要求等。

运单的首部与中部由承运人填写。承运人需另行填制货票一式四份,分别为甲乙丙丁联。甲联为发站存根;乙联由发站交给发站所在铁路局;丙联由发站交给托运人作报销凭证;丁联经收货人签章后交到站存查。

四、托运人的义务

托运人向承运人交运货物,应向车站按批提出货物运单。一批货物品名过多,运单书写不下时,需附上物品清单一式三份。托运人可选择是否采用保价运输,但需向承运人声明。保价运输时需另付保价费,保价费为保价金额的一定比例,1‰～6‰分为五级、10‰为特六级、15‰为特七级。

托运人要做好所托运货物的包装、标志;办理有规定需凭证明文件运输所需的证明文件;安排必要的押运。在发站承运当日支付运输费用,对18时以后承运的货物,次日交付费用。

在车站公共装卸场所装车的货物,托运人应在承运人指定的日期将货物全部搬入车站,由承运人装车。承运人装车的整车货物因车辆容积或载重量的限制,装车后有剩余货物时,托运人应在装车次日起3日内将剩余的货物全部搬出车站或另行托运。

在车站公共装卸场所外的其他场所装车,或罐车、冷冻货、易腐货、未装笼器的活动物、蜜蜂、鱼苗、一件超过一吨的放射性同位素、带动力的机械和车辆由托运人负责装车。

托运人装车的,应在承运人规定的装车时间或停留时间内完成,否则需支付货车延期使用费。对装车所需的特殊货车装备如禽畜架、篷布支架、谷物挡板、防寒、苫盖物品、饲养用具和货物加固材料由托运人准备。装车质量由托运人负责,货物装载超过货车规定的容许载重量,除补付运费外,并按规定承担违约金。托运人装车的整车运输的棚车、冷藏车、罐车,由托运人施封,并按施封状态进行交接,未施封的按车门窗关闭状态交接;敞车、平车、沙石车不苫盖篷布的,按装货现状或规定的标志交接,苫盖篷布的凭篷布现状交接。

托运人办理完托运后,应将领货凭证及时交给收货人,以便收货人凭以向到站联系领取货物。对无人领取的运到到站的货物,在承运人通知托运人处理时,托运人应在接到通知之日起30日内提出处理意见答复到站。

五、承运人的义务

1. 承运人的责任期间

(1)承运人负责装车,由发站接收货物完毕起,至到站交付货物完毕止。

(2)托运人装车、收货人卸车的整车货物,自装车完毕起或专用线内的商定交接地点起,至到达卸车地点或约定的交接地点止。

(3)承运人实行承运前保管的,负承运前保管责任。

2. 承运人的责任

(1)承运人在责任期间对所承运的货物承担过失责任。

(2)承运人应按照运输合同约定的车种拨配适当的车辆，做到车辆状态良好，清扫干净。

(3)在车站公共装卸场所以内的车辆装卸由承运人负责。

(4)承运人应按规定的时限将货物运到到站，否则需承担逾期违约金。运到期限规定如下：

①货物发送期间为1日。

②货物运输期间，每250运价公里或其未满为1日；按快运办理的整车货物每500运价公里或其未满为1日。

③特殊作业时间：

A.途中加冰一次，另加1日；加一分卸站，另加1日；准轨(1.435m)、米轨(1.00m)直运，另加1日。

B.运价里程超过250km的零担货物和1t、5t型集装箱，另加2日；超过1 000km，另加3日。

C.一件货物重量超过2t，体积超过$3m^3$或长度超过9m的零担货物或零担危险品货物，另加2日。

D.货物运到期限，起码天数为3日。

承运人的逾期违约金，以逾期天数与运到期限比例确定，从比例在1/10以下为运费的5%至比例在1/2以上为运费的20%，分不同等级计算违约金。货物运到期限满后，经过30日，仍不能到站交付货物时，承运人按货物灭失向托运人或收货人赔偿。

承运人应向货物运单内记载的收货人交付货物。由承运人组织卸车的货物，到站应不迟于卸车完毕后的3日内，向收货人发出催领通知。

对托运人的自备篷布及整车货物所需的装备物品和货物加固材料，承运人免费运输。并在到站后30日以内由承运人免费运回给托运人。

3. 承运人在以下情况下免除责任

(1)因不可抗力或铁路发生重大事故影响排空送车及停电影响装车，超过24小时。

(2)根据国家和省、自治区、直辖市的主管行政机关的书面要求停止装车和运送。

(3)由于组织轻重配装或已完成货物吨数而未完成车数。

(4)由于港口、国境口岸站车辆积压堵塞，不能按时、按计划接车而少装。

六、收货人的义务

货物运抵到站，收货人应凭领货凭证及时办理领取，交付在发站未交或少交、运输期间发生的运输费用和由于托运人的责任发生的垫款等有关费用；在2日内将货物搬出车站，否则按规定交付保管费用。承运人在催领次日起，经查找，满30日仍无人领取的货物，托运人又未提出处理意见，可按无法交付的货物进行处理。

收货人负责卸车的，应将货物彻底卸净，将货车清扫干净，必要时进行洗刷、消毒；将车门窗、盖阀关闭妥当；在规定的时限内将车辆归还承运人。

在车站公共场所内卸车，收货人在领取货物时，应将货物的防护、衬垫物和从货位清扫出的残留物全部搬出。

七、货物运输合同的变更和解除

货物发运前,托运人与承运人可以商定变更或解除运输合同。托运人或收货人对承运后的货物运输合同,可按批向货物所在的中途站或到站提出变更到站、变更收货人。经车站及其管理分局同意可以变更。

变更或解除运输合同,托运人或收货人应按规定支付费用和违约金。

以下情况不予变更:违反国家法律、行政法规、物质流向、运输限制,蜜蜂的运输变更;变更后的货物运到期限大于货物性质所容许的运输期限;变更一批货物中的一部分;第二次变更到站。

八、铁路货物运价和赔偿标准

铁路货物运价由运费和杂费构成,实行市场定价和国家定价相结合的制度。分为三种情况:供求基本平衡或者供大于求,价格由市场决定的商品,铁路运价实行市场调节价;对煤炭等与国民经济发展关系密切,对铁路运输依赖程度较大的大宗货物实行政府指导价,经铁道部批准,可以一定程度的下浮,最大下浮空间为50%;对国家要求实行运价优惠的支农物质、军事物质运输等,实行政府定价。收费项目与标准在车站营业场所公告,未经公告不得实行。

1. 运费的计算方法

(1)按《货物运价里程表》算出发站至到站的运价里程。

(2)根据货物运单上填写的货物名称查找《铁路货物品名分类与代码表》和《铁路货物运输品名检查表》,确定适用的运价号(分为整车与零担运价号)。

(3)根据运价里程与运价号,在《货物运价率表》中查找出适用的运价率。

(4)按计费重量与该批货物适用的运价率相乘,算出运费。

(5)运价里程的起码距离为100km。跨经运价率不同的铁路运输,运价里程分别计算,适用相应的运价率。

(6)货物的计费重量,整车货物的以整吨为单位,按货车标重计算。零担货物和拼箱货物以整10kg为单位,按实际重量计算。集装箱以箱为单位,按箱数计算。

(7)快运费按该批货物适用的运价率的30%计算。

2. 杂费的计算

杂费按实际发生的项目和《铁路货运杂费费率表》的规定计算。

铁路运输的杂费主要有:计量费、表格费、设备使用费、暂存费、清扫费、篷布使用费、集装箱使用费、守车费、押运费、分卸作业费、装卸作业费、租车费、电气化附加费。

常见杂费费率:整车轨道衡,20.00元/车。整车普通磅秤,4.00元/t。普通货物运单,0.10元/张,水陆联运货物运单,0.20元/张。罐车使用费,150.00元/车。整车货物暂存费,15.00元/车·日;零担货物暂存费,0.30元/批·千克·日。货车清扫费5.00元/车。货车篷布使用费,200km以内20.00元/张。集装箱使用费,20ft、500km以内100.00元/箱。分卸作业费,80.00元/车·次。

货物装卸作业费按铁道部《铁路货物装卸作业计费办法》和《铁路货物装卸作业费率》的

规定核收。

3. 铁路的赔偿标准

铁路对其责任所造成的货物损害，对未保价的货物，承担有限额的赔偿责任，其赔偿限额为：

(1)不按件数只按重量承运的货物，最高赔偿100元/t。

(2)按件数和重量承运的货物，最高赔偿2 000元/t。

(3)实际损失低于限额的，按实际损失赔偿。

(4)承运人故意行为或者重大过失造成的，按实际损失赔偿。

第三节　水铁联运业务

水铁联运是指托运人在起始车站或起运港口一次托运货物，由承运人组织经铁路—水路之间的换装运输，将货物运往目的港站交给收货人的运输方式。联运经营人是具有经营联运业务的资格与能力的运输企业，以其本人的名义与托运人订立联运运输合同。在具体运输区段由其本人或委托他人进行运输。

水铁联运有以下形式：水路—铁路；水路—铁路—水路；铁路—水路—铁路。

一、水铁联运的一般规定

1. 办理水铁联运的车站与港口

水铁联运分为整车联运和零担货物联运。某些车站和港口因受客观条件的限制，只能办理整车联运或单向联运或不办理联运业务或换装业务。具体办理水铁联运的港口和车站以及联运线路，按《铁路和水路货物联运规则》"办理水陆联运业务的车站、港口和换装地点"的规定执行。在其他港口和车站办理或进行联运，需经承运人与换装港站协商同意或承运人能够组织进行而接受承运。

另外一些独立的铁路运输服务企业，利用自身的运输组织能力，也向社会提供水铁联运服务。

2. 适用水铁联运的货物

托运人认为有必要采用水铁联运的方式进行货物运输，可以向承运人要求采用联运。但以下货物不能适用水铁联运：易腐货物、动植物、危险货物(除化肥、农药外)、放射性物品、散装水泥、超过起运或换装或到达地点起重能力的重大件货物。

编排木材和散装的粮食、油、盐等货物经协商，在指定线路上可以办理水铁联运。

3. 货物数量

一批货物重量不满30t或体积不满60m^3，按零担货物办理联运。但是一批重量不少于20kg，每件体积不少于0.01m^3或重量不少于10kg，每件长度不超过7m。如果每件重量达2t或体积达3m^3应经车站同意。一批货物的重量在30t以上或体积在60m^3以上，应办理整车联运；规定需以整车运输的货物，或货物的形态、性质、体积与重量在铁路区段必须使用整车运输的应办理整车联运。

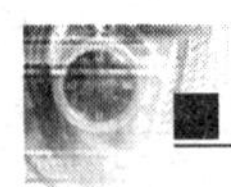

二、水铁联运合同及单据

1. 水铁联运货物运输合同

水铁联运合同由托运人与承接联运的联运经营人或铁路经营人或航运经营人作为承运人订立水铁联运合同。水铁联运货物运输合同又称为水陆联运货物运输合同。

整车托运的大批量联运货物,托运人必须向承运人提出季度联运货物运输计划表(水陆联运货物运输计划表),经过承运人与其他运输部门平衡后,承运人与托运人以季度计划表为依据,编制月度运输计划表。托运人与承运人按月度计划表订立水铁联运货物运输合同(水陆联运货物运输合同)。

零担货物或集装箱联运、小批量整车运输,托运人与承运人直接订立水铁联运合同。

水铁联运(水陆联运)货物运输合同的主要内容有:托运人、收货人,发站港、到站港、运输线路和换装港站,货物品名、重量、件数、体积、包装、尺度、运输要求,货物交接方法,运费及换装包干费,各区段承运人及承运时间、运到期限,违约责任,双方约定的其他事项以及当事人认为需要明确的有关运输责任、争议处理、承担业务办理等各方面的事项。

2. 水陆联运货物运单

发货人托运水铁联运货物时,应当按批(从水路起运的以装同一船为限)向承运人或发站提出"水陆联运货物运单"一份,运单随货同行至目的地交收货人。

承运人接受承运后,根据"水陆联运货物运单"填制"水陆联运货票"一式四联,为甲乙丙丁联:甲联报起运站局财务;乙联随货同行交第一换装地点;丙联由发站或承运人存查;丁联随货至到达地交到达港(站)。途中增加换装一次,增加两联货票。整批到达、分批转运的联运货物,换装站应填制"水陆联运分运货票"随货同行。分批到达、集中转运的,换装港按每船填写"水陆联运货物汇总货票"随货同行。

三、水铁联运承运人的责任

在水铁联运经营中,由联运承运人全程负责运输。具体方式是联运承运人以承运人的身份与托运人订立联运运输合同,接受托运人托运后,将货物委托给实际承运人进行运输及委托港口、车站进行作业。承运人与实际承运人另行订立合同。在目的地由全程承运人向收货人交付货物,亦由全程承运人对收货人负责,区段承运人对全程承运人负责。

承运人(实际承运人)的责任期间自其接收货物时起至交付货物时止。承运人在运输中承担过错责任。货物在每次换装时进行交接,以交接时的"货运记录"为判定各方的责任依据。对已判明的责任,按运输区段的规定或合同的约定承担责任。若多个运输区段均有责任,则按责任比例承担赔偿。若在向收货人交货时发现货物不良,而无法判定具体区段的责任时,由全程承运人向货方依合同的约定负责;或者按照《铁路和水路货物联运规则》的规定,由最后承运人向收货人赔偿,再由各区段承运人按所收运费的比例共同承担。因不可抗力或主管机关、托运人、收货人的过失或货物本身的原因造成的损失,承运人不承担责任。

承运人应在约定或规定的运到期限将货物运到目的地交收货人。联运的运到期限按铁路规定与水路约定的期限合并计算。联运货物在运到期限满 20 日仍不能运到,承运人按货物灭失向收货人赔偿。

四、托运人及收货人的责任

托运人应妥善处理货物，使其适合所有区段运输方式的运输要求，做好货物标志（包括整车货物）；按约定时间向第一程承运人提交货物；向承运人支付全程运费及换装包干费，或经承运人同意交付第一程运费和杂费、换装费，其余在运单上注明由收货人支付；对货物投保运输险。在目的地无人提货时，应承运人的要求处理货物。

收货人应及时办理提货，支付约定的费用和卸货费、非承运人责任的垫付费用，拆除在车厢、船舱所进行的特殊加固并支付费用。

五、水陆联运合同的变更

水陆联运合同订立后，由于客观情况的变化，托运人和收货人要求变更或解除合同时，必须征得承运人同意。但合同的变更只能进行一次，而且不得变更一批货物中的一部分或反复变更换装地点。取消运输，由托运人向承运人或发站提出书面要求。变更到站（港），由托运人或收货人向到站（港）或承运人提出。变更换装站（港），货物在原定换装车站未换装时，托运人和收货人可以向换装站（港）或承运人提出。由于托运人或（港）收货人要求变更运输，按变更后实际运输线路办理费用结算。

六、水铁联运运费

目前我国的铁路运价实行国家定价；水路运输货物实行市场商定运价；换装费用实行包干计费。联运价格由这三部分组成，由双方进行商定和按规定执行。运价的支付采用一次收费的方式为主，经约定也可分段计收。在分段计收时，即使有两段分开的铁路运输，费用也是一次一站同时交付。

运费计费重量单位铁路为10t、水路为100kg，在运输换装中均以货物实际重量计费；每次铁路运输的起码运价里程为100km，两段铁路运输则为200km。

第四节　汽车货物运输商务管理

一、汽车运输概述

1. 汽车运输的概况

汽车货物运输是指利用汽车在公路上所进行的货物运输，以及货物搬运装卸车、汽车货物运输服务等活动。其特点是：运输距离近，覆盖面小且分散，一次运量小，可以在公路的任意地点作业，作业条件简单，适合中短途陆地运输。道路运输可以是独立的门到门的短途运输，也是水路、铁路货物运输的主要集散手段，又是门到门联运的起始和终段运输的基本方式以及水陆联运的一个过程。按照运输的对象不同可以把汽车运输分为汽车旅客运输和汽车货物运输。汽车运输由于在公路运行，常称为公路运输或道路运输。

公路货物运输分为自营性货物运输和经营性货物运输。自货自运的自营性运输，不涉及商务活动。经营性货物运输涉及运输一方与需要运输的另一方的商务活动关系，产生商务管理。

汽车运输是我国改革开放最早的行业之一,其市场化的程度极高。由于道路建设为国家和地方政府的基础设施建设,经营汽车运输者无需直接对道路建设投入,汽车运输的投入很小,经营条件简单,因而吸引了大量的投入者。从事汽车运输的经营者除了传统的国有企业和集体企业外,还有大量的个体业户。近年来由于企业纵向联合的规模化经营趋势,使得许多企业以股份制或有限责任公司的方式投入汽车运输。

与汽车运输有关的另一个行业是站场经营人。站场经营人是指在车站、货运场的范围内从事货物仓储、堆存、包装、搬运装卸等业务的车站、货运场的经营者。站场经营人在站场内独立地对货物的保管、搬运装卸车和其他货物作业负责。站场经营人或其他从事搬运装卸的经营者或个人在站场外受车、货方雇用进行装卸搬运作业时由雇佣方对货物负责。而货物搬运距离为以人力搬运时不超过200m,以机械搬运时不超过400m。否则作为独立的运输过程。

在汽车运输市场上存在着虽然承揽货物但是自己又不从事货物运输的货物运输代办人。货物运输代办人在承揽货物时分别与托运人和承运人签订运输合同,在运输中独立地承担责任。

2. 汽车货物运输经营方式

(1)汽车运输企业根据本身的特性和能力,依据法规规定可以采取不同的运输经营方式:

①零担货物运输。一次托运货物计费总量不足3t的货物,承运人采取定线、定点、定班或不定班方式进行的运输。开展零担货物运输必须满足《零担货物运输管理规定》的要求,并向社会公告,采取封闭式车辆运输,车身喷涂“零担货物运输”标志。

②整批货物运输。一次托运计费重量在3t以上,或虽不足3t,但其性质、体积、形状需要一辆汽车运输的作为整批货物运输。

③集装箱汽车运输。采用集装箱作为货物容器,以汽车运输集装箱的运输。

④大型特性笨重物件运输。由于货物的体积、重量的要求,需要大型或专用汽车运输的运输。

⑤危险货物运输。在《危险货物品名表》列明的易燃、易爆、有毒、有腐蚀性、有放射性等危险货物和虽未列入《危险货物品名表》但具有危险货物性质的新产品的运输。

⑥搬家货物运输。为个人或单位提供使用的生活用品或办公用品的运输和上下楼搬运、装卸作业服务,并按规定收取搬家费用的汽车运输。

⑦出租汽车货物运输。采用装有出租营业性标志货运汽车,供货主临时雇用,按时间、里程和规定费率收取运输费用,由货主负责搬运装卸车的运输。

(2)根据汽车运到时限不同的运输经营方式:

①普通运输。承运人在接受运输后按约定的线路、一般约定的时间内所进行的运输。

②快件货物运输。按照约定的距离,在规定的时间将货物运达的定时运输。作为快件整车运输的,从起运日起,按200km为1日的运距,将货物运达。作为快件零担货物运输的,从受理当天15时起,300km距离以内24h运到;1 000km距离以内48h运到;2 000km距离以内72h运到。

③特快件货物运输。采取即托即运,在约定的时间内运达的运输。

3. 汽车运输的货物类别

除了大宗液体货物、特大件货物外，绝大部分货物都适合公路运输，为了管理和计费的需要，需要对货物进行分类。

(1)在运输、装卸、保管中无特殊需要的为普通货物。

(2)在运输、装卸、保管中需要采取特殊措施的为特殊货物。分别是大型特型笨重货物、危险货物、贵重货物、鲜活货物。

(3)每立方米的重量不足333kg的为轻泡货物。

4. 汽车运输经营人

汽车运输经营人必须符合道路运输资质管理规定所要求的经营资质条件和办理相应的手续。根据运输企业的运输能力、企业注册资金、企业规模、管理人员结构、营运实绩等将经营人分为五类，各类经营范围如下：

一级企业可从事普通货物，在符合有关行业管理法规和标准规范的条件下，可从事物流、特种货物运输、集装箱运输、快件货物运输、零担货物运输和其他货运服务。可在全国范围内登记设立分支机构并从事经营活动。

二级企业可从事普通货物，在符合有关行业管理法规和标准规范的条件下，可从事物流、集装箱运输、快件货物运输、零担货物运输和其他货运服务。经审批可从事特种货物运输。可在全国范围内登记设立分支机构并从事经营活动。

三级企业可从事普通货物，在符合有关行业管理法规和标准规范的条件下，可从事集装箱运输、零担货物运输。经审批可从事与物流相关的服务、限定种类的特种货物运输、快件货物运输和其他货运服务。可在注册地省辖区域范围内登记设立分支机构，经审批同意可设立省外分支机构并从事经营活动。

四级企业可从事普通货物，在符合有关行业管理规定的条件下，可从事集装箱运输。经审批可从事零担货物运输、限定种类的特种货物运输和与其业务相关的货运服务。经审批同意可在注册地省辖区域范围内设立分支机构并从事经营活动。

五级企业可从事普通货物和与其业务相关的货运服务。经审批可从事限定种类的道路危险货物运输。

个体货运经营业户只能从事普通货物运输。

二、汽车货物运输的商务过程

1. 订立合同

托运人与承运人本着平等、自愿、公平、诚实、信用的原则，通过要约与承诺的过程达成运输协议、签订合同。

汽车货物运输合同可以采用书面形式、口头形式和其他形式。当事人可以约定合同的形式。当一方已实施了运输的行为，另一方接受时，合同成立。一方提出格式合同，另一方接受的，该格式成为合同。

汽车货物运输合同为诺成合同，在双方签署合同、签订确认书并达成一致意见后，合同成立。合同成立即生效，无需附加条件。

当存在着经办人时，若经办人以本人的名义与托运人订立合同的，经办人承担承运人的责任;若经办人以别人的名义与托运人或承运人订立合同的,经办人为代理人;货运经办人以本人的名义与承运人订立运输合同的,经办人承担托运人的责任。

2. 托运

(1)填制运单。托运的第一步工作是填写和递交运单。事先未订立合同的,由托运人填写运单;已订立运输合同的,由承运人填制运单。

填写运单的要求:

①准确表明托运人和收货人的名称(姓名)、地址(住所)、电话、邮政编码。

②准确表明货物的名称、性质、件数、重量、体积和包装形式。若不能在一张运单填写完全时,填制"货物清单"。

③准确表明运单中其他有关事项。

④一张正常运单托运的货物必须是同一托运人、收货人。

⑤危险货物与普通货物以及性质相互抵触的货物不能用一张运单。

⑥托运人自行装卸的货物,在运单内注明。

⑦应使用钢笔或圆珠笔填写,字迹清楚,内容准确。需要更改时,必须在更改处签字盖章。

(2)托运人提交准运证明和其他运输文件或提出声明。根据国家或有关部门的规定需办理准运证或审批、检验等手续才能运输的货物,托运人在托运时应将准运证或审批文件提交承运人,并随货同行,且在运单中注明。

需要特殊运输条件或者在运输中需要特殊保管和处理的货物,托运人在托运时需要在运单中注明或必要时以单独声明的方式向承运人声明。这些情况包括冷藏货物的温度,鲜活货物的管理照料说明和最长保管期限,大型特型笨重货物的性质、重量、外廓尺寸、运输要求等。

(3)押运。押运是指由托运人安排人员随车运输,并负责货物管理和指导作业。对于运输途中需饲养、照料的有生动植物、尖端精密产品、稀有珍贵物品、文物、军械弹药、有价证券、重要票据和货币等,托运人必须安排押运。大型特型笨重货物,托运人可以要求押运。

需押运的货物托运时,托运人需在运单上注明押运人员的姓名和必要情况。每车只能安排一人押运。

3. 承运和受理运输

承运人在运单上填写合同序号、签章,表明承运人接受货物运输,构成承运。若双方事先未订立运输合同,表明双方的合同关系建立,运单成为合同的证明。

托运人在约定的时间内将包装和标志妥当的货物提交承运人运输。货物包装的要求为:双方约定或补充约定的包装方式,或通用包装,或在足以保证运输、搬运装卸、作业安全和货物完好的原则下进行的包装。货物的标志则要做到按货物的性质和运输要求正确使用运输标志和包装储运图示标志,清除旧标志。

承运人根据受理货物的情况,合理安排车辆进行运输。调派经济实用、载重量、尺度适合货物运输的车辆,到指定地点接受货物。所调派的车辆应不使普通货物与危险品,有毒易污染物品与食品同车运输。保证车辆技术状态良好,属具、用具配备完善,需要苫盖、绑扎、衬垫的货物应备妥适用物料,车辆、容器外观整洁,车体、容器内干净无污染物、残余物。

4. 搬运装车与计量

根据合同约定由承运人或者托运人负责或者负责安排货物搬运装车。在货运站场的货物搬运装车由站场经营人承担,但由运输合同约定的搬运装卸责任人与站场经营人订立搬运装车合同。

搬运装车人员在装车前应对车厢进行清扫,检查车辆,发现车辆、容器、设备不适合装货要求时,应通知承运人或托运人处理。装车时应谨慎操作,轻装轻放,堆码整齐,防止混杂、撒漏、破损。根据车厢的技术情况合理装车,重量分布合理,尺度合适,满足安全运输的需要。需要苫盖、绑扎的货物,在装车完毕后,搬运装车人员应将帆布苫盖严密,绑扎牢固。

在货物装车时,搬运装车人员应清点货物数量,检查货物质量,发现货物损破,及时通知托运人或承运人,并做好记录。

5. 承运人接受货物

货物在装车过程中及装车之后,承运人(或驾驶员)应监督装车和检查装车质量,查对装车货物的名称、重量或件数,并与运单记载的情况进行核对。承运人(或驾驶员)对货物的内容或重量有疑问时,应提出查验或复磅,对不符合运输要求和运单记载的货物应拒绝受载和运输。对包装轻度破损的货物,若托运人坚持要装车的,承运人(或驾驶员)应做好记录后可同意装运。货物装车完毕,承运人(或驾驶员)应会同托运人、站场经营人及搬运装卸人员编制货物交接清单并共同签署,做好交接记录。对需要施加封志的,承运人(或驾驶员)与托运人及搬运装卸人员共同施封。

汽车运输货物的交接方法为:包装或件装货物采取件交件收的方法,不计件内细数;集装箱重箱及其他由托运人施封的货物,采用凭封志交接;散装、无包装、不成件货物原则上采用磅交磅接或者采用承托双方事先商定的计量交接方法。

6. 运输保管

货物装车后承运人应及时或在约定的时间内起运,运输货物的车辆应携带道路运输经营许可证,道路运输证,载货的运单,零担货物运输的零担货运线路牌,必要的危险货物、超限运输准运证明等文件和证书。按照约定的线路或者商定变更的线路进行运输,在约定的时间内将货物运达目的地。采取零担货物运输的,承运人必须按班期的规定起运和运达。

在运输过程中,车辆驾驶人员要安全驾车,防止发生交通事故,经常检查货物,做好防雨、防晒工作,必要时进行加固绑扎;配合路途管理机关的检查,配合押运人员的货物管理工作。

7. 运达交付

整批货物运输抵达目的地前,承运人应当通知收货人准备收货。零担货物运输抵达目的地后,承运人应在24小时内向收货人发出到货通知。货物运达地为货运站场的,承运人与站场经营人订立卸车作业合同和仓储合同;非货运站场的,车辆应驶到合同约定的地点和位置或者托运人、收货人指定的安全合理的位置。

收货人凭有效的单证和证明提取货物,承运人(或驾驶员)应认真核对,确保表面无误。

在货物卸车前,承运人(或驾驶员)应会同收货人查验车辆载货状态,保持良好的外表状态;在卸车交接中,做好清点查验,点交点接;卸车完毕,双方在交接单证上签署。

三、汽车货物运输合同

1. 汽车货物运输合同的种类

(1)定期运输合同。适用于承运人、托运人、货运代办人之间在商定的时期内多批量货物的运输,或者多批量货物的租车运输。

(2)一次性运输合同。对一批次或者一车次货物运输或一车次租车签署的运输合同。

(3)道路货物运单。在定期运输合同或一次性运输合同中使用运单,运单视为运输合同成立的凭证;在每车次货物运输中仅签发运单,或者短途每日多次运输中签发运单,运单视为运输合同。

2. 合同的内容

(1)定期运输合同的主要内容:

①托运人、收货人和承运人的名称、地址、电话、邮政编码;
②货物种类、名称、性质;
③货物重量、数量或每月、季、年度货物的批量;
④起运地、到达地;
⑤运输质量;
⑥合同期限;
⑦装卸责任;
⑧货物价值,是否保价、保险;
⑨运输费用及结算方法;
⑩违约责任;
⑪解决争议的方法。

(2)一次性运输合同的主要内容:

①托运人、收货人和承运人的名称(姓名)、地址、电话、邮政编码;
②货物种类、名称、性质、重量、数量、体积;
③货物包装方式;
④起运地点、到达地点、运距;
⑤承运日期和运到期限;
⑥运输质量;
⑦装卸责任;
⑧货物价值,是否保价、保险;
⑨运输费用及结算方法;
⑩违约责任;
⑪解决争议的方法。

3. 道路货物运单

道路货物运单是道路货物运输及运输代理的合同凭证,是运输经营者接受货物并在运输期间负责保管和据以交付货物的凭据,是当事人之间核收费用的凭据,又是记录车辆运行和行业统计的原始凭证,以及交通运输主管部门行业管理的依据。

道路货物运单由承、托双方按运单内容逐项填写，经承、托双方签章后立即有效。道路运输经营人或代理人在承接运输时，必须签发道路货物运单，否则属于违反《道路货物运输管理规则》的规定的行为。

道路货物运单由道路货物运输、运输代理经营人到注册所在地的道路运政管理机关领用。在办理领用时实行交旧领新。非营业性运输经营者从事一次性营业性运输，由当地道路运政管理机关核发道路货物运单。

道路货物运单(甲种)的格式与内容见表10-2。

表10-2

道路货物运单

本运单经承托双方签署后具有合同的效力，承运人与托运人、收货人的有关权利、义务和责任界限适用《汽车货物运输规则》

起运日期：　　年　　月　　日　　　　　　　　　　　　编号：

承运人		地址 邮编		电话 传真		车牌号		运输 证号		车型		挂车 号码		
托运人		地址		电话		装货地点								
收货人		地址		电话		卸货地点								
货物 名称	包装	体积:长×宽 ×高(cm)	件数	实际重 量(t)	计费重 量(t)	计费里 程(km)	货运周转 量(t·km)	货物 等级	运价 率	运费 金额	其他杂费		保价保险	
											费目	金额	金额	保价费
											装卸			
											过路			
											过桥			
合　计														
货物运单 签订地		结算 方式		付款币种 计价单位		运杂费 合计	万　千　百　拾　元　角　分							
特约 事项		托运人签章 年　月　日				承运人签章 年　月　日				收货人签章 年　月　日				

说明：1. 运单规格为17cm×28cm。

2. 运单一式四联，第一联存根，第二联托运人存查，第三联承运人存查，第四联随货同行。

道路货物运单分为甲、乙、丙三种：

(1)甲种运单适用于普通货物运输、大件货物运输、危险货物运输和运输代理人办理业务使用。在进行危险货物运输时，在甲种运单的左上角套印“道路危险货物运输专用章”。

(2)乙种运单适用于集装箱汽车运输。

(3)丙种运单适用于零担货物运输。

甲、乙种道路货物运单一式四联，第一联为签发人的存根，作为领购新运单和行业统计的凭据；第二联为托运人存查联，交托运人存查并作为运输合同当事人一方保存文件文本；第三联为承运人存查联，交承运人存查并作为运输合同当事人另一方保存的文件文本；第四联随货同行联，作为载货通知和核算运杂费的凭证，货物运达，经收货人签收后，作为承运人已交付货物的依据。

丙种道路货物运单一式五联,第一联存根;第二联托运人存查联;第三联提货联,由托运人交给收货人,凭以提货,再由交货人收回;第四联承运人存查联;第五联随货同行联。零担货物运输货物品名太多时,应附"汽车零担货物交接清单"。

4. 运输合同的变更与解除

(1)双方协商变更合同。经双方本着诚实信用和公平的原则通过协商同意变更或者解除合同。

(2)因不可抗力一方通知另一方变更或者解除合同。货物运输过程中,遇不可抗力造成道路阻塞,承运人与托运人协商,采取回运、绕道、接运、就地存放等措施变更合同的履行。

(3)一方当事人的违约造成另一方变更或者解除合同。由于合同当事人一方的原因,在合同约定的时限内确实无法履行运输合同;或者由于当事人违约,使合同的履行成为不可能时或者不必要,受害方可以通知对方解除合同。

(4)托运人单方变更和解除运输合同。在承运人未将货物交付收货人之前,托运人可以要求承运人中止运输、返还货物、变更到达地或者将货物交给其他收货人。

四、汽车货运费用

运输费用是公路货物运输经营人提供运输服务所获得的报酬,运输费用的收取是承运人的权利,支付运输费用是托运人的义务。运输费用由运费和杂费两项构成,运费是运输货物的基本费用,杂费为承运人提供额外服务或为弥补基本运输以外的支出向托运人收取的费用。计算运费的单位价格为运价。

1. 运价种类

公路货物运输由运输经营人根据成本和市场供求关系确定运价。承运人定价时根据运价确定的标准不同,把运价表达为:以每一吨公里为单位的里程运价;以运输线路为标准的线路运价。

因供求关系的影响承运人定价的权利会受托运人的制约。根据托运人影响的不同,运价分为:完全由承运人制订的运价表运价,这种运价确定方式常用于零担货物运输;由托运人和承运人协商一致所达成的协议运价;由托运人提出的货主运价;具有保险性质的保价运价;包租车的车载质量计时价。

2. 计费重量

运费是根据运价和计费重量来确定的,重量一律采用毛重计量。整批货物计费重量以"t"为单位,尾数不足100kg时,四舍五入(如6.45t按6.5t计);零担货物运输以kg为单位,尾数不足1kg时,四舍五入(如678.4kg按678kg计);轻泡货物按每立方米333kg折算;集装箱运输以箱为单位。

货物的重量是以货物的实际毛重重量计算,包括货物包装、衬垫及运输所需要的附属物品在内的重量。集装箱箱型分为:国内标准集装箱的1t箱、6t箱、10t箱,国际标准箱的20ft箱、40ft箱。

3. 运价里程

汽车运输的运价里程以km为单位,不足1km的进为1km。

道路的距离按省、自治区、直辖市交通行政主管部门核定的营运里程为准；未核定里程的道路，由承运人和托运人商定确定里程；存在有两条以上营运线路的，按最短线路计算运价里程；拼装分卸的运输，从第一装货地起到最后卸货地点计算运价里程；因自然灾害造成道路中断，按绕道的实际里程计算。

4. 运费

(1)基本运价。整批货物的基本运价为一批整批普通货物在等级公路上运输的每吨千米运价；零担货物基本运价为零担货物在等级公路上运输的每千克千米运价；集装箱基本运价为各类标准集装箱重箱在等级公路上运输的每箱千米运价。

(2)吨(箱)次费。整批货物运输在运费之外，按货物重量加收吨次费。依据不同集装箱箱型，在运费外加收的箱次费。

(3)分级差价。普通货物的一等货物为100%，二等货物为115%，三等货物则加成30%。笨重货物加成40%～80%。危险品加成80%～40%。

5. 杂费

汽车运输的杂费根据实际发生的收费项目和收费标准确定。杂费有：应托运人要求，车辆调出所在地而产生的车辆往返空驶的调车费；车辆到达约定地点，因托运人或者收货人责任造成延滞的延滞费；车辆依约定行至装货地点但装货落空造成车辆往返空驶的装货落空损失费；运输大型特型笨重货物，需对道路桥梁加固改造的排障费；改装拆卸以及还原车辆的车辆处置费；运输过渡、过路桥、隧道的通行费；货物装卸费、保管费、检验费等。

6. 运费计算

(1)整批货物的运费为：

运费＝吨次费×计费重量＋整批货物运价×计费重量×运价里程＋杂费

(2)零担货物运费为：

运费＝零担货物运价×计费重量×运价里程＋杂费

(3)集装箱运费为：

运费＝重(空)箱运价×计费箱数×运价里程＋箱次费×计费箱数＋杂费

(4)包车运费为：

运费＝包车运价×包用车辆吨位×计费时间＋杂费

(5)单一协议价则按照协议的运价标准和协议运量(箱量)计算运费。

7. 运费的支付与结算

货物的运杂费应该在货物托运、起运时一次结清。或者按照合同约定采取预付、随运随结或者运后结清的方式支付和结算。

因不可抗力造成运输未完成的，承运人需退回运费。

(1)采取接运、就地存放时，退回未完成运输的里程的运费，货物接运、保管费、装卸费用由托运人承担。

(2)回运时，收取已完成运输里程的运费，回程运费免收。

(3)托运人要求绕道运输的，收取实际运输里程的运费。

由承运人提出经协商解除运输合同的，承运人退还已收取的运费。

因不可抗力使货物实际灭失或者延迟30日的推定灭失，未收取运费的，承运人不可要求支付运费；已收取运费的，托运人可以要求退还运费。货物部分损失，尚能使用的，运费和杂费不退还。

五、运输中的责任承担

1. 承运人的责任

（1）承运人提供运输的车辆必须适合货物装载和运输，承运人负责装车的应保证装车质量。承运人未遵守双方约定的运输条件或者特约事项，造成托运人损失时，应承担赔偿责任。

（2）承运人在自接受货物时起到交付货物时止的责任期间内，除了规定的免责原因外，发生的货物毁损和灭失，承运人承担赔偿责任；货物在站场存放和作业期间，发生的货物毁损和灭失的，站场经营人承担赔偿责任。

在运输过程中，因交通肇事或者第三人造成的货物损害或者灭失的，由承运人先对托运人赔偿，然后再向肇事方或第三人追偿。

（3）承运人未按约定的期限将货物运达，应承担逾期违约责任。货物错运、错交，承运人应将货物无偿运到指定的地点，或者将货物收回交给指定的收货人。

承运人在目的地无故拒绝向持有有效提货凭证的收货人交货，必须承担提货人的损失赔偿。

2. 承运人的免责

承运人可以证明货物损害是由以下原因造成的，承运人对货物损害可以免除承担赔偿责任。

（1）不可抗力。

（2）货物本身的自然性质变化或者合理损耗。

（3）包装的内在缺陷所造成的货物受损。

（4）包装外表完好而内装货物毁损或灭失。

（5）托运人违反国家有关法令，致使货物被有关部门查扣、弃置或被作其他处理。

（6）押运人员的责任造成的货物毁损或者灭失。

（7）托运人或者收货人过错造成的货物毁损或者灭失。

3. 托运人的责任

（1）托运人未按约定的时间、地点提交货物，提供货物装卸条件，以及货物运达后无人收货或者拒绝收货，托运人应赔偿造成承运人车辆放空、延滞损失及其他损失。

（2）托运人不如实填写运单，错报、误填货物名称或者装卸地点，造成承运人错送、装货落空以及由此引起的其他损失，托运人应负赔偿责任。

（3）托运人在货物中夹带危险品和其他易腐蚀、易污染货物以及禁、限运货物；错报、匿报货物重量、规格、性质；货物包装不合标准、包装不良，错用包装标志，造成承运人、站场经营人、搬运装卸经营人的车辆、机具、设备等损坏、污染或人身伤亡以及第三方损失，由托运人赔偿。

六、事故处理和损失赔偿

1. 事故通知

发生运输事故后及时地通知合同对方或者有关方面，使各方及时知道事故的发生，及时采取有效的措施，是减少事故损失的最有效的方法，有利于事后简化争议处理。也是合同当事人协作履行合同的充分表现。

在运输中发生运输阻滞，承运人应及时通知托运人，以便托运人处理货物。

在货物装卸中发现或者发生货物损害，搬运装卸作业经营人应及时通知承运人或者托运人。

在运输中发生货运事故，承运人应及时通知托运人或者收货人。

2. 编制记录

在货物交付、运输、作业、保管或接收中发生或者发现货物损害，车辆、作业工具损害，以及发生其他违约责任，现场各方应及时编制和签署"货运事故记录"。

运输中仅有承运人在场时或者找不到托、收方，承运人可以邀请两名以上无利害关系的在场人签注"货运事故记录"。

3. 损失赔偿

(1)限额赔偿。根据法律、法规对道路运输的赔偿责任限额规定，责任人按照限额进行赔偿。如人员伤亡、行李灭失、迟延损失等根据有关规定进行赔偿。

(2)实际损失赔偿。责任人对其责任所造成的实际损失给予完全的赔偿，包括预期利益。如货物损失为货物的约定价格加上运费、杂费，或者应当交付的时间的交付地货物市场价格。

(3)保价赔偿。保价运输的，货物灭失按照托运人声明的价格予以赔偿。

(4)修复及修理费赔偿。对可以由责任人修复的损害，由责任人在限期内给予修复，恢复原样；或者由其他人修复，责任人负责支付修理费。

(5)实物赔偿。实物赔偿是由责任人向受害人交付相同或者可代替受损物的实物对受害人进行赔偿。

复习思考题

1. 什么是多式联运？多式联运有什么意义？其经营主体是谁？
2. 多式联运有何责任制度？
3. 铁路运输有哪些形式？铁路运输合同的当事人是谁？运输合同有哪些种类？
4. 铁路运输合同有何主要内容？如何订立？
5. 如何填制铁路货物运单？
6. 铁路运输的承运人、托运人、收货人各承担什么责任？
7. 铁路运输运费如何计收？
8. 水铁联运有哪些业务范围？
9. 水铁联运合同如何订立？

10. 水铁联运承运人承担什么责任?
11. 汽车运输有哪些类别?
12. 汽车运输的商务有什么事项?分别如何办理?
13. 汽车运输合同和运单有什么主要内容?
14. 汽车运输运价如何确定?怎样计收?
15. 公路运输中当事人分别承担哪些义务?

第十一章　水运商务质量管理与客户关系管理

学习目的

了解货运质量管理的概念和特征;掌握全面质量管理的原理,掌握水运商务质量管理方法和内容,了解质量考核指标;掌握货运事故的类型和责任划分,掌握货运记录作用和编制,了解赔偿和求偿程序;了解客户的重要性和客户的分类及方法,掌握客户关系管理的基本原则,了解水运客户关系管理的内容。

第一节　货运质量管理概述

一、保证货运质量的意义

满足国民经济各部门对运输的需要,是水运部门的基本任务。这种需要包含着质与量两个方面的统一要求,水运部门不仅在数量上完成运输合同约定的数量,更重要的是在保证货运质量的前提下全面履行合同。特别是随着经济体制改革的深入和社会主义市场经济的发展,企业竞争日益激烈,质量是竞争的基础。水运企业必须以质量求生存,贯彻"安全质量第一"的方针,把提高货运质量作为头等重要的任务。

(1)货运质量的好坏将直接关系到国民经济、工农业生产、外贸及人民经济文化生活的需求。货物不及时送达或产生货损、货差,都将影响到工农业生产对原材料、燃料的需求和产品的流通销售,影响国际贸易物资进口与出口顺利进行等。

(2)货运质量是运输企业的生命,是一个企业赖以生存和发展的保证。一个企业有没有生命力,在经营上有没有活力,首先要看其产品的质量是否符合要求。如果质量低劣,企业必然要被淘汰,就谈不上企业的发展。

(3)货运质量是增强水运企业竞争能力的核心。无论在国内还是国际市场,市场的竞争首先是产品质量的竞争。一个企业必须以产品质量去开拓市场,占领市场,以质取胜。

(4)货运质量是提高水运企业经济效益的重要条件。没有质量,也就没有效益。劣质低价、优质高价是市场的基本价格规律。所以,只有高质量的运输产品,才能达到高的经济效益。

(5)企业要承担低质量的损失。水运企业因其在运输或者作业中造成货物的损害,需要承担损害所造成的损失赔偿。赔偿的责任是按货物的实际损失计算,永远高于运费收入,使得企业收益大幅减少,极大可能出现经营亏损,甚至造成企业破产倒闭。

二、货运质量的概念和特征

货运质量是指按照运输合同所列的品名、件数和重量，将货物迅速、及时和完整无损地从发运地运达目的地的质量特性的总和。

货运质量与其他物质生产部门的产品质量相比较，有其独有的特点。首先，是产品形态不同，运输只改变货物的空间位置，运输的产品是货物空间的位移，这种产品形态是无形的，而工农业的产品形态是有形的，因此质量管理的对象不同；其次，运输不但不改变所运货物的数量、结构和形状，还要尽最大可能保证原有的数量和质量；第三，作为运输工具的船舶与运输对象的货物是同时发生位置移动的，具有生产过程与消费过程的同一性；第四，运输过程是在广阔的空间和连续的时间里进行的，具有面广、线长、多环节等复杂因素，使货运质量管理与其他产品质量管理相比，更为复杂。

根据运输生产的特点，运输的产品质量应该紧紧与货物空间位移联系在一起。所以运输企业产品质量特性应该包括安全性、及时性、完整性、经济性和服务性等内容。

(1)安全性。运输企业的产品生产主要通过运输工具的空间位移来实现，在位移时受到不断变化的外界自然环境的影响，随时随地都可能对运输安全构成威胁，所以对客货运输安全的要求更高。不能因运输本身的原因使货物发生货损、货差等事故，运输业应把安全性作为货运质量的第一特征。

为了考核货物运输的安全质量，可用货运损失赔偿金额率指标来衡量，其计算公式如下：

$$\text{货运损失赔偿金额率}=\frac{\text{赔偿金额}}{\text{同期总收入}}\times 100\%$$

(2)及时性。是指货物迅速及时地运达目的地。对于货物运输，其运达速度的快和慢是关系到商品流通时间长短和成本高低的重要因素。货物运送及时，可缩短商品流通的时间和再生产周期，使社会再生产加速进行，资金使用周转率提高。因此，运输的及时性是运输业一项重要的质量特征。

为了考核运输企业货运质量的及时性，可采用货物运到期限超期率指标来表示。其计算公式如下：

$$\text{货物运到期限超期率}=\frac{\text{计算期超期货吨(票)数}}{\text{周期总货吨(票)数}}\times 100\%$$

(3)完整性。是指从货物承运时起到将货物交付给收货人为止的整个过程中，货物不损坏、不短缺，物理及化学性质不变。

货物运输的完整性可用货损率和货差率指标来考核。其计算公式如下：

$$\text{货损率}=\frac{\text{计算期货物损坏件(吨)数}}{\text{同期货物运输总件(吨)数}}\times 100\%$$

$$\text{货差率}=\frac{\text{计算期货物差错件(吨)数}}{\text{同期货物运输总件(吨)数}}\times 100\%$$

(4)经济性。运输是产品生产的继续，运输消耗作为追加价值，直接转移到商品中去。这种追加价值，从物质部门对水运部门提出的要求(既要运得多、运得快，又要运费低、运得好)来看，总是希望这种追加价值越少越好。为了满足用户的这一要求，交通运输业必须研究提高投资效益，降低运输成本和运输费用的途径。其最终表现形式是单位运输(包括装卸)成本最

低。因此,经济性应成为运输业货运质量的特征之一。

经济性可用运输单位成本和成本降低率、货物运输费用和运输费用增减等指标考核。

(5)服务性。"一切为用户服务"是质量特性的综合表现。运输业在国民经济中处于提供运输服务的地位,把服务性作为一个质量特性来要求,有利于水运企业改进工作,提高生产和工作效率,提高服务质量,使水运更好地为国民经济发展、工农业生产和人民生活服务。

服务性通过客户满意率予以反映。

第二节　水运商务质量管理

水运企业的质量管理是在企业质量管理的总方针的指导下,水运企业各生产、服务环节所进行的质量管理的活动。水运商务的质量管理就是水运企业为了保证商务质量所进行的管理和组织,贯穿在水运企业质量管理的全过程之中。水运商务工作是水运企业的根本工作,保证商务工作的有效开展是水运企业生存和发展的中心任务。因而水运企业搞好商务质量管理,不仅是商务部门的责任,也是整个水运企业质量管理的任务。

一、水运商务质量管理的目标

水运商务是水运企业与需要运输产品的物质部门建立运输(作业)关系,组织运输(作业)以及货物交接的一系列活动。水运商务的质量目标广义地说就是在货运的全过程中,对所有参与运输活动的部门与环节实行全面的质量管理,保证完整、及时地将货物交付给收货人,而不发生货损、货差、赔偿责任,对运输合同做到全面、实际地履行的管理活动。狭义的商务质量管理是指水运企业的商务部门对其承担的职责进行的全面质量管理,确保无货损、货差与无索赔、客户关系稳固而进行的全面质量管理。具体地说就是航运经营企业的商务部门货源组织、订立运输合同、配载积载、货物交接、作业委托、核算费用、事故处理、客户服务等方面开展的全面质量管理;港口经营企业的商务部门在接受委托作业、货物交接、作业组织、仓储转运等商务活动开展全面的质量管理。

二、商务质量管理的基础工作

1. 质量教育工作

由企业质量管理部门与商务主管对全体商务人员进行质量管理意识的教育,以及全面质量管理知识的教育,使全体商务人员建立以质量为本,以质量求生存、求发展的思想意识。建立不同形式的质量管理小组、群众性的研究组织,进行活动与研究。做好人员的培训,使每个人均有实行质量管理的能力。

质量教育有两方面的目的,一是培养和提高员工的质量意识,加强员工对有关质量管理知识和规范的理解、领会,形成"质量第一"的思想素质;二是提高和改进员工的技术水平和作业技能,使员工达到岗位所要求的基本素质。前者是思想基础,后者是物质基础。但我们面临的实际情况是:大多数员工缺乏基本的质量管理理论,甚至很简单的质量技术知识,并且由于员工的交替和流动以及新员工的不断涌入,注定我们必须把教育作为日常质量管理的主要内容来抓,造就出一批高素质的员工队伍。

值得指出的是,在对员工进行连续的质量教育的过程中,不能忽视对领导者和管理人员的教育。据统计,企业运行中85%的缺陷是由于系统出差错所致,而这类差错只有领导者和管理层才有权更改。只有各级领导及管理人员深入了解了质量管理思想,并且十分清楚他们必须连续不断地为减少系统差错而奋斗,他们才会制订出切合实际的质量目标和计划,并且主动参与为实现这些计划而进行的质量活动,从而为实施企业的全面质量改进奠定基础,形成推动企业提高整体质量素质的巨大动力。

2. 标准化工作

进行质量管理与质量考核都离不开标准化。商务的标准化主要是以国家法规、行业标准和业务章程为准则和依据,设计与订立商务的技术标准、管理标准和工作标准,作为指导、约束和考核商务的标准。

在我国,ISO 9000标准是全国通用的标准,是国家推行的标准。ISO 9000标准是当代先进的管理思想和管理方法的结晶。按照ISO 9000标准建立起来的质量管理和质量保证体系,是科学的管理体系。对企业来说,实施ISO 9000标准,开展质量体系认证,意味着管理观念的更新,管理内容的变化和管理方法的改进。从某种意义上讲,这是企业质量管理的一次革命,是对传统管理习惯方法的一次挑战。

3. 质量信息工作

质量信息是指与质量及质量管理有关的信息。商务部门要安排人员和动员全员做好质量信息的收集、整理、分类、归纳、立档以及建立信息传递、流通、反馈的制度与程序。

4. 质量责任制

建立全员质量责任制,规定每个人在质量上的具体任务、责任和权利,每项工作均有明确的责任者。同时建立和完善质量监督制度、奖惩制度。

水运企业货运质量管理部门职责:

(1)贯彻执行国家有关货运质量管理工作的方针、政策、法规和上级主管部门有关货运质量管理的规定。制定本企业货运质量规章制度、质量标准,并负责实施。

(2)制定企业货运质量方针、目标及长远规划,负责货运质量统计并进行分析,提出月、季度货运质量管理工作计划。

(3)制定货运质量管理人员岗位责任制。

(4)贯彻执行货运计量业务规章,参与货运计量工作,配合有关部门提出货运计量设备的配备计划。

(5)负责货运质量事故及无法交付货物的处理,参与口岸联合验残事故处理等工作。

(6)制定货运质量工作标准和考核办法,并进行业务考核。

(7)负责运输生产各环节预控货运质量的动态管理及自检自查;正确编制各项货运质量原始记录和统计报表。

(8)开展以提高货运质量为内容的质量管理小组活动;组织以优质运输为主要内容的各种货运质量评比竞赛,并负责货运质量奖惩工作。

(9)总结交流、学习推广货运质量管理先进经验;负责开展货运质量信息工作。

贯彻质量责任制必须加强监督,选择定期和不定期相结合进行自查、互查、专查、内审。认真实施检查,对其中发现问题,充分分析原因,制定和实施纠正、预防或改进措施。同时也研究

修改更为切实可行的质量管理办法，以促使更好实施，提高运行效果。

三、水运商务质量管理的内容

水运商务质量管理因果图见图 11-1：

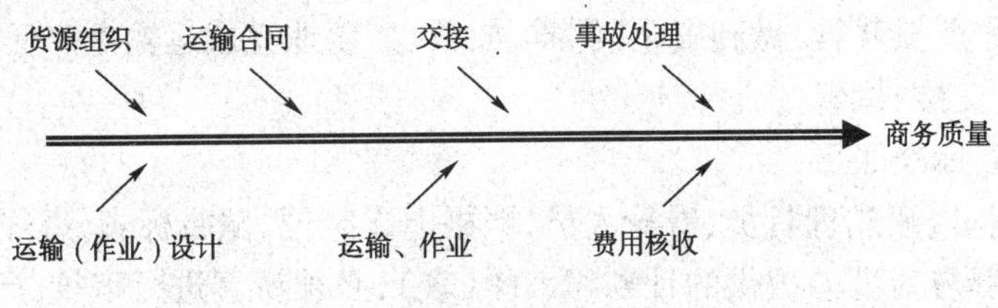

图 11-1　水运商务质量管理因果图

1. 货源组织中的质量管理

货源组织是商务最基础的工作，也是水运企业最为关键的工作。货源组织工作进行的好坏，决定了企业的经营状态。水运企业要特别重视货源组织工作，同时也应加强货源组织的质量管理，使货源组织能够有竞争力地开展。货源组织的质量管理目标为多揽货、揽好货。

货源组织的内容包括市场调查、市场宣传、建立运输和作业关系、订立运输和作业合同。市场调查的质量目标是广泛调查，所得的数据准确、可靠，可作为企业经营决策的依据；市场宣传的质量目标为宣传有效，在用户中建立良好的形象，被潜在的用户所了解；建立运输关系的质量目标则是便于客户联系，为客户提供方便的咨询服务，了解客户的运输要求，为客户的决策提供意见，同时详细地了解和掌握其实力与状态；订立合同的质量目标是做到合同规范、内容完善、合同可履行，合同的履行会对企业带来利益。

在货源组织过程中，要注重货源组织工作的替代性和远期调研，用发展的眼光，分层次实施货源开发的经营战略。着眼于将来，为企业不断注入后劲。

企业在货源组织过程中应做到以下几点：

（1）注重客户关系管理，建立揽货体系，重用揽货人员。

（2）做好市场细分，明确目标市场，提高组织货源效率。首先，对国家和社会经济发展的方向及政策导向必须予以关注，并认真分析、及时捕捉相关的货源信息，指导货源组织工作；其次，在对市场供求状况、市场潜力需求、市场价格水平以及本企业目前的市场占有率等进行充分调查了解的基础上，着力对货源市场进行科学细分，全面掌握企业所面临的货源市场情况。此外，货源的组织不应仅仅是停留在拉揽货源上，而是要通过建立科学规范的营销系统，采取各种先进的企业营销手段，包括市场定位、渠道选择、广告宣传、价格策略、品牌建设、客户管理以及竞争策划等，实现企业营销战略，从总体上决胜市场，获得竞争胜利。

2. 运输生产组织中的质量管理

运输生产组织是在运输合同订立之后，水运企业对运输合同的履行准备，也是水运企业利用运输生产能力进行运输生产的准备过程。其质量管理的目标是要完成合同约定的承运义务，实现低耗、高质、高效益的运输。运输生产组织的主要内容是运输生产的工艺设计，在航运企业为配载、船舶调度；在港口企业为库场设计、装卸工艺设计。

3. 运输生产过程中的质量管理

运输生产过程中的质量管理是指水运企业自接受货物到交付货物的整个运输生产过程

中，为了确保不发生货损、货差和赔偿责任事故所进行的全面质量管理。运输生产过程中的质量管理不仅是商务部门所进行的质量管理，还包括船舶、机务、机械、作业的货运质量管理，以及理货的质量保证。在这个阶段，因涉及许多方面，质量管理以建立健全的岗位责任制为中心的各项质量管理制度，严格地执行各项工作标准、技术标准和管理标准，按程序办事，按操作规程进行作业。各方严抓共管，做到安全、优质、如数、如期地完成运输生产任务。同时做好单证传递、报表填制与交接、保管。

船舶货运质量标准如下：

(1)船舶货运员、船舶理货员、看舱人员，严格上岗定位，佩戴标志，遵守岗位责任制。

(2)装船前，船方对港方提供的计划积载图(表)，必须认真进行审核，严格把关签认，并可提出修改意见。

(3)船舶货运员必须深入货物堆存现场，摸清货物品名、特性、包装、标志、规格、数量；对不符合运输要求的货物，应做好记录。

(4)装货前，船舶应做到适航、适工、适载，备妥分隔、衬垫物料；装货时，指导港方做好货物分隔、衬垫、绑扎工作。

(5)船舶理货员必须正确收发、计量、计数，不错卸、错装，分清标志、隔票清楚。坚持做到分清工残、原残，如实填写现场记录，交接清楚，明确责任。

(6)认真监督、指导、配合港方坚持装舱积载标准：由下而上、先远后近、先大后小，上轻下重、箭头朝上；特殊货物先定装舱部位，忌装货物慎配装；大硬货物先装，小软货物后装，轻重、大小货物搭配合理，严格装卸顺序；注意装卸事项，码舱整齐、分隔清楚。

(7)装货结束后，船舶货运员应认真核对运单、交接单、分舱单、计划积载图(表)及运输有无特殊要求，并采取相应措施。

(8)坚持做到"三定"、"四清"：看舱定人、定时、定舱，货物卸清、分票隔票清、残损责任清、货物现场交接清；把好"六关"：备舱关、摸底关、积载关、装货关、航行关、卸货关。

(9)航行途中，船舶应加强对受载货物的检查与管理：注意通风，勤测污水沟，防止货物水湿、汗湿、浪湿；定时到货舱进行检查，防止货物滑动移位和倒桩；遇有恶劣气候，要做好对货物加固绑扎工作。

(10)整船装运散装干货，装货前船舶应对所装货物进行摸底检查，防止虫损、湿损、变质货物上船。运煤船舶应严防煤炭自燃变质；对港存煤炭已经自燃或超过规定温度的，应及时同港方协商，不采取有效措施，不准装船。

(11)大宗散货装载完毕应指导港方平舱；认真做好水尺鉴定工作，提出准确的计量数据，做到看准、测准、算准、装足。

(12)运油船舶，应认真做好防火、防爆、防污染工作；装油前应保证油舱及管系的清洁，坚持严格的清洗舱、验舱制度，防止油品的掺混合变质；装卸时应遵守安全装卸操作程序，防止油品的跑、冒、滴、漏、混事故；装油后，应检查各种盖及阀门是否封闭，防止油舱渗水混油。

(13)适时做好油舱的合理加温、保温，卸油时应尽量收尽各舱油脚；卸油结束前，应全面检查油舱，防止漏卸。

4. 装卸货物作业中的质量标准

(1)装船作业要标准，根据船舶适航适载情况及计划积载图(表)要求，正确积载，保障船

舶平稳;按票装货,堆码紧密,隔票清楚,绑扎牢固,防止货物滚动、位移。

(2)卸船作业,按顺序、分段逐层、均衡卸货。

(3)船舶装卸作业前,船舷拴挂安全网、片,并做到拴挂合理、可靠、随水位及时调整,及时清理积物。

(4)对同品种、同规格、同包装的货物,做关坚持“三定”:定量、定型、定关。

(5)装卸作业坚持“十不”:不装破损包、不使用手钩、不倒关、不拖关、不落水、不堆垛、不挖井留山、不夹包带件、不吊超负荷关、不吊堆码不正关。

(6)作业中轻拿轻放,箭头朝上,重不压轻,木箱不压纸箱;地脚货及时扫清、灌包、归垛。

(7)装卸散货避免洒漏、落水、混质,按规定平舱;装卸散装液体货(包括通过管道运输装卸的液体货)不跑、不冒、不滴、不漏、不混。

(8)雨雪天,怕湿货物无防范措施不作业。

(9)危险品,特殊物件,笨重长大件及冷藏、危险品集装箱等,应制定防范措施后再作业。

(10)对残损件货,分清原残、工残,并如实做好现场记录。

(11)作业中随洒随扫、随破随修,作业完毕做到“六清”:船舱清、甲板清、码头清、道路清、库场清、机具清。

5. 库场管理的质量标准

(1)货物进出库,按单交接、点清件数、分清残损,验明包装、标志、规格、品名。发现问题,及时做好记录,并通知托运人、收货人签证处理。

(2)按票堆码、成行成线,标志朝外、箭头朝上,剔出残损并妥善保管。

(3)对互有抵触、易受感染、易腐变质的货物,采取相应措施,防止变质、污损。

(4)库、场货位合理,并留出通道,保留垛距、墙距、灯距、消防距。货垛牌填写清楚,拴挂有序。

(5)场地货物要垛上起脊,码垛整齐。同品名、同规格、同包装的货物要定量、定型,按标准垛堆码。

(6)库、场整洁,货垛布局合理、坚实牢固。需垫盖的货物,上盖下垫、不露不漏不落地。垫、盖设备良好并做到苫盖严实、捆绑牢固。风季加防风网,货位无积水。

(7)货物堆存做到“十防”:防混质、防霉变、防污染、防风、防台(风)、防汛、防火、防湿、防鼠虫害、防盗。及时处理无法交付的货物、地脚货物、破损货物。无法交付货物按规定上报处理,地脚货物随原货票同行,破损货物破来好转(包装、材料、劳务费用可另计)。

(8)库场理货员依船边、库场等交接方式,上岗定位;交接清楚、账货相符,票据周转及时,正确编制各类记录并做到字迹清楚。

(9)集装箱装箱前或拆箱后,作好箱底清洁工作;集装箱拼箱货物的交付,有条件的应先拆箱入库,后核对交付;在箱区现场逐票分提的,做好分次开箱交付、拆加封记录,划清溢短、原残、工残责任。

6. 交付过程中的质量管理

交付货物的质量管理的目标为做到手续简便、交接无误、用户满意。在交付过程中即要注意货物的完整交付,又要对收货人提供便利的服务。货物交付是对货运质量的最后确认,交付后,双方的运输关系终结,所有有关运输合同的责任均需处理妥善。

7. 费用核收中的质量管理

费用核收的质量要求是做到及时核收、核算准确、单证完备，同时做好账目、单证的处理，不发生漏收、错收事故。收费之后应将签发的单证妥当、完整地签发给收货人。此外在费收质量管理时特别要注意收费的岗位责任制的确定。

四、水运商务质量考核指标及其要求

水运商务质量考核指标是反映水路货物运输、港口作业过程中所发生的货运质量事故，判定企业质量管理水平，也是行业主管部门对企业实施监督管理的依据和手段。

交通部以行业标准的方式（JT/T 4081—1999）规定了水路货物运输质量考核指标和统计要求，并确定了最低标准。适用于从事营业性内、外贸货物运输及相关的港口装卸、储存、驳运等作业的企业、单位和个体联户。

1. 重大货运事故（Major Accident）

发生以下任何一种事故，皆为重大货运事故：

（1）内贸货物每一运单的货物损失赔偿金额达30万元以上或外贸货物每一提单的货物损失金额达250万元以上的货运事故（一票整船货物除外）。

（2）同一事故或同一航次内涉及一票以上的内贸货物的货物损失赔偿金额达200万元以上或外贸货物的货物损失赔偿金额达500万元以上的货运事故。

重大货运事故指标要求：企业质量要求应达到无重大货运事故。

2. 赔偿率（Payment Ratio）

赔偿率是赔偿金额与货运收入之万分比。

$$\text{赔偿率}=\frac{\text{赔偿金额（元）}}{\text{货运总收入（万元）}}\times 100\%$$

赔偿金额系指本企业责任货运事故对外所支付的赔款金额。

港口企业的货运收入系指装卸费、堆存费、驳运费及货物装卸作业的其他有关费用。

航运企业的货运收入系指运费收入和船舶出租费。

货物赔偿率不得超过10‰。

此外货物运输的货损率、货差率、超期率，客户满意度、客户增长率、流失率等均作为商务质量考核指标。

3. 货运质量合格率

货运质量合格率按下列公式确定：

$$\text{货运质量合格率}=\frac{\sum\text{检查考评项目赋分值}}{\sum\text{检查考评项目的满分值}}\times 100\%$$

货运质量按四级考核：货运质量合格率达90%以上（含90%、下同）为优；90%以下至80%以上为良；80%以下至60%为中；不满60%为差。货运质量达标档次是评价考核货运质量水平的主要依据，应作为企业承包经营责任制、企业升级、创优评奖的条件，企业发生重大货运质量事故或货运质量合格率未达到优、良等级的，应作为评审企业升级、质量管理获奖等的否决条件。

货运质量检查考评项目如下：

(1)部颁《水路货物运输质量考核标准》:
①重大事故;
②赔偿率。
(2)货运质量管理工作:
①机构健全,职责明确,制度完善;
②认真落实《办法》并制定根据检查实际的《实施办法》,严格执行业务规章;
③坚持开展质量信息反馈工作;
④推行科学管理、正确处理水运生产与质量的关系。
(3)(港口企业)库场管理:
①正确验收交接,妥善堆码、保管;
②按标准堆码,防损措施得当;
③货物堆码达到"十防"标准;
④上岗定位、交接清楚、记录完整、账货相符;
⑤集装箱管理。
(4)(港口企业)装卸作业:
①按标准作业、正确积载、保证顺序、达到"三定";
②坚持"十不"、安全操作;
③按特殊要求作业,采取防范措施得当;
④分清原残、工残,正确编制记录。
(5)(港口企业)装卸船作业:
①按标准装车、合理堆码;
②装车坚持"六不",起脊苫盖良好;
③确保散货作业标准(包括液体货物);
④保证卸车作业标准,达到"三清"。
(6)外轮理货:
①严格上岗定位,按规定交接,按关计数;
②按单分理,计数准确,分清工残、原残;
③单证完整,资料齐全;
④沟通信息,认真整改。
(7)(航运企业)装船前适航:
①认真审核计划积载图(表);
②做好装船前准备工作,保证货、单、票相符;
③看舱、质管人员严格上岗定位,坚持岗位责任制。
(8)(航运企业)合理配积载:
①坚持装舱积载标准,正确计量、计数,分清标志;
②做好分隔、衬垫、绑扎工作;
③坚持做到"三定"及"四清",把好"六类"。
(9)(航运企业)船舶航行:

①定时通风、测污水沟,防止货物湿损;
②定时下舱看货,防止货物位移、倒桩;
③适时做好货物的加固绑扎。
(10)(航运企业)特运措施妥善:
①散货船做好水尺计量;
②粮食、煤炭等大宗散货采取措施得当;
③运油船舶操作管理得当。
(11)监督与奖惩:
①各级质量监督网健全,专兼职人员配齐;
②定期召开质量分析会,按"三不放过"处理事故;
③对货运质量有奖有惩,明确责任制;
④实行"质量否决权",奖惩制度与经济效益和经营承包责任制挂钩。

五、水运商务质量管理应注意的问题

1. 考核指标的发展

考核指标是质量管理的标准和管理目的,随着科学技术的发展、生产工艺的改进,质量管理的考核指标也应通过不断的循环而不断地提高,使企业的质量水平不断迈向新的台阶。

2. 协调

商务质量管理是水运企业质量管理的一个管理分支,应与其他质量管理相辅相承。在进行商务质量管理时要注意与其他质量管理分支相配合、衔接,包括管理方法、制度标准的衔接、质量责任的衔接,使整个企业的质量管理能够有效、全面地开展。

第三节　水路货运事故处理

货运事故的处理是指发生货损货差或者额外费用支出的货运事故后,所进行的调查、核实、记录、记录批注,明确责任,确定赔偿与进行赔偿、求偿的活动。货运事故的处理是商务管理的一项重要工作。在进行水路货运时,水运企业首先应该要严格管理,要求员工认真负责、遵守规章制度,避免发生事故;其次是对发生的事故要进行妥善处理,明确责任,减少损失。处理货运事故要做到有根有据、责任明确、减少损失、按章办事、主张合理、及时赔偿。当事人对事故处理的好坏直接影响到其承担的责任与经济利益。

一、货运事故的类型和责任划分

1. 货运事故的类型

货运事故是指在运输中发生的货物质量与数量、价值的变化,而造成损失的事故。按损害的表现形式可以分为货损、货差和费用额外的支出。

(1)货损。是指货物性质的变化,包括物理形态、化学成分、使用功能的变化。具体有:破损、变形、污染、串味、湿损、混合、变质、火灾、有生动植物的死亡、货物丧失原有的使用功能等。

包装损害亦列入货损的范围,也按货损处理。但包装损害可能未损及货物本身,那么就不

产生赔偿责任。

货损的判定依据为:托运人提交运输时货物的状态与收货人接受货物时的状态发生变化就构成货损。货损产生的原因有:海损事故所造成的货物损害;船舶积载不当,保管不良造成的损害;不当操作造成的工残;交接验收货物时未发现的原残;以及因为不可抗力、货物特性、包装不良等产生的货物损害。

(2)货差。是指货物数量上发生的变化。包括货物短少、溢余、灭失等。货差产生的原因有:发生海损事故造成的货物灭失、丧失;为航行安全采取的措施造成的灭失;货物散落、扬尘、挥发、渗漏造成的减量;错漏装卸、错交错转造成的短少;单货不符的有单无货或者有货无单的不一致;计量不准造成的数量相差;失窃等。

货差是相对于托运人托运时提交的货物数量或重量而言。对于不计量的货物或托运人未申报件数、重量的货物,原来原转及封舱运输的货物,运输人不承担货差责任。

(3)费用的额外支出。货物运输中的额外费用支出是一种无形的货运事故。虽然货物在物理、化学、功能等方面没有损失,但是为了完成运输需额外地支出费用而产生损失,因而也是货运事故。

额外的费用支出主要为由于海损事故所造成的救助费支出与共同海损的损失,错交错运货物转运所产生的额外费用,装舱不良而进行的倒舱重装,重新计量、理货的费用支出,未能正常作业的待时费用支出等。

2. 货运事故的责任划分

水路货物运输的责任归责原则为我国民法体系的过错责任原则。谁过失造成的事故损失由谁承担赔偿责任。此外从责任期间来看,货损事故发生在哪个责任期间,除非责任人可以证明其没有过失,否则责任人就要承担赔偿责任。由于货物运输是在不断地进行的交接过程,发生货运事故也不停止交接,责任的承担亦不因为货物交接而改变责任人。但在交接时必须明确责任,采用交接责任制。交接时发现货物损害与差错的由交方负责,交接后发现损害与差错的由接方负责。

对于当事人没有过失所发生的货物损害,当事人不承担赔偿责任,损失由受害人承担,不发生赔偿责任。此外虽然发生了事故,但未造成责任损失,责任人亦不承担损失赔偿。

(1)货损事故的责任划分:

①装船前或装船作业过程中造成的货物残损,由起运港港口经营人负责。

②到达港卸货出舱前,发现的货物残损,无船舶与起运港编制的货运记录证明或损害超出记录的,由船舶负责。

③到达港卸货作业过程中发生的和交付时发现的货物残损,由到达港港口经营人负责。

④货物残损由于配载、积载不当造成的由承运人负责;但装货港擅自变更积载图(表)所造成的由起运港负责。

⑤在装卸过程中,由于船舶起货机具不良所发生的货物残损,由船舶负责;但由于作业中的违章操作造成的损害由作业港口负责。

⑥货物运输过程中的保管不当、船舶状态不良造成的货物残损由船方负责。

(2)货差责任的划分:

①港口经营人应提供承运人计数的方便条件,对同品名、同规格、同定量包装的货物要做

到定型、定关、定量。港口经营人做关不准、堆码不标准,无法计数时,产生的货差由港口经营人承担责任。

②对不具备“三定”的成组运输货物,按照运输合同、作业合同的约定承当责任。

③实行库场点垛计数交接装船或卸船的货物,因作业线路途经公共道路而产生的货差,由起运港或到达港港口经营人和承运人商定负责。

④无盖、无人驳凭装载现状交接的,在起拖前发现的货物异状,由港口经营人负责;起拖后由拖轮负责。有盖无人驳凭舱封交接的,舱封破损,由造成破损责任人负责;原封完好,船体完整到达时,发现舱内货物不良,由施封单位负责,若由承运人施封的则由承运人负责。

(3)额外费用支出的责任划分:

①额外费用支出由造成额外费用支出的责任人承担。因港口错装错卸、堆舱不良、工艺不当等造成的额外费用支出,由港口经营人承担;因承运人错运、错交、过失发生海损事故的救助费用,联运组织不当等造成的损失由承运人负责;由于托运人申报错误、手续不全、供货不及时,收货人提货不及时造成的额外费用支出,由托运人或收货人承担。

②因共同海损行为造成的额外费用支出,按照《中华人民共和国海商法》有关规定,由共同海损行为的受益人共同分摊。但分摊后,承担人可以依据过失责任向过失责任人追偿。

③因不可抗力、自然灾害、政府或航运管理部门的行为造成的额外费用支出,由所有人以及责任人承担。

二、编制记录

水路货物运输中所使用的记录有货运记录和普通记录两种。

1. 编制记录的要求

(1)记录应在发生货运事故或交接、交付当时发现货物状态不良时编制。任何一方不得拒编,也不得事后要求补编。

(2)记录内各栏应填写清楚,如有更改时画线更改,并应由交接双方在更改处盖章。

(3)记录的内容应如实填写,做到实事求是,不得凭想象或假设,不得用揣测、笼统词句;情况要记录的详细、准确、具体。

(4)一张运单或作业委托单有数种品名时,应分别写明情况。

(5)填制记录要做到字迹清楚、语言精练、词句明白。

(6)记录编制后应有两方签章。即由交接双方签章或责任人与编制人签章。若当事人对记录有异议,可在签章时进行批注,表明签章人的意见。

2. 货运记录

1)货运记录的作用

(1)反映货物情况。货运记录是货物情况不良时编制的记录,如实地反映货损、货差或不良状态。在进行货物交接时,不良货物的接货方不能够如运单所述的状态收到货物,所编制的货运记录就成为不良货物的说明。接货方除了接受货物外,还接受记录,作为接到的货物情况说明和证明责任的证据。

(2)查询货物的依据。造成货运事故的责任人或管理货物的责任人对被发现的货损、货差要承担赔偿责任。而造成货损、货差或票货分离、票货不符等货运事故的原因很多,有可能

货物还在前交货人处，责任人可以通过查询的方式寻找货物，避免发生货差。对货差、货票不符等货运事故，许多时候可以通过查询得以消除。在办理货运事故查询时，查询人要编制“货运事故查询书”并将货运记录附上，作为查询的依据。

(3)处理事故、承担责任的依据。货运记录是现场经双方当事人按照实际情况编制的记录，其内容应准确，对于事故的情况、程度、发生的时间等如实陈述，对明确的责任予以记录，并经双方签署。因此货运记录是分析责任和处理事故的依据；同时也是受损人向责任人索赔的依据，责任人处理索赔的依据。

2)货运记录的编制原因和编制记录的当事人

货物在运输和作业过程中发生和发现的溢余、灭失、变质、污染、损坏等事故，涉及承运人与托运人、收货人，港口经营人与作业委托人，承运人与港口经营人之间的责任时，应编制货运记录。具体在以下情况由以下当事人编制货运记录：

(1)货物交接时的货运记录编制：

①货物进港时港口经营人发现货物与作业委托单不同，有残损差错、包装不符标准或破裂、标志不良等情况，港口经营人与托运人共同编制货运记录；

②货物装船时货物状态不良或货物与运单不符，货物由托运人装船的，承运人与托运人共同编制货运记录；货物由港口装船的，承运人与港口经营人共同编制货运记录；

③货物卸船时，货物与作业委托单不符，港口经营人与承运人共同编制货运记录；

④收货人直取卸船时发现货物与运单不符，收货人与承运人共同编制货运记录；

⑤收货人提货时发现货物与运单不符或有货损货差，收货人向港口提货的，与港口经营人共同编制货运记录；在船边直取提货的，与承运人共同编制货运记录；

⑥按舱封交付的货物，在卸船前发现舱封有异，收货人与承运人共同编制货运记录；

⑦无盖无人驳凭装载现状进行交接，发现装载现状有异状，卸驳港口经营人与拖轮共同编制货运记录；

⑧有盖无人驳凭舱封交接的，原封完好，船体完整，到达港卸驳时发现货损货差时，由承运人与到达港港口经营人共同编制货运记录。

(2)发生或发现货损货差时的货运记录编制：

①装船时承运人(船舶)发现港口装舱混乱、擅自变更计划积载图(表)的装舱顺序和部位，不能翻舱整理时，应编制货运记录，并交港口经营人签章；

②一张运单的货物退装部分时，应将退装的件数、吨数，退装原因编制货运记录，并由承运人与港口经营人共同签章；

③卸船时承运人发现港口混卸或违章操作，应予以制止，制止无效或已产生损害时应编制货运记录，交港口经营人签章；

④卸船时如在船上发现货物残损，包装破裂、翻钉、松钉，包装内有碎声，分票不清，标志不清，装舱混乱以及积载不当等，港口经营人应编制货运记录，交承运人签章；

⑤对经过整修包装的货物，发现内容短少、残损，港航双方共同编制货运记录；

⑥货物在港区库场点垛计数的，承运人发现港口做关不准、堆码不标准、无法计数时，应会同港口经营人共同编制货运记录；

⑦成组运输货物在港口卸船当时拆组点数时，发现差错，由到达港港口经营人会同承运人

共同编制货运记录；

⑧港口经营人发现非本港货物错运到本港或有货无票、有票无货，应编制货运记录，交来船承运人或转船承运人签章。

3）货运记录的格式与内容

（1）货运记录的格式，见表11-1。

货 运 记 录　　表11-1

编号：

<table>
<tr><td colspan="3">托运人</td><td colspan="3">收货人</td></tr>
<tr><td>运/提单号码</td><td colspan="2"></td><td>作业合同号码</td><td colspan="2"></td></tr>
<tr><td>船舶</td><td></td><td>航次</td><td></td><td>车号</td><td></td></tr>
<tr><td>交接时间</td><td></td><td>交接地点</td><td></td><td>集装箱号</td><td></td></tr>
<tr><td>起运港</td><td></td><td>中转港</td><td></td><td>到达港</td><td></td></tr>
<tr><td>识别标志</td><td>货　名</td><td>件　数</td><td colspan="2">重量、体积</td><td>包装方式</td></tr>
<tr><td></td><td></td><td></td><td colspan="2"></td><td></td></tr>
<tr><td></td><td></td><td></td><td colspan="2"></td><td></td></tr>
<tr><td></td><td></td><td></td><td colspan="2"></td><td></td></tr>
<tr><td colspan="6">记录内容</td></tr>
<tr><td colspan="3">交货方（签章）
年　月　日</td><td colspan="3">接货方（签章）
年　月　日</td></tr>
<tr><td colspan="3">编制单位：</td><td colspan="3">编制人：
时　间：　　年　月　日</td></tr>
</table>

说明：1. 本记录编写份数：（1）装货港货物入库时，一式五份；（2）货物装船时，一式四份；（3）货物卸船时；一式三份；（4）交货时；一式两份。

2. 规格：长27cm，宽19cm。

（2）货运记录的内容：

①运输的基本资料：承运人、船名、航次、托运人、收货人、运单号码、起运港、换装港、到达港。

②港口作业基本资料：作业委托人、港口经营人、作业委托单号码。

③货物资料:发货符号、货名、件数、包装、计费重量(重量吨、体积立方米)、价值。

④记录内容:有关货运记录编制的原因,损害的发生、程度、产生的原因等。

⑤交接双方的签章及货运记录的编号。

(3)货运记录的编制份数与记录流转

在发现或者发生货物损害后,当事双方编制货运记录,货物的状态已与运单的记载不同。将来凭运单交接货物时,要用货运记录来说明货物的不正常现象,因而编制的货运记录应使得将来货物交接的各方都能持有该凭证。

①装货港入库前发生的货运事故,需编制货运记录至少一式五份。货运记录按以下流转:作业委托人、起运港港口经营人各一份,其余三份交承运人,承运人自留一份、交到达港港口经营人和收货人各一份。

②货物装船前和装船时发现和发生的不良状态,编制货运记录至少一式四份:起运港港口经营人和承运人各一份,由承运人交到达港港口经营人和收货人各一份。

③卸船时发现和发生的不良状态,编制货运记录至少一式三份:承运人、到达港港口经营人、收货人各一份。

④交付货物时发现和发生的不良状态,编制货运记录一式两份:到达港港口经营人和收货人各一份。

3. 普通记录

1)普通记录的作用

普通记录是在运输中,当事人对货物存在的和发生的与运单记载不一致的非责任特殊情况的说明和记录,以便在交接货物或向收货人交付货物时,对货物中存在的特殊情况进行说明和证明。普通记录不涉及当事人的责任问题,不能作为任何一方的索赔依据。有关责任问题当事人应编制货运记录。

普通记录由发现或发生特殊情况时的当事人一方编制,由可以证明的单位或个人签章证明。一般由承运人、港口经营人会同托运人或作业委托人编制普通记录。

2)普通记录的形式与内容

普通记录的格式见表11-2。规格:长27cm,宽19cm。内容有:编号、运/提单号码、作业合同号码、船名、航次、起运港、中转港、到达港、作业委托人、港口经营人、货物资料、证明事项、编制人签章、会同人签章。记录内容中需要写明相关的部门、托运人、承运人、收货人、作业委托人、港口经营人等。

3)编制普通记录的原因与份数

(1)编制普通记录的原因:

①托运人按舱封或装载现状与承运人进行交接,以及其他封舱(箱)运输的货物,发生非承运人责任的灭失、短少、变质、污染、损坏和内容不符;

②托运人随附在货物运单上的单证丢失;

③托运人派人押运和甲板货物发生的非承运人责任造成的损失;

④承运人提供的船舶水尺计量数;

⑤货物包装经过加固整理;

⑥收货人、作业委托人要求证明与货物数量、质量无关的其他情况。

普通记录

表11-2

编号：

运/提单号码			作业合同号码		
船舶		航次		车号	
交接时间		交接地点		集装箱号	
起运港		中转港		到达港	
识别标志	货　名	件　数	重量、体积	包装方式	
记录内容					
编制单位：			编制人： 时　间：　　　年　　月　　日		

说明：1. 本记录不作为索赔依据。

2. 规格：长27cm；宽19cm。

(2)普通记录编制份数。普通记录编制的份数与流转的运单份数相同，并随运单交付给有关方面。

三、货运事故的调查

货运事故发生后应进行调查，尤其是对重大事故必须进行专题调查。事故记录仅是进行调查的书面依据之一，还必须充分搜集有关材料，其内容和范围应视事故性质和产生事故的条件而定。主要方面包括：在承运、中转、到达等各个环节上的有关文字记载，交接清单，配积载图以及有关货运方面的单据票证和发货人声明栏批注；对外贸进口物资在国内中转时发生质量事故的有关货运资料，也应列入调查范围；其他如物资单位所提供的物资调拨单据，产品说明书等也应注意搜集。

在掌握上述资料的基础上，可对事故进行就地调查。对货物被盗和有意破坏等恶性事故的调查，必须会同公安部门共同进行。调查中应广泛听取意见，走访事故见证人和有关人员，也可召开事故调查会，事故分析会。此外，判定事故原因和损失程度方面，还可借助技术手段，如进行检验、测定、试验等，这对仅从货物外表状况和直观感觉难以判明的事故是有益的。

四、货运事故的分析

货运事故分析主要从货损率、货差率进行分析。货损货差率要分析的是由于货损货差件数和运输货物总件数的增减对货损货差率的影响，并查明其原因。除分析货损货差率外，还要分析赔偿金额的增减，以评价质量的好坏。影响货损货差率的主要因素有货物包装质量、运输装卸保管质量、交接制度等，对重大货损货差要按件查明原因进行分析。

对货物事故的分析应建立在事故的调查结果基础之上，对产生事故的原因、过程及其后果有了比较全面的了解的情况下，提出正确的处理意见。

五、货运事故的损失求偿与赔偿

1. 索赔

1）索赔程序

索赔是指在水路运输中责任人因过失造成的货物、行李损害，人员伤亡，受害人向责任人要求赔偿的行为。

对于已投保的损害，受害人向责任保险人提出保险赔偿。保险人按保险条款的规定给予赔偿，再由保险人向责任人追偿应由责任人负责的赔偿部分。对未投保的事故索赔或保险人要求被保人先行索赔的，索赔人向责任人直接提出索赔。责任人按合同责任或侵权责任予以赔偿。

索赔人向责任人提起索赔应向责任人发出"索赔书"以及要求赔偿的证明文件。保险人向责任人索赔时还需要出具受害人签署的"权益转让证书"。

2）索赔时效

索赔时效是法律、法规规定受害人必须向责任人提出赔偿诉讼的时间期限。超过时效再提起的索赔要求，法院不再受理，即索赔人失去索赔权利。

托运人、作业委托人向承运人、港口经营人要求货运事故的赔偿，应在收到货运记录的次日起的一年内向承运人或港口经营人提出索赔书。若收货人在提货时与承运人或港口经营人共同编制货运记录，则在编制货运记录的次日起起算；若货运记录是承运人与港口经营人共同编制的，则收货人的索赔时效自收货人收到货运记录的次日开始计算。

索赔时效是法定的时效，当事人在合同或者单证中规定的受理索赔时效，仅仅是双方赔偿关系的业务约定，不影响法定诉讼时效。

3）索赔单据及证明

索赔人向责任人索赔，要向责任人提供索赔书和索赔证明等索赔文件，以表达要求责任人赔偿的主张和对赔偿数额的具体要求。向责任人提交索赔书就是向责任人提出赔偿请求的行为。

索赔文件主要有：索赔书、货运记录、货运单证（货物运单或作业委托单）、货物损失清单、检验文件、价格证明等。

索赔单据必须针对索赔要求收集齐全、准确，各单证之间的内容要一致；所提供的证明必须有效、合法，有证明人予以证明，必要时经过公证或由检验部门出具。

2. 理赔

1）理赔程序

理赔是指责任人对受害人的索赔进行受理、审查、审理、确定赔偿的行为。

（1）受理索赔。承运人、港口经营人接到索赔人提出的货运事故索赔书后，应予以受理，签发"索赔书收据"，并在赔偿要求登记簿内编号登记。

（2）理赔人进行审查。理赔人要对以下事项进行审查：

①索赔人要求的权利。审查索赔人提出的赔偿要求是否是理赔人应承担的责任。

②索赔人的资格。水路货物运输实行运单制度，对于货物损害只有运单或作业委托单上注明的收货人、托运人或委托人有权向承运人或港口经营人索赔。保险人的索赔必须取得有

权收货人、托运人或作业委托人的授权或委托。

③赔偿的时效。必须是在提交货运记录次日起的一年内的索赔,理赔人才予以受理。

④索赔单证。理赔人审核索赔单证是否齐全,单证内容是否准确、属实,证明文件是否合法有效。

(3)不予赔偿的处理。理赔人经审查,认为非本人责任或索赔要求不符合规定或判明是其他单位责任时,要及时向索赔人说明理由,退回单据、文件。

(4)赔偿的处理。承运人、港口经营人对货运事故的索赔,经审查属于应承担的责任,应及时处理,一案一清,在收到索赔书的60日内,将承担赔偿的处理意见通知索赔人。使用"承认赔偿通知书"通知。

索赔人收到"承认赔偿通知书"起10日内没有向理赔人提出异议的,理赔人即可赔付结案。索赔人不同意处理意见的双方可以继续进行协商。

对货物被盗,承运人或港口经营人已向公安部门报告立案的赔偿期限可以顺延半年,即可在收到索赔书后的240日内答复赔偿。

对同一承运人与同一托运人或同一收货人连续运输的整批大宗货物发生的溢短索赔,对按航次分别编制货运记录的,托运人或收货人与承运人或港口经营人可以对货物进行作价相抵,一年结算一次赔偿。

2)赔偿计算

(1)按货物的实际直接损失进行赔偿。根据《合同法》和《民法通则》的原则,当事人一方不履行合同或者履行合同不符合约定,给对方造成损失的,损失赔偿额应当相当于违约所造成的直接实际损失,包括合同履行后可能获得的利益。但该期得利益不能超过违反合同一方订立合同时预见到或者应当预见到的因违反合同可能造成的损失。损失价格按以下规定:

①赔偿价格以起运地承运当日的价格,加上已支付的运杂费、包装费及已付的税费。进口货物按到岸价格,出口货物按离岸价格计算。

②执行国家定价的货物,应按照各级物价管理部门规定的价格计算。执行国家指导价格或市场调节价格的货物,比照国家定价货物中相同规格或类似商品价格标准计算。

③部分损失的货物,可按货物减低的价值或支付加工、修理费用的方式赔偿。

(2)实行保价运输和作业的货物。实行保价运输的货物,发生灭失或全损,承运人与港口经营人按托运人的声明价格进行赔偿,实际损失低于声明价格的,按照实际损失予以赔偿。承运人或者港口经营人证明货物的实际价值低于声明价值的,按照货物的实际价值赔偿。

3)承运人的赔偿限额

因海损事故造成的货物损失以及其他损失,承运人所赔偿的总额不应超过《海商法》所规定的海事赔偿责任限制。

4)联合国国际贸易运输港站经营人赔偿责任公约的赔偿

1991年4月2日至19日联合国国际贸易法委员会在维也纳召开的联合国国际贸易运输港站经营人赔偿责任会议上制定了《1991年联合国国际贸易运输港站经营人赔偿责任公约》。该公约尚未生效,但该公约的原则已成为许多国家对有关港站经营人的责任立法的重要参考依据。

该公约适用于对国际运输的货物所从事的与运输有关的服务的港站经营人,包括对国际运输货物所进行的堆存、仓储、装货、卸货、积载、平舱、隔垫和绑扎等服务。适用该规则的港站

经营人是在其控制下的某区域或者有权出入或使用某区域内，负责接管国际运输的货物，以便对这些货物从事或安排从事与运输有关的服务的，且不会被认定为承运人的人。

港站经营人从接管货物之时起，至其向有权提货的人交付货物或将货物交由该人处理之时止，应对货物负责。港站经营人在接受货物时应按合理的方式清点核实货物状况和数量，并签署或签发书面或者电子货物收据。

港站经营人在责任期间内应确保其本人、受雇人、代理人或经营人为了履行与运输有关的服务而利用为其服务的其他人，已采取一切合理要求的措施防止有关事情的发生而造成货物灭失、损坏或延迟。否则港站经营人应对货物灭失、损坏或延迟承担赔偿责任。

港站经营人所承担的灭失、损坏或延迟赔偿责任限额以灭失或者损坏货物的毛重每千克不超过 8.33 计算单位〔特别提款权（SDR）〕的数额为限。除非港站经营人同意另行赔偿。

若货物由水路运输立即交给港站经营人，或由港站经营人立即交给水路运输的货物灭失或损坏，以灭失或者损坏货物的毛重每千克不超过 2.75 计算单位〔特别提款权（SDR）〕的数额为限。

港站经营人延迟交付货物的赔偿责任，以为所迟交货物提供服务的所收费用的两倍半数额为限，并不超过包含该货物在内的整批货物所收费用的总和。

货物的灭失、损坏或迟延交付是由经营人本人或受雇人或代理人有意造成这种灭失、损坏或迟延的行为或不为所造成；或者明知可能造成这一灭失、损坏或迟延而轻率地采取的行为或不为所造成的，则经营人无权享受限制责任的权利。

货物的灭失、损坏或迟延交付是由经营人的受雇人或代理人或经营人为进行与运输有关服务而用其服务的其他人有意造成这种灭失、损坏或迟延的行为或不为所造成；或者明知可能造成这一灭失、损坏或迟延而轻率地采取的行为或不为所造成的，则受雇人、代理人或其他人无权享受限制责任的权利。

我国《海商法》对国际海上货物运输有法定的赔偿责任限制规定，《铁路法》、《民用航空法》都有承运人和港站经营人赔偿责任限制的规定，但独立的港口经营人的赔偿责任限制并没有法律规定。港口经营人需要适用赔偿责任限制只能是通过港口作业合同的约定，通过合同约定实现赔偿责任限制的保护。

3. 货运事故争议的处理

当事人在处理货运事故的索赔与理赔过程中，双方不能达成一致意见或协商不成时，可以依据合同的约定或者单独约定向仲裁机构申请仲裁；没有约定仲裁的，可以直接向有管辖权的人民法院起诉。通过调解、仲裁裁决或法院判决的方式解决争议。

4. 发生货运事故向交通主管部门上报范围和时间

(1)发生重大货运事故，应在事故发生后两个工作日内，上报行业主管部门。

(2)凡属下列情况发生的货运事故，均应上报：

①责任海损事故引起的货损；

②由双方或三方共同负责，损失金额已构成重大事故，但每一责任方承担的责任赔偿金额未达到重大货运事故；

③由企业与保险公司共同承担赔偿，损失金额已构成重大事故。

(3)货物发生爆炸、火灾、大量泄毒事故或特殊货物（如精密仪器、重要设备、贵重金属、名画、古玩、文物等）发生损坏等事故，应及时向交通主管部门上报。

第四节　水运客户关系管理

一、客户和客户关系管理的概念和意义

客户是指向企业购买产品和服务的其他独立的组织或个人，就是指企业商务活动的对象。客户是一种相对的关系，发生交易的两个独立的组织和个人之间互为客户。企业的生存依赖客户，没有客户的企业根本就无法生存。客户可以是企业或者个人，有的是产品和服务的最终接受者，有的只是中间环节，但无论是直接交易客户还是客户的客户都应是企业的客户。在企业内部的上下道工序之间，有人也称之为客户关系，实际上这种关系仅仅是一种组织内的分工，不存在着资源交换，不能作为严格意义的客户关系，但为了提高合作水平，采取客户关系的理念进行管理有利于加强合作。

客户与企业发生商务关系的动机在于交换各自拥有的资源，并且通过交换获得利益。这种利益表现在对资源的依赖，是其生产经营、生活需要的产品或者服务，或者通过交换实现资源增值，或者改善所有人的状态。

客户关系管理则是企业对企业与客户关系活动所进行的计划、组织、指挥、控制和协调的过程。形成持续和系统的客户关系管理机制，建立企业稳定的客户队伍，发展新客户。

客户关系管理是企业商务管理的重要因素，是高级商务活动的核心工作，是企业的高级战略决策。客户关系管理策略的实施，不仅是企业高层领导阶层的职能，商务职能和业务部门的日常工作，也需要全体员工的参与和承担责任。可以说客户关系管理是企业的一项涉及面广泛的管理领域。

企业通过客户关系管理的策划和控制，通过有效的判断、选择、争取、发展客户和保持客户，促进企业的商务，扩大企业的交易，优化生产和服务流程，降低成本，提高企业的收益，提高核心竞争力，达到竞争制胜和快速发展的目的。具体说客户关系管理有以下目的：

（1）保持老客户和发展新客户、淘汰不利客户；

（2）组织和优化生产和服务，提高竞争力；

（3）依据客户的需要开发新产品和开展服务创新；

（4）考核和督促员工，协调内部关系，激励员工积极性，提高效率，降低成本；

（5）商务管理、生产管理、物流管理、财务管理等的依据，减少失误，提高效率、降低风险；

（6）建立品牌、提高企业知名度、美化企业形象，提高无形资产价值；

（7）企业经营战略决策的依据；

（8）商务活动和经营风险评估，风险预警。

二、客户的分类

1. 客户分类的意义

一方面，虽然说所有与企业发生资源买卖的对象都是客户，都是客户关系管理的对象，但不同的客户对企业会产生不同的后果，有的给企业带来了大量的收益，也有的使企业产生大量

的成本，有的会给企业带来诉讼，还有的客户占用大量企业流动资金。另一方面，企业的客户服务只是有限的资源，如果对所有的客户一视同仁，显然无法维持高水平的服务。同时，不同客户对服务的不同要求，如果采取同一服务，显然会使部分客户不满意，而这部分客户往往会给企业带来较大的收益。

客户分类的目的有两方面，一方面为了在商务活动中选择客户，对不同的客户采取不同的商务管理手段和措施，加大与有利客户的合作，严格对不利客户的防范，防止与有害客户发生商务活动。另一方面就是为了有重点地提供差别服务，提高客户服务资源的使用效率。同时通过对重点客户的识别，根据客户的需要开展产品设计，使客户的个性化需要得到满足，提高重点客户的服务水平，培养客户的忠诚度，为企业带来更大的收益，这是企业开展个性化服务，最终促进整体服务水平和增强市场竞争力的重要方式。

2. 客户分类的原则

(1)客户行为的特征。不同的客户对交易有着不同的要求和行为特征，有的客户重视搜寻最低的价格，有的客户重视交易的稳定，有的则要求便利，还有的客户特别重视持续的服务保证。客户行为的特征是客户分类的最为基本的原则。

(2)企业自身的条件。客户与企业具有相对的关系，客户的分类也应是由企业的本身条件所决定。客户的分类是依据企业本身的经营目标、规模、服务能力，企业的经济状态、管理水平、商务能力等，以及企业所生产的产品的特性来决定。应该说不同的企业有着不同的客户分类标准。此外企业在不同的战略经营阶段，客户的分类和服务标准也不同。

(3)市场结构和法规规定。产品的供求关系、竞争程度、市场交易的便利程度，中介机构的发展程度等市场因素都会影响客户和企业的行为，进而决定客户分类。对于受法规限制的服务，则只能按照法规的规定实行客户分类和提供服务。

(4)企业与客户的关系。企业与客户之间的业务联系、经济联系、产品的依赖关系、物流条件，甚至地理位置、文化背景、人际关系都会影响企业对客户的分类。

3. 客户的类型及其含义

(1)从消费者的消费特性将客户分为：

①经济型客户。特别重视交易价格的客户，总是在市场中不断搜寻最低价格，具有价格谈判的坚韧性，对于服务水平要求大众化。这类客户是市场中最大量的客户，由于其要求的低价格，对企业来说交易的利润率较低，但交易总量较大。

②方便型客户。对交易不愿意广为搜寻，采取就近就熟地选择交易对象，且对服务水平要求较高的客户，对价格不太敏感。方便型客户往往是老客户。密切的联系是吸引方便型客户的主要手段。

③个性化客户。对产品和服务有特殊要求的客户。由于其要求的个性化服务，需要企业提供针对性的服务，服务水平要求较高，且往往具有较大的利润率。个性化客户是企业开展个性化服务的主要对象。

④道德型客户。因某种因素把与企业的交易作为首选的客户。道德型客户有两种情况，第一种是与企业具有特殊联系的客户，如具有股权关系、技术的延续性、其他交易联系、资源共享等的关系；第二种是由于企业良好的服务使其产生较高忠诚度的客户。道德型客户虽具有交易的优先选择意向，但企业对其不能有丝毫的怠慢，是客户关系管理中保持关系的重要

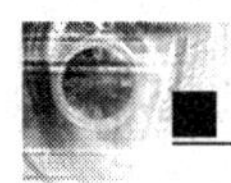

对象。

(2)按客户的性质将客户分为:

①厂商和消费者客户。厂商和消费者是产品的最终接受者,对产品和服务具有高度的明确性和单一性,不接受替代品和变通品。对运输产品的需求较为单一。服务的个性化程度要求较高,对运输服务的价格弹性较低,价格承受力较强。

②中间商客户。作为产品和服务供应链的中间环节,中间商本身虽然不消费产品,从事产品和服务推销活动,但需要消费服务。中间商是产品和服务销售的重要促进力量。中间商具有大批量采购的特性,但由于其经营收益的需要,对价格的敏感度极高,一般需要标准化的服务。

③中介客户。中价本身不是消费者,只是代表消费者进行交易。如何良好地利用中介,促进产品和服务的交易,降低交易成本是中介客户关系管理的目的。

④供应商客户。供应商应该是产品或者服务的提供者。对供应商的客户关系管理是为了实现以较小的支出获得最多产品或者最好服务的目的,确保生产经营的顺利进行,实现降低生产服务的成本。此外,利用供应商为企业向消费者提供服务也是供应商客户关系管理的重要目的之一。

(3)从客户与企业的关系将客户分为:

①关系客户。企业与客户具有一定内在联系的关系,这种联系虽然在一定程度上能维持双方的交易关系,但出现双方各自利益较严重冲突时,仍会危害交易。

②合作伙伴。具有共同利益的交易伙伴,为了实现整体对外的利益,在交易时具有较强的相容性。

③老客户。长期与之交易的客户。老客户是企业的核心客户,长期的服务使得双方有极好的配合,交易成本最低且服务要求固定,老客户是客户关系管理的最为重要的对象。

④新客户。开发新客户是客户关系管理的目的之一,是企业发展的需要。但开发新客户需要较高的成本支出,需要较多的使用企业资源。

⑤流失客户。因为某种原因使客户停止与企业交易,一般来说流失客户不会对企业带来收益,前期的客户关系管理所投入的成本全部耗失。但流失客户仍然是客户关系管理的需要重视的对象,一方面通过流失客户了解企业产品和服务的不足,亡羊补牢,提高保持客户能力;另一方面还需要争取客户回头,或者推销其他产品或者服务。

(4)从客户关系管理上将客户分为:

①关键客户。对企业的产品和服务销售、经营收益有重大影响的客户。关键客户一般需要以下条件:对企业的生存有直接的影响,与企业有大量的交易,发生频繁或者持续性的交易,为企业带来较高的回报,对产品和服务的销售具有示范和带动作用等。企业的关键客户的数量不应太多,但维持与关键客户的交易关系是客户关系管理的核心。企业设计和提供个性化服务一般以关键客户为主要对象。关键客户数与客户总数一般保持在10%左右。

②合适客户。对企业的稳定发展具有直接影响的客户。合适客户一般具有一定的交易量和交易密度,由于重视交易价格其财务贡献率不高。对于合适客户的关系管理重点是重视维持和稳定的交易关系,采取适当的财务让度,采取较高水平的标准化服务,适当水平的个性化服务。同时密切重视合适客户的业务发展,合适客户是发展成为关键客户的重点对象。企业

在必须提高服务水平时，合适客户是开展个性化服务推广的对象。合适客户数约为客户总数的20%。

③一般客户。与企业交易的人数众多、业务量分散的普通客户。普通客户的交易批量较小，交易次数少，但总量较大。一般客户有些较为重视交易价格，对于价格的敏感度较高；有些由于交易次数和交易量极少，对价格又不太敏感。因而总体上来说，一般客户对于财务贡献不大。与一般客户的关系管理一般采取普通的标准化服务，采取降低服务成本、提高服务水平的策略，是控制服务成本的主要环节。除了关键客户和合适客户，剩余的70%为一般客户。

④不利客户。企业需要避免与之发生交易的客户。与该类客户的交易会给企业带来损失，或者产生诉讼、债务逃避、连带责任、损害企业形象等对企业不利的情况。在客户关系管理中，要特别注意区别和判定不利客户，避免与之发生交易；或者严格控制交易过程，防范风险。

三、客户关系管理的原则

1. 以客户为中心

随着现代生产的产品同质化、品牌多样化、产品替代性强、产品生命周期极短的特性的出现，市场竞争已经很难建立在产品之上，价格和服务的竞争是市场竞争的核心。向客户让利的价格竞争和为客户提供周详服务的服务竞争就是以客户为中心的经营理念的体现。现代的客户关系管理就应该遵循以客户为中心的原则，提供客户需要的服务，按照客户的需要组织生产、优化业务，满足客户的需要提供服务和控制成本。只有建立以客户为中心的理念才能真正做好客户服务。

2. 经济性

经济性的原则表现为成本效益的原则。客户关系管理的成本分为管理成本和服务成本，客户关系管理是一项长期的工作，除了特殊的和偶尔的需要外，管理成本不应超出企业的承受范围，采取预算和控制相结合的措施进行管理。服务成本是对客户提供服务的成本，服务成本应与服务质量相一致，与企业经营战略和竞争需要相匹配。通过管理实现高水平的服务和不断降低成本支出。

3. 双赢局面

供求双方的竞争是传统的市场竞争的一个重要方面，是市场的一个主要矛盾。在现代客户关系中，为了实现稳定市场占有率，降低交易成本，快速地推广新产品、新服务，保持长久的交易关系，维持稳定的客户关系是客户关系管理的重要原则。只有在双赢的条件下才能稳定和保持客户。双赢的局面表现为盈利或降低成本、获得物质需要、满足精神需要、业务发展、降低风险、形象建立等有利的结局。

4. 资源共享

企业与客户的关系看起来只是买与卖的关系，但这种买卖关系却会涉及企业与客户之间各方面的千丝万缕的联系。而这各种联系的处理都应体现企业的客户关系管理的策略，这就需要企业内部对客户信息整体共享，遵循一致的客户关系策略。也只有在客户信息资源共享下，才能及时、准确地修正客户资料和作出客户评议。

客户信息资源共享还包括企业的客户信息与客户自身的部分共享、与合作伙伴的共享。这些资料主要是业务资料、交易标的资料、服务过程信息以及企业作为客户的相应资料等。

四、影响企业客户管理关系能力的因素

1. 信息技术的应用

信息技术的应用越充分,越能保证客户能够采取其方便或偏好的形式随时与企业交流,并且保证来自不同渠道的信息完整、准确和一致。

2. 高层管理者

高层管理者对客户关系管理的认识和理解越充分和深入,对客户关系管理能力的培养就越支持和关心。

3. 企业文化

企业文化是为一个组织中所有成员所共享并作为公理来传承给组织中的新成员的一套价值观、指导信念、理解能力和思维方式。它代表了组织中不成文的、可感知的部分。企业文化对员工具有导向功能、约束功能、凝聚功能、激励功能和辐射功能。

4. 人力资源管理

客户对企业的感观和客户关系的维系依赖于与客户交流的企业员工的服务质量,企业员工的观念、技能和素质直接影响到企业为客户创造和传递的价值以及企业与客户的关系。

五、客户关系管理的实践

1. 企业实施客户关系管理的主要步骤

(1)企业的定位与价值主张;

(2)建立客户关系管理团队;

(3)制定实施客户关系管理的计划;

(4)分析客户需求,初建企业信息系统;

(5)选择合适的客户关系管理解决方案;

(6)变革企业的组织结构,再造工作流程;

(7)组织培训,实行系统的正常运转;

(8)运行、评估、维护和改进系统。

2. 企业实施客户关系管理的关键因素

(1)改善企业文化;

(2)完善企业制度;

(3)加强信息管理;

(4)变革企业组织结构,重组业务流程;

(5)保护好顾客的隐私。

3. 建立有效的客户关系管理体系应该强调的方面

(1)动态管理。客户管理系统资料建立以后,需要根据情况变化不断地进行整理,对过时的资料进行清除,及时补充新的资料。对客户的变化动态进行追踪,使客户关系管理保持连续性。

(2)突出重点。有关的客户资料很多,需要在短时间内找出重点客户。重点客户不仅包括现有的大客户,而且还包括未来的客户和潜在的客户。这样既为企业选择新客户、开拓市场

提供资料,又为企业的发展创造良机。

(3)灵活运用。建立客户资料后不能束之高阁,必须以灵活的方式及时加以利用,为一线的业务员提供有用的客户信息,使他们能够进行更为详细的分析,从而提高客户管理的效率。

(4)专人管理。“磨刀不误砍柴工”,企业应设专人全身心地投入到客户关系管理中,并及时与有关部门协调和沟通,最大限度地发挥客户关系管理系统的功效。管理客户关系的人应该形象良好,举止得体,善于沟通,对客户有一定的了解,能给客户留下好的印象。

(5)建立在数据的基础上。企业应建立完整的数据库,记录与客户相关的信息。包括:

①基础资料:主要包括客户的名称、住址、电话、所有者、法人代表、企业组织形式、行业类型、资本额等。

②客户特征:主要包括服务区域、经营理念、经营政策、企业规模、经营特点等。

③业务状况:主要包括销售实绩、经营管理者和业务员的素质、与其他竞争者的关系和与本公司的业务关系及合作态度。

④问题交易现状:主要包括客户的销售活动现状、存在问题、保持优势、未来对策、企业形象、声誉和信用状况及交易条件等方面。

(6)妥善处理客户投诉。尽可能地预防客户产生投诉抱怨,细心聆听客户的投诉抱怨,找出客户投诉抱怨的原因;不要让客户的投诉抱怨影响到个人情绪,保持冷静及礼貌;正视问题的存在,不回避;征询投诉者解决问题的意见,建议其他可行的解决办法;尽量不要在其他客户面前解决投诉。要及时总结问题及经验。

六、水运客户关系管理的过程

1. 客户资料收集与集中

资料收集是指通过合法和有效的手段,广泛地收集客户信息资料,包括老客户、新客户、潜在客户和流失客户的资料。客户资料收集的方式可以采用各种场合的收集、业务过程的收集、电话询问、直接交往联系、调查、聘请专业机构收集、购买等。客户资料的收集既有集中力量的收集,也需要平时的不断积累和更新。不仅要商务专职人员搜集,还需要全体员工收集。

客户信息,特别是已有交易的客户的信息在业务活动中分散在企业的各个业务部门,如果企业的客户信息分散,这些信息不能起到多大的作用,因而需要通过一定的方式集中到客户关系管理职能部门,集中处理。

水运客户的信息主要有:客户的名称、地址、经理人、所有人、资产等基本资料;客户联系方式、账户,经营范围、规模,产品、原料规格和市场,经营战略和发展方向等客户资料;以及客户与企业的所有交易资料,财务资料,成本投入等。

2. 客户信息分析与判定

客户信息分析与制定是指对收集的客户信息进行评估、数据处理和评价。信息评估是对信息的可信度进行评估,消除信息噪音和剔除错误信息,使所要处理的信息能反映真实情况。数据处理包括进行信息量化、分类、权数设定等,以使信息规范、可比、能进行统计和评价。评价则是对客户的能力、价值、态度、信用等进行确定,对客户进行比较、分类、定性评价。经处理后的信息的作用主要表现为:

(1)识别关键客户和合适客户,高成本客户和高盈利客户,判定不良客户。

(2)客户发展和变动,客户交易量的变动;客户对产品和服务的需求变动。

(3)客户的变动,发生客户流失的原因。

(4)客户忠诚度评定;客户交易的变化趋势;客户的信用等级确定。

(5)企业产品和服务的意见汇总,客户认为的不足之处。

(6)企业内部不良的判定,员工业绩评价。

(7)供应商和合作伙伴的评议。

3. 信息交流与共享

客户关系管理所收集、整理的信息和分析的结果,只有充分利用在企业的客户关系处理、生产、服务、决策之中,才能实现其价值。水运企业的决策、生产、经营工作分散在企业内的各个部门之中和众多人员身上,只有通过一定的途径、有效的方式,实现信息充分交流和共享,并产生有效的控制作用,才能使客户信息和客户决策充分发挥作用。客户信息的交流和共享的现代化方法是通过计算机及网络,采用合适的水运客户关系管理信息系统进行信息传递、交换、处理和使用、控制。

4. 向客户提供服务管理

服务管理是客户关系管理的主要内容,其主要职能是保持与客户的密切联系,掌握客户对运输产品的需求和服务要求,为客户设计运输方案和制定服务标准,建立客户服务渠道,与客户发生运输交易活动,简化服务手续,跟踪交易和运输合同履行过程并提供相关的服务,及时向客户提供服务信息以及运输信息、货物跟踪信息,开展服务过程中的协调等。

5. 运输生产过程管理

运输生产过程管理本身是水运企业的生产管理范畴,但建立在以客户为中心的现代生产管理,其核心就是尽可能地按照客户的要求组织生产,使产品满足客户的需要。如果由客户直接介入到生产具体环节提出要求显然是不可能的,因而只能是以客户关系管理的信息和标准进行生产的安排和控制,以客户的需要为标准开展服务。

6. 信息反馈

客户关系管理过程也是与客户交流信息的过程,广泛的信息交流、对客户服务要求的及时应答,主动地提供客户关心的运输信息、货物报告、收费确认等,不仅有利于密切客户关系,对提高服务水平,及时发现客户服务过程中的问题具有重要的作用。

7. 资料积累和更新

为了使得水运企业的客户信息和对客户的判断准确,应对客户资料与客户情况的变化保持同步更新,不断积累客户分散发布的信息和企业零星收集的资料,及时将与客户发生的运输交易活动、服务活动的内容、过程和相关数据录入信息系统,使客户关系管理系统能根据最新的资料,对客户进行实时的判定和准确评估,并提高对客户变化预测的准确性。

七、从客户关系管理到客户管理关系的转变之构想

客户关系管理(Customer Relationship Management,CRM)于20世纪80年代诞生于美国。自其诞生以来,一直被视为提升企业竞争力的核心法宝之一。但是时间表明,CRM的成功率并非人们想像中的那么高。为了完善客户关系管理,有人提出了客户管理关系(Customer Management Relationship,CMR)理念。CMR就是让客户来管理企业与客户之间的关系,就是

将控制权交给客户的管理过程。由客户告诉企业他们想要哪种信息;他们想接受什么级别的服务,他们希望在什么时间、在哪个地方和企业联系,以及联系的频率。CMR是企业真正融入到客户的生意和生活中去,最终达到企业与客户关系的最高境界——让客户离不开企业。

CMR与CRM区别是客户具有主动性,客户主动参与管理,而不是被动地被企业管理。客户积极参与,使得整个交易过程对自己更方便:过去企业是控制方,现在客户是控制方;过去企业是围绕产品服务,现在是围绕客户服务;过去是企业“预测”顾客需求,现在是客户主动诉求自己的需要。曾任美国广告代理商协会主席的约翰·本森说“客户才是我们的老板。”由客户关系管理(CRM)到客户管理关系(CMR)才是这句话的真正体现。

企业成功实施客户管理关系(CMR)有五大要素:

1. 换位思考

市场营销学主张现代的营销观念是以客户或消费者为中心,而事实上现在是多数企业在以客户或消费者为中心的幌子下实质上还以企业为中心,客户只是增加销售和获取利润的工具,企业控制客户。CMR是有关创造一个和单个顾客之间的专业而又个性化的交互方式,是直接面向客户,CMR要求企业学会换位思考。换位思考是企业真正站在客户的角度,了解客户,关心客户。企业要真正了解客户需要什么,他们有什么问题,他们想得到什么,如何做到使客户满意。成功的企业,其共同点都是极重视客户需求,并认真研究客户要求的实质内容,采取相应措施认真加以解决。企业必须知道,只有客户获利企业才能真正最终获利,真正实现两者的共赢。

2. 制定CMR战略

CRM项目失败的一大原因是,许多企业在没有形成明确的战略之前,就已经开始实施CRM。因此,企业在实施CMR之前,必须制定CMR战略。管理大师彼得·德鲁克曾说过,企业的目的就是造就顾客。企业与客户关系正逐渐成为当今企业战略布局的焦点,CMR与CRM有着同样的目标,但战略本身必须发生变化。CMR战略是一个全面的商业战略,需要深刻理解商业规则并对其承担一定义务。通过人员、流程和技术的整合与客户接触,使CMR战略在商业的每个领域里逐步发展成一个完美的统一体。CMR战略的成功必须是企业要有完善的计划来帮助客户建立关系,将“企业—客户”关系管理的权力由企业移交给客户,允许客户根据自己的喜好选择交流的方式,企业与客户保持某种联系。为了使CMR战略落实到实处,要对企业的全体员工要进行新的培训,了解企业发展方向和发展目标,并培训每一名员工尊重客户的选择。

3. 新的业务流程重组(Business Process Reengineering,BPR)

CRM论坛最近进行的一次调查发现,87%的应答者认为变革问题是CRM项目失败的首要原因。因此,企业实施CMR,必须对业务流程与组织进行深度变革。CMR是让客户帮助企业处理“企业—客户”关系,这就需要企业从客户的角度来考虑,而不仅仅是从技术的角度。在应用过程中必须要对企业原有的工作流程进行一场彻底的重新设计,进行新的业务流程重组。否则的话,即使制定了合理CMR战略,也会与CRM一样以失败而告终。

4. 企业文化的改造

在做业务流程重组时,要注重对企业文化进行适当的改造,培育有利于CMR实施的企业文化。企业在以前的市场竞争中,往往会形成一种以企业本身利益最大化为唯一目的的企业文化，这种企业文化因为能够有效地使企业各项资源围绕企业如何获取更多利润而展开，在很长一段时间内为企业的发展带来了帮助。于是"以盈利为唯一目标"成为企业经营所恪守的一条定律，在这一思想指导下，许多企业为获利自觉不自觉地损害客户利益，客户对供应商或品牌的忠诚度普遍偏低。著名经济学家 Fred Reicheld 曾说过，"如果你追求高利润，别把目标放在利润上，要放在忠诚度上。"这句简单易懂的句子，把我们从老旧的产品营销世界带入了崭新的快速发展的客户营销世界。CMR 的实施最重要的是企业要把更多的精力放在现代营销观念的贯彻、先进营销思想的融合上，放在企业文化的改造及贯彻上。使企业上至最高管理人员下至一般员工都能从思维和行为习惯上真正聚焦到客户身上，使企业以"公司为驱动"（受公司营销活动影响）变为以"客户为驱动"（受客户绩效表现影响）。

5. 注重人的因素

CMR 不仅仅需要解决技术问题，最关键的是要注重人的因素。在具体实施时，要列出流程重组中的所有层次的员工，让他们一开始就了解这项计划，并投入其中。尤其要注意的是，企业高层领导者的参与对 CMR 至关重要。企业高层领导者是企业发展方向和发展战略的决策人，要对整个 CMR 创新负责，并准确指挥下属。参与者要明确每一个人自己的角色与职责，参与计划的开发和实施，这样才能保证 CMR 的成功。

从客户关系管理（CRM）到客户管理关系（CMR），这是一个质的飞跃。对大多数企业而言，从企业的角度出发转向从客户的角度出发，真正实现对客户的授权还是一个未知的新领域，还有很多的理论和实践问题，有待进一步的研究和解决。但是不管怎样，在消费者占主导地位的时代，企业要想真正赢得顾客，提高客户的满意度，培养客户的忠诚度并促成与他们的终生关系，必须致力于创新。以客户忠诚度为基础，同时由 21 世纪新技术作支持，正是客户管理关系（CMR）的核心所在。客户管理关系作为对客户关系管理的一种完善，预示着在企业和客户的关系上，新的时代即将到来。

复习思考题

1. 什么叫货运质量？有何特征？
2. 水运商务有何质量管理目标？要建立哪些基础？
3. 水运商务质量管理有何具体内容？
4. 如何开展水运商务质量管理？
5. 货运事故有哪些？货运事故责任如何划分？
6. 货运记录编制有何要求？有何作用？如何编制？
7. 如何进行货运事故的索赔和理赔？
8. 事故损失赔偿如何确定？
9. 承运人和港口经营人承担什么样的赔偿责任？
10. 什么是客户关系管理？有何意义？其目的何在？
11. 怎样对客户进行分类？如何对待不同的客户？客户分类有何意义？
12. 水运企业开展客户关系管理要遵循哪些原则？
13. 水运企业如何开展客户关系管理？

第十二章　航运代理与经纪

学习目的

理解代理的关系，了解代理的种类和法律性质，掌握代理人的权利和义务及代理人和代理的民事责任；熟悉航运代理的关系建立、航运代理的业务范围；了解经纪人的概念，掌握经纪人的行为特征，经纪人的义务，区别经纪人与代理人的性质和业务。

第一节　代理的性质和地位

一、代理的概念与适用

1. 代理的概念

代理是指代理人依法律规定或受委托人的委托，在法定的范围或所委托的权限内，以被代理人的名义实施法律行为，由此产生的法律后果由被代理人承担和享受，并获得委托人支付报酬的行为。代理制度是一种普遍的社会行为，行为人不能亲自进行的经济活动或其他民事活动，委托他人代理进行，可以获得与其本人亲自进行相同的后果。这种制度不仅能确保经济或其他民事活动顺利的进行，促进社会的繁荣，而且比本人亲自进行更为经济和有效率。因法律行为的性质的不同，代理有一般民事代理、经济代理、行政活动代理、诉讼代理等。本章主要阐述基于水路运输的航运代理活动。

在代理关系中存在着两层法律关系，即第一层代理人与被代理人的代理与被代理的关系；第二层代理人、被代理人与第三人的法律关系，见图 12-1。对于第二层关系，可以将代理人与被代理人看成一个整体与第三人发生的法律关系。本章主要说明第一层关系即代理人与被代理人的代理法律关系及代理业务活动的后果。

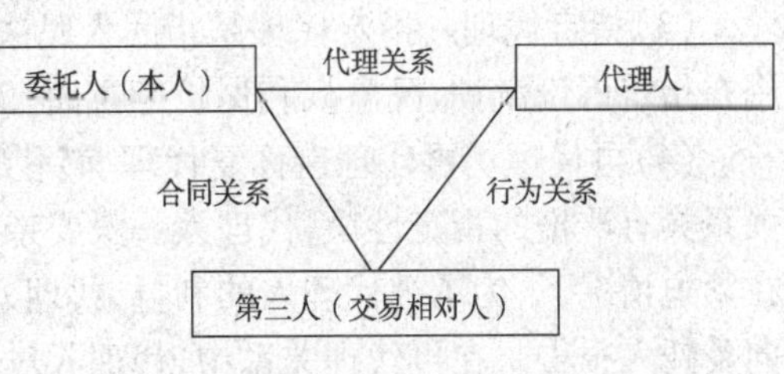

图 12-1　代理行为中的三种关系

2. 代理人的资格条件

(1)具有民事行为能力。由于代理人直接进行民事活动，因而必须具备完全的民事行为能力，否则不能进行代理活动。作为代理人包括有完全民事行为能力的个人或法人组织。

(2)有法定的从事代理活动的资格。无论是个人或法人，从事代理活动，必须具有从事所代理的活动的法定条件或者法定经营资格。对于经济活动代理,除了取得营业资格许可,还具有从事的其代理业务的经营权,进行法律法规允许代理人从事的活动。

3. 代理的适用范围

随着社会经济的发展,社会分工的细化和专业化,经济、民事关系的日益复杂,活动日益频繁和活动范围日益广阔,出于经营成本、活动费用、专业知识或本人行为能力的限制等的考虑,以及当事人的时间、空间的因素影响,当事人越来越多地委托代理人在授权的范围内,代表他进行其无法亲自进行的经济、民事行为。

适用代理主要在以下民事范围:

(1)代理进行民事法律行为。如买卖、租赁、借贷、借用、履行债务、接受赠予等。

(2)代理进行其他具有法律意义的行为。如代理进行财产登记、代办商标注册、纳税等。

(3)代理进行诉讼、仲裁、争议处理等法律行为。

依照法律规定或当事人约定,必须由本人亲自实施的民事法律行为,不得委托其他人进行代理。如婚姻登记与解除,办理收养,立遗嘱,创作,演出等个人行为不得委托代理。

二、代理的性质与地位

1. 代理的种类

民法规定的代理分为:委托代理、法定代理和指定代理三类。

(1)委托代理。委托代理是根据被代理人的委托而产生的代理关系。委托代理以委托授权为基础,被代理人单方向代理人授予代理权就形成了代理关系。委托代理的授权可以通过口头授权或书面委托进行。简易的代理可以通过口头授权,而重大事务或历时较长的行为要进行书面委托。书面委托的委托书应当写明代理人的姓名或者名称、代理事项、权限和期间,并由委托人签名或者盖章。委托书是代理人对外实施代理行为的凭据,证明其实施的代理行为的有效性。

(2)法定代理。法定代理是指因法律直接规定而产生的代理关系。法定代理依照法律规定行使代理权,而无需被代理人委托。如民事关系中无民事能力的人的监护人行使其代理权。

(3)指定代理。指定代理是指因人民法院或有关单位的指定所产生的代理关系。主要使用在指定诉讼辩护、民事权利保护等方面。

(4)再代理。再代理也称复代理、转代理。是指代理人转托第三人实施代理行为。代理关系具有严格的指定性质,代理人一般要亲自完成代理行为。只有在被代理人授权或同意或在紧迫情况下,为了被代理人的利益,代理人才能委托第三人进行再代理活动,且在事后及时向委托人报告。在再代理关系中,代理人对再代理人的行为向被代理人承担责任,再代理人为代理人的委托代理。

2. 代理行为的法律性质

(1)代理人以实施民事法律行为为职能。代理人接受被代理人的委托,以被代理人的名义与第三人发生、变更或终止某种民事法律关系,所产生的权利与义务由被代理人承担和享受。也就是说代理关系的目的是为了处理与第三人的法律关系,实施民事法律行为。若不发生与第三人的法律关系就不是代理关系,而只能是雇佣或合作关系。

(2)代理人以代理人的名义从事民事法律行为。在代理关系中,代理人只能以代理人的

名义，代表被代理人进行的民事活动，才能为被代理人取得民事权利和履行民事义务。代理人直接以被代理人的名义从事活动则称为显名代理；代理人未显示被代理人，以自己是代理人的名义进行活动，成为隐名代理。代理人仅以自己的名义进行的活动，就不是代理活动，而是其自己的行为，产生的法律后果由行为人自己承担。

(3)代理人在代理权限范围内独立进行意思表示。代理人的代理行为必须以被代理人的名义，在被代理人授权的范围内进行活动。代理人在授权范围内，有权斟酌情况，依实际条件独立地进行意思表示。也就是说代理人只按照委托实现某种法律关系，而对实现的方法、过程由代理人自主处理。当然对实现目的的方法和过程委托人认为有重大影响的，可以在授权时加以明确，在过程中进行指示用以要求代理人的行为。

(4)代理行为的法律后果由被代理人承担。代理人在受委托的权限内实施的行为，其法律后果由被代理人承担，即所产生的责任由被代理人承担，所获得的利益由被代理人享受。代理人不得获得所进行代理活动而产生的任何利益，仅能向被代理人收取代理费和劳务费。若代理人在代理活动中获得超出代理费和劳务费以外的利益，如收取差价等，则代理人相应地承担当事人的责任，履行当事人的义务。

三、代理关系中的权利与义务

1. 代理人的权利与义务

(1)严格履行代理合同或代理职责。代理人应严格履行与被代理人订立的代理合同或按照代理授权书的要求，认真、及时办理委托事项，履行代理职责；严格按合同的约定行使权力，享受利益；亦有权要求被代理人按约定及时支付代理费和业务活动所需经费，或预先支付活动费用。

(2)充分行使代理权力。除非委托人有特别的要求，应按要求办理委托事项，否则代理人有权独立地进行代理业务的处理。代理人可以充分利用其所具有的知识和能力，保质保量地完成委托人所要求办理的事项，同时代理人有权要求委托人提供履行代理职责所必需的资料、信息，以便业务的开展。在发生紧急情况时，为了被代理人的利益代理人可以转委托其他代理人办理委托事项，但事后要及时向委托人说明情况。代理人除有权向被代理人要求支付代理费外，还有权向被代理人追偿其因代理职责而支出的额外费用。代理人在被代理人委托的代理范围的活动中所产生的责任有权要求被代理人承担，并可依法要求被代理人承担违反代理协议所造成的损失赔偿。

(3)保护被代理人的利益。代理人在履行代理职责时，要注意保护被代理人的利益，不得损害被代理人的利益。代理人在代理活动中所获得的被代理人的秘密要严格保守，不得泄露，更不得用来与被代理人进行竞争；不得与第三人合作诈骗被代理人，或兼作第三人的代理人，构成利益冲突。代理人应向被代理人及时报告代理活动的进展及结果，并提交有关文件和资料；在业务活动中应尽力为被代理人增加收入、减少支出，防止耗损，避免产生责任。对被代理人的不当指示，可能造成不利时，要及时提醒被代理人改正。

2. 被代理人的权利与义务

(1)为代理人的工作提供条件。委托人将业务活动委托给代理人进行，必须将进行该业务活动所需的资料、信息、文件及时交给代理人，以免代理人失策或延误；要及时向代理人支付业务活动所需的费用和开支，赔偿代理人在代理活动中所产生的损失；对代理人汇报的问题及时处理和作出指示；对代理人已进行或完成的业务及时予以承认并接受责任。

（2）督促代理人履行代理职责。委托人对代理人的履行代理职责，应依法律规定或合同约定进行督促和监督。要求代理人保守业务秘密；当发现代理人未能依法或按约履行代理职责或侵害被代理人的权利时，要及时予以指正，必要时可以解除代理关系；因代理人的过错使其遭受损失时，有权请求代理人赔偿；对代理人的越权代理行为，有权予以承认或否认。

四、代理关系的建立与终止

1. 代理关系的建立

委托代理关系的建立是通过委托人向被委托人发出委托书，被委托人接受委托构成了双方的代理与被代理关系。双方依据代理制度和业务需要订立代理合同，以明确双方的权利与义务。代理合同是代理人与被代理人双方的法律行为，与其他人无关。委托书是代理权的象征，第三人凭委托书承认代理人的代理权。在长期代理中，双方订立代理合同，确定权利与义务，而对具体的代理事务通过委托书予以明确。对于短期或个别事务的代理，一般仅以委托书和口头协议处理代理关系和事务。

法定代理与指定代理关系的建立无须委托。监护人有当然的代理权，而指定代理一经指定就具有代理权。

2. 代理关系的终止

代理人与被代理人之间的代理关系通过委托而成立，依委托人的需要代理时间有长有短，代理事务有多有少。在以下情况下，代理关系终止：

（1）代理期间届满，或者代理事务完成；

（2）被代理人取消委托或者代理人辞去委托；

（3）代理人死亡；

（4）代理人失去民事行为能力；

（5）作为被代理人或者代理人的法人终止；

（6）指定代理被指定单位撤销，监护人丧失监护权使法定代理终止。

因被代理人的死亡代理关系可以解除，但在以下情况下委托代理人实施的代理行为仍然有效：

（1）代理人不知道被代理人死亡的；

（2）被代理人的继承人给予承认的；

（3）约定以代理事项完成才能终止的代理；

（4）为了被代理人或其继承人的利益，继续进行的代理。

五、代理关系的民事责任

代理关系中代理人在受委托范围内的活动所产生的民事责任由委托人承担。但是在以下情况例外：

1. 由“代理人”承担完全的民事责任

（1）无权代理。是指行为人没有代理权、超越代理权限或者代理权终止后代理人的行为。

无权代理只有经过被代理人的追认,被代理人才承担民事责任。未经追认的行为,或被代理人拒绝追认的由行为人承担民事责任。本人知道他人以本人的名义实施民事行为,而不作否认表示的,视为被代理人同意承认民事责任。

对无权代理所产生的民事责任,被代理人有追认或拒绝承认的权利。而对无权代理行为的相对人(第三人)知道代理人无权代理时,有权对"被代理人"进行催告,要求其在一定的时间期限内作出是否追认的确切答复。"被代理人"超过期限未予答复,将无权追认。另外在"被代理人"作出追认之前,相对人有撤销权,可以撤销其与无权代理人所进行的法律行为或部分撤销。相对人的撤销权仅在他事先不知道代理人无权代理时方有效,若相对人事先知道代理人无权代理,其丧失撤销权。

(2)违法代理。是指代理人在履行代理职责时违反法律法规的规定,滥用代理权,进行有损被代理人的活动。违法代理构成了违法活动,受法律的禁止,产生的民事责任由代理人承担。违法代理有以下情况:

①自己代理。是指代理人以被代理人的名义同自己进行民事活动,订立代理合同以外的合同。由于在履行合同中,代理人同时作为当事人双方,就存在着为了自身的利益,损害被代理人利益的可能。

②双重代理。是指代理人同时作为民事关系的双方代理人进行民事活动。由于代理人有责任维护被代理人的利益,而双重代理在双方被代理人的利益有冲突时,无法确保维护被代理人的利益,难免有失公平而损害被代理人的利益。

(3)代理不当与过失。是指代理人在履行代理职责时的不当或过失,造成被代理人的损失的代理行为。因为代理过失或不履行职责所造成被代理人的损失,由代理人承担民事或赔偿责任。对于非紧急情况下,事先未征得被代理人的同意,代理人所进行的转委托代理,也构成了代理不当,转委托代理人在履行代理责任时所产生的民事责任由代理人承担。

2. 代理人承担的连带责任

(1)代理人与第三人的连带责任:

①代理人与第三人串通,损害被代理人的利益的,被代理人的损失由代理人和第三人承担连带赔偿责任。

②第三人知道行为人无权代理时,仍与行为人实施与他人有关的民事行为,给他人造成损害,由第三人与行为人负连带责任。

(2)代理人与被代理人的连带责任:

①委托人在委托书中对授权事项授权不明时,代理人按委托书的要求进行活动,所产生的民事责任仍由被代理人承担,代理人负连带责任。

②代理人知道被代理事项违法,仍然进行代理活动的,或者被代理人知道代理人的代理行为违法而不表示反对的,由被代理人和代理人负连带责任。

3. 共同代理中的责任

共同代理是指委托人将业务事项委托多名代理人共同完成或数名委托人就同一业务事项委托同一代理人进行的行为。

①数个委托代理人共同行使代理权,完成同一委托时,多名代理人应通力合作,共同协商,按委托要求完成委托业务。如果其中一人或数人未与其他代理人协商,所实施的行为侵害了

被代理人的权益，由实施行为的代理人承担责任。

②被代理人为数人，就同一业务委托代理人代理，委托人之间不得互相矛盾，业务要求应一致。其中一人或者数人未经其他代理人同意而提出解除代理关系或提出不同业务要求，因此造成的其他被代理人的损失由提出解除代理关系或提出不同要求的被代理人承担。

六、表见代理

1. 表见代理的意义

表见代理是代理中的一种特殊但非常重要的代理，在实践中是比较多见的经济活动。所谓表见代理，指本属于无权代理，但因本人与无权代理人之间的关系具有授予代理权的外观特征，即所谓外表授权，致相对人信其有代理权而与其产生法律行为，法律规定使其与有权代理同样的法律效果的制度。

发生表见代理时，被代理人并不知情，但却要对无权代理人的行为负法律责任，这似乎有失公平。其实不然，在表见代理情况下，法律之所以规定被代理人要对无权代理人的行为负责，是因为第三人对无权代理人的信任是被代理人造成的，如被代理人将自己的私章或公司公章交由无权代理人，或是给无权代理人开介绍信及提供盖有公章的空白合同书等。所以，只有让被代理人对自己的疏忽大意负责，才能更好地维护第三人的利益，保障市场交易安全。至于被代理人因此而受到的损害可向无权代理人索赔。

2. 表见代理的成立要件

(1)需代理人无代理权。表见代理是无权代理的一种，因此成立表见代理的首要条件就是代理人无代理权，所说的无代理权是指代理人实施代理行为时没有代理权、超越代理权或者代理权已终止。否则，如果代理人对实施的行为拥有代理权则构成有权代理，便不会发生表见代理的问题。

(2)客观上需有足以使相对人相信行为人具有代理权的事实或理由。成立表见代理的第二个要件就是要求无权代理人有被授予代理权的外表假象。表见代理制度的这一特征是区别有权代理、狭义无权代理的显著特征。表见代理人的代理权是因被代理人的行为使相对人相信其存在，并且是有效的。第三人实施该行为的目的应是通过表见代理人从被代理人处获得该民事法律行为的法律效果。

(3)第三人主观上需为善意且无过错。所谓善意且无过错是指相对人不知行为人没有代理权、超越代理权或代理权已终止，而是根据被代理人与行为人之间存在的某种关系，可以确定或推定行为人是被代理权的合法代理人。反之则亦然。这是表见代理成立的主观要件。

(4)表见代理人的民事行为需具备民事法律行为成立的有效要件。作为成立表见代理之基础的表见代理人与第三人之间的民事行为，需具备民事法律行为成立的有效要件。根据我国《合同法》第58条规定，行为人应当具有相应的民事行为能力、意思表示真实、内容不违背法律或者社会公共利益。

3. 表见代理在司法实践中的表现类型

表见代理是基于代理人没有代理权的代理、超越代理权的代理和代理权终止后的代理等三种情况产生的，因而表见代理在司法实践中的表现也有三种类型。

(1)没有代理权的表见代理：

①被代理人以某种意思表示声明授予行为人代理权,但事实上并未授予,致使善意的相对人误认为行为人已经取得代理权并与其发生民事行为。

②被代理人知道他人以自己的名义实施民事行为,而不作否认表示。我国《民法通则》第66条关于"本人知道他人以本人的名义实施民事行为而不作否认表示的,视为同意"的规定,与表见代理的原理是一致的。

③被代理人将其有代理权证明意义的文书、印鉴交与行为人,行为人凭此以被代理人的名义从事民事活动,从而使善意相对人据此相信该行为人有代理权而与其发生民事行为。

④允许行为人作为自己的分支机构进行民事活动,善意相对人因不了解内情而与行为人发生民事行为。

⑤允许行为人挂靠经营,从中收取管理费或者手续费,从而使相对人在与行为人发生经济交往时误认为是在与被挂靠人发生民事行为。在挂靠经营的情况下,一旦发生纠纷,被挂靠人往往以没有授权给行为人,行为人没有代理权等为由,拒绝承担行为人与相对人所为的民事行为所产生的后果。

(2)超越代理权限的表见代理。行为人本来是有权代理人,但在从事代理行为时超越了代理权,因此就其越权代理的事项而言,仍属无权代理。法律要求被代理人应当在授权委托书中载明代理权限,如果被代理人未载明或者表述不清,作为无过错的善意相对人因不知行为人的代理权限有所限制而与其发生民事行为,被代理人应承担越权代理的法律后果。

(3)代理权终止以后的表见代理。在委托代理关系中,往往会出现因委托代理事项完成或者期限届满而导致委托代理关系终止的情形。行为人本来享有代理权,但代理权终止后,仍以代理人的身份发生民事行为,善意相对人因不知内情而仍与行为人发生民事行为,则成立表见代理。

4. 表见代理的法律效果

发生表见代理时,被代理人对无权代理人的行为负责。至于被代理人因此而受到的损害可向无权代理人索赔。

七、代理与类似制度的区别

1. 代理与法人代表的区别

法人代表是法人的代表人,它是法人本身的机关,而非独立的实体,代理人为独立实体,而非法人的机关;法人与代表人之间的关系,为法人的内部组织关系,而法人与代理人之间的关系是两个平等主体间的关系;代表人的行为,即是法人本身的行为,因而当然由法人承受其法律效果,而代表人的行为非法人本身的行为,乃基于法律关于代理制度的规定而又法人作为被代理人承受其法律效果。

2. 代理与居间的区别

居间是一种合同关系。依居间合同,居间人为委托人报告签订合同的机会或充当签订合同的媒介,而由委托人提供报酬。居间人与代理人的主要区别在于:代理人有代替委托人缔结合同的代理权;而居间人无代理权,不得代委托人订立合同。

3. 代理与行纪的区别

行纪是一种合同关系。依行纪合同,行纪人受他方委托,以自己的名义为委托人实施民事行为，并收取报酬。行纪与代理的主要区别在于：行纪人是以自己的名义为法律行为，其法律效果依据行纪合同间接的归属于委托人，因此理论上称为间接代理。而代理人是以委托人的名义为法律行为，其法律效果直接归属委托人，理论上称为直接代理；行纪人须有特殊身份，系依法登记专门从事行纪营业的主体，并为一般人服务，而代理人不需有特殊身份，且仅为特定人服务；行纪行为的范围由法律规定，限于动产的买卖及法律规定的某些行为，而代理行为的范围比较广泛。

4．代理与经销商的区别

在进出口业务中，经销与代理两种制度的适用非常广泛，且常被混为一谈。所谓经销，系双方当事人以出卖人和买受人的身份，约定在一定的区域和期间就特定商品继续进行交易的协议。无论一般经销协议或独家经销协议，均属于买卖合同。经销商是以自己的名义，并为自己的利益，从供货商买进商品，然后再转卖给第三人。供货商与转卖关系的第三人不发生任何合同关系，这是经销区别于代理的主要之点。无论一般代理或独家代理，代理人均非买卖合同的当事人，只是代理供货商同客户签订买卖合同。买卖合同的当事人是供货商和客户，而代理商同供货商之间的关系，属于代理关系而不是买卖合同关系。

第二节　航运代理业务

航运代理是指受委托人委托处理有关航运商务的代理行为。我国的航运代理在管理体制上分为国际航运代理与国内航运代理两类，对从事两类业务的代理人有着不同的资格要求。两者从事的业务范围与对象亦不一样。依据航运中利益主体的不同，又分为船舶代理和货运代理。

本章仅对国内航运代理予以介绍。

国内航运代理以国内水路运输经营人和使用人为服务对象，进行水路运输的船舶代理和货运代理，由具有满足水路运输服务业管理规则规定的承担水路运输代理业务的代理机构进行代理。

一、水运航运代理的资格

水运航运代理是水路运输的服务部门，为水运当事人提供代理服务。水路运输代理人实行多家经营，进行公平竞争。水路运输代理业务的经营实行许可证制度，经营人必须符合《水路运输服务业管理规则》所要求资格的独立经营组织，并获得交通主管部门发放的《水路运输服务许可证》以及持有工商登记执照和税务登记执照，具备独立经营的法人资格。

二、水运代理关系的建立

1．选择代理人

承运人、托运人或收货人为了运输业务的需要和从其自身的利益出发，在代理市场通过公平竞争，自愿选择合适的代理人，将货物运输、作业的有关业务委托代理人办理。

选择代理人的原则：

(1)具有经营水路航运代理业务的资格；

(2)具有极强的水路航运业务处理能力；

(3)具有极高的服务质量或优良记录;

(4)能够认真履行代理职责;

(5)诚实、信用、守合同;

(6)不损害被代理人的利益。

2. 订立代理合同

在选定代理人后,委托人与代理人在平等互利、公平协商、意见一致的基础上,订立委托代理合同。委托代理合同可以采用书面形式、口头形式或其他形式。委托代理合同的主要内容有:双方建立代理关系的意志表示、代理的业务事项、合同履行的方法、代理期限、代理费以及违约责任等。

3. 签发代理委托书

虽然已签署代理合同,在大多数情况下委托人都向代理人签发委托书。或者对于临时代理未签订代理合同或在履行代理合同时对具体业务,委托人通过委托书的形式向代理人进行业务安排和下达业务指示,提出办理代理事项的具体要求和说明。代理委托书一般作为代理人向第三方出示表明其代理身份的文件。

委托书按其授权权限可分为一般委托书和特别委托书。一般委托书是处理日常事务时,被代理人对代理人的工作指示。在处理重大事项或特别事务时,被代理人使用特别授权委托书对代理人的活动与资格予以明确。如船舶买卖、定期租船、海事处理等。

委托书的内容比较具体,除了代理合同的主要内容外,对代理事项的进行方式、处理方法与要求、达到的目的均予以详细说明。

4. 支付备用金

代理人在办理代理业务时所需支出的费用,代理人采取"不垫付"的原则。委托人在委托业务时就要把处理业务所需的支出和费用及代理人的酬金——代理费,按代理人的预算,先行交付给代理人,在代理人处建立备用金账户,代理人在活动时的支出从中支取。在长期代理关系中,委托人一般采用定期补充备用金的方式支付备用金。临时代理则需要足额一次性交付备用金。对于代理人可以行使留置权的代理活动,代理人可以不要求足额备用金,但在留置权可能丧失时,应要委托人先行支付一切费用。若无足够的备用金,使代理人无法开展业务所产生的责任由被代理人承担。被代理人应及时补充备用金的不足,代理人在预计备用金不足时要及时向被代理人索取。

代理人在完成代理职责后,要及时与被代理人结算备用金。长期代理可以定期进行结算。在结算时代理人应将结算单和所有收费凭证交给被代理人,以便被代理人财务处理与结算备用金。

三、水路航运代理的业务范围

水路航运代理按其所代理的业务性质和被代理人的民事地位可分为船舶业务代理和货运业务代理。由于船舶和货运处于对立的民事主体地位,代理人不能同时兼做双方的代理。当然同一代理机构即有船舶代理业务,又有货运代理业务,只要不同时为船货双方进行代理则不违反以上原则。

1. 船舶代理的业务范围

船舶业务代理是指代理人接受承运人的委托,并以承运人的名义办理船舶业务和货物运输服务、港口作业业务。船舶代理业务分为一般代理业务和特别代理业务。

(1)一般代理主要业务有:

①承揽货物,安排货物配、积载,编制计划积载图(表)和实际装载图(表);

②联系船舶作业所需的拖轮、浮吊,以及其他服务、供应等;

③填写运输票据及有关货运单证,签订运输合同;

④办理港口作业委托,签订作业委托合同;

⑤办理货物承运验收、交付交接等手续;

⑥办理货物中转、储存手续;

⑦计收解缴运输费用,支付船舶港口费用;

⑧拍发货电、发到货(船)通知;

⑨向提货人办理港口提货手续,签发提货单;

⑩处理属于承运人责任的事宜和货运事故;

⑪处理委托的其他事项。

(2)特殊代理业务。是由委托人进行特别委托而产生的代理业务。对于涉及船舶所有权、船舶使用权、船舶运输经营的重大事项,船舶所有人通过特别委托书的形式与代理人建立代理关系。代理人严格按照特别委托书的授权进行活动。

2. 水路货物运输代理业务范围

水路货物运输业务代理是指代理人接受托运人或收货人的委托,并以托运人或收货人的名义办理货物运输、港口作业服务业务。主要业务有:

(1)联系船舶,确定舱位,组织联运,签订运输合同;

(2)办理货物装卸、储存、驳运、装拆箱等,签订作业合同;

(3)办理货物交付、提取等有关手续;

(4)交纳港口费、运费等;

(5)办理水路转运、陆路转运;

(6)办理货物运输、作业所需的有关准运证明;

(7)处理属于托运人或收货人责任事宜和货运事故;

(8)托运人或收货人委托的其他事项。

3. 代理费

代理人受被代理人的委托履行代理职责,提供所委托的服务,有权向被代理人收取报酬——代理费。代理费应按照有关标准计收。船舶业务代理费按交通部或省级交通主管部门颁发的港口费收标准执行;货运业务代理费按国家规定的费收标准执行。在实际业务中,还可以考虑市场的竞争程度、工作量的大小、业务量的多少由双方商定,但必须使用交通主管部门统一的收费票据。代理人不得在代理活动中收取差价。

代理费在备用金中由被代理人事先支付,在结算备用金时一同结算。

4. 水路航运代理人不得进行的行为

(1)垄断、倒卖货源或强制代理;

(2)以非水路货物运输收费专用票据直接进行收费;

(3)为无《水路运输许可证》和工商、税务登记执照的水路货物运输经营者提供服务;

(4)为超越经营范围、航线或手续不全的船舶组织货源,办理船舶代理业务;

(5)违反法律、法规的其他行为。

四、代理关系与无船承运人

无船承运人是指具经营货运业务的经营人,本身没有水路运输能力,将其承揽的货源转托有船承运人运输,从中收取差价,而与托运人订立运输合同的航运经营人。一方面,无船承运人以本人的名义承办运输业务、与托运人签订运输合同、签发单证;另一方面,无船承运人也以本人的名义作为托运人与实际承运人订立运输合同。

代理人有为被代理人组织货物运输的义务,在业务活动中掌握一定的货源,在办理运输时,集零为整,集中较大批量的货源或进行拼箱业务,可以直接向船公司租船订舱,争取优惠运价。如果代理人不签发其名义的运单而直接将货源托运给船公司,这些优惠由被代理人享受,代理人仍然只享受代理权利和利益。如果代理人为了获得差价,以承运人的名义向委托人签发运单,再以本人的名义与实际承运人办理运输,那么代理人就为无船承运人,需要向委托人承担承运人的责任,而非代理人的责任。

另外代理人在代理过程中,以其经营的车辆、仓库、装卸工具等为被代理人提供服务,这种服务亦构成了代理人独立承担责任的实质。对于这种"混合身份"的代理,根据不同阶段的实际情况,代理人分别承担代理人或承运人的责任。

五、我国航运代理业发展

我国的航运业超常发展对代理业发展带来了机遇,但市场的开放使航运代理业面临更重大的挑战。如何抓住机遇、迎接挑战,在新的市场中促进航运代理行业的发展,是我们亟待解决的问题。从行业发展角度来看,应该从以下几个方面着手:

1. 提高自身竞争实力

要在成熟、开放的市场中占有一席之地,关键是提高服务质量。航运代理业是一个服务性的行业,同时也是一个专业性很强的行业。要提高该行业的服务质量:

首先,要在提高服务的科技含量和专业水平上下工夫。

其次,要扩展服务的范围和层次。适应客户对航运代理服务更广泛、更深入的需求趋势,提供增值服务。

再次,要建立完善的市场信息机制。

最后,要在降低服务成本上下工夫,让客户以较少的投入得到满意的服务。未来市场的竞争将是实力的竞争,只有为客户提供不断完善的满意服务,企业才能得到发展。

2. 规范行业管理

航运代理业内企业的大量增长,如果没有一个规范的管理机制来统一管理市场,将会导致无序竞争,影响行业的正常发展。在开放的市场,行业主管部门和行业协会的作用是很重要的。目前,我国行业协会的职能还应该在以下方面进一步发挥:

首先,对于行业内企业的资格要有一个规范的标准。因为航运代理业的特殊性,其业务涉及港口、海关、航运公司、货主等多方面。因此,对其专业素质的要求是很重要的。

其次,对于行业内的竞争要进行协调管理,制定一个行业代理费的统一标准。只有这样才能保证市场经济条件下的公平竞争。

再次,要负责对行业内企业的监督和管理。要建立健全的监督、检查机制,对不符合资格的违反行业规范的企业予以清查,保证行业整体的服务质量。

3. 健全法律机制

市场经济不再是行政本位的经济,而是在尊重公民、法人的地位及其权利的前提下实行国家适度干预的法制经济。开放后的航运代理行业将体现市场经济的五个特性:自由性、统一性、开放性、竞争性和可控性。

首先,市场经济的自由性表现为市场经济主体(代理)的自由和消费者(客户)的自由。两种自由表现在相关权利的保障上,市场经营的自由性要以法治为保障。

其次,市场经济都必须以市场为基础,执行统一的市场规则。

再次,要保证市场给予所有市场经营主体以平等的机会参与竞争,必须以法治为条件。

第四,只有让优胜劣汰机制充分有效地发挥作用,使生产力的各种要素得到合理的配置,才能促进生产力的充分发展。

最后,市场经济并非是自由放任的经济体制,而是由政府适度的干预或调控。为对其干预或调控的任意性加以限制,必须以法治为制约。

由此可见,要保证未来开放的航运代理市场健康、稳定的发展,就要求我们在法律上适应以上特点作出相应的规定。只有在法律保证下的开放才是真正意义上的开放。

第三节 航运经纪

一、经纪人的概念和作用

1. 经纪人的概念

经纪人(Broker)是接受委托人委托,向委托人报告订立合同的机会或者撮合两方订立合同,获得委托人支付报酬的经济组织或个人。

在英美法系国家,经纪作为其广义代理的一种类型,以广义代理的制度进行管理。而在大陆法系国家,则严格区分代理和经纪活动,采取不同的管理制度。作为采取大陆法体系的我国,则严格限定经纪活动,采取严格登记管理制度。按照国家工商行政管理局的《经纪人管理办法》规定,在我国从事经纪必须具备两个条件:一是具有经纪人资格证书;二是进行营业登记。从事特殊行业经纪业务还应当具有相应的专业经纪资格证书。

经纪人属于居间人、中介人的性质。经纪人可以为个人经纪人,也可以是法人经纪人。个人经纪人是指取得经纪人资格证书并领取个体工商户营业执照的个体经纪人。法人经纪人一般称为交易委托行或者经纪人事务所、经纪公司。经纪人是一项古老的职业,是随着商品经济的出现而产生的经济行为。经纪人在社会商业活动中广泛存在,特别是在商品交易中的大宗现货、期货交易、房地产交易、金融资产交易、航运交易、产权、知识产权、文化、体育、旅游等经济活动中已成为交易的重要组成部分。

经纪人利用其对众多的相关经济活动当事人情况的了解,对相关经济活动的大量信息的掌握,通过提供交易信息、撮合交易等中介作用,对提高当事人的订约机会,降低社会整体的交

易成本、促进经济的发展起着重要的作用。随着经济的发展，社会经济活动的复杂化加大，经纪人也向着专业化经纪的方向发展。经纪人以其掌握的专业信息和进行专业判断，成为成功撮合合同订立的重要条件。经纪人分为一般经纪人和交易所经纪人，一般经纪人由委托人自由委托，在交易所则必须委托交易所经纪人进行交易。

2. 经纪人的作用

(1)向委托人报告订立合同的机会。经纪人在接受委托人委托后，将所掌握的适合委托人要求的交易对象的信息报告给委托人，由委托人与相对人进行交易磋商和订立合同。当事人在得到委托人详细的报告资料后，可以进行准确的选择判断和有目的的合同磋商，提高合同磋商的成功率，并获得最为有利的合同条款。

(2)为委托人搜寻交易机会。经纪人接受委托人委托后，利用其所具有的信息渠道，在市场中搜寻交易机会，将可能的交易对象报告委托人，或者向委托人提供市场调查报告，以便委托人进行决策。对不熟悉市场的经营者来说市场交易搜寻成本是交易成本的最大的支出项目，利用熟悉市场的经纪人的搜寻，有利于解决寻觅交易对象的困难，降低交易成本。

(3)撮合合同订立和收集客户订单。对于交易双方对同一经纪人的委托，经纪人可以按照双方委托的意愿，进行配对组合，并对双方进行沟通协调，促进双方信息交换，使双方的要求一致，促使合同的达成。

经纪人还可以以经纪人的名义，广泛收集客户的业务订单，转交委托人确认。这些订单经委托人确认，使客户和委托人形成交易关系。

(4)为合同磋商提供专业意见。经纪人可以参加当事人的合同磋商过程，并向委托人以及相对人提供合同商谈的专业意见和建议，供当事人参考。随着经纪人专业化的发展，经纪人提供专业意见，充当顾问，已成为经纪人的重要工作。

(5)协助办理文书事务。经纪人在合同撮合过程中，对合同商议事项进行记录，为双方办理相应的文书、统计资料、有关单证的工作，甚至提供合同文书撰写、缮制等工作，为合同的订立提供服务。

(6)代理委托人直接进行买卖交易。经纪人根据委托人的委托要求，直接代理委托人进行交易活动，按照委托订单以委托人的名义进行买卖活动。此类行为是经纪人在撮合行为合同等的订立的主要工作方式。

二、经纪人活动的特征

1. 经纪人不承担所撮合的合同责任

经纪人虽然以撮合合同为活动目的，但经纪人本人并不承担合同的任何权利和义务，与所订立的合同没有直接的关系。虽然当事人订立的合同中的有关佣金条款涉及经纪人，但其主要的目的还是合同当事人约定支付佣金的义务。也就是说，经纪活动并不介入其撮合的法律关系中。

2. 经纪人按委托人的委托提供经纪服务

经纪人关系的建立是委托人的委托，由于委托人的委托使得双方形成了居间合同关系，通过居间合同规范双方的权利和义务。因而形成了经纪人按照委托的事项开展业务，以完成委托人的委托事项为目的的经纪合同关系。

3. 经纪人按其能力自主开展业务

经纪人在业务活动中利用其本人的名义,以其自有的业务渠道和活动方式进行市场搜寻、交易联系和撮合合同,其活动方式方法不受委托人约束。

4. 经纪人可以同时作为当事人双方的经纪人

经纪人可以同时接受多方的委托,对要求相近的相对业务委托人进行合同撮合,促使双方达成交易,因而经纪人不受委托人身份的限制,可以作为交易双方的经纪人。

5. 经纪人的收益来自于委托人支付的报酬

经纪人为委托人提供服务,当实现了委托人订立合同和交易的目的,促使合同订立或者向委托人提供了所委托事项的服务,委托人根据经纪合同支付报酬。经纪人不得获得交易中的其他利益。同时经纪人未完成所委托的事项,也无权要求委托人支付经纪合同约定的报酬。

三、经纪合同

经纪合同是居间合同的一种类别,是经纪人与委托人之间关于经纪活动的委托所订立的合同,即为委托人与经纪人之间关于经纪人的经纪活动所订立的合同。经纪合同的当事人是委托人和经纪人,合同的目的是实现委托人与其他任订立合同或者发生交易,合同的标的是经纪人所要撮合的合同或汇报的交易集会等经纪行为的劳务。经纪合同具有以下特点:

1. 经纪合同是《合同法》的列明合同

虽然《合同法》没有直接列明经纪合同,但经纪合同是《合同法》列明的居间合同的一种类别。经纪合同直接受《合同法》的居间合同分则的规范。

2. 经纪合同是诺成合同、不要式合同

经纪合同经一方(通常为委托人)提出要约,另一方(通常为经纪人)承诺,经纪合同成立。虽然说经纪合同具有按经纪人成功撮合合同为支付条件的特性,但并不影响经纪合同的诺成性。经纪合同可以为口头形式、书面形式或者其他形式,合同没有严格的格式限定,为不要式合同。虽然说在交易所的经纪委托具有一定的格式,但该格式并非强制的限定,只是一种格式合同。

3. 经纪合同是双务合同、有偿合同

在经纪活动中虽然以经纪人的行为为合同的主要标的,但合同双方都需要承担相应的合同责任,委托人承担支付报酬或费用的责任。同时经纪人也具有向委托人要求其经纪行为成功的报酬支付的权利。

4. 经纪合同具有给付的不确定性

《合同法》居间合同分则明确规定居间人促成合同的成立,委托人应当支付报酬;未促成合同成立的,不得要求支付报酬。因而使得经纪合同的报酬支付具有不确定性,委托人只有当其订立经纪合同的目的实现时,方支付报酬,否则,有权不支付报酬。

四、经纪费用和活动成本

1. 经纪人报酬的确定

经纪人开展经纪活动的目的是为了获得委托人支付报酬,该报酬通过经纪合同进行约定。合同未约定的,双方可以补充约定;不能达成补充约定的,根据习惯确定或者根据经纪人的劳务合理确定。经纪人的报酬通常采用佣金的方式表示。

2. 经纪人报酬的支付时间

经纪人报酬的支付时间应该在经纪人完成了委托人委托的事务,当委托人实现了委托目的之时。如果合同约定为预付的,也往往有未实现合同目的的报酬退回条款。此外对于经纪人所撮合的为持续支付的合同,往往也会采用与持续支付同步支付经纪人佣金的方式支付报酬。如经纪人撮合的为定期租船合同,租金每月支付,则经纪人的佣金也每月支付。

3. 经纪人报酬的支付方式

经纪人的报酬支付有两种方式:

(1)由委托人单方支付。由单方指示委托的经纪行为,经纪人报酬应由该委托人支付。

(2)所撮合的合同的双方当事人分摊支付。交易市场的经纪人(或称媒介居间人)促成合同的,由该合同的当事人双方平均负担报酬。

4. 经纪人活动的费用支出

经纪人在接受委托人的委托,自主地开展劳务活动,其活动的费用支出为经纪人活动的成本,是经纪人收取经纪报酬的决定因素,由经纪人自行支付。

5. 未成功撮合合同的经纪人活动成本的补偿

根据《合同法》第427条规定:居间人未促成合同成立的,可以要求委托人支付从事居间活动支出的必要费用。这种必要费用的支付是居间人未违反居间合同的义务为前提。经纪人要求获得成本补偿,一般只在经纪人按要求向委托人提供了交易机会等以履行了经纪人义务,但委托人未订立合同等情况。当然如果在经纪合同中订立有关经纪人成本支出的约定,则按经纪合同的约定执行。

五、经纪人的义务

1. 报告的义务

经纪人应按照委托人所委托的事项开展行为,并如实的向委托人报告其获得的交易信息和交易对象的信息,不得隐瞒或提供虚假信息。如果交易的双方均为委托人,应向双方报告对方的情况。经纪人报告的事项有所委托的事项、交易的机会、交易对象情况,包括对方的订约能力、履约能力、信用状况,合同标的物的存续状况,交易的潜在风险、影响市场的重大因素等。经纪人应该及时和连续地向委托人报告,直至合同履行完毕。

2. 忠实的义务

经纪人的忠实义务表现在尽力进行经纪活动,使委托人获得最佳的交易机会,完整地提供委托人需要的信息;所撮合的合同使得双方的利益均获得保证;在行为中保护委托人的机密、交易条件,保守经纪活动中获得的委托人的秘密等;根据委托人的隐名要求不向相对人透露委托人身份等。

3. 损害赔偿的义务

经纪人违反经纪合同的约定,进行错误报告或者故意隐瞒订立合同有关的重要事项,或者提供虚假情况,违背委托人的要求撮合合同,泄露委托人机密,损害委托人利益,造成委托人损失的,经纪人不仅不能要求支付报酬,并应当承担造成委托人损害的赔偿责任。

六、航运经纪人

航运经纪人是以接受委托人委托,提供水路运输或者租船合同订立的信息,或者撮合运输合同的订立、收集货运订单的航运中介。航运经纪人的业务主要是围绕着船舶及海上货物运输的居间活动。沟通船舶与货物双方，撮合运输合同、租船合同的订立，以及提供相关的专业顾问服务等。航运经纪人分为船东经纪人、租船经纪人、船舶买卖经纪人、货运经纪人等。由于航运业的特殊法律制度和习惯要求较高的专业知识，航运经纪人相对于一般的居间人而言，具有更多的专业服务和承担较多的专业事务。

航运经纪人具有一定的法律地位，是租船合同或运输合同存在的证人。因此，航运经纪人在洽谈合同的整个过程中都必须把承运人与租船人双方或运输合同双方的意向表达清楚，使双方的意向趋于一致，达成协议。合同双方发生争议时，航运经纪人是争议双方的证人，航运经纪人应保持中立的立场，向解决争议的有关方面提供证据。因此，航运经纪人应具有较高的航运业务水平和海商法知识，具有良好的职业道德。因此，租船合同或运输合同的双方当事人，在洽谈租船合同前都应选择信誉好，业务知识强的经纪人。

航运经纪业如同船代、货代、保险等业务一样都是航运业务的重要组成部分。航运经纪人对于提高船舶的利用率、降低贸易方的运输成本、促进货物运输成交、减少船东与贸易方的纠纷等具有不可替代的重要作用，在国际航运界已被公认为是一种成熟的运作方式。尤其是在船舶买卖、租船、航运咨询服务等领域内，更是联结船东和贸易方之间的枢纽。

航运经纪人的业务主要有：

1. 租船

租船是指定期租船合同的撮合。船东或者租船人为了实现出租或租船的目的，委托经纪人进行市场搜寻和撮合合同。在租船经纪中，经纪人可以接受船东或者租船人的委托或者双方的委托，为委托人进行租船市场调查、发盘、还盘、提供合同格式、建议合同条款、编制订租确认书、处理文书事务、代收代付租金、协助双方在租期内的沟通等租船业务。租船经纪的报酬一般与租船的租金直接相关，习惯上为租金的一定百分比(如2%)，并在租金支付(收取)时支付，通常由船东承担。

2. 货运合同撮合

经纪人接受货主委托，代为搜寻合适的承运人或者航次出租人，撮合货运合同或者航次租船合同。通过经纪人撮合的货运合同一般具有较为特殊的运输条件，如成套设备等特殊货物、特定的港口、不同的作业方式等与普通货运不同的运输要求。

3. 收集货运订单

经纪人在航运经营人的委托下，面向一定范围的客户收集定舱单或托运单，转交航运经营人确认，形成定舱人和航运经营人的运输合同关系。当经纪人接受多家航运经营人的定舱委托时，就会形成相当于配载的业务，也就是根据一定的目的，将不同的定舱单转交可能相同运输条件的不同航运经营人确认，对货载进行分配。

4. 船舶或海运财产买卖租赁合同撮合

经纪人接受船东委托，代为发布卖船信息、调查买主资信，撮合合同；或者接受买家委托，了解船舶状态，传达卖船意向，或者准备招投标文件、操办招投标等。

5. 与航运有关的市场调查

委托人因为建造、购买船舶、开辟航线等经营决策的需要，对于航运市场的信息需要有较为准确的把握，因而委托熟悉各地市场的船舶经纪人进行各地市场的调查，收集有关船舶信

息、货运信息、航运管理信息等,以便决策。

七、加快推进中国航运经纪业的发展

我国的航运经纪业一直未纳入行业管理。有的在船公司、船代和货代企业内设有租船揽货部门;有的是货主、外贸进出口企业设有储蓄部门来负责租船业务;有的以船务公司或以代表处的名义从事租船揽货航运经纪人业务。多则几十人,少则一两人,一间办公室,一部电话,一台传真机就做起来了。从业人员水平参差不齐,管理和运作都不规范,既吃佣金又吃运费差价,海运欺诈现象也时有发生,严重扰乱了我国航运经纪人市场的秩序。

我国散杂货市场潜力很大,然而,目前我国80%左右的出口货的贸易条款为FOB,运输大部分由香港和国外的航运经纪人撮合成交,由境外航运公司承运。重要原因之一就是我国没有正规的、具有一定规模与声誉的航运经纪人公司。开放的市场就是竞争的市场,你不去占领,别人就要来占领。现已有几家颇有声誉的国外航运经纪人公司先后在北京、上海等地开设了办事处。

由此可见,无论从国内航运市场的需求,还是从航运市场竞争的角度看,发展中国自己的航运经纪人公司刻不容缓。国内外航运市场的形势都亟待要求尽快规范我国的航运经纪人市场,呼唤正规航运经纪人公司的发展壮大。

近年来,我国已有几家正规航运经纪公司在上海等地先后成立,但由于多方面的原因,我国航运经纪业的发展还远远落后于发达国家。当前我国经济快速发展,开放程度日益加深,尤其是入世以来,我国市场对外国公司的进入限制将越来越少,这对我国航运经纪业的发展是一个极大的挑战。正是由于我国航运经纪业的发展还很不充分,它蕴涵着巨大的发展潜力,让我们在此领域内可以大有作为。

复习思考题

1. 什么是代理?代理人要具有什么资格条件?
2. 代理关系有哪些种类?代理行为具有什么法律性质?
3. 代理人要承担什么责任?被代理人有什么权利?
4. 代理关系如何建立?什么情况下终止?
5. 什么情况下代理无效?
6. 航运代理分为哪些类别?水运航运代理有何资格要求?
7. 水运代理关系如何建立?
8. 船舶代理有哪些主要业务?货运代理有什么业务?
9. 代理关系与无船承运人有什么差别?
10. 经纪人有什么作用?经纪行为有何特征?
11. 经纪人的报酬和费用如何确定?经纪人有什么义务?
12. 航运经纪人有哪些业务?
13. 经纪人与代理人有何不同?

第十三章　水路旅客运输商务管理

学习目的

了解水路旅客运输的特点和经营方式，掌握水路客运合同的订立和合同内容，了解当事人的责任，掌握客运合同的变更；了解行李运输合同的内容和当事人的合同责任；了解客运中船、港、客之间的责任划分；了解客运费用；掌握客运事故的处理。

第一节　水路旅客运输概述

一、水路旅客运输的概念

水路旅客运输是指在我国沿海、江河、湖泊以及其他通航水域中将旅客从一个港口运输到另一个港口的水路船舶运输。水路旅客运输包括旅客及其自带行李运输、托运行李运输及其有关的装卸作业。水路旅客运输的概念还包含旅游运输、港口客运服务。

水路旅客运输实行合同运输。旅客与承运人双方订立运输合同来明确双方的权利与义务。

水路旅客运输贯彻“安全第一，正点运行，以客为主，便利旅客”的客运方针，遵循“全面服务，重点照顾”的服务原则。水路旅客运输合同、行李运输合同应本着自愿的原则签订。公共承运人不得拒绝旅客通常、合理的运输要求。

二、水路旅客运输的特点

1. 速度慢、航程时间长

客船航行速度较低，船舶的机动作业时间长，为了保证安全航行船舶都航行在水深较深的水域，且离岸边较远，因而使得客船航程时间较长，属于低速运输工具。客船的一次载客量较大，但一般来说班期密度较低，间隔时间长。当然客船具有续航力强、连续 24 小时航行的能力，在海洋或河口、湖泊、水流平稳的河道能够进行夜间航行。

2. 受气候因素的影响大

水路旅客运输出于安全运输的需要，在海面风浪大、能见度低等不良气候或恶劣天气时禁止航行或船舶必须避风，河流枯水或洪水期间也无法航行，使得航程经常被延误或被阻止。风浪使得船舶摇摆也造成旅客的极度不适，降低舒适性。

3. 客船安全标准要求高，安全管理严格

为了保证旅客的安全，高安全标准的客船是不可缺少的，并且还需要有高标准的管理措施

和实施严格的管理。对于客运的安全保证和安全管理采取法定的方式实行。旅客运输的安全法律体系主要有:客船船舶建造规范、船舶丈量公约、海上人命安全公约、海上交通安全法、水路旅客运输规则、海上滚装船舶安全监督管理规定、刑法等。

由于客船的安全标准和安全管理要求高,使得船舶客运成本较高,降低了船舶运输低成本的优势。

由于客船的安全系数大,储备浮力较大,使得客船具有较大的空间,可以采用全铺位的方式运输,旅客的活动空间也较大。因而客船本身就具有向旅客提供休闲的条件。

4. 服务水平要求高

旅客运输的对象本身就是运输产品的消费者,在整个运输过程中消费者都在监督着承运人所提供的服务质量,任何细微的不合格都会被察觉;且每个旅客对服务的满意程度各不相同,对服务的需要也不一样。客运经营者需实施较高的服务标准,满足所有旅客的要求。旅客运输不仅要提供运输服务,还要提供旅客本人的生活服务、精神服务、环境服务等多方面服务。

旅客运输同时还要提供旅客的行李运输,对于旅客旅行中使用的物品和一定量的携带品还需要提供免费运输。旅客携带的超出限量的物品可以交承运人运输,但是必须与旅客同时运到目的地。

5. 旅客运输季节性变化极大

旅客运输具有旺季和淡季的明显差别。在公众假日、学校假期、春节前后大量旅客出行、探亲,形成巨量的客流;而平时大都流量较少。虽然说人们出行有去有回,在整体上保持双向平衡,但在局部时间内却会出现严重不平衡,如节前大城市有巨大客流向外流动,节后则以返回为主。

此外一些社会因素也会造成客流的重大变化。如一地区的经济兴起,大量劳工流入;大型社会活动期间,吸引大量游客等。

三、水路旅客运输的经营

基于人类伴水而居、城市依水而建的现象极为普遍,水路旅客运输一直是人们出行的重要交通方式。但随着陆路运输和航空运输的发展,旅客运输在许多地方被便捷、高速、机动性大、舒适性高的运输方式所取代。但是,一方面传统的旅客运输方式在岛屿、海湾口、海峡、江河口两岸等不能被陆运、航空运输代替的运输线路上仍然具有较大的社会需求。另一方面人们对出外旅行需求的增加,能够饱览两岸风光、体验大海的魅力和探索人烟罕至的海岛、旅行过程本身就是休闲的船舶水上旅游具有较大的吸引力。

旅客运输的经营方式有:

1. 传统的空间位置变换的运输

传统旅客运输随着陆路运输和航空运输的发展已不再是旅客运输的主要形式,但是在陆路运输或航空运输不可替代的一些区域,如海岛陆岛间、河口、海湾口、海峡、山区河流等区域仍然是主要的旅客运输方式,甚至是唯一的运输方式。

传统运输式的旅客运输采用专用客船或者客货两用船、客滚船进行运输,采取定时开航和到达、定线航行、定点售票、定泊位上下船、定价的班轮运输方式经营。

传统旅客运输经营要求是保证旅客及时、安全到达目的地,方便旅客购票、上下船舶、有合适的密度,两端港口与其他运输方式良好的衔接,合适的票价,满足旅客一些特殊的需要如夜行晨至等。

为了满足旅客运输的需要,传统旅客运输向着快速化、适度的舒适、提高密度发展,但同时仍需保持较低的运价的经济性。

2. 旅游船的旅游运输

旅游船运输也称为邮轮运输是以提供旅客旅游为目的的旅客运输。集运输、休闲、娱乐为一体的旅游船运输近年来有较大的发展。该运输包括运输过程本身就是旅游的游船旅游和到旅游景点的双向游客运输。

以旅游为目的的旅客对运输的舒适程度要求较高,要求有较好的娱乐条件和服务水准,价格的需求弹性相对较低,但是需与人们的休闲活动节拍相配合。

第二节　水路旅客运输合同

一、水路旅客运输合同的订立

水路旅客运输合同是指承运人以适合运送旅客的船舶经水路将旅客及其自带行李从一港运送至另一港,由旅客支付票款的合同。

客运合同自承运人向旅客交付客票时成立。旅客运输合同成立的凭证为船票,合同双方当事人——旅客和承运人在买、卖船票后合同即成立。

1. 船票及售票

船票是水路旅客运输合同成立的证明,是旅客乘船的凭证。按票价可将船票分为全价票和半价票。半价票适用于儿童身高超过 1.1m 但不超过 1.4m;革命伤残军人优待;学生票。

船票在承运人或其代理人所设的售票处发售,在未设站的停靠点,由客船直接发售。

2. 船票应具备下列基本内容

(1)承运人名称;

(2)船名、航次;

(3)起运港(站、点)和到达港(站、点);

(4)舱室等级、票价;

(5)乘船日期、开船时间;

(6)上船地点(码头)。

二、旅客的权利和责任

1. 旅客的权利

每一成人旅客可免费携带身高不超过 1.1m 的儿童一人。每一旅客可免费携带总重量不超过 20kg(免费儿童减半)、总体积不超过 0.3m^3的行李,每一件自带行李重量不得超过 20kg、体积不得超过0.2m^3、长度不得超过1.5m(杆形物品 2m);可携带规定的限量危险物品、活动物乘船。残疾旅客乘船,可免费携带随身自用的非机动残疾人专用车 1 辆。

旅客漏船，如能赶到下一中途港乘上原船，而原等级席位又未售出时，可乘坐原等级席位；否则，逐级降等乘坐，票价差额款不予退还。

2. 旅客的义务与责任

旅客应按所持有效船票指定的船名、航次、日期和席位乘船；并遵守承运人所告知的旅客注意事项。旅客不准携带下列物品上船：

(1)违禁品或易燃、易爆、有毒、有腐蚀性、有放射性以及有可能危及船上人身和财产安全的其他危险品；

(2)各种有臭味、恶腥味的物品；

(3)灵柩、尸体、尸骨。

重病人或精神病患者，应有人护送。

旅客自带行李超过免费规定的，应办理托运。经承运人同意，也可自带上船，但应支付行李运费。对超过免费规定的整件行李，计费时不扣除免费重量、体积和长度。

三、承运人的权利和责任

承运人需按旅客运输合同(客票)所指定的船名、航次、日期和席位运送旅客。承运人在旅客上船前、下船后和在客船航行途中应对旅客所持的船票进行查验，并作出查验记号。查验船票的内容如下：

(1)乘船人是否持有有效船票；

(2)持用优待票的旅客是否有优待证明；

(3)超限自带行李是否已按规定付运费。

承运人应告知旅客安全运输注意事项。

承运人对旅客运输的运送责任期间，自旅客登船时起至旅客离船时止。船票票价含接送费用的，运送期间并包括承运人经水路将旅客从岸上接到船上和从船上送到岸上的期间，但是不包括旅客在港站内、码头上或者在港口其他设施内的期间。

承运人在旅客运输的责任期间对旅客的人身安全负责，对运输过程中旅客的伤亡承担赔偿责任，除了伤亡是旅客自身的原因造成的，或者承运人能证明伤亡是旅客故意、重大过失造成的之外。

在运输过程中旅客自带物品损毁、灭失，承运人有过错的，应当承担赔偿责任。对旅客携带或者夹带危险品、违禁品，承运人可以在任何时间、任何地点将旅客违反规定随身携带的违禁品、危险品卸下、销毁或者使之不能为害，或者送交有关部门，而不负赔偿责任。

四、补票与变更等级

1. 旅客办理补票手续

乘船人无票在船上主动要求补票，承运人应向其补收自乘船港(不能证明时从起运港)至到达港的全部票价款，并核收补票手续费。中途查出无票或持用失效船票或伪造、涂改船票，除补收自乘船港(不能证实时，自客船起运港)至到达港的全部票价款外，应另加收相同区段最低等级票价的100%的票款，并核收补票手续费。在到达港查出，补自客船起运港至到达港最低等级票的40%的票款，并核收补票手续费。

承运人查出持优待票乘船的旅客不符合优待条件时,应向旅客补收自乘船港至到达港的全部票价款,并核收补票手续费。在乘船港,原半价票给予退票,免收退票费。在途中或在到达港,原船票作废。

旅客在检票后遗失船票,应在船上补票。旅客补票后如在离船前找到原船票,可办理所补船票的退票手续,并支付退票费。

2. 承运人变更等级

由于承运人或其代理人的责任使旅客降等级乘船时,承运人应将旅客的原船票收回,另换新票,退还票价差额款,免收退票费。承运人擅自变更船舶而降低服务标准的,应当根据旅客的要求退票或者减收票款;提高服务标准的,不应当加收票款。

五、客运合同的变更和解除

1. 合同的变更

在乘船港不办理船票的签证改乘手续。旅客要求变更乘船的班次、舱位等级或行程时,应先行退票并支付退票费,再另行购票。

旅客在旅行途中要求延程时,承运人应向旅客补收从起运港至到达港的票价款,并核收补票手续费。客船满员时,不予延程。对被发现超程乘船的旅客(误乘者除外),承运人应向旅客补收超程区段最低等级票的200%的票款,并核收补票手续费。

旅客在船上要求升换舱位等级时,承运人应向旅客补收升换区段所升等级同原等级票价的差额款,并核收补票手续费。

持低等级半价票的儿童可与持高等级船票的成人共用一个铺位。如持低等级船票的成人与持高等级半价票的儿童共用一个铺位,由承运人对成人补收高等级与低等级票价的差额款,并核收补票手续费,儿童的半价票差额款不退,且不另供铺位。

2. 合同的解除

在乘船港,旅客可在规定时限内退票,但应支付退票费。如超时限,则不能退票、退包。在乘船港退票的时限规定为:

(1)内河航线在客船开航以前,沿海航线在客船规定开航时间2小时以前;

(2)团体票在客船规定开航时间24小时以前;

(3)包房、包舱、包船退包,应在客船规定开航或计划开航时间的24小时以前。

除特殊情况下,旅客在中途港、到达港和船上不能退票。在春运等客运繁忙季节,承运人暂停办理退票。

旅客误乘客船时,旅客可凭客船填写的客运记录,到下船港办理原船票的退票手续,并支付退票费。

旅客因病或临产必须在中途下船的,由承运人填写客运记录,交旅客至下船港办理退票,旅客所持船票票价与旅客已乘区段票价的差额款退还旅客,并向旅客核收退票费。患病或临产旅客的护送人,也可按相同情况办理退票。

因不可抗力、承运人或其代理人的责任造成的退票或退包,承运人不得向旅客收取退票费或退包费。

第三节　行李运输合同

一、行李运输合同的订立

水路行李运输合同是指承运人收取运费，负责旅客托运的行李经水路由一港运送至另一港的合同。行李运输合同成立的凭证为行李运单，合同双方当事人为旅客和承运人，双方及时结清费用。承运人接受已填制的行李运单后合同即成立。

行李运单应具备下列基本内容：

(1)承运人名称；

(2)船名、航次、船票号码；

(3)旅客姓名、地址、电话号码、邮政编码；

(4)行李名称；

(5)件数、重量、体积(长、宽、高)；

(6)包装；

(7)标签号码；

(8)起运港、到达港、换装港；

(9)运费、装卸费；

(10)特约事项。

二、行李运输合同中旅客的权利和责任

除法律、行政法规限制运输的物品，《水路旅客运输规则》有特别规定不能办理托运的物品，以及下列物品外，其他物品均可办理行李托运。

(1)违禁品或易燃、易爆、有毒、有腐蚀性、有放射性以及有可能危及船上人身和财产安全的其他危险品；

(2)污秽品、易于损坏和污染其他行李和船舶设备的物品；

(3)货币、金银、珠宝、有价证券或其他贵重物品；

(4)活动物、植物；

(5)灵柩、尸体、尸骨。

托运的行李，每件重量不得超过50kg、体积不得超过$0.5m^3$、长度不得超过2.5m。

托运行李的包装应符合下列条件：

(1)行李的包装应完整、牢固、捆绑结实，适合运输；

(2)旅行包、手提袋和能加锁的箱类，应加锁；

(3)包装外部不拴挂其他物品；

(4)纸箱应有适当的内包装，胶片应使用金属容器包装；

(5)易碎品、精密仪器及家用电器，应使用硬质材料包装，内部衬垫密实稳妥，并在明显处标明“不准倒置”等警示标志；

(6)旅客应在托运行李的外包装(表面)上写明姓名和起讫港名。

旅客违反有关不能办理托运物品的规定，而托运的行李发生损坏，承运人不负赔偿责任；由此造成客船及他人的损失时，应由旅客负责赔偿。

旅客遗失行李运单时，如能说明行李的特征和内容，并提出对行李拥有权的有力依据，经承运人确认后，可凭居民身份证并开具收据领取行李，原行李运单即行作废。但是，旅客遗失行李运单，在提出声明前，如行李已被他人冒领，承运人不负赔偿责任。

三、行李运输中承运人的权利和责任

托运的行李应与旅客同船运送。承运人应提供足够的适合运输的行李舱，将旅客托运的行李及时、安全地运到目的港。如来不及办理当班客船的托运手续时，经旅客同意，承运人也可给予办理下一班次客船的托运手续。

承运人对托运的行李，必要时可要求旅客开包查验。经查验认为符合运输合同规定时，再办理托运手续，如旅客拒绝查验，则不予承运。

承运人对行李运输责任期间，自旅客将行李交付承运人或其代理人时起至承运人或其代理人交还旅客时止。

行李承运后至交付前，包装破损或松散时，承运人应负责修补，所需费用由责任方负担。

承运人查出在已经托运的行李中夹有违禁品或易燃、易爆、有毒、有腐蚀性、有放射性以及有可能危及船上人身和财产安全的其他危险品时，除采用卸下或使其不能为害等的处理外，对行李的运杂费还应按下列规定办理：

(1)在起运港，运杂费不退；

(2)在船上或卸船港，应加收一次运杂费。

承运人查出托运的行李中夹带易于损坏和污染物品时，应按下列办理：

(1)在起运港，立即停止运输，并通知旅客进行处理，运杂费不退；

(2)在船上或卸船港，由承运人采取处理措施，除所需费用由旅客负担外，另加收一次运杂费。

行李在交付时，承运人应会同旅客对行李进行查验，经查验无误后再办理提取手续。承运的行李未能按规定的时间运到，旅客前来提取时，承运人应在行李运单上加盖“行李未到”戳记，并记录到达后的通知方法。行李到达后，应立即通知旅客提取。

托运的行李自运到后的第三日起计收保管费。

行李自运到之时起 10 日后旅客还未提取时，承运人应尽力查找物主；如超过 60 日仍无人提取时，即确定为无法交付物品。

四、行李运输合同的变更和解除

行李在装船前，旅客要求变更托运，应先解除托运，另行办理托运手续。承运人应将行李运单收回，加盖“变更托运”戳记，退还运杂费，核收行李变更手续费，并自托运之日起计收保管费。

行李装船后，不能办理变更、解除托运手续。如旅客要求由到达港运回原托运港或运至另一港，可委托承运人在到达港代办行李运回或运至另一港的手续，预付第二程运杂费(多退少补)，其第一程交付的运杂费不退，并核收代办托运手续费。

第四节　旅客运输的港口作业合同

一、作业合同的订立

承运人为履行旅客运输合同,需要港口经营人提供泊位、候船、驳运、仓储设施,托运行李作业、旅客上下船、候船服务及其他工作等,应由承运人与港口经营人签订作业合同或者使用合同。港口作业、服务合同应本着平等互利、协商一致的原则签订。

作业合同的基本形式有长期作业合同和航次作业合同。

作业合同应具备下列基本内容:

(1)承运人和港口经营人名称;

(2)码头、仓库、候船室、驳运船舶名称;

(3)托运行李作业,包括行李保管、装卸、搬运;

(4)候船服务,包括问询、寄存处,船期、运行时刻、票价表公告,茶水、卫生间;

(5)旅客上下船服务条件和要求;

(6)特约事项。

二、承运人的责任

(1)制订旅客运输计划、客船班期时刻表。承运人应于每月的25日前向港口经营人提供次月客船班期时刻表。客船班期时刻表一经发布,不得随意改动,确需变更时,应事先与港口经营人联系,并对外发出变更通知。

(2)客船班期时刻表的编制,应考虑到与其他交通工具的衔接,重点停靠港口、客船的到发时间应便利旅客中转和食宿安排。

(3)客船应按班期时刻表正点运行。客船因故晚点,应将准确的到港时间及时通知客运站,并按客运站重新对外公布的时间开船。

(4)承运人应负责旅客自登上客船(或舷梯)至离船(或舷梯)期间的安全。

(5)承运人应负责对托运行李自装入客船行李舱至卸出行李期间的安全质量。

(6)客船应配合客运站做好客梯、安全网的搭挂工作。由于客梯设备及其安放不妥,安全网搭挂设备不牢、系固不牢造成旅客伤亡的,由客船负责。旅客翻越栏杆(或船舷)下船,造成伤亡的,也由客船负责。

三、港口经营人的责任

(1)港口经营人应按承运人提供的客船班期时刻表安排客船泊位。客船靠泊的码头泊位应相对固定。

(2)港口经营人对客船的行李和货物装卸应给予优先安排。如遇客船晚点,应尽力压缩客船的停港时间,且客运站应及时公告。

(3)港口经营人应负责旅客进入候船室至登上客船(或舷梯)前或自离开客船(或舷梯)后至出站期间的安全。

(4)港口经营人应负责对托运行李自接收时起至装入客船行李舱或自客船行李舱卸出至交付旅客时止期间的安全质量。

(5)客运站配备旅客上下船的客梯和安全网并负责搭挂工作。由于客梯和安全网不牢造成旅客伤亡的,由客运站负责。旅客翻越栏杆(或船舷)上船造成伤亡的,由客运站负责。

(6)旅客上下船应与行李、货物(车辆)装卸作业隔开,不得交叉作业。

四、客运代理业务

承运人可以将售票及客运业务委托港口经营人或其他代理人办理。承运人和代理人确定代理事项后,在平等互利、协商一致的原则下签订委托代理合同。

1. 售票代理的范围

售票及其流量流向统计。

2. 客运业务代理范围

(1)办理行李托运和交付手续。

(2)办理退票及包房、包舱及退包手续。

(3)其他客运业务。制作客船航次上客报告单、客位通报;检票验票、补票、补收运费;危险品查堵及处理;遗失物品、无法交付物品管理;旅客和行李发生意外事故责任的处理等。

售票代理人和客运业务代理人,在委托代理权限内,以承运人的名义售票和办理客运有关业务并按规定收取代理费,不得违反水路旅客有关规定向旅客收取其他费用。

第五节　客运费用

一、票价、行李运价

1. 票价

船票票价根据航区特点、船舶类别、舱室设备等情况,由航运企业制定,报省级以上交通和物价主管部门审批。

半价票分别按各等级舱室票价的50%算。学生票票价按该航线最低等级票价的50%计算。

船票票价以元为单位,元以下的尾数进整到元。

2. 行李运价

行李运价为:每100kg行李运价,按同航线散席船票基准票价的100%计算。

行李运费按行李的计费重量和行李运价计算。行李运费以元为单位,不足1元的尾数按1元进整。行李的计费重量以千克为单位。不足1kg的尾数按1kg进整。

行李运费发生多收或少收时,可在30日内由承运人予以多退少补,逾期不再退补。

二、客运杂费

1. 退票、退包费(归承运人所得)

(1)退票费,散席按每人每张每10元票价核收1元,不足10元按10元计算;卧席按每人

每张10元票价核收2元，不足10元的按1元计算。

（2）包房、包舱的退包费，按包房、包舱运价的20%计算，尾数不足1元的按1元计收。

（3）包船的退包费，在客船计划开航72小时以内、48小时以前退包，为包船运价的20%；在48小时以内、24小时以前退包，为包船运价的30%。

2. 其他杂费（归办理人所得）

（1）补票补收运费手续费，每人每票1元。

（2）行李变更手续费，每人每票2元。

（3）送票费、码头票费、寄存费、保管费、自带行李搬运费、行李标签费，由各港航企业制定，报当地物价部门批准。港航企业不得向旅客收取本条规定费目以外的杂费。

三、港口作业费

按交通部或各地港口费收规则的规定计算。

第六节　客运事故处理

一、运输发生意外事故的处理

1. 客船停止航行的处理

由于不可抗力或承运人的责任造成客船停止航行时，承运人应当及时告知旅客，对旅客和行李的安排应按下列规定办理：

（1）在乘船（起运）港，退还全部票价款和行李的运费。

（2）在中途停止航行，旅客要求中止旅行或提取行李时，退还未乘（运）区段的票价款或运费。

（3）旅客要求从中途停止航行地点返回原乘船港或将行李运回原起运港，应免费运回，退还全部票款或行李运费。如在返回途中旅客要求下船或提取行李时，应将旅客所持船票价或行李运单运价与自原乘船（起运）港至下船（卸船）港的船票票价或行李运价的差额款退还旅客。

由于不可抗力或承运人的责任造成客船停止航行，承运人安排旅客改乘其他客船时所发生的票价差额款，按多退少不补的原则办理。

2. 旅客发生疾病、伤害或死亡的处理

旅客在船上发生疾病或遭受伤害时，客船应尽力照顾和救护，填写客运记录，将旅客移交前方港处理。

旅客在船上死亡，客船应填写客运记录，将死亡旅客移交前方港会同公安部门处理。

旅客在船发生病危、伤害、死亡或失踪的，客船填写的客运记录应详细写明当事人的姓名、性别、年龄或特征，通讯地址及有关情况；准确记录事发的时间、地点及经过情况；如实报告客船所采取的措施及结果。客运记录应取得两人以上的旁证；经过医生治疗时，应附有医生的"诊治记录"，并由旅客本人或同行人签字。

3. 行李事故的处理

在行李运送期间,发生行李灭失、短少、损坏等情况,承运人或港口经营人应编制行李运输事故记录。行李运输事故记录必须在交接的当时编制,事后任何一方不得再行要求补编。

行李运输事故按其发生情况分为下列四类:

(1)灭失:托运的行李未按规定时间运到,承运人查找时间超过30日仍未找到的,即确定为行李灭失;

(2)短少:件数短少;

(3)损坏:湿损、破损、污损、折损等;

(4)其他行李事故。

4. 其他

旅客对其托运行李发生事故要求赔偿时,应填写行李赔偿要求书。提出赔偿的时效为旅客在离船或者行李交还或者应当交还之日起15日内,过期不能再要求赔偿。旅客未及时提交行李赔偿要求书的,除非提出反证,视为已经完整无损地收到行李。

行李交还时,旅客已经会同承运人对行李进行联合检查检验的,无须提交行李赔偿要求书。

承运人从接到行李的赔偿要求书之日起,应在30日内答复赔偿要求人,填发拒绝赔偿书或者承认赔偿书,通知索赔人。赔偿要求人提出的单证文件不予退还。

二、赔偿

1. 承运人、港口经营人过失的赔偿

在旅客及其行李的运送期间,因承运人或港口经营人过失,造成旅客人身伤亡或行李灭失、损坏的,承运人或港口经营人应当负赔偿责任。

旅客的人身伤亡或自带行李、允许携带活动物的灭失、损坏、死亡,是由于客船的沉没、碰撞、搁浅、爆炸、火灾所引起或者由于客船的缺陷所引起的,承运人除非提出无过失的反证,应当视为其有过失。

因承运人或港口经营人过失造成行李损坏的,承运人或港口经营人应负责整修,如损坏程度已失去原来使用价值,应按规定进行赔偿。承运人或港口经营人对灭失的托运行李赔偿后,还应向旅客退还全部运杂费,并收回行李运单。

灭失的行李,赔偿后又找到的,承运人或港口经营人应通知索赔人前来领取。索赔人同意领取时,则应撤销赔偿手续,退回赔偿款额和已退还的全部运杂费。

旅客托运的行李的灭失或损坏不论由于何种事故引起的,承运人或港口经营人除非提出无过失反证,否则应当视为其有过失。

2. 非承运人、港口经营人的责任不赔偿

经承运人或港口经营人证明,旅客的人身伤亡,是由于旅客本人的过失或者旅客和承运人或港口经营人的共同过失造成的,可以免除或者相应减轻承运人或港口经营人的赔偿责任。

由上述过失原因所发生的打捞、救助、医疗、通讯及船舶临时停靠港口的费用和一切善后费用,由旅客本人或所在单位或其亲属负担。

因疾病、自杀、斗殴或犯罪行为而死亡受伤者,以及非承运人或港口经营人过失造成的失踪者，承运人或港口经营人不承担赔偿责任。

旅客的行李有下列情况的，承运人、港口经营人不负赔偿责任：

(1)不可抗力造成的损失；

(2)物品本身的自然性质引起的损耗、变质；

(3)规定不准携带或托运的物品发生灭失、损耗、变质。

三、运输、作业合同争议的处理

承运人、港口经营人以及旅客在履行水路旅客运输合同、水路行李运输合同以及作业合同中发生纠纷时，应协商解决。协商不成时，可向仲裁机构申请仲裁，也可以直接向人民法院起诉。

复习思考题

1. 什么是水路旅客运输？有何特点？
2. 客票有何性质？具有哪些基本内容？
3. 旅客有何权利和义务？
4. 客运承运人承担什么权利和义务？
5. 客运合同如何变更和解除？
6. 行李运输合同采用什么形式？有什么内容？
7. 承运人在行李运输中承担什么责任？
8. 水路旅客运输的港口作业合同有何形式？有什么内容？
9. 水路旅客运输中承运人和港口经营人如何划分责任？
10. 客船停航、旅客伤亡、发生行李事故分别如何处理？
11. 承运人如何承担客运事故的赔偿责任？

参考文献

[1] 廖进球主编.商务管理学[M].北京:中国财政经济出版社,1998.
[2] 杨祖青主编.水运商务管理学[M].北京:人民交通出版社,1988.
[3] 吴永富主编.水运商务管理学[M].辽宁:大连海事大学出版社,1999.
[4] 宋德驰主编.中国港口与运输实务[M].北京:人民交通出版社,1999.
[5] 李国光主编.中国合同法条文释解[M].北京:新华出版社,1999.
[6] 叶红军,翁笑冰编著.国内水路货物运输规则、港口货物作业规则条文释义[M].北京:人民交通出版社,2000.
[7] 高富平,王连国著.委托合同.行纪合同.居间合同[M].北京:中国法制出版社,1999.
[8] 孙家庆编著.国际航运代理理论和实务[M].辽宁:大连海事大学出版社,2002.
[9] 郭萍主编.租船实务与法律[M].辽宁:大连海事大学出版社.2002.
[10] 李永生,郑文岭主编.仓储与配送管理[M].北京:机械工业出版社.2003.
[11] 胡美芬,王义源编著.远洋运输业务(第四版)[M].北京:人民交通出版社,2006.
[12] 交通部危险品货物运输咨询中心编.船舶载运危险品和防污染法规汇编[M].辽宁:大连海事大学出版社,1998.
[13] 陈贻龙,邵振一主编.运输经济学[M].北京:人民交通出版社,2001.
[14] 魏振瀛主编.民法[M].北京:北京大学出版社、高等教育出版社.2000.
[15] 现代物流管理课题组编.物流客户管理[M].广州:广东经济出版社.2002.
[16] 叶红军著.港口法解析[M].北京:人民交通出版社.2003.
[17] 孙肇裕主编.外轮理货业务[M].北京:中国物资出版社.2004.